残障人实现司法正义研究

一种实践人权的人性能力新论

丁鹏——著

On the Equal Access to Justice for Persons with Disabilities

社会科学文献出版社
SOCIAL SCIENCES ACADEMIC PRESS (CHINA)

目　录

导　论 / 1

第一章　残障人实现司法正义，推动人权理论前沿 / 18

　　第一节　残障人权利对人权概念的新阐释 / 18

　　第二节　残障人实现司法正义的确立过程 / 37

　　第三节　残障人实现司法正义的人权价值 / 46

　　小　结 / 56

第二章　残障人实现司法正义，生成本土人权制度 / 58

　　第一节　中国残障人权利的历史发展概览 / 59

　　第二节　残障人获得司法保护进入中国人权话语的脉络 / 63

　　第三节　残障人获得司法保护的制度框架 / 68

　　小　结 / 74

第三章　残障人实现司法正义的要素分析 / 75

　　第一节　在司法门前：为权利而起的必要准备 / 78

　　第二节　在法庭上：诉讼构造中的平等保护 / 101

　　小　结 / 119

第四章　残障人实现司法正义的独特挑战　/ 121

　　第一节　"风险—脆弱"对残障人平等诉诸司法的影响　/ 122

　　第二节　残障认同的多样性、脆弱性及实现司法

　　　　　　正义的困境　/ 139

　　小　结　/ 162

第五章　残障人实现司法正义的制度创新　/ 164

　　第一节　《残疾人权利公约》对国家积极义务的更新阐释　/ 164

　　第二节　中国促进残障人权利司法保护的良好实践　/ 183

　　小　结　/ 201

第六章　"不同能力者"诉诸司法的正义理论批判　/ 204

　　第一节　以残障新理念拓展平等自由的人性根基　/ 205

　　第二节　以可行能力主张残障人的基本自由　/ 217

　　第三节　从不同能力视角论述身心合一的正当　/ 242

　　小　结　/ 258

第七章　实践人权的可行能力路径及实质平等维度　/ 261

　　第一节　残障人实现司法正义的主体实践框架　/ 262

　　第二节　残障人实现司法正义的赋能策略与支持自主　/ 282

　　小　结　/ 299

结　论　/ 301

附　录　/ 308

参考文献　/ 318

后　记　/ 344

导 论

一 研究问题与背景

1. 研究问题

本书从《残疾人权利公约》第 13 条出发，经由残障人 ① 实现司法正义的过程，探究一种实践人权的人性新论何以必要、何以可能，以及如何超越可行能力路径，论证人人享有的平等自由。

该问题是一个人权法上的研究问题。人权，亦即人之为人所应当享有的权利，其包括诉诸司法、获得救济、实现正义的权利，究竟是出于何种应得的基础和机制。一方面，人的本性，亦即人性能力的不同构成、身心状态的不同呈现，影响了人们对"人之为人"的看法。就此而言，残障人诉诸司法面临的问题，常常可以归结为人们对人性能力的狭隘想象乃至不公正的界定。另一方面，人所享有的权利、自由和平等的具体内容，在不同时空的司法实践中，也表现为不同的机制。人们对残障人实现司法正义这项人权的主观认知和相关社会结构/机制之间，互动微妙，共生演化。但由于缺乏可行能力视角，既有的司法路径对于残障人而言常常是"不好接近""行不通"的。

---

① 本书仅在引用公约、法律、机构名称原文时以及在引用慈善模式、医疗模式的论述语境中使用"残疾人"这一称谓，在其他场合均使用"残障人"一词。"残障"更强调其是个体身心损伤与外部障碍相互作用的结果，这个含义得到了研究者、社群的广泛认可。这一用法的依据另可见中国残联于 2022 年 3 月 4 日发布的《关于在宣传报道中规范残疾人及残疾人工作有关称谓的通知》附件第 1 条。

残障人实现司法正义面临诸多独特挑战，追溯其究竟，到了正义理论与人权观念的交叠处，就涉及对人性能力构成的不同看法。本书从"人所应得"的人性论、"各得其所"的正义观入手，分析残障人实现司法正义的过程中出现的问题。这些问题不能仅仅被当作残障人碰到的问题，其更是整个公正的社会制度遇到的挑战。这些问题的成因，不是或主要不是法律实施中"应有"与"实有"对待的落差，而是残障人"应有"的就不够。不仅"应有"的法律制度不够，而且"应有"的"人权观"不够。这里也预示着借鉴和超越可行能力理论的出路。

在本书中，实践人权的人性能力理论、实现正义的可行能力策略与残障人诉诸司法、获得平等保护的衔接点在于：正是在司法裁判程序中，残障人平等实现人格尊严、自主自由与法律认可的自负其责之间矛盾特别突出，如在诉讼行为能力、刑事责任能力方面的争议和挑战。

实现司法正义这一权利的内涵，在国际人权法中的发展，体现出随着社会发展，人们对人权主体的人性能力多样性和脆弱性的认可。坚持"正当"优先以及贯彻正义原则，残障人在司法门前以及法庭上都需要一种"外部善"的支持。这包括一种司法中的人权赋能，比如认可自行起诉资格，提供法律援助，安排手语翻译、司法社工，都是专业知识的赋能。法律援助对残障人免费，不只是经济上的赋能，还包括有效代理和有效辩护，指向了更广泛的生活领域的赋能和实质平等。

接近或诉诸司法，然后获得救济、实现正义，是残障人平等参与社会生活的重要一环；司法救济是兜底的一环，前面还有诸多环节。胜诉裁判之后，也还有许多社会融入的环节。本书强调基于人权的法律赋能，正是考虑到这一点。

概言之，本书关注残障领域的平等问题，有别于其他反歧视研究，在理论上回溯到人权法的人性论根基，并通过残障权利的视角批评能力主义。本书关注残障人权利，也有别于其他的弱者权利研究，将个体的脆弱性与外部风险合并放在司法公正制度的框架下考虑。

从残障人实现司法正义的实际问题出发，本书旨在探索一种人权的人性能力新论：基于实践唯物主义的人权与人性观，加入关于平等自由的人权对话，主张平等可行能力，批判人权理论中的普遍（理性）主体的界限，为实现《残疾人权利公约》第 13 条及相关条文提供理论支持和策略指引。此外，结合中国人权法治保障的语境，本书还尝试建立韧性法治框架的司法支柱，揭示通过"司法中的支持自主"促进实质平等与自由的可能图景。

2. 研究背景

本书选择这个研究问题，考虑了如下几个理论和实践层面的背景。

第一，在法理学、政治学、社会学理论中，残障人权利及其正当主张几乎是"最后被触及的"议题。

20 世纪 60 年代以来，受民权运动、福利国家改革等诸多因素的影响，残障权利议题在世界范围内日益得到重视。但这是一个颇为波折的过程。事实上，在政治哲学、社会学、法学领域，残障权利属于长期被忽视、悬置乃至拖延的议题。罗尔斯的正义论将重度残障人排除在订立社会契约的主体之外；以帕森斯为代表的结构功能主义分析远未认可残障人的能动性；在德沃金、哈特等人的法律与正义观念中，残障人享有平等尊严，但"个体理性自主"的标准仍然为重度残障人设定限制，令其难以作出有意义的法律选择。

就此而言，残障人权利启发并丰富了对人权、平等、自由、正义等概念的新阐释。30 多年前，米尔恩从人的"多样性"出发，只为人权找到了"底线"标准，它是一种道德标准，也是一种政治共识。① 但这么多年的全球人权实践，包括国际人权法的发展，《残疾人权利公约》的突破，以及经济社会的繁荣，物质基础、社会机构的巨变，给人权工作带来了很不一样的图景。本书从"人"的多样性再出发，主张人性能力不同构成方式的正当性，进而倡导人权实践的平等可行能力路径，构建一种更可

---

① 〔英〕米尔恩：《人的权利与人的多样性——人权哲学》，夏勇、张志铭译，中国大百科全书出版社，1995，第 5 页。

期待、矢志不移的"正当"标准。

长期以来，人权研究中存在一种诉诸人的自然本性的论辩努力，其面临内在张力：一方面是返本归元（return to origin），好像有一个不变的知意情机能的构成形式，遍行古今中外，独立不改；另一方面，是博学通变（erudition），试图重新阐释原典，以更好地回应此时此刻发生的不义。①本书反思经典理论并指出，这种对人的固有尊严、平等人格、自由人性的论证仍有局限。探讨人生活得好和做得好的可能性，需要不断在行动中开端启新。人权的批判始终受到人权实践启发，不会终结。从残障人的权利视角出发，这个批判尤其指向政治哲学、公共哲学中的人性论假定，也指向人权法实践中出现的问题，包括《残疾人权利公约》的实施。

第二，在国际人权法实践中，残障人获得司法保护相关进展推动了人权法制度与理念的前沿发展。

直到 2006 年，联合国《残疾人权利公约》（以下视情简称《公约》）通过，数十年的残障平权运动取得里程碑式进展。其中残障人"获得司法保护／实现司法正义"作为一个新出现的独立条文，与"合理便利"等要求一起揭示出人权法理念的前沿发展。这些发展涉及：国家履行积极义务，大众提升认识，社会更加包容，残障人享有平等法律能力。其中不乏激进或引起争议之处，例如以"支持自主决策"取代"替代决策（成年监护）"。

对于实践中的这些争议，联合国残疾人权利委员会在有关一般性意见和结论性建议中借鉴了残障研究的"社会模式"以及平权理论中的"实质平等"维度，尝试确立《公约》自己的"人权模式"。还有研究者借鉴阿玛蒂亚·森、纳斯鲍姆（又译"努斯鲍姆"）等人对罗尔斯的批评，运用可行能力路径，阐释残障人的平等权利。对于残障研究而言，这是在残障的医学模式之后，对社会—政治进路的继承和发扬，可以称之为社会—政治—人权进路。

---

① 〔美〕保罗·卡恩：《法律的文化研究：重构法学》，康向宇译，中国政法大学出版社，2018，第113~115 页。

　　前述尝试，从实务到理念，涉及对残障人作为"人权"主体资格——"人之为人"的深层探讨。人性能力中的知意情身要素，要达到怎样的"自然"标准，或经过怎样的"社会／人为"支持，才能构成人之为人的主体能动性，进而确保其平等实现司法正义？不同社会的人权实践，对此应给出自己的解答。

　　第三，中国促进残障人权利的平等保障，积累了丰富经验，有待理论开掘。

　　中国积极参与《残疾人权利公约》的制定，并采取有力措施推动其在国内实施。近年来，中国人权实践取得重大进展和丰富成果，不断促进全体残障人充分享有各项人权，平等参与社会生活，体现出中国式人权的真实具体、有效管用。回到中国语境，有必要探索提炼出一种超越可行能力路径的人权理论——据此认可人性能力的多样性，为特定群体在面临风险—脆弱时提供公正的制度保障与法律赋能，确保司法全过程的无障碍与程序支持，让残障人及每个社会成员平等实现司法正义。

　　立足中国人权实践和发展道路，完全有必要、有可能开掘出新的关于残障人权利的人性能力理论，探索实现司法正义的可行能力路径。中西方对于人性能力的假定，尽管历史上存在德性论与仁爱论的分野、理性思辨的不同旨趣，但是，中华文明中儒释道的传统、社会主义革命的传统，都应该也可以融入残障人权利的研究，构成新的对话、批判、选择与共识。对何谓"正当"的公共讨论，对"过得好"以及"活得幸福"的期许，在残障人实现司法正义议题的展开中，呈现出更广阔的前景。

　　残障研究的社会模式已经纳入了许多唯物主义的因素。本书在最后的立论中，也尝试从实践唯物主义的立场，推动对"残障人权利"的理解，并以实现司法正义作为具体的验证渠道。

　　对人性能力丰富性的理解，是马克思主义的鲜明特色；对自由平等的保障，是社会主义政治法律制度的强项。人性能力不是抽象的，而是历史具体的；不是陷入文化相对论的、虚无的，也不必然出于强烈的至善论或目的论。在自然的人化领域,残障权利相关的进展包括通用设计、无障碍环境、全纳教育、融合就业等,这都是对多样性更加友善包容的人为改造的环境。随着科技进步,人们可以更好地制造和使用辅助工具来把握"自然的"身心状态。对疾病的理解在更新,对可达到的最高水平的健康的理解也在动态演进。人们在实践中使用和制造的工具,是对"手/足的延长"以及对"耳、目、脑"的功能辅助与扩展,也是人性能力的"外在组成"部分。由此可以在认可主体性的层面拉近身心损伤与外部障碍之间的距离。

第四,在国内法律及政策发展前沿,残障人实现司法正义的实践已经成为中国人权发展道路的重要组成部分,需要总结提炼。

2008 年,中国修订《残疾人保障法》以及批准《残疾人权利公约》,进一步将残障人权利的国际标准融入中国特色残疾人事业中。此次修订《残疾人保障法》,增加了残障人权利的内容,明确"禁止基于残疾的歧视",强化了政府责任,突出了无障碍环境建设方面的内容,并补充了重要的操作规则。修订后的《残疾人保障法》建构了独特的残障人权利保障体系,借鉴已有弱势群体权益保护立法的优良经验,弥补了现行法律保护残疾人的疏漏之处,成果斐然。2012 年国务院制定《无障碍环境建设条例》,2017 年修订《残疾人教育条例》、制定《残疾预防和残疾人康复条例》。2023 年《无障碍环境建设法》通过。加上 2007 年国务院制定的《残疾人就业条例》,残障人权利保障的"二法四条例"框架搭建起来。

在国家政策层面,2014 年 10 月,党的十八届四中全会专题研究全面依法治国重大问题并作出《关于全面推进依法治国若干重大问题的决定》。依据该决定,"完善人权司法保障制度"作为在历史新起点上推进法治中国建设和深化司法体制改革的一项重要任务,具有重大的现实意义和深远的历史意义。①2015 年,最高人民检察院、中国残疾人联合

---

① 李林:《"完善人权司法保障制度"有何重大意义?》,《光明日报》2013 年 11 月 28 日,第 15 版。

会发布《关于在检察工作中切实维护残疾人合法权益的意见》，以保障残障人平等、充分地参与诉讼活动和社会生活。2016年及2021年，最高人民法院及中国残疾人联合会两次发布十起残疾人权益保障典型案例，涉及维护残障人的健康权、婚姻自主权、继承权、劳动权、生产经营权、财产权等，以充分发挥司法裁判的示范引领作用，落实禁止歧视残障人的法律规定，营造平等公正的氛围。2018年，最高人民法院、中国残疾人联合会发布《关于在审判执行工作中切实维护残疾人合法权益的意见》，以保障残障人平等、充分地参与诉讼活动。"平等、参与、共享"已经成为新中国残障人权益保障事业70年的主题词。2022年3月，最高人民法院、最高人民检察院、公安部、司法部、中国残疾人联合会共同发布《关于深入学习贯彻习近平法治思想 切实加强残疾人司法保护的意见》，从司法审判、公共法律服务、普法教育、诉讼全过程无障碍等层面加强残障人司法保护工作。

据笔者统计，截至本研究开题时（2021年5月），全国有残障人司法保护相关的法律10部，国务院行政法规2部，中央指导文件（《中共中央办公厅、国务院办公厅关于完善法律援助制度的意见》）1部，全国司法解释和其他司法指导文件47部，部委规章17部，省级法规、规章71部，地方司法指导文件78部。

随着2015年中共中央办公厅、国务院办公厅发布《关于完善法律援助制度的意见》，我国法律援助事业的发展面临新的重要机遇。司法部、公安部等中央部委，以及各省人大、司法行政机关都在着手修订、完善法律援助相关制度。本研究开题时，《法律援助法》草案在起草修订中，在此过程中，残障人平等获得法律援助、实现司法正义还面临许多挑战。2021年《法律援助法》通过，自2022年1月实施，为残障人平等获得公共法律服务和司法保护提供了新的重要依据。

此外，中国政府于2018年提交《残疾人权利公约》第2、3次合并履约报告，在残障人平等获得司法保护部分，专门提到了笔者参与课题取得的相关经验：在司法部法律援助中心指导下，湖北省法律援助中心与武汉大学法学院合作开展残障法律援助实务技能培训示范班，并在全省以及全国推广该培训模式。

二 国内外研究现状

在国外研究中，"实现司法正义／获得司法保护"的内涵接近《残疾人权利公约》首次明确在人权公约所采纳的概念。例如一项早期研究比较分析了美国和相关西方法治国家的制度，特别是律师服务、法律援助等法院审判的配套制度。[①]另一项关于国际人权法上获得司法保护的研究，则选取了联合国人权事务委员会的裁判法理，通过聚焦提起主张的可行性、司法程序的中立、司法结果的公平与执行这一全过程，来分析当事人如何"接近"并"获得"了司法正义。[②]对于残障人、穷人来说，他们获得"司法保护"面临的挑战，也存在于获得其他公共物品或资源带来的益处方面，比如看起来对所有人开放的高速公路、公园等。因为主流的社会制度和结构更有利于精英或"能力正常的"人获得这些益处。[③]

在国际社会，专门研究残障人的法律需求和司法保护，也是一个比较新的议题，相关研究包括：从《残疾人权利公约》出发对"司法保护"的全面探讨；[④]比较分析联合国残疾人权利委员会就《公约》第13条的结论性意见，指出其对各国建议的不一致和内在困境；[⑤]关联分析《公约》

[①] Earl Johnson Jr., "Equal Access to Justice: Comparing Access to Justice in the United States and Other Industrial Democracies," 24 *FORDHAM INT'l L.J.* 83（2000）.

[②] Vera Shikhelman, "Access to Justice in the United Nations Human Rights Committee," 39 *MICH. J. INT'l L.* 453（2018）.

[③] Omri Ben-Shahar, "The Paradox of Access Justice, and Its Application Mandatory Arbitration," 83 *U. CHI. L. REV.* 1755（2016）.

[④] Eilionoir Flynn, *Disabled Justice? Access to Justice and the UN Convention on the Rights of Persons with Disabilities*, Ashgate, 2015.

[⑤] Kevin M. Crmin, "What Does Access to Justice Require？—Overcoming Barriers to Invoke the United Nations Convention on the Rights of Persons with Disabilities," 11 *Frontiers L. CHINA* 280（2016）.

第 12 条规定的法律能力与第 13 条的关系；^①对具体国家比如非洲南部的莱索托如何履行《公约》第 13 条的实证研究，尤其关注在法律、社会和结构层面的障碍。^②

此外，联合国开发计划署等国际组织发布过有关特定群体获得司法保护、建立法治与消除贫困的指引文献；^③比较新近的联合国层面的指引，是由联合国残疾人权利问题特别报告员、残疾人权利委员会等起草的《残障人士获得司法保护权利的国际原则和准则》，得到了联合国开发计划署等机构的支持，正在进一步推广当中。^④一些在国家层面开展的法律需求调查特别指出，残障人比其他弱势群体更有可能碰到法律问题而难以解决。^⑤对刑事司法中残障人获得平等保护与公正审判的专题研究，凸显出获得司法保护在人权法框架下逐渐发展的另一条重要脉络。^⑥对残障人平等参与司法程序的研究，还特别关注了精神或智力障碍人士^⑦，聋人^⑧，原

---

① Penelope Weller, "Legal Capacity and Access to Justice: The Right to Participation in the CRPD," 5 *Laws* 1（2016）.

② Henok Ashagrey Kremte, "Unveiling the Challenges in the Implementation of Article 13 of the United Nations Convention on the Rights of Persons with Disabilities on the Right to Access to Justice: A Case Study of Lesotho," 11 *REV. EUR. Stud.* 194（2019）.

③ UNDP, Practice Note on Access to Justice, 9/3/2004, 以及就残障人、妇女和少数民族获得司法保护的专题报告, Strengthening Judicial Integrity through Enhanced Access to Justice, 2013。

④ United Nations Special Rapporteur on the Rights of Persons with Disabilities, International Principles and Guidelines on Access to Justice for Persons with Disabilities, 2020.

⑤ Christine Coumarelos and others, "Legal Australia-Wide Survey: Legal Need in Australia," 7 *Justice And Legal Needs* 1（2012）.

⑥ Claire Edwards, "Spacing Access to Justice: Geographical Perspectives on Disabled People's Interactions with the Criminal Justice System as Victims of Crime," 45 *Area* 3（2013）; The Law Council of Australia, Access to "Justice in the Criminal Justice System for People with Disability," 2013, https://www.lawcouncil.asn.au; Jenny Talbot, "Fair Access to Justice? Support for Vulnerable Defendants in the Criminal Courts," 2012, http://www.prisonreformtrust.org.uk/portals/0/documents/fairaccesstojustice.pdf.

⑦ Abigail Gray, Suzie Forell and Sophie Clarke, "Cognitive Impairment, Legal Need and Access to Justice," http://www.lawfoundation.net.au/ljf/site/articleIDs/2EDD47C8AEB2BB36CA25756F0018AFE0/$file/JI10_Cognitive_impairment.pdf, 2009.

⑧ Jamie MacDougall, "Access to Justice for Deaf Persons in Nunavut: Focus on Signed Languages," 2000, http://www.justice.gc.ca/eng/rp-pr/aj-ja/rr00_17/rr00_17.pdf.

住民中的残障人①,残障妇女②,儿童③,残障证人、陪审员④等具有多重身份或在司法中扮演不同角色的群体。

英国于 2021 年发布、2023 年修订的《平等待遇法官手册》(The Equal Treatment Bench Book)可谓其国内政策层面的前沿代表,其中用两个专门章节来说明身心障碍者在司法中的脆弱性及独特需求,指出:

> 残障人可能会因法庭程序受到多种影响,有些影响可见,有些则不可见。
>
> 应作出相应调整,前提是这些调整不会影响双方参与审判的公平性。
>
> 法官或审裁庭需对每位残障人进行个体化评估和对待,以充分考虑其特定需求并采取恰当措施。须认识到,即便是相同或类似的残障,对不同个体的影响也可能有所不同。若不采取此类措施,可能导致裁决在上诉过程中被推翻。
>
> 这不是对残障人"好心或有同情心"的问题——那是一种恩赐(patronizing)。关键在于确保残障当事人充分参与司法过程。为残障人提供合理调整或便利,不是对其优待或偏袒,而是部分在于表明尊重人之差异,为其提供公平的竞争场域(a level playing field)。

---

① Carol Pollack, "Access to Justice for Indigenous Persons with Disabilities: Key Issues and Opportunities," Columbia University Academic Commons, http://dx.doi.org/10.7916/D8V986ZZ, 2014.

② Dorah Caroline Mafabi, "Legal Aid, A Tenet of Access to Justice: The Case of Women with Disabilities in Post-conflict Northern Uganda," www.pilac.ac.ug, 2014; Stephanie Ortoleva, "Forgotten Sisters— A Report on Violence Against Women with Disabilities: An Overview of Its Nature, Scope, Causes and Consequences," Northeastern University School of Law Research Paper No. 104-2012.

③ Eileen I. Carter & Trynie Boezaart, "Article 13 of United Nations Convention on the Rights of People with Disabilities: Does the Children's Act 38 of 2005 Support Access to Justice for Children with Disabilities," 79 *THRHR* 248(2016).

④ Janine Benedet, Isabel Grant, "Taking the Stand: Access to Justice for Witnesses with Mental Disabilities in Sexual Assault Cases," 50 *Osgoode Hall Law Journal* 1(2012).

焦点因而在于采取行动，移除残障人参与司法的不必要的障碍。[①]

相比之下，国内就残障人平等获得司法保护这个专门议题的研究较少。以"残疾"或"残障"加上"司法保护"为关键词在中国知网检索，几乎没有直接结果。仅黎建飞在一篇研究《残疾人权利公约》的文章中部分提到了残障人法律援助的问题。但是，该文认为"残疾人由于自身生理和心理方面的原因，在参与诉讼等法律事务中不可避免地会遇到困难，在维护合法权益中处于弱势地位"。[②]这仍然不符合公约的残障平等理念，也带有主流能力主义的烙印。

在本研究问题所属的更广泛领域，关于残障人的平等尊严、内在自由和基本权利，国内目前已经有初步的研究成果。其中一些已经从人权法角度触及法理学根本问题：具有各种各样脆弱性的人，包括残障人，在何种程度上成为平等法律主体，可以自负其责地生活，主张权利，以及实现司法正义。人类尊严是人权的核心。每个人都被视为具有至高的价值，没有人是微不足道、残缺不全或不能自己做决定的。所有人包括残障人被尊重并不是因为他们在经济上有贡献或者有别的什么用处，而是因为他们内在的价值。残障的人权模式首先关注人的内在尊严，之后才在必要时考虑人的医学特征。人人在面临选择时都有犯错误的权利。哪怕在他人看来可能对于行为主体明显不利，但只要这一错误未曾妨碍他人或违背共同体共识，任何人就天然享有不受强横干涉的权利。[③]依此逻辑，每个人都可能作出不利于自己的选择，但依然能够得到其他人的尊重，那么，残障人特别是精神障碍者对自己是否接受治疗、是否住院等决定，在自主能力范围

---

① The Equal Treatment Bench Book, pp.95–97, https://www.judiciary.uk/about-the-judiciary/diversity/equal-treatment-bench-book/.

② 黎建飞:《〈残疾人权利公约〉的背景回顾与再解读》,《人权》2018 年第 6 期。

③ 张栋:《论人权的绝对性与相对性——以不利选择权为例》,徐显明主编《人权研究》,山东人民出版社,2002,第 73 页。

内应有行使自我决定并受到平等司法保护的权利。①

关于人权司法保障的一般理论研究，也是本研究问题的交叉领域之一。国内近年来已有一些宏观解读和理论把握，②还有一些偏向于刑事司法领域的人权保障。③比较近期的研究指出，"人权司法保障"包括通过司法的人权保障和司法中的人权保障，进而可以概括为通过司法救济法定权利，并且在权利救济的过程中不侵犯程序参与者的法定权利。该研究指出中国语境下"人权司法保障"对应的英文为"judicial protection of human rights"，④这与本书从人权法视角选取的概念"access to justice"（实现司法正义，或译为"获得司法保护"）略有不同。人权司法保障更加偏重正式司法中的程序安排，《残疾人权利公约》中的"平等获得司法保护"除了关注立法、司法规则的变革，还强调司法全过程的无障碍、程序便利以及合理调整，并涉及对相关工作人员残障平等意识的培训。

此外，在政治哲学领域，有一篇博士学位论文尝试从正义论视角，对"罗尔斯契约论排除残疾人"的问题予以批评、修正。这篇论文基本没有涉及《残疾人权利公约》或残障人权利，而试图通过一种"非自利的契约论"扩大解释社会契约的订约主体，纳入"身心有缺陷"的残障人。残障人的平等自由，可能简化为认可他们对建立社会信任和营造积极情感氛围的贡献："依赖他人接受治疗的残疾人可以决定放弃对背叛或忽视的恐惧，并保持积极和前瞻性，从而为他们自己和他们的照顾者带来积极的情感氛围。"⑤另有一篇硕士学位论文从公共法律服务角度进行的分析基本上缺失了《残疾人权利公约》倡导的

---

① 王丽莎：《成年精神障碍者的行为能力》，《国家检察官学院学报》2018年第3期。
② 如李龙、彭霞《历史、价值与条件："司法防线"命题的三个面向》，《湖南社会科学》2018年第5期；汪习根《论加强人权司法保障——党的十八届四中全会精神的人权解读》，《法学杂志》2015年第1期。
③ 如樊崇义《人权司法保障制度的新举措》，《人民法院报》2017年6月5日，第2版。
④ 李璐君：《"人权司法保障"的语义分析》，《华东政法大学学报》2019年第4期。
⑤ 侯千千：《对罗尔斯契约论排除残疾人的批评与修正》，博士学位论文，吉林大学，2020。

残障平等理念。[1]

　　将检索关键词扩展到残障人的"法律援助"，相关研究成果则主要包括：对当前残障人法律援助政策和实践的一般概括[2]，案例评述[3]，司法判决文书分析[4]，关于羁押中残障人权利保护的专门探索[5]，刑事司法中对残障人诉讼权利的保障[6]，等等。关于残障人教育、就业、人格等实体权利的一般司法救济的讨论，文献也较少。在法律赋能视角下，还有研究重视为残障和非残障的法律工作者提供培训，进而提升其为更多残障人寻求司法保护的实效，[7]以及注重高校法律诊所促进残障社群法律赋能的重要作用。[8]

　　综合来看，关于残障人实现司法正义，现有相关中文文献比较缺乏实证研究，从权利视角出发论述的也较少；其对法律援助机构和残联维权部门的丰富经验，以及不同类别的残障人群诉诸司法的不同体验，都未有深入揭示。在理论上，现有研究尚未揭示残障人实现司法正义对于人权法基本理论的启发意义。在实务中，现有研究也未能就残障人平等获得司法

[1]　陈颖：《论残疾人的公共法律服务权利保障》，硕士学位论文，云南大学，2018。

[2]　这些文章的作者大多来自官方法律援助机构或残联，少数来自法学院。例如孔小芝《如何做好残疾人的法律援助工作》，《市场周刊》（理论研究）2010年第11期；戴东光《残疾人法律保护的现状、问题与对策》，《中国残疾人》2012年第5期；孟艳华、王远《河南省残疾人法律援助工作实践与思考》，《人才资源开发》2012年第7期；王丽君《残疾人法律援助的重要性》，《科学中国人》2014年第1期；夏慧《残疾人法律工作中的问题与对策建议》，《中国司法》2014年第11期；陶杨等《残疾人法律援助制度研究》，《海南大学学报》（人文社会科学版）2016年第3期；郭锐、倪震《残障人法律援助基本原则研究》，《人权》2018年第2期。

[3]　丁鹏：《残障人平等实现司法正义：法律框架与案例述评》，张万洪主编《残障权利研究》（第2卷第1期），社会科学文献出版社，2015；薄绍晔、贾午光主编《中国残疾人维权案例选编》，中国盲文出版社，2007。

[4]　赵树坤、徐艳霞：《从516份司法裁判文书看残疾人权益保障及其完善》，《残疾人研究》2021年第1期。

[5]　张万洪、丁鹏：《保护未决羁押中的残障人权利工作指南》，张万洪主编《残障权利研究》（第2卷第2期），社会科学文献出版社，2016。

[6]　刘子豪：《论我国残疾人诉讼权利的保障》，《法制与社会》2019年第25期。

[7]　David Allen Larson, "Access to Justice for Persons with Disabilities: An Emerging Strategy," 3 *Laws* 220（2014）.

[8]　张万洪、刘逸君：《聋人社区法律赋能诊所——来自诊所教师的观察》，《法学教育研究》2019年第4期。

正义的策略提出可行建议。考虑到"获得司法保护"还是联合国可持续发展目标（2015—2030）第 16 项"创建和平、包容的社会以促进可持续发展，让所有人都能诉诸司法，在各级建立有效、负责和包容的机构"的重要内容，[①] 可以预计，在人权与发展的交叉议题下也将出现更多研究成果。

三 研究内容与方法

1. 研究内容

本书中残障人"平等实现司法正义"（equal access to justice）是指，残障人在与其他人平等的基础上，参与正式或非正式的司法活动，寻求公平救济、接受公正审判或实现其他法律职能（如作证、陪审），从而实现其固有的、普遍的、不可分割的全部基本权利。"实现司法正义"作为法治社会中人民各项权利的根本救济保障，本身也是一项人权。《残疾人权利公约》第 13 条第 1 款专门强调了残障人实现司法正义的权利。其中，法律援助作为一种政府提供的免费法律服务，是现代社会实现所有人基本权利所必需的内容，也是获得司法正义的"入门"要求。

"获得司法保护"作为法治社会中人民各项权利的根本救济保障，本身也是一项人权。应该特别指出，残障人的各项权利，首先是基于"人之为人""人生在世"所应享有的尊严、自由、资格、待遇等。因此，司法保护并不是残障人专有的一项权利，其在《残疾人权利公约》这一核心人权公约中首次得到明确表述，旨在重申人权得到落实的关键途径，将人权体系（最低标准）推进到人类文明社会所公认的更完备层面，并强调指出残障人实现这项基本权利所面临的特别挑战。

与残障人平等获得司法保护的权利对应，国家有义务采取行动（行动上的义务），确立公正司法，促成残障人所有人权的实施、改善和保障（结果上的义务）。国家确保多维度的平等实现司法保护是一项核心〔亦

---

① http://www.un.org/sustainabledevelopment/zh/peace-justice/.

即不可克减（non-derogable）〕的人权义务，包括确保非歧视，以及从物理空间、经济、语言和信息等方面让残障人能够平等进入正式或非正式的司法体系及救济机构。该项义务不仅包括国家本身的司法体系不歧视残障人（消极义务），更在于国家积极行动，建立无障碍环境、提供便利设施以及其他支持性的公共服务（如法律援助），确保残障人平等获得司法保护。

2. 研究方法

本书预设了多学科研究方法。"残障人实现司法正义"的前半部分，涉及残障研究以及残障权利研究。在此方面，社会学领域的残障研究成果已经颇为丰硕，[①]残障权利研究的多学科路径也越来越受到重视。[②]一些比较晚近的研究残障理论、哲学及人权政策、法律的著作，聚焦《残疾人权利公约》带来的影响，也汇聚了相似的跨学科努力。[③]"残障人实现司法正义"的后半部分，则涉及研究司法，特别是经验地研究中国司法。为此也需要运用多学科方法，将法律社会学拓展至社科法学（法律和社会科学），有选择地运用人类学、经济学、政治学、语言学、心理学乃至认知科学的方法，[④]以恰当回答真正的法学问题。[⑤]概言之，处理人权研究中的这个交叉议题，意味着跨学科、多方法的努力。在残障人权利领域中，研究者、行动者以及决策者都需要"与其他人合作提升自己的跨学科知识；而自我学习的过程也打开了遇到潜在合作者的新领域"。[⑥]

人权的各项内容密不可分，这一属性对本书研究人权公约的方法提出

---

① 例如〔英〕科林·巴恩斯、〔英〕杰弗·默瑟：《探索残障：一个社会学引论》（第2版），葛忠明、李敬译，人民出版社，2017。

② 参见 Tom Shakespeare, *Disability Rights and Wrongs Revisited*, Second edition, Routledge, 2014, p.4; 张万洪、高薇《多多益善：残障权利的多学科研究》，《人权》2017年第3期；以及张万洪主编的《残障权利研究》集刊系列。

③ Franziska Felder, Laura Davy, Rosemary Kayess, eds., *Disability Law and Human Rights: Theory and Policy*, Palgrave Macmillan, 2022, p.11.

④ 侯猛：《司法的运作过程：基于对最高人民法院的观察》，中国法制出版社，2021，第241页。

⑤ 贺欣：《街头的研究者：法律与社会科学笔记》，北京大学出版社，2021，第97~98页。

⑥ Malcolm Langford, "Interdisciplinarity and Multimethod Research," in B.A. Andreassen, H.O. Sano, S. McIernet-Lankford, *Human Rights Research Methods*, Edward Elgar, Ch. 8., 2017.

了要求。残障人权利的司法保障，尤其关涉正当程序的法治意义与残障人平等参与社会生活诸领域的实质诉求。本书聚焦《残疾人权利公约》第13条"获得司法保护"，而时常要转到第12条"在法律面前获得平等承认"，经过第5条"平等和不歧视"、第8条"提高认识"、第9条"无障碍"、第14条"自由和人身安全"、第19条"独立生活和融入社区"、第25条"健康"、第29条"参与政治和公共生活"……再回到《公约》第1条乃至前言关于残障新理念的阐释。由此在《公约》专门条文的研究方法上，呈现出一种"整体的编织"或"综合理解的纹理"（comprehensive texture）。

本书从正当性和可行性两大方面研究残障人实现司法正义的内涵、要素、现状、挑战、理论反思和制度探索，据此为每个章节搭配了不同的研究方法。本书第一、二章主要运用文本分析方法，为研究问题预设了一个人权概念的新阐释，并描述相关的制度框架，作为后续研究的基础。第三章至第五章运用法社会学的方法，分析残障人实现司法正义的现实路径、特别挑战和制度创新。其中每一章依次从一般人权理论、国际人权法标准、中国的制度与实践这三个层次，描述残障人实现司法正义的理论与实践。第六章侧重理论批判，主要运用政治哲学和法哲学的分析方法，借鉴阿马蒂亚·森和纳斯鲍姆的可行能力路径，以及社群主义、后结构主义，来批评罗尔斯的正义论，探索残障人作为"不同能力者"平等实现司法正义的人性根基、人权哲学和正义理论。第七章走向理论建构，尝试运用实践唯物主义，结合中国经验建立韧性法治体系的司法维度，为残障人实现司法正义提供实践唯物主义的人性论根基，并探索相应的可行能力路径与实质平等框架。

本书借鉴社会学的方法，在展开论证之前，尽可能"加大被解释问题的信息量"，[①]呈现诸多权利理论"接近"正当、正义、平等、自由论题的可比较框架，亦即如何看待人性能力的不同构成，以提升残障人权利理

---

① 赵鼎新：《机制解释的诠释学挑战和回应》，《社会学评论》2020年第6期。

论解释经验现象的广度。其中有些信息量来自哲学、社会学的经典著作，有些来自笔者近年来搜集的案例、数据，还有些或来自直觉。直觉是人们出于熟悉而发生的先于反思、超脱于经验的感性知识，包括对自我的知意情能力的直觉。[①] 关于残障人的意志自由、人格尊严、可行能力平等的许多阐释和批判，都需要诉诸对自我的深度的直觉，以及在人权研究或行动的共同体中，通过对话、论证和说服来修正相关直觉的可能。本书的理论兴趣在于重新阐述人权的人性论根基，为此有必要通过原创性的诠释来传承传统，[②] 以及在大胆探索阐释道德文化、批判社会制度的过程中，让这个对话自然而然变成对所有人的平等自由权利的论证。[③]

本书采用马克思主义的实践唯物主义方法，将人之为人的主体性纳入"实践的唯物主义者"[④] 范畴，据此把握人性（x）、正义制度（f）、人权实现（y）三者的辩证关系。由此指出，不只是y=f（x），即正义制度导致某种人性基础上的人权实现，而且补充了x'=f（y），即在实践人权的过程中，关于正义制度的探索，加深乃至升华了人们关于人性的认识。从x到y，人权的实现，是自然的人化，正义的社会制度促进人文化成，人性的积淀显现出多样的法律形式、丰富的权利内容，契合于自然目的。从y到x'，是人的自然化，司法正义的实践丰富了人性的"自然"内容，更加兼容平等自由的诉求。残障人应当成为这个伟大进程的一部分，司法是其中的独特实践场域，否则就违背了我们对真正的自然主义和人本主义相统一的基本理解与期待。这个体系对于当下中国人权实践特别是残障人实现司法正义具有解释力。人们可以据此回溯、复兴伟大传统，包括儒释道，也包括社会主义革命新传统、社会主义核心价值观等。

---

① 关于直觉、超感官知觉及意会知识（tacit knowledge）的讨论，另可参见〔英〕迈克尔·波兰尼《科学、信仰与社会》，王靖华译，南京大学出版社，2020，第6~7、33~34页。
② 〔英〕迈克尔·波兰尼：《科学、信仰与社会》，王靖华译，南京大学出版社，2020，第53页。
③ 〔美〕迈克尔·沃尔泽：《阐释和社会批判》，任辉献、段鸣玉译，江苏人民出版社，2010，第21~22、37页。
④ 〔德〕马克思、恩格斯：《德意志意识形态》，《马克思恩格斯全集》第3卷，人民出版社，1960，第48页。

第一章　残障人实现司法正义，推动
人权理论前沿

人人生而自由，在尊严和权利上一律平等。他们赋有理性和良心，并应以兄弟关系的精神相对待。①

本书聚焦残障人实现司法正义这一基本人权。本章第一节从人权的人性能力根基出发，观照相关人权法制度趋近人之自然本性的现实路径及其与理想人性之间的鸿沟。残障人实现司法正义，是一个历史发展的人权实践过程。本章第二节从制度层面梳理了残障人"获得司法保护"在国际人权法中的发展脉络。本章第三节指出，这个发展过程呈现出残障权利的公共论证与个案司法的人权价值，包括兜底权利救济、促进司法为公以及认可和扩展人性能力的多样性。

第一节　残障人权利对人权概念的新阐释

本书讨论残障人实现司法正义，为了解决后文中分析的那些实际问题，先提出一种对权利、残障和人性能力的新阐释，强调残障人的独特脆弱性与固有尊严。第一节回顾关于权利、人性的基本理论，力图扩展人之为人的主体性及其正当主张的能力范围，从而纳入残障人的平等权利。

---

① 《世界人权宣言》第 1 条。

一　从权利到人权，再到残障人权利

残障人实现司法正义，首先是一项权利。考虑到人的社会性、人性的丰富以及主体实践的历史具体行程，本书将权利的概念重新阐释为：主体享有的可以主张正当利益、为或不为的平等资格，并能够如此的自由。这里包括了利益、主张、资格、权能、自由要素，[①]另外加上了主体、平等、正当要素。本书将逐步展开对残障人实现司法正义权利的论述，着重阐释这一权利概念中的主体、平等、权能和正当要素。

形成这一权利的概念，需要认识论上的综合，包括以下几个层面。第一，主体享有权利，是对主体和客观的综合。在本书中意味着关注残障人作为主体的特性及其对外在公共善品（public good）的享有。第二，可以主张，意味着主体自我认同、群体认同及其相互之间的关系的综合。残障人向自己主张自由，是对"我是他者"的认同。[②]这包括认同自我的人性能力或身心机能的多样性、异质性及其存在于具体时空中的局限性、脆弱性。残障人向他人主张自由，意味着对人的相互依赖及交往的重构，既包括对自己所属不同群体的多重认同，也包括由于差异认同之间的冲突而主张区别对待。第三，正当利益，意味着个体应得与社会正义的基本结构的综合。权利的载体具有物质属性，不是纯主观抽象的、空想的，而且个体配得这种客观性的公共善品，离不开良序社会的正义框架。这也揭示出权利主体的社会属性。第四，为或不为的平等资格，意味着主体的静态权能与实现行为之间的综合，并且揭示出"立法者"通过法律、习惯确立

---

① 权利界定的诸要素，参见夏勇《人权概念起源——权利的历史哲学》，中国社会科学出版社，2007，第39~40页。霍菲尔德辨析了基本法律关系中的权利（请求或主张）、特权（自由）、权能（能力）及豁免要素，对这里的权利阐释也有启发。参见〔美〕霍菲尔德《基本法律概念》，张书友编译，中国法制出版社，2009，第37~54、70页。此外有研究认为，证成一项新兴权利，应当符合三个标准，即道德伦理上的正当（个人自主、个人尊严）、法律规范上的合宪以及社会现实层面的可行。本书不认为残障人实现司法正义是一项新兴权利，而认为其是对原有基本权利的新型阐释，也部分参考了个人尊严、可行能力层面的论证标准。参见雷磊《新兴（新型）权利的证成标准》，《法学论坛》2019年第3期。

② 〔法〕吉尔·德勒兹：《康德的批判哲学》，夏莹、牛子牛译，西北大学出版社，2018，第163页。

资格的背景。第五，能够如此主张或行为的自由，是个体自由与可行能力
（capability）的综合，并揭示出执法、司法、公共法律服务乃至法律赋能
（empower）的必要及可行。

残障人实现司法正义，更是一项人权。从权利到人权，意味着再一
次的概念综合：人之为人所享有的权利。人权意味着人具有主体的人性能
力，包括知意情机能和身体能力，自然配得上各项基本权利。人权的主体
是每个自然人，所以区别于法人的权利，不是动物权利；在本书中也不涉
及人民（people）自决意义上的集体所拥有的权利。[①]第七章讨论中国语
境中的人权，强调以人民为中心，是在理论抽象层面的阐述，其在制度设
计上仍然落实于人的个体。

人权概念由于纳入了人的规定性，而倾向于克服具体时空中个人法
定或实有权利的局限，直接诉诸人之为人这样一个抽象原则或信念，主张
一种本来的、内生的、普遍的权利。这种普遍性体现在世界秩序、平等
人格和自由人性等层面。[②]（1）在世界秩序层面，普遍存在一个超验的权
威，比如逻各斯、上帝、自然、理性（包括先验理性、绝对理性）、意志
（包括权力意志、公共意志），而这些超验权威又与人原本的、本性的机
能极为密切。超验权威赋予普遍人权。（2）在平等人格层面，普遍人权
意味着人性能力构成方式千变万化，但形成了一个稳定的、坚固的人格框
架或面具。[③]从斯多葛学派到基督教再到文艺复兴、启蒙运动，人格所承
载的尊严越来越重要。这种平等尊严是人所固有的：生来就有，与父母无
关；是内生的或自创生的，与造物者无关。（3）在自由人性层面，首先，

---

① 曲相霏：《人权离我们有多远：人权的概念及其在近代中国的发展演变》，清华大学出版社，
2015，第198~203页。

② 夏勇：《人权概念起源——权利的历史哲学》，中国社会科学出版社，2007，第75~88页。

③ 人的英文词person，源自拉丁文persōna，意为"演员在舞台上戴的假面具"，后来演变成"戏中
上场人物、角色"之意，再变成"人"之意。这个词前半部per是"透过……"，后半部son是
"出声"，两者合起来表示演员"透过假面具出声"。格，指法式（pattern）、形式（form）、样式
（style）、标准（standard）。人格，是指个人显著的性格、特征、态度或习惯的有机结合；心理学
上指个体在生活历程中对人、己、事、物、环境所显现的独特个性；法学上指个人得为权利、义
务之主体的资格。

普遍人权意味着人性能力包括知意情要素的构成方式因人而异，具有任意性、偶然性，从而带有差异性和多样性。其次，人性能力需要在对象世界实际运行，把握自然世界的必然性，以人生活得好或做得好为目的，表现为消极自由的形式，也包括实质自由的内容。

人权意味着人性观和权利观各自的历史展开与结合过程。将人权抽象为在一切时间和场所都属于所有人的权利，离开了人的社会和文化属性，也忽视了历史的连续性和人类的多样性。[①] 人权概念及制度在历史中的发展，似乎呈现了一个与"普遍性"相反的故事。在欧洲，从古希腊起，那种诉诸自然原理、本性权利、自然正当的超验权威，不同于其他文化传统中的做法，难以为他人普遍借鉴。例如中国传统上"天理王法人情"相通的超验权威，就很不同于西方世界的自然正当的超验权威。在历史上，各国法律制度中将人格尊严分等级，歧视和否认外邦人、女人、无产者、有色人种、性少数人群的固有权利的做法，屡见不鲜。人之为人的丰富性，也时常被局限于对"自由民""虔信者""理性经济人""健全人"的标杆塑造。大千世界，芸芸众生，符合这种狭隘想象的，才得自由。

由人之为人的自然本性来论证人权的普遍，以及对平等自由的主张，进而试图"自动"扩展到本书研究的残障人权利，其历史局限性正在于此。只谈抽象的自然本性，就算找到了一个所有人都同意的人的自然能力，比如仁爱、理性，仍然难以证明这个特质所蕴含的规范性力量，其必然要求某种实质确保特定弱势群体平等参与社会生活、共享发展成果的正义制度。特别是人们界定的弱势群体，常常既缺乏议价能力，对合作产生的贡献在市场或长期博弈中也显得最小。占优势者出于市场效率、社会功利或个人本位的考虑，很难愿意放弃自己的"应得"，转而接受一种分担彼此命运的安排。人人平等、实质自由，对于人权的宣扬者而言，似乎最

---

① 〔英〕米尔恩：《人的权利与人的多样性——人权哲学》，夏勇、张志铭译，中国大百科全书出版社，1995，第5页。

后只能诉诸一种全心全意的信奉或信念。至少，在肯定及鼓励个人利益的资本主义社会，接受这种平等主义的追求，实非易事。[①]

在此背景下，本书关于残障人权利的研究，将是一场加入对话的邀请，也是动用此时此刻的全部知识、信念和感受，进行论证和说服的努力。人权概念的普遍性源于人在"类"上的深刻自我认同，超越个体、阶层、社会利益的分歧，其具体制度实践又回归到个人对现实的批判。[②]残障人权利的概念在历史中的展开和批判还是比较晚近的事情。人权理论和制度实践发展至今，其中人性能力的构成形式以及权利概念的构成要素，在人类社会的诸多时空中一再浮现，生生不息，仍可以为当下的读者所理解和想象。主张残障人权利，批判历来人权理论和制度的着力点，在于要求认可和保障人性能力的不同构成方式及其实现。由于在诉诸司法、救济权利的具体领域，判断残障人平等与自由权利的困难最为突出，因此，本书将残障人实现司法正义作为比较不同文化中的人权制度、实践的连接点，也可以作为借鉴最佳实践、完善国内制度的着眼点。

残障人实现司法正义，作为残障人的权利，看起来是"残障人 + 人权"的构成形式，但实际上并不是相对于人权概念的综合，因为这里没有引入新的构成要素，而毋宁说是对人权主体的"平等人格"的重申，对身心障碍者自由"人性能力"多样性的分析、展开，以加深人们对"残障人权利"这个概念的认识。残障人的权利不是特许给残障人的权利，也不是新创造的权利。在实践中，这个概念分析没有为人们增加新的"知识"，却足以触动人们的实践理性、同理情感。

二　从自由民到残障人：人性能力与人权主体范围的扩展

如上节所言，人权主体的"人性能力"（human capabilities 或 human faculties，人性机能），是本书中理解残障人权利、权利救济、司法正义

---

① 周保松：《自由人的平等政治》，生活·读书·新知三联书店，2017，第66、71、81页。
② 夏勇：《人权概念起源——权利的历史哲学》，中国社会科学出版社，2007，第182~183页。

的关键概念。东西方社会中，对人权的哲学、道德、政治、法律、文化依据或有分歧看法，但其背后预设了相通的人性能力构成形式，可以作为人权研究中比较、借鉴相关理论、制度和实践的出发点。在西方传统中，残障人成为人权主体，其自然的、本来的、正当的"人性能力"得到认可，经历了曲折而漫长的发展过程。人权法本应兑现对所有人的所有权利的平等保护，但在很长一段时间内，"残障人"都不属于"所有人"，人权法背后的正义理论也忽视了残障人的正当诉求。[①]

在古希腊时期，亚里士多德这位博学的、集大成的哲学家指出，人性能力（特别是就具备道德德性而言）源于自然而又高于自然。一方面，人的自然属性诸如认知、意志、情感层面的本能反应，无法用习惯改变。[②]另一方面，人有一点"灵明"，作为理性的动物，参与社会、政治生活，通过人为的规范（nomos）、人间的约法（convention）以及技艺（techne），具体表现为城邦立法，养成良好习惯，培养德性。这才是人可以生活得好、做得好的幸福。[③]人之为人（自由民、有德性的人），就在于人的努力，让本性的机能发挥与个体自律的抉择、群体他律的范导，都统属于人之心灵的合乎逻各斯的实现活动（如图1-1所示）。

亚里士多德的伦理学和政治学中，体现出对人性能力的朴素辩证：既强调为人的与身体感受密切联系的快乐、欲望留出空间，又强调完全属于人的尊贵德性；既认可人的本性难易，又注重通过立法教化民众，使其养成良好习惯和品格。逻各斯高出尘表，遍照人性中的知、意、情机能。人性越往上，越有赖于理性的沉思，从而摆脱身体的、物质的、外在偶然

---

① Gerard Quinn, "Preface," in Gauthier de Beco, *Disability in International Human Rights Law*, Oxford University Press, 2021, pp. v-vi.

② 希腊文为 Outhen gar ton phusei onton allos ethizetai，英译文为 for no natural property can be altered by habit，中译文为"由自然造就的东西不可能由习惯改变"。参见邓文正《细读〈尼各马可伦理学〉》，生活·读书·新知三联书店，2011，第31页。另可见〔古希腊〕亚里士多德《尼各马可伦理学》，廖申白译注，商务印书馆，2003，第27页。

③ 〔古希腊〕亚里士多德：《尼各马可伦理学》，廖申白译注，商务印书馆，2003，第21页。

性（比如运气）的局限，实现爱智慧者的带有超越意味的幸福。[①] 而道德德性介于理智和欲望之间，是完全属于所有人并可实现的。[②] 人性向善，如水之就下，但在实际生活中也有许多曲折、障碍，好的品性像石头一样容易坠落。自由民的德性成就与城邦兴衰关系重大。这也是城邦时代的"法治"与"德治"的辩证。

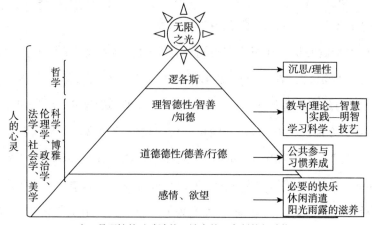

图 1-1 亚里士多德理论中人性能力的构成方式

资料来源：笔者自制。

文明的晨曦中，交织着人性的光辉。斯多葛学派特意抬举人性能力构成中（实践）理性的高贵，坚称人可以选择，让宇宙为人存在，并从自由的灵魂主张平等的人格。至此，人之为人，巫术的、哲学的、宗教的自我已经颇具深度和复杂性。远古巫术中的"天人交感"，肯定了人类自我通过情感的综合认识和直观把握神秘宇宙本原的能动性，确信生命的坚固及其不可毁灭的统一性。古希腊哲学和多神信仰，开拓了自我心灵实现的诸多维度，德性和邪恶、智慧和奸计，都可由人神共享。古罗马的民俗信

---

① 沉思指向不变的对象，近乎永恒，但人的沉思活动本身不得不中断、发生起伏。因为人要吃喝，生老病死，都有身心状态的生理变化。爱智慧者也需要友爱，因为人在本质上是社会性的，不是孤独的人过孤独的生活，而需要家人、朋友。〔古希腊〕亚里士多德：《尼各马可伦理学》，廖申白译注，商务印书馆，2003，第 18 页。

② 〔古希腊〕亚里士多德：《尼各马可伦理学》，廖申白译注，商务印书馆，2003，第 337 页。

仰，从家庭伦理、社会分工、四季流转、田园劳作、集市贸易等角度，为人生实现的外部领域论证了丰富的规范内容。古波斯人的琐罗亚斯德教（拜火教），从一神论角度，统一了善恶两极在人性和宇宙中的对立本原，人靠着自己的自由，与神灵交往，得救或堕落。[①]

基督教进一步将灵魂高贵纳入神性创造的范围，除了认可人的理性和意志选择的价值，更强调人之虔诚信仰的至高无上。基督教对于人之虔信的思考，加深了对人性自我的意志能力、博爱情感的理解。特别是奥古斯丁确立我思（cogito）论证，提出了第一人称立场。由此表明，人们不只在世界中，更重要的是在人的根基、自我心灵内部发现上帝。发现上帝，与自我在场密不可分。自我探索、认识和理解的始点，不是柏拉图哲学中的灵魂转世或前世的回忆，而是上帝的一道光。灵魂"记着"上帝。人从自我的内在（灵肉分离）发现世界的彼岸（有两个世界），并走向超越（灵魂永恒）。人克服欲望、建立信仰的理智来自意志，而对自我的认识来自神启的自爱。[②]吃了禁果，离开伊甸园后，人似乎更自由了，甚至可以积极主动为恶。人能够（借助神启或神法）判别善恶。自我的内省，涉及上帝存在，不可关闭，但又是罪恶之渊薮。人性的恶升级为原罪，只有借助神恩才能宽恕、得救。上帝道成肉身，[③]人的灵肉分别运行的范围

---

① 〔德〕恩斯特·卡西尔:《人论：人类文化哲学导引》，甘阳译，上海译文出版社，2013，第138~139、146、165~169、171~172页。

② 〔加〕查尔斯·泰勒:《自我的根源：现代认同的形成》，韩震等译，译林出版社，2012，第189~192页。

③ "道成肉身"的英文是"The Word became flesh"。上帝以"言"（或称"智慧"）创造了世界，耶稣也是"言"成肉身。这里已经预设了人性中深刻的灵肉冲突。其中，"言"的英文为word，希腊文为logos（逻各斯），后者在古希腊哲学中也指思辨的"宇宙原理""理性话语"。"言"的古希伯来文为dabar，既指"说话"，也是上帝之"言"显化为"行"的过程；这类似于古希腊哲学中的德性要体现在实现活动中。另可比较新国际版《圣经》"约翰福音1:1"：In the beginning was the Word, and the Word was with God, and the Word was God. 中文和合本《圣经》翻译为：太初有道，道与神同在，道就是神。此外《圣经》开篇"创世记"中记载了上帝以言创世，例如，上帝说（said）：光！就有了光。相比之下，在早期儒家经典中，孔子提出"君子欲讷于言而敏于行"（《论语·里仁》）。其"太初之道"亦即"太初有为"，人道弘而天道明，重实践工夫，轻抽象思辨。由此亦可见中西世界观、人性观的重大歧异。参见〔大〕德斯蒙德·曼德森《谛听法之旋律》，丁鹏译，河北出版传媒集团、河北教育出版社，2016，第2、357页。

更广阔，而两个极端之间的冲突也更加剧烈、骇人。人不能仅仅依靠自己的天性而"自然"得救或超脱，所以需要教会组织提供外部的规范，举办公共事业。城邦的公共生活以某种形式得到延续和扩展。此外，个体还需要积极履行天职，适度脱离家庭和物欲的束缚，保持个体的理性和反思。在神的权威之下和教会的罗网之中，个体的固有尊严、自由运用理性的能力、主张正当利益和人格平等的资格，仍然有所积累和螺旋上升。

在古罗马时代，古希腊哲学对人之理性和基督教对灵魂平等的肯定，都经由大帝国的政治实践而体现在高度体系化的法律之中。万民法（ius gentium）认可外邦人的人格及获得城邦成员身份的可能性，在法律上开启了对普遍人格之承认的先河。

从古罗马到中世纪，基督教提倡人人平等的思想，起初近乎"幻想"，而逐渐融入市民生活，在社会上形成一种讲协议、重视取得一致同意的氛围；在经济生活中尊重合同、努力竞争的风气，也影响到人们对政治生活的期望。[①]13世纪的阿奎那将正当（Jus）从群己或人际关系的属性扩充阐释为对象事物的属性。此后，奥卡姆的威廉（约1290—1349年）认为自然的正当（natural jus）就是"合乎理性的、不受契约或约法束缚的个人权利"，[②]苏尔雷兹（1610年）进而将Jus（英译为Right，正当/权利）界定为每个人拥有的对自己财产或其所应有事物的一种道德权利。[③]这些可谓人权理念的早期萌芽，与古希腊罗马时期人们对特定人性能力结构的普遍认可密不可分。这种"正当/权利"观念，仍然深受中世纪神学影响，对虔信、纯洁等人的意志力尤为看重，在具体社会组织生活

---

① 〔荷兰〕彼得·李伯庚：《欧洲文化史》（上），赵复三译，江苏人民出版社，2012，第164页。
② 奥卡姆的威廉属于方济各派，主张区分统治（支配人身或意志）和占有（财产）：统治的权力（jus dominii），必须以正当（jus）为前提。而正当意味着援引更高的规范，符合"正确理性"，认可上帝赐予人的意志自由和个体的道德能动性。另外，私人的财产权，则可以任由信徒放弃。这里包含丰富的基督教平等主义思想，重视人的自由意志作为道德的必要条件，并已经有了依据宗教信念而区分国家（公权）和市民社会（私权）的苗头。参见〔英〕拉里·西登托普《发明个体：人在古典时代与中世纪的地位》，贺晴川译，广西师范大学出版社，2021，第343~345页。
③ 夏勇：《人权概念起源——权利的历史哲学》，中国社会科学出版社，2007，第119~120页。

中，个体还是从属于教会或封建王权。①

在罗马法复兴、宗教改革以及文艺复兴之后，人的理性及意志能力再次高扬，七情六欲也得到解放。格劳秀斯将 Jus 界定为一个人所具备的能够使他正当拥有某种东西或做某事的道德资格。他接续古罗马法传统以及古希腊哲学传统，发扬近代契约法上的个体自由观，认为人的道德资格意味着一种完备"机能"（facultas，英文 faculty，或译"官能"），亦即能够开展行为，而不仅仅是天生具备某种才能（aptitude）的静止状态——就像亚里士多德将德性界定为一种实现活动而非状态。这种人性的道德机能以及正当／权利包括：（1）对自己的权能（power），可谓自由，以及对他人的权能，比如家长对子女，可概括为人格权；（2）对财产的所有、占有、处分等权利，可概括为物权；（3）主张应得（due）债权或免除债务的权利，可概括为债权。②近现代资本主义法权观念中的人性自由、人格平等、私有财产、契约自由等人权内容，在此都呼之欲出了。

霍布斯奠基的近代政治哲学将格劳秀斯的自然法推进得更远：法不是权利（正当）的依据；反过来，个体的自然权利（正当）才是国家和法的依据。③同时，霍布斯的主权神圣理论与中世纪孕育的个人主义的人权观念交织在一起。在霍布斯生活的时代，民族主权国家兴起，机械论科学观盛行。对于构造了"利维坦"国家的个体而言，人之德性或正确理性显得没那么重要了。④人的自然理性来自对激情的克服，尤其是对虚荣自

---

① 就人权作为"个体"权利的重要性而言，阿奎那、奥卡姆的威廉等人的自然"正当"理论与现代人权观念非常不同。参见〔美〕加里·B. 赫伯特《权利哲学史》，黄涛、王涛译，华东师范大学出版社，2020，第91~111、388页。

② 夏勇：《人权概念起源——权利的历史哲学》，中国社会科学出版社，2007，第120页；另据格劳秀斯《战争与和平法》英译本第8页修订相关表述，http://jxpt.ahu.edu.cn/meol/common/script/preview/download_preview.jsp?fileid=275845&resid=172656&lid=27582。对格劳秀斯这段阐述与霍布斯个人主义政治哲学之关联的分析，另可参见〔美〕列奥·施特劳斯《霍布斯的政治哲学》，申彤译，译林出版社，2012，第189页。

③ 〔美〕列奥·施特劳斯：《霍布斯的政治哲学》，申彤译，译林出版社，2012，第190页。

④ 霍布斯的自然观影响了其政治哲学。人之个体如同万物，也处于欲望的持久扰动（或称微动）中。在自然状态下，人的自大、扩张本性无法克服，对他人的猜疑及对横死的恐惧也无法避免。所以需要"利维坦"这个终极的"自大"存在来总括及保障每个人的自然自由。（转下页注）

负、无限争胜导致的暴力横死的恐惧。[①]人自私一点、欲求多一点、理性少一点，都不妨碍强大国家的成立和运行。在霍布斯那里包含着政治哲学中另外一条令政治与道德产生张力的线索，亦即在个人—国家关系之外，还有自我—他者关系，这也可以回溯到古希腊传统。政治起源于公民与外邦人乃至敌我之分。[②]人权的政治根基，意味着其内容和适用范围都没有那么广泛。强行把道德正当与政治正统合一，一个风险在于，道德可能沦为政治的卫道术，而政治可能退化为道德的乌托邦。但二者又不可相互远离。政治家的首要德性是政治现实主义，同时应该接受道德哲学对不自由、不平等的批判。[③]

与霍布斯同时代的笛卡尔，处在 17 世纪自然科学大发展的灵光浸润中，再次推动了关于人性及自我的哲学理解。宇宙不再神秘，外部世界只是巨大的机器，任由理性分解（disengage）。秩序来自人的建构，而非发现。物理学[④]可以为伦理学奠基——沿着科学理性或工具理性，之后还有生物学[⑤]、生命科学作为探寻道德根源的依据。人之良知良能和人格尊严的道德根源，在于理性建构的伦理秩序，人像控制工具（永不停歇的时钟）一样控制肉体、激情、荣誉和外部世界的力量。[⑥]在灵魂的永生之外，保持身体的健康、长寿随后也将在现代社会获得理性论证的重要

（接上页注④）参见〔美〕加里·B.赫伯特《权利哲学史》，黄涛、王涛译，华东师范大学出版社，2020，第 131~146 页。

[①] 〔美〕列奥·施特劳斯：《霍布斯的政治哲学》，申彤译，译林出版社，2012，第 145、156 页。

[②] 现代社会学、政治学关于自我认同、成员身份、进入（access）资格和边界意识的研究，也可以呼应这一点。例如可见〔英〕齐尔格特·鲍曼《通过社会学去思考》，高华等译，社会科学文献出版社，2004，第 40~60 页；〔美〕艾丽斯·M.杨《正义与差异政治》，李诚予、刘靖子译，中国政法大学出版社，2017，第 172~184 页。

[③] 〔美〕保罗·卡恩：《法律的文化研究：重构法学》，康向宇译，中国政法大学出版社，2018，第 88 页。

[④] 这里的物理学，可以理解为 17 世纪广义的自然哲学或自然科学，还包括微积分、解析几何等。

[⑤] 特别是达尔文出版《物种起源》之后的生物学。

[⑥] 〔加〕查尔斯·泰勒：《自我的根源：现代认同的形成》，韩震等译，译林出版社，2012，第 201~215 页。

性，①并影响到现代社会中人们关于残障的某些成见。理性分解与建构的宏伟力量，在近现代法律与权利体系中汹涌奔流，影响深远。

由此到了社会契约论时代，洛克、卢梭高扬人的经验理性、情操能力，反对外部权威，重视日常的第一人称经验或感性自我。在近代政治哲学中与理性主义决裂，解除理性对激情与想象的约束，系霍布斯首创，而由卢梭彻底阐明完善。卢梭用新的定义来取代关于人作为"理性动物"的古典定义：人与其他动物的主要区别不是人类的理解力，而是人作为自由（意志）主体的特征。②直到康德通过先验哲学，吸收休谟对笛卡尔的理性独断论的批评，纳入卢梭关于感性想象的启发，将普通人的知意情的人性能力抬举为实践理性（乃至某种道德神学）的根基。在亚里士多德之后，古希腊的伊壁鸠鲁凭借人性能力追求快乐幸福，斯多葛学派讲求智慧德性，两脉思辨在此同臻于人性启蒙的圆满契机。③人权正式成为资产阶级法权体系的根本内容；人的主体性体现在理性的自由、公开运用。

在启蒙"德性之后"，科技迅猛发展，实证精神大盛，民族国家林立，法制、治理技艺进一步专业化，资本主义经济进一步繁荣。世界在现代分崩离析，社会分工、技术分化、学术分科、官僚分层、自我分割……有关德性的重大价值观不再参与或主导何为正当的争论了。每个人只扮演既定的某种"特性角色"。④现代世界的人进入了一系列快速变

---

① 〔美〕迈克尔·沃尔泽：《正义诸领域：为多元主义与平等一辩》，褚松燕译，译林出版社，2009，第97页。

② 〔美〕列奥·施特劳斯：《霍布斯的政治哲学》，申彤译，译林出版社，2012，第193页；〔法〕让-雅克·卢梭：《论人类不平等的起源和基础》，邓冰艳译，浙江文艺出版社，2015，第44页。卢梭关于人之激情和想象的精彩论述，引起了康德对想象力、审美的重视，也启发了后来的社群主义者对自由主义之"单薄"人性假定的批评。本书第六章批评罗尔斯的理论，强调人的知意情机能的灵动多变和身心合一，部分也源于此。

③ 李泽厚：《批判哲学的批判：康德述评》（修订第六版），生活·读书·新知三联书店，2007，第329~334页。

④ 〔美〕阿拉斯代尔·麦金太尔：《德性之后》，龚群、戴杨毅等译，中国社会科学出版社，2020，第29~40页。

动的、可取消的联系中；人们通过一系列"不完全的角色"结束了相互间的联系。原子化、工具化的社会耗竭了人的自由意志，导致了权力不平等。①

观念争鸣，而"道术将为天下裂"。②在叔本华、克尔凯郭尔、尼采乃至海德格尔对理性传统的激烈批判之后，由人之固有理性建构的道德理想扛不动批判政治的大旗了。对人性整全能力的推崇，随着现代性而衰落。人似乎不能知道那么多，也无法坚持太多德性。由此，对人性能力的设定"弱化"。形式理性的法律体系，对人性能力的设定更加"固化"也"弱化"；而现代法律及权利的正当性危机，其隐患埋伏于此。

沿着这个思路，直面资本主义大工业、大商业的强势地位，个体劳工、消费者或污染受害者等不再是启蒙时代那种抽象而理想的人格主体了。人与人的当面交易中间，出现了巨大的鸿沟。现代民法理论据此宣称人是某种"弱而愚"的主体。③这种社会生产结构的变化，调整了古典人性能力理论中的自负其责原则，在过错责任之外追加了法定的无过错责任情形，为了日益复杂的公共生活的利益/旨趣（interest）而限制某些私人财产，干预某些契约自由。不过在本书语境中，这种"弱而愚"的民事主体设定，仅仅是相对于工商领域的资本"巨怪"而言，尚未触及对个体人性能力多样性、脆弱性的反思，也未上升到立宪或公法层面特定弱势群体对正当制度的主张。

现代性愈演愈烈，人之实践理性不昌，古典社会契约论的乐观建构逐渐失去了说服力。以边沁、密尔为代表的功利主义，转而试图借助经验、情操，计算出人之为人的幸福当量，由此论证某种自由主义政治制度的正当性。精明理性（rational）的经济人，开始成为人们心目中强有力的行动主体。与此呼应，在人类学领域，弗雷泽延续梅因对18世纪自然

---

① 〔加〕查尔斯·泰勒：《自我的根源：现代认同的形成》，韩震等译，译林出版社，2012，第732页。
② 《庄子·天下》。
③ 〔日〕星野英一：《私法中的人》，王闯译，中国法制出版社，2004，第50页。

权利理论的批判，将考古学、历史学、民族志等新兴知识带入对自然状态的讨论，突出历史和习俗对于论证自由的价值；并试图在功利主义之外，以经验主义的认识论取代道德情感作为人性论的基础，为反思工业时代的社会制度和道德伦理提供相对稳定的根基。①

在此脉络下，罗尔斯在 20 世纪后半期，反思世界范围内的不义战争，思考诸多民权运动的强烈诉求，努力复兴政治哲学和社会契约论传统。他接续霍布斯、康德乃至亚里士多德的理论，重整人的实践理性（reasonableness），以之框定精明理性（rationality），确定人的基本理性、道德能力（moral powers），以及道德直觉、程序直觉。②在罗尔斯这里，人在"无知之幕"背后参与签订社会契约，其人性能力的规定显得比霍布斯更加弱化。当然，罗尔斯认为：自然资质包括人的人性能力（如天赋才能）③、家庭和阶级出身乃至后天运气，其分布无所谓正义或不正义。人偶然降生于社会的某一特定位置也无法用"配得上与否"来评判。"这些只是自然的事实。正义或不正义是制度处理这些事实的方式。"罗尔斯希望，在某个适当范围（或值域）内具备理性和道德能力的人，处于"无知之幕"后面，都能多"设想"自己或许分得或遭遇的某种初始位置，进而在"在公平的正义中，人们同意相互分享各自的命运"。④这实际上要求社会契约或社会合作的参与者尽可能认同人的脆弱性、多样性和差异性，对人性能力的辩证理解和制度保障上升到新的层次。

从前述西方人权观的发展过程中，可以提炼出一种三段式的人权论证传统：第一段，探索人的自然本性，作为讨论公正制度的出发

---

① 国曦今：《人类学的自然法基础——弗雷泽对自然状态的阐释》，《社会学研究》2019 年第 2 期。
② 李石：《〈正义论〉讲义》，中国社会科学出版社，2021，第 218~220 页。
③ 在罗尔斯的初始假定中，对身心障碍或不同能力这一天生特质或后天遭遇，未予明确阐述。本书第六章关于可行能力正义理论的批判，将回到这一点来深入讨论。
④ 〔美〕约翰·罗尔斯：《正义论》（修订版），何怀宏、何包钢、廖申白译，中国社会科学出版社，2009，第 78 页。另可参见李石《〈正义论〉讲义》，中国社会科学出版社，2021，第 57 页。

点，特别是在亚里士多德那里揭示了一种比较集大成的人性能力的构成方式；第二段，构建某种正当的社会制度，基于人的自然本性发挥作用；第三段，对应某种理想的人性价值或社会目的的实现。如果用函数表达式 y = f（x）来类比，将自然本性作为定义域中的 x，将社会目的作为值域中的 y，社会制度作为对应规则 f，可以列出表 1-1 中的函数映射关系，其中粗略提到了古希腊哲学、中世纪神学、启蒙时代、功利主义、存在主义、自由主义、社群主义以及可行能力路径的代表理论。

表 1-1　人性能力与社会制度的不同"函数"关系

自然本性（x）	社会制度（f）	社会目的（y）	代表人物
逻各斯统领下的欲望和理智政治的动物	伦理戒律城邦立法	德性幸福	亚里士多德
神性宰制下的欲望和理智恶与原罪并存	教会法	天国拯救	阿奎那
知意情机能的协调一致	道德律令资产阶级法权	道德神学的德福合一	康德
精明理性（算计）	国家强制资产阶级法权	功利氛围的最大幸福	边沁、密尔
实践理性不足感性/审美能力充沛	自己选择	自己选择	克尔凯郭尔
基本的理性和道德能力	良序社会的正义两原则	自由社会的德福合一	罗尔斯
多元并存的欲望和理智	接续传统并重视共同体理智德性优先	德性、幸福协调目的之冲突	麦金太尔
人性能力的多样性和脆弱性	创造可行能力	实质平等/自由	阿玛蒂亚·森、纳斯鲍姆

资料来源：笔者整理。

　　在前述西方政治哲学或法哲学关于人性能力、自然正当的理论脉络下，人权主体范围扩大并享有普遍权利内容，反而伴随着对人性能力设定的"薄弱"（thin）和"单一化"。[①]例如，罗尔斯诉诸人的直觉（一种人性能力），为建立社会契约、选择正义原则纳入了自由平等要素，但是他对良序社会中人之理性、道德能力的假定，都是比较"低门槛"或"薄弱"的。这样做的好处，是尽量以人皆有之的人性能力为基础，应对现代社会中多元价值观的歧异，找到最为普遍的关于社会正义的交叠共识或反思平衡。这样做的局限却仍然在于，其假定了主体的基础能力，排斥了残障人，特别是重度残障人的平等有效的参与。这种正义理论，看起来允诺了对残障人身心机能多样性的理解和认可，能够确保残障人享有平等的自由，但揆诸现实，如本书第三、四章所述，残障人实现司法正义，还面临诸多问题和特别挑战。如何开掘人权主体之人性能力的丰富内容，予以更加公正的制度保障，还有待对可行能力正义理论的批判（详见第六章，以及附表1"西方历史中的人性论与权利观概览"）。

　　人权理念从萌芽到兴盛，人之为人的自然本性机能有如此多样的假定。但是，从残障人实现司法正义这一具体权利的实践来看，前述人性能力理论还不足够。

　　人具有怎样的人性能力构成，自然就应追求和实现怎样的内在、外在的善，这是一种"配得"的正当。与中国儒家传统的仁爱伦理观相比，源自古希腊的德性的伦理观受主客观世界分离、灵肉冲突求解的影响，在对"善"的界定方面多有不同，显得更具理智/逻各斯的色彩。尽管中西方人性论在传统上歧异显著（见表1-2），包括对内在德性的思辨、对外在善的较真态度，但关于人性本源及其流变过程的比较分析，仍然是必要而可能的。这有助于揭示出在制度及观念层面批

[①] 这个脉络中也有反思和批评的声音，例如麦金太尔、桑德尔一脉的社群主义批评罗尔斯个人本位的自由主义，更重视多元之善的协调，对人性能力的假定更为厚实，但其仍然以理智德性为尊，接近于至善论、家长主义的阴影，也难以纳入身心障碍者的平等主张。此不赘述。

判歧视、实现残障平等的可行路径，乃至为主张人类命运共同体探索人性相通的要素。

表1-2 中西方传统对人性"善"的不同界定

身体的善		灵魂的善		外在的善	
健康	—	节制（食色之乐）	礼	财富	君子固穷安贫乐道
强壮	斯文	勇敢（生死之惧）	仁、勇	出身	君师为贵宁有种乎
好看	气质	公正（政法之道）	义、信	友爱	高山流水
聪敏	—	智慧（哲思之光）	智	好运	知命／算命

注：亚里士多德伦理学中的身体的善、灵魂的善、外在的善，引自〔古希腊〕亚里士多德《尼各马可伦理学》，廖申白译注，商务印书馆，2003，第21页脚注2。

资料来源：笔者整理。

依照唯物辩证法的观点，人性能力的多样构成得到认可与保障，以及人权主体范围的扩大，是一个历史的、实践的过程。前述对人权主体的人性能力假定中，康德的先验理性以及罗尔斯的直觉假定，实质上都是历史积淀、人文化成的人类感性结果。其背后的物质实践基础在于西方社会长期的经济、政治、宗教领域的"契约"传统已经交织为深层的稳定的社会基础结构。

马克思主义经典作家将人获得自由独立的主体地位分为三个大的历史阶段和若干小阶段。最初即第一大阶段，人的依赖关系是完全自然发生的，表现为人对部族或宗族、家长、封建主的人身依附性。第二大阶段，人的独立性以物的依赖性为基础。具有物质内容的交换或交易兴起，经济活动所要求的人身、财产权利逐渐得到法律的认可。第三大阶段，共同的社会生产能力成为共同的社会财富，从而实现了包括残障人在内的所有人的自由个性，亦即每一个人的全面发展。[①]关于这个发展过程中个人独立

---

① 夏勇：《人权概念起源——权利的历史哲学》，中国社会科学出版社，2007，第56~58页。

与社会合作的辩证关系，马克思有一段精彩论述：

> 我们越往前追溯历史，个人，也就是进行生产的个人，就显得越不独立，越从属于一个更大的整体：最初还是十分自然地在家庭和扩大成为氏族的家庭中；后来是在由氏族间的冲突和融合而产生的各种形式的公社中。只有到十八世纪，在"市民社会"中，社会结合的各种形式，对个人说来，才只是达到他私人目的的手段，才是外在的必然性。但是，产生这种孤立个人的观点的时代，正是具有迄今为止最发达的社会关系（从这种观点来看是一般关系）的时代。人是最名副其实的社会动物，不仅是一种合群的动物，而且是只有在社会中才能独立的动物。①

由此反观当下现实，人类社会大体上还处在第二大阶段的发展中或初级发达水平；在残障人群体中，或许还存在第一大阶段的强烈人身依附的情况。现代社会的高风险以及人与人之间更强的交往、依存关系，也对人类成员"分享命运"提出了更高要求。

天道远，人道迩。②诉诸人的自然本性，论证人之为人的基本尊严、自由和权利，有时候可能误入歧途，越走越远。但残障人诉求平等自由的"故事"，离每个人都很切近。残障人作为人权主体而崛起，最直接的原因在于近几十年来的残障权利运动。国际社会关于残障人权利的认识经历了重要的模式转换。概言之，"医学模式"从生物医学角度定义残疾人，把生物医学上的身体缺陷作为残疾的原因，将残疾看作个人的悲剧与不幸，是一种疾病，需要治疗。在这种模式之下，有残疾的个人被视为无用的、缺乏能力的、可怜的。残疾人因此只能仰仗他人的怜悯与帮助，是

---

① 〔德〕马克思：《〈政治经济学批判〉导言》，《马克思恩格斯全集》第12卷，人民出版社，1962，第734页。相关讨论另可参见侯旭东《什么是日常统治史》，生活·读书·新知三联书店，2020，第135页。

② 《左传·昭公十八年》。

家庭和社会的负担。从国家政策角度来看，残疾人是慈善的客体，是社会福利的被动接受者。与此相关，"慈善模式"把残疾人当作社会弱者和慈善活动的客体。

自 20 世纪 70 年代以来兴起的"社会模式"则强调残障不是个人生物医学上的某种缺陷所造成的，相反，社会结构给残障人带来的各种障碍才是造成身心障碍的一个重要因素。为此应当通过主张残障权利的政治活动、社会运动来调整社会结构。①

由此，2006 年制定的《残疾人权利公约》扬弃传统的医学模式与慈善模式，从社会模式出发，确立了最新的理解残障的"人权模式"。②该模式强调残障是人之为人的多样性的一种，是个人身心损伤与外部障碍相互作用的结果。残障人作为权利主体，具备固有人性尊严，应当在与其他人平等的基础上享有全部人权。《公约》没有为残障人创设新的权利（更不是特权），但其确立的人权模式，意味着残障人的人性能力的脆弱性和多样性得到普遍认可和平等保障。《公约》以量身定做（tailored）的方式，将现有的人权内容放入了丰富多样的残障语境，③又将残障议题带入了人人实质平等和人权普遍实现的框架，进而牵动了人权的全部不可分割、相互依存的内容。④例如《公约》第 12 条规定的平等权利能力和支持性决策，第 13 条规定的司法保护中的程序便利，以及第 2 条规定的拒

① 曲相霏：《〈残疾人权利公约〉与中国的残疾模式转换》，《学习与探索》2013 年第 11 期。
② Theresia Degener：《残障的人权模式》，陈博译，张万洪主编《残障权利研究》（第 3 卷第 1 期），社会科学文献出版社，2016。另可参见 Theresia Degener and María Gómez-Carrillo de Castro, "Toward Inclusive Equality: Ten Years of the Human Rights Model of Disability in the Work of the UN Committee on the Rights of Persons with Disabilities," In Franziska Felder, Laura Davy, Rosemary Kayess, eds., *Disability Law and Human Rights: Theory and Policy*, Palgrave Macmillan, 2022, pp. 27-46.
③ Mona Paré, "The Convention on the Rights of Persons with Disabilities: Its Contribution to the Development of International Human Rights Law," 11 *Revista ESMAT* 17（2019）.
④ 《残疾人权利公约》确立的人权模式，特别突出了残障人享有人权的不可分割、相互依存（indivisibility and interdependence）。例如《公约》第 12 条规定的法律能力，初看起来是公民权利，但本条第 3 款也明确规定了经济社会生活中的平等参与。再比如《公约》第 19 条规定的自立生活，显然是公民权利及政治、经济、社会、文化权利的紧密交织。参见 Valentina Della Fina, Rachele Cera, Giuseppe Palmisano, eds., *The United Nations Convention on the Rights of Persons with Disabilities: A Commentary*, Springer, 2017, pp. 45-46.

绝提供合理便利构成歧视，^①都已经并将继续带来整个社会的实质性变革。

第二节　残障人实现司法正义的确立过程

本节首先归纳实现司法正义的一般含义，而后依照国际人权法的最新发展，界定残障人实现司法正义的内涵。

一　实现司法正义的一般含义

司法作为一种判断（judgment），适用抽象规则到具体个案情形。这首先是一种基于规则的判断。在残障领域，这类司法程序涉及对残障的认知、对权利的阐释以及就平等对待（如程序调整）的具体恰当程度作出裁量。司法裁量不同于"自动贩售机"或计算机的地方——特别是在涉及基本人权价值的案件中——就在于司法中的人和制度，关于如何平等对待人性能力的脆弱性和多样性，还要有一种反思性的判断。这进而涉及司法判断的德性（judicial virtues），亦即对残障人诉诸司法救济权利的保障是否符合公正标准，^②并能够实现矫正正义，促进社会正义。^③

由于人们常在多种意义上使用司法、正义，诉诸司法、实现司法正义等相近的概念，为让后文论述更加清晰，此处对相关概念说明如下。

第一，司法，或司法公正、司法正义，都是 justice 这个英文词的含义。本书依照语境，有时用"司法"这个词表示一种与立法、执法相区分的制度程序安排，强调司法救济的功能，有时用"司法公正""司法正义"强调司法程序应该发挥的价值。至于"公平正义"一词，则包含了公

---

① 曲相霏：《残疾人权利公约中的合理便利——考量基准与保障手段》，《政法论坛》2016 年第 2 期。
② 这里涉及政治的、立法的公正，包括自然的公正和约定的公正标准。参见〔古希腊〕亚里士多德《尼各马可伦理学》，廖申白译注，商务印书馆，2003，第 163 页。
③ 对于哈特这样的柔性实证主义者（soft positivism）而言，司法主要是裁判规则这种次级规则的运作，其需要法官运用一定限度内的自由裁量，但也需要考虑到正义的基本要求及其特殊优点，用"人为的平等，弥补自然的种种不平等"，允许社会正义对原初矫正正义的再次"校正"。参见〔英〕哈特《法律的概念》（第 3 版），许家馨、李冠宜译，法律出版社，2018，第 232~234 页。

平（fairness）和正义（justice）两重含义，在本书中特指中国人权司法保障所包含的一种价值观。

第二，诉诸司法[①]，英文为 access to justice，其中 access 这个词的意思包括：接近（人、物的机会或门路）、可通行（的许可）或通达、进入或使用（场所、设施、制度的资格）、接触或取得（信息、资料、案卷）、探视（不由自己监护的未成年子女）等。概括而言，access 意味着获取含有积极利益的机会、资格或自由。access 的衍生词 accessibility 在残障研究中则可译为无障碍。access to justice 也可翻译为"接近司法""近用司法"。本书用"诉诸司法"一词，强调 access 含义中"门路""渠道""诉求机会"的一面，主要指在法院或准司法的听审之前，当事人选择司法渠道救济权利的可行性，具体包括本书第三章第一节"在司法门前"的内容，例如将损害归因为权利的侵害，有意愿和能力诉诸司法，获得有效的法律服务包括法律援助，以及选择合适的纠纷解决渠道，并进入司法（立案）。

第三，实现司法正义，英文也是 access to justice。这个中文用法强调 access 这个词中"进入或使用"和"接触或取得"的一面，包括上一段中的诉诸司法而含义更广，是指从"在司法门前"的准备，到实际法庭听审、辩论，以及裁判和执行，[②] 全过程实现了权利救济和司法正义。20 世纪 80 年代的欧美研究者曾将实现司法正义的核心界定为"将权利转化为利益的手段"，[③] 这里还强调了非正式司法制度或替代性的纠纷解决制度的意义。在联合国文件中，access to justice 一般指

[①] 例如联合国人权理事会第 37 届会议通过的人权高专办报告《残疾人权利公约第十三条规定的诉诸司法权》，就使用了"诉诸司法权"这个翻译，A/HRC/37/25，2017。

[②] 比如有论者将欧洲人权机制中的"接近司法正义"概括为三个要素：诉诸司法的权利、公正审判请求权、判决执行请求权。陈洪杰：《接近正义与人权的司法保护——欧洲人权法院相关实践的启示》，柳经纬主编《厦门大学法律评论》第 8 辑，厦门大学出版社，2004，第 258 页。对联合国人权机制中"实现司法正义"要素的类似概括，另可见 Vera Shikhelman, "Access to Justice in the United Nations Human Rights Committee," 39 *MICH. J. INT'l L.* 453（2018）。

[③] 〔意〕莫诺·卡佩莱蒂编《福利国家与接近正义》，刘俊祥等译，法律出版社，2000，第 223 页。

这个广泛含义。例如中文本《残疾人权利公约》第 13 条将这个词译为"获得司法保护"，比较强调个人获取的积极利益并预示了国家义务。[①] 在 2015 年联合国消除对妇女歧视委员会发布的《关于妇女获得司法救助的第 33 号一般性建议》中，这个词被不太准确地翻译为"司法救助"。司法救助在中文语境主要指司法机关对贫困当事人减免诉讼费、提供额外补偿等经济支助，可以算广义的实现司法正义的一种积极措施。联合国可持续发展目标（2015—2030）第 16 项目标为"和平、正义与强大机构"，内容为"创建和平、包容的社会以促进可持续发展，让所有人都能诉诸司法，在各级建立有效、负责和包容的机构"。其中的两个具体目标是：在国家和国际层面促进法治，确保所有人都有平等诉诸司法的机会；推动和实施非歧视性法律和政策以促进可持续发展。[②] 此外，关于实现司法正义与权利救济、正当程序、平等保护、公正审判等概念的区分，详见本节下一部分。

本书中的残障人平等实现司法正义（equal access to justice），是指残障人在与其他人平等的基础上，享有诉诸司法的程序选择权利，以及通过所有适当措施，实现司法过程的实质平等，享有应得的公正裁判结果。作为对照，中国语境下"人权司法保障"对应的英文为 judicial protection of human rights，[③] 在官方文件中更加偏重正式司法中的程序安排。《残疾人权利公约》中的"平等获得司法保护"除了关注立法、司法规则的变革，还强调司法全过程的无障碍、程序便利以及合理调整。本书第二、三章论述残障人实现司法正义在中国的制度定位和实践路径，既包括范围较窄的司法程序安排，也包括中国已经建立的残障人法律援助等广泛的制度举措。

---

① 此外，儿童权利委员会 2019 年发布的《关于儿童司法系统中的儿童权利问题的第 24 号一般性意见》第 5 段也在广义上将 access to justice 译为"诉诸司法"。

② 参见联合国官方网站，https://www.un.org/sustainabledevelopment/zh/peace-justice/。

③ 李璐君：《"人权司法保障"的语义分析》，《华东政法大学学报》2019 年第 4 期。

二 残障人实现司法正义的人权法界定

本书将残障人"实现司法正义"界定为，残障人在与其他人平等的基础上，通过正式或非正式司法制度寻求和获得救济，以及通过其他形式参与司法，实现其固有的、普遍的、不可分割的基本权利。《残疾人权利公约》这一核心人权公约通过第 13 条首次直接表述这项权利，[①] 旨在重申残障人权利得到有效救济的关键途径，并强调残障人实现这项基本权利所面临的特别挑战，包括：提供无障碍环境、程序便利、合理调整，以及通过培训工作人员提高认识和对残障的敏感性等。[②]

实现司法正义作为一项国际社会认可的人权，可以回溯到 1948 年《世界人权宣言》第 8 条中对基本权利的有效补救（right to an effective remedy）。[③] 1966 年起草、1976 年生效的《公民权利和政治权利国际公约》（中国于 1998 年签署而尚未批准）第 2 条同样规定了对权利的有效救济，并在第 14 条详细规定了任何人获得"公正审判"（fair trial）的具体保障措施。[④] 中国已经批准的《经济、社会及文化权利国际公约》没有

[①] 《残疾人权利公约》第 13 条："一、缔约国应当确保残疾人在与其他人平等的基础上有效获得司法保护，包括通过提供程序便利和适龄措施，以便利他们在所有法律诉讼程序中，包括在调查和其他初步阶段中，切实发挥其作为直接和间接参与方，包括其作为证人的作用。二、为了协助确保残疾人有效获得司法保护，缔约国应当促进司法领域工作人员，包括警察和监狱工作人员进行适当的培训。"

[②] 丁鹏：《残障人平等实现司法正义：法律框架与案例述评》，张万洪主编《残障权利研究》（第 2 卷第 1 期），社会科学文献出版社，2015。

[③] Anna Lawson, "Disabled People and Access to Justice, From Disablement to Enablement?" in Peter Blanck, Eilionóir Flynn, eds., *Routledge Handbook of Disability Law and Human Rights*, Routledge, 2017, pp.98 - 99.

[④] 《公民权利和政治权利国际公约》第 14 条：" 一、所有的人在法庭和裁判所前一律平等。在判定对任何人提出的任何刑事指控或确定他在一件诉讼案中的权利和义务时，人人有资格由一个依法设立的合格的、独立的和无偏倚的法庭进行公正的和公开的审讯。……三、在判定对他提出的任何刑事指控时，人人完全平等地有资格享受以下的最低限度的保证：（甲）迅速以一种他懂得的语言详细地告知对他提出的指控的性质和原因；（乙）有相当时间和便利准备他的辩护并与他自己选择的律师联络；（丙）受审时间不被无故拖延；（丁）出席受审并亲自替自己辩护或经由他自己所选择所法律援助进行辩护；如果他没有法律援助，要通知他享有这种权利；在司法利益有此需要的案件中，为他指定法律援助，而在他没有足够能力偿付法律援助的案件中，不要他自己付费……"这段译文来自联合国网站的公约人权高专办重译版，但（丁）项第一句中的"所选择 （转下页注）

直接列出有效救济或公正审判条款，但联合国经济社会文化权利委员会
1998 年发布的第 9 号一般性意见指出，"在多数情况下，其他措施如果
不以司法补救措施辅助或补充，可能没有效果"。[①]1965 年《消除一切形
式种族歧视国际公约》第 5 条要求法庭上的平等待遇（equal treatment），
第 6 条规定了诉诸司法获得有效保护与救济，并获得公允赔偿的权利。
1979 年《消除对妇女一切形式歧视公约》第 15 条将妇女平等的行为能力
与司法中的平等待遇规定在一起。1985 年《禁止酷刑公约》第 13、14 条
规定了对酷刑受害人申诉的公正审查（impartially examined）和公允赔
偿。1989 年《儿童权利公约》第 12 条专门强调了儿童直接或间接参与司法、
获得听审（opportunity to be heard）的权利（相关条文对比可见表 1-3）。

表 1-3　国际人权法中关于实现司法正义的规定

国际人权文书	条文	实现司法正义的要素
《世界人权宣言》（1948）	第 8 条：任何人当宪法或法律所赋予他的基本权利遭受侵害时，有权由合格的国家法庭对这种侵害行为作有效的补救	有效补救 合格法庭
《公民权利和政治权利国际公约》（1966）	第 2 条：……保证任何一个被侵犯了本公约所承认的权利或自由的人，能得到有效的补救 第 14 条（内容略）	有效救济 合格法庭 审判公开、无罪推定、知悉控告、准备辩护、律师帮助、审判不受拖延、参与庭审、询问证人、法律援助、免费口笔译、不被强迫自供或认罪、上诉

（接上页注④）所法律援助"文法有误，且"法律援助"在当前的中文语境中就指免费的法律服
务，再说"没有足够能力偿付法律援助"，容易引起困惑。因此，参照孙世彦、毕小青译《〈公
民权利和政治权利国际公约〉评注》（修订第二版）（生活·读书·新知三联书店，2008，第 314
页），该句可译为："（丁）出席受审并亲自为自己辩护或经由他自己所选择的辩护人进行辩护；
如果他没有辩护人，要通知他享有这种权利；在司法利益有此需要的案件中，为他指定辩护人，
而在他没有足够能力偿付辩护人的案件中，不要他自己付费。"

① 联合国经济社会文化权利委员会：《第 9 号一般性意见：〈公约〉在国内的适用》，（1998）E/
C.12/1998/24，第 3 段。

续表

国际人权文书	条文	实现司法正义的要素
《消除一切形式种族歧视国际公约》（1965）	第5条：……在法庭上及其他一切司法裁判机关中平等待遇的权利 第6条：缔约国应保证在其管辖范围内，人人均能经由国内主管法庭及其他国家机关对违反本公约侵害其人权及基本自由的任何种族歧视行为，获得有效保护与救济，并有权就因此种歧视而遭受的任何损失向此等法庭请求公允充分的赔偿或补偿	平等待遇 保护与救济 公允赔偿
《消除对妇女一切形式歧视公约》（1979）	第15条：……2.缔约各国应在公民事务上，给予妇女与男子同等的法律行为能力，以及行使这种行为能力的相同机会。特别应给予妇女签订合同和管理财产的平等权利，并在法院和法庭诉讼的各个阶段给予平等待遇。……	平等行为能力 平等待遇 可诉性、可得性、可及性、优良素质、提供补救措施和司法系统的问责制（参见下页注1）
《禁止酷刑和其他残忍、不人道或有辱人格的待遇或处罚公约》（1984）	第13条：每一缔约国应确保凡声称在其管辖的领土内遭到酷刑的个人有权向该国主管当局申诉，并由该国主管当局对其案件进行迅速而公正的审查。应采取步骤确保申诉人和证人不因提出申诉或提供证据而遭受任何虐待或恐吓 第14条：1.每一缔约国应在其法律体制内确保酷刑受害者得到补偿，并享有获得公平和充分赔偿的强制执行权利，其中包括尽量使其完全复原。……	公正审查 公允赔偿
《儿童权利公约》（1989）	第12条：……2.为此目的，儿童特别应有机会在影响到儿童的任何司法和行政诉讼中，以符合国家法律的诉讼规则的方式，直接或通过代表或适当机构陈述意见	直接或间接参与
《残疾人权利公约》（2006）	第13条：一、缔约国应当确保残疾人在与其他人平等的基础上有效获得司法保护，包括通过提供程序便利和适龄措施，以便利他们在所有法律诉讼程序中，包括在调查和其他初步阶段中，切实发挥其作为直接和间接参与方，包括其作为证人的作用。二、为了协助确保残疾人有效获得司法保护，缔约国应当促进对司法领域工作人员，包括警察和监狱工作人员进行适当的培训	程序便利 直接或间接参与 培训工作人员

资料来源：笔者根据联合国网站的公约文本整理。

　　在区域人权机制中，《欧洲人权公约》第 6 条、《美洲人权公约》第 8
条、《非洲人权和人民权利宪章》第 7 条都以类似于《公民权利和政治权
利国际公约》第 14 条的内容规定了公正审判。《欧洲人权公约》第 5 条、
《美洲人权公约》第 7 条、《非洲人权和人民权利宪章》第 6 条均另外规
定了限制人身自由（包括精神病人强制医疗）的正当程序。

　　此外，联合国《关于在刑事司法系统中获得法律援助机会的原则和
准则》（2012）在其第 1、2 条原则中特别强调了国家提供法律援助对于
确保公正审判的意义。联合国消除对妇女歧视委员会在《关于妇女获得司
法救助的第 33 号一般性建议》（2015）中，提到"可诉性、可得性、可
及性、优质司法系统、补救措施、问责制"六个要素，并指出残障妇女面
临的多重障碍。[①]联合国人权理事会于 2018 年通过其高级专员办事处的
研究报告《〈残疾人权利公约〉第 13 条规定的诉诸司法权》，确认公约是
明文规定诉诸司法权的第一个国际人权文书，其扩展了公正审判和有效
救济的人权概念，更强调残障人平等有效参与司法系统所有阶段、所有方
面的事务。[②]由时任联合国残疾人权利问题特别报告员卡塔琳娜·德文达
斯·阿吉拉尔（Catalina Devandas Aguilar）组织编撰、联合国人权高专
办和联合国开发计划署等支持发布的《残障人士获得司法保护权利的国际
原则和准则》（2020）进一步强调，"缔约国必须通过提供必要的实质性、
程序性的、适合年龄和性别的便利措施和支持方案，确保所有残障人士能
够享有平等司法保护的权利"。[③]

　　实现司法正义根源于悠久的公正审判传统。早在古罗马法时代，公

---

　　① 联合国消除对妇女歧视委员会:《关于妇女获得司法救助的第 33 号一般性建议》（2015），
　　　 CEDAW/C/GC/33，第 17 段。
　　② 联合国人权事务高级专员办公室:《〈残疾人权利公约〉第 13 条规定的诉诸司法权》，2018，A/
　　　 HRC/37/25，第 5 段。
　　③ 这份报告还有易读版（目前限于英语、法语、西班牙语），中国政府也就国内残障人司法保护的
　　　 相关良好实践提交了自己的经验总结；报告各版本及中国的经验总结均可见联合国人权高专网
　　　 站，https://www.ohchr.org/EN/Issues/Disability/SRDisabilities/Pages/GoodPracticesEffectiveAccessJust
　　　 icePersonsDisabilities.aspx。

民享有的 10 项基本权利中，5 项都与公正审判有关，包括：免受不合理逮捕、搜查和拘禁的权利，刑事指控的法律保障权，被追诉者获知指控原因、获得快速公开公平审判的权利，在民事案件中获得陪审审理的权利，免于过重的保释金和罚金、免受残酷和不人道惩罚的权利。[①] 在国际人权法中，实现司法正义还包括当事人穷尽国内救济程序之后，依法诉诸国际人权机构如联合国人权事务委员会、区域人权机构如欧洲人权法院等，寻求权利救济的渠道。[②] 本书主要聚焦国际人权标准的国内履行，对此不做赘述。

参照国际人权法的最新发展，实现司法正义的内涵，比公正审判的字面含义要丰富许多。与残障人实现司法正义的权利对应，国家有义务采取行动（行动上的义务），确立公正司法，促成残障人所有人权的实现、改善和保障（结果上的义务）。国家确保残障人实现司法正义是一项核心（不可克减）的人权义务，包括从物理空间、经济、语言和信息等方面让残障人能够平等进入正式或非正式的司法体系及救济机构。该项义务不仅包括国家司法体系不歧视和排斥残障人（消极义务），更在于国家积极行动，建立无障碍环境、提高各方认识、提供便利设施以及法律援助等公共服务，确保残障人实现司法正义。

从全世界范围来看，可供残障人实现司法正义的救济机构通常包括正式的司法机构，如法院、检察院、仲裁庭、监察机构、国家人权机构、有复议职权的行政机构、有准司法权限的公共部门等，也包括非正式的权利救济机构，如提供投诉、申诉机制、调解等替代性纠纷解决方式的机构，以及其他促进人权享有和实现的社区、贸易和行业组织。司法救济机构致力于解决包括公民权利及政治、经济、社会、文化权利等在内的全部范围的基本权利议

---

① 其他 5 项权利包括：言论、出版、结社、思想自由，携带武器的权利，私人住宅不驻扎士兵的权利，公民对国家的剩余主权，城邦或市镇的权利。参见 Joseph Plescia, *The Bill of Rights and Roman Law: A Comparative Study*, Austin & Winfied publishers, 1995, pp. 37~107, 转引自夏勇《人权概念起源——权利的历史哲学》，中国社会科学出版社，2007，第 70~71 页。

② Franceso Francioni, *Access to Justice as a Human Right*, Oxford University Press, 2007, pp. 73~74.

题。① 关于残障人实现司法正义的全要素分析，详见本书第三章。

近年来，在实务推动和政策研究层面，国家人权行动计划已经成为一国人权发展的重要参考和有用指标。就此而言，澳大利亚、新西兰等国家的人权行动计划中对残障人平等获得司法保护的规定值得重视。其中包括专门的残障人法律援助项目和反歧视法案的实施（澳大利亚）；② 当残障人被依法羁押时，要求收集数据，改善对他们的心理健康服务，确保他们的人身安全并尊重其人权（新西兰）。③ 相比之下，其他国家大多仅在公民权利和政治权利部分的获得司法保护方面，提及让一般公众更容易接近法院、诉诸司法。

残障人实现司法正义，绝非被动等待救济，也远不局限于帮助个人进入法庭程序，或者保障个人获得律师代理，④ 而必须是当事人平等参与整个行动过程，以及在结果上实现公平正义。这毋宁是一种通过法律和司法正义来掌控自己生活、实现基于权利的发展的可行能力。各种违法侵权行为对残障人等弱势群体的伤害更大，因为残障人在获得司法救济的过程中可能遭遇更多困难，进而反过来加剧他们的贫弱困苦。就此而言，残障人实现司法正义还有助于其摆脱穷困弱势处境，激发个人潜能，充分和切实地参与和融入社会。本书第五章第二节将从法律赋能角度继续论述这个议题。

残障人实现司法正义，至少包括过程和结果两个层面。结果很重要，但平等司法正义不等于残障人赢了案件的结果。⑤ 司法作为一种出于证据

---

① Asian Consortium for Human Rights-based Access to Justice, "A Manual on Human Rights-based Approach to Realizing Equal Access to Justice," 英文版可见 http://www.ombudsman.gov.ph/UNDP4/wp-content/uploads/2013/02/A-Manual-on-Human-Rights-based-Approach-to-Realizing-Equal-Ac.pdf，中文版可见武汉大学公益与发展法律研究中心《基于人权实现平等获得司法正义的路径入门手册》。

② 金冬日、许尧等：《国家人权行动计划国际比较研究》，上海三联书店，2021，第 81 页。

③ 新西兰对残障人的司法保护还包括监督《智力残疾法案 2003》的实施，调查针对心理健康服务用户的司法保护效果等。金冬日、许尧等：《国家人权行动计划国际比较研究》，上海三联书店，2021，第 89 页。

④ 联合国开发计划署，*Practice Note on Access to Justice*, 9/3/2004，第 6 页。

⑤ 本书第四章第二节还举例说明，在某些情况下，残障人赢了官司，却可能输掉了社会认同与融合环境。

规则和自由裁量的判断，程序正义是其基本属性。残障人作为当事人，自然就有输的可能。为了更好地促进残障人实现司法正义，检视现行司法中可能存在的歧视与不公，对司法裁判的具体结果进行量化分析，可以在策略上作为一种揭示糟糕处境的指标，以及批判歧视诱因、倡导平等对待的起点。① 比如国内研究者赵树坤、徐艳霞、刘佳佳、陈博等人开展的裁判文书研究，涉及残障人反歧视、反家暴的努力，以及参与社会生活各方面权利的司法救济。② 从过程来看，同样重要的是，残障人作为平等主体，运用法治社会的这一套司法制度的可行能力。在诸如心智障碍者性自主权、精神障碍者不被强制收治这样的疑难案件中，裁判者及参与司法程序的各方需要突破日常想象力的极限，溯源正义原则的人性根本，就"自尊""自负其责""平等的自由"等观念开展对话，达成共识。本书第四章第二节将进一步分析残障人实现司法正义的独特风险和脆弱性。

第三节　残障人实现司法正义的人权价值

本书将残障人实现司法正义的人权价值分为以下几个层次。第一，在底线正义层面，致力于实现个案中的权利救济和公平正义，加深对疑难案件中相互冲突的"正当"诉求的理解。第二，在公共参与和论证层面，提供公共讨论平台，促进对话，提升司法程序的公共性。第三，在正义感和法治文化层面，认可和扩展人权主体的人性能力的多样性。通过个案（特别是有影响的个案），提高社会认识，实现个人认同意义上的赋能，同时创造群体和国族的文化政治认同。

---

① 〔南非〕桑德拉·弗里德曼：《反歧视法》（第 2 版），杨雅云译，中国法制出版社，2019，第 15 页。

② 如赵树坤、徐艳霞《从 516 份司法裁判文书看残疾人权益保障及其完善》，《残疾人研究》2021 年第 1 期；刘佳佳《残障人士家庭暴力人身安全保护令数据统计分析报告》，张万洪主编《残障权利研究》（第 10 辑），武汉大学出版社，2022；陈博《人民法院如何解释和适用残疾人平等与不歧视的权利？》，张万洪主编《残障权利研究》（第 10 辑），武汉大学出版社，2022。

一　正当／权利优先，救济兜底

残障人的各项基本权利需要有效救济来兜底，进而平等诉诸司法、实现救济本身构成了一项独立的权利。在法治社会，强调这种司法救济权利的逻辑，意味着"正当／权利"优先。

本章第一节界定的人权概念，引出了残障人权利实现的两大难题。第一，由于价值多元，或者偏见和歧视，个人主张的基本自由或基本"善"之间可能存在冲突。"善"（virtue）出于"好"（good），来自人性的自然偏好，感性内容丰富多样。在功利主义、古典目的论或道义论政治哲学那里，当然还包括至善论，为了社会合作，都排除了某些极度伤害他人或严重浪费资源的个人偏好。即便如此，除了强烈的至善论，善与个体本性的深度绑定，意味着存在多元的主体及其异质的、冲突的主张。另外，想要建立社会共同体，必须有一种可以通约的价值。在现代法治社会，宪法及法律规定的权利正好发挥这个"最大公约数"功能。[1] 这也与罗尔斯界定的从正义原则到制定宪法的关键进展相呼应：人人平等享有的相互包容的基本自由，转化为实证法上的基本权利。[2]

第二，在现代社会，国家垄断了合法的强制力，权利救济主要不是私人之间的事情，而涉及个人自由与国家权力之间的复杂关系。依据古典自然法传统，个人权利必须以救济兜底，才能彰显其正当属性和优先价值。在霍布斯、康德那里，从个人的基本自由，诸如生命、人身自由、财产和契约自由中，可以推导出人权的"抵御"属性。在共同体中，人人平等地运用强制力进行"抵御"的资格，被整合入或授权于法律制度，就体现为对司法救济法定权利的诉求。[3] 在权利救济的过程中，个

---

① 在前现代中国，这种可通约物，可能是宗法伦理的价值，比如三纲五常、仁爱、孝悌。

② 〔美〕约翰·罗尔斯：《作为公平的正义——正义新论》，姚大志译，上海三联书店，2002，第77页。

③ 〔德〕哈贝马斯：《在事实与规范之间：关于法律和民主法治国的商谈理论》（修订译本），童世骏译，生活·读书·新知三联书店，2014，第33~34页。

人仍然面临国家权力侵害个人权利的风险（本书第四章第一节将展开论述残障人在现代社会面临的风险及脆弱性）。由此，人权的"抵御"属性，带出对公正审判的"正当"要求。这在长期的司法实践中构成一个自然正当的法律传统，并演变为专门的程序权利，充实了"有效救济"这项人权的内容。

通过法律设定残障人实现司法正义的程序性权利，是在总体法治框架下运用"正当 / 权利优先、救济兜底"原则对上述两个难题的初步解答。然而，对残障人而言，其法定权利要么受到更多限制，比如关于行为能力、行动自由的限制，要么更不容易诉诸司法主张救济，比如缺乏经济收入、缺乏语言交流渠道、缺乏无障碍环境等支持条件。在残障人诉诸司法的争议案件中，司法程序本身还得判断，何种法定权利更为正当。真正的疑难案件，通常意味着不能仅仅依照法律现有的规则来支持一方反对另一方，比如精神障碍者自主决定与强行收治的衡量，又或者是无障碍改造与古建筑物保护的衡量。针对这种情况，罗尔斯给出的解答是，正当优先于善。[①]

在此思路下，即便司法阶段比订立社会契约的原初阶段考虑了更多具体事实，罗尔斯仍倾向于认为，已经证成的更具普遍正当性的原则，优先于有待证成的个别偏好的善。例如对人身安全或公共秩序的保障属于正当，而精神障碍者的医疗自主决定看来是有待证成的偏好（善）。前者更易于得到司法审查的支持（详见第三章第二节）。这就回到了《残疾人权利公约》之前的时代。

在"正当"与"善"的争论之外，还有一种诉诸德性、伦理的解答尝试。麦金太尔援引亚里士多德的观点，认为解决司法难题的一个条件在于让具备审慎德性（phronesis）的人来裁判。那个败诉的主张，并不见得是错误的、始终没有希望的，而只是裁判者此刻应当做而没做的选

---

① 〔美〕约翰·罗尔斯：《正义论》（修订版），何怀宏、何包钢、廖申白译，中国社会科学出版社，2009，第355页。

择。①问题在于，一个身具德性的裁判者，也接续了历史生成的、社会结构给定的主流偏好，其如何向显得差异甚或"怪异"的主张保持开放，例如在性侵案件中接受一位智力障碍者前后不一致的证词。

哈贝马斯分析了现代世界带给人的"正当／权利"困境：一种政治上的事实、法律上的强制，与道德上的规范、伦理上的自主之间，始终存在一种张力。他试图从欧洲大陆哲学的思辨传统中，区分个体道德与共同体伦理，用法律的正当性（legitimacy）重叠伦理的正当，避开政治自由主义的纷争。哈贝马斯批评康德以降，依据实践理性对个人权利、主观权利的假定，要求通过交往理性，在私人自主之外发展出公共自主、政治自主，重构权利的商谈论证源头以及共同体的普遍合理认同。②据此，心智障碍者的正当主张，需要在法律制定和实施（特别是司法）的各个环节，依据形成意见和意志的法定程序，通过习惯于自由传统的行动者的自发商谈，得到证成。

上述在司法裁判中寻找"正当"依据的方案，都出于一种对基本人性能力的假定，亦即具备特定形式的理性、道德能力或德性。这种裁判原则形成封闭的论证体系，不利于真正救济残障人的权利，令其平等实现司

---

① 〔美〕阿拉斯代尔·麦金太尔：《德性之后》，龚群、戴杨毅等译，中国社会科学出版社，2020，第193~195、285页。《德性之后》中译本第195页及第231页，都将审慎德性（希腊文phronesis，英文prudence）翻译为智慧（希腊文sophia，英文wisdom），容易引起误解，或可能加剧了道德哲学与政治之间的张力。在亚里士多德的《尼各马可伦理学》中，同属理智德性（或译智善），审慎不同于智慧，更接近人之自然本性、常理常情。审慎与实践理性（行为）有关，直接引导道德德性（或译德善）；智慧只与理论理性（思考）有关。审慎，也被翻译为明智、慎思、明慎，是真知（knowledge）与心智（intelligence）能力的混合。在此意义上，法理学（Jurisprudence），就是关于正当之法（juris）的审慎思考，源于对人生窘境的往复徘徊，指向法治与正义的总体德性。另可参见〔古希腊〕亚里士多德《尼各马可伦理学》，廖申白译注，商务印书馆，2003，第203页；邓文正《细读〈尼各马可伦理学〉》，生活·读书·新知三联书店，2011，第178页。这种翻译上的不一致，还可见于其他译著，例如将phronesis翻译为实践的智慧、健全的理智、审慎的智慧，比起单独的智慧或理智，加了限定语，突出其与实践理性、道德行为的联系。这种译法可能也与原作者对理性的解读有关，例如泰勒自己界定的实践理性（变化中的理性），很不同于他归类的柏拉图、亚里士多德、斯多葛传统的理性。参见〔加〕查尔斯·泰勒《自我的根源：现代认同的形成》，韩震等译，译林出版社，2012，第105、176、406页。

② 〔德〕哈贝马斯：《在事实与规范之间：关于法律和民主法治国的商谈理论》（修订译本），童世骏译，生活·读书·新知三联书店，2014，第144~159页。

法正义。这也揭示出，需要通过反思性的判断解决上述问题，乃至解构、重述权利主体的人性能力构成，进而带出下文分析的司法的功能，亦即公共参与、公共对话和证成。

二 法治源头，司法为公

残障人实现司法正义，意味着程序正义的内在价值。个案结果存在争议，还有补救希望，但司法程序不公，则污染了法治源头。

依照《残疾人权利公约》第 13 条，残障人"在与其他人平等的基础上"诉诸司法，就程序正义而言，可以理解为一种获取公平机会的公平渠道（fair access to fair opportunity，或译为"接近机会公平的公平机会"）或司法救济机会的实质平等。[①] 这个程序正当的要求可以借助罗尔斯正义原则的第二个原则来理解。

本书参考罗尔斯《正义论》英文版、中文译本并借鉴学者批评，[②] 将其正义原则翻译如下：

> 第一个原则（基本自由的平等原则）：每个人都对一整套最广泛的基本自由享有平等权利，这套自由与所有人享有的类似自由相容。
> 第二个原则：社会和经济不平等的安排，（1）应当适合于最少受惠者的最大利益，并且符合正当储存原则（差别原则）；（2）是在公平的机会平等的条件下，向所有人开放的职位和岗位所附随的结果（平等机会的公平原则）。

据第二个原则，残障人诉诸司法要求更深一层的"平等机会"的公

① 孙国东：《公共法哲学：转型中国的法治与正义》，中国法制出版社，2018，第 355 页。
② 参见 John Rawls, *A Theory of Justice*, Revised Edition, Cambridge, MA: Harvard University Press, 1999, p. 266；〔美〕约翰·罗尔斯《正义论》（修订版），何怀宏、何包钢、廖申白译，中国社会科学出版社，2009，第 237 页；张国清《罗尔斯难题：正义原则的误读与批评》，《中国社会科学》2013 年第 10 期。

平 。一般而言，残障人平等享有实体权利，实现实质自由与平等，不仅需要人们通常理解的机会平等，还需要在抓住"机会"之前的环节中获得更多支持。例如，接受高等教育之"平等机会"的公平，不仅仅是残障人都享有公平机会，可以参加大学入学考试然后凭分数被择优录取，还涉及更深层的教育资源分配的公平，包括为残障学生提供更多的福利保障或积极支持措施。同理，残障人接近或诉诸司法的平等机会的公平，意味着在通常的诉讼机会之外，由义务承担者进一步采取措施提供程序便利、合理调整与其他无障碍支持。"接近或实现司法正义的权利"构成了保障公民真正获得公正审判、实现程序正义的前提。[①] 在司法程序中确保"接近"的机制，远远不止于一套看起来客观中立的法院审判规则，还包括广泛的无障碍改造与合理调整、提供有效的公共法律服务等（详见本书第三、四章）。在依法评判当事人是非对错之前，这种对司法程序本身的检视和调整，令其容纳特定弱势群体的正当诉求，已经初步触及司法的反思判断属性。

残障人实现司法正义，这一具有张力的过程对程序正义的要求，还会产生一种更加开放的公共对话和证成的价值。在前述实例中，采纳心智障碍者受害人的证言，涉及法院调整证据规则；衡量精神障碍者自主决定医疗安排的资格，涉及对自立生活能力和公共安全风险的衡量。对于调整证据规则，司法系统自己或许可以主导完成，但也绝非没有争议，背后可能涉及社会公众对心智障碍者性自主权的认识。衡量精神障碍者自主决定医疗安排的资格，则是立法者制定《精神卫生法》之后扔给司法者的难题。精神卫生专家、社会工作者、法律专业人士、行政主管当局（公安、民政部门等），当然还包括残障当事人及其亲友，都卷入其中，莫衷一是。[②]

[①] 孙国东：《公共法哲学：转型中国的法治与正义》，中国法制出版社，2018，第 354~355 页。

[②] 相关争论可见以下文献：陈博《分歧与共识：〈残疾人权利公约〉禁止非自愿收治?》，《西南政法大学学报》2019 年第 2 期；马华舰等《精神科医生对患者非自愿住院决定的影响因素研究进展》，《中国卫生资源》2017 年第 5 期；陈博《精神障碍者民事独立起诉权的实践与发展：从〈精神卫生法〉到〈残疾人权利公约〉》，张万洪主编《残障权利研究》（第 2 卷第 1 期），社会科学文献出版社，2015；马志莹《亲密的生命政治——家庭权责主体与精神卫生立法》，《思想战线》2014 年第 3 期。

有鉴于此，探讨残障人实现司法正义过程中的自由平等问题，必然牵涉作为公共哲学的政治哲学在法律领域的要求。政治哲学是公共的，因为其关系到正当制度如何经由公共理性得以证成，最终说明每个公民如何在这样的制度下生活得好、有尊严。① 这也意味着每个人不论身心机能状态如何，在良序社会中最低限度地发展及实践一种人性能力的可能性。② 法哲学的"公共转向"回应了这种需求，以探索法律的政治哲学承诺。不过，在目前的研究中，有关立法（立宪、立教）的公共法哲学居于首要位置，立法程序的正当要求或普遍道德主义要求，为法治建设中的公共参与、公共对话和证成奠定了基础。③ 本书拟从司法正义的角度来探讨这一公共法哲学的可能框架。

对于残障人而言，实现司法正义的行动，始于个人的正当诉求，基于历史延续下来、为当前社会认可或可争论的德性，落入编织严密的法律之网，而又超越了个人的伦理努力，呈现于多重（群）认同的主体一起实现权利内容的可行过程。诉诸司法，两造论辩，正当/权利得证。现代法治社会向每个人允诺了这种"司法为公"的崇高图景。就此而言，麦金太尔高扬主体德性的伦理学，在一定程度上回避或忽视了罗尔斯政治哲学中的公共证成努力。④ 其未能注意到在现代公共生活领域，包括但不限于女权、性少数权利、残障权利运动中，各类群体诉诸司法主张平权的公益诉讼行动，都有效促进了国际人权标准和国内法律的发展，也接续传统并塑造了现代人的德性。司法中为了残障人的实质平等的自由而提供程序便利、合理调整，这个能动过程，不只是从个体角度对人权的道德诠释，也

---

① 周保松：《自由人的平等政治》，生活·读书·新知三联书店，2017，"自序"第16页。
② 这里将自由主义者的"理性自主能力"替换为更多样的"人性能力"。关于理性自主能力作为自由人的根本，可见周保松《自由人的平等政治》，生活·读书·新知三联书店，2017，第344页。
③ 孙国东：《公共法哲学：转型中国的法治与正义》，中国法制出版社，2018，第55~56、165~175、231页。
④ 尽管麦金太尔也受到"语言学转向"的影响，强调对话作为可理解的人类行为的重要性。参见〔美〕阿拉斯代尔·麦金太尔《德性之后》，龚群、戴杨毅等译，中国社会科学出版社，2020，第267~268页。

不只是从共同体角度对人民主权的伦理要求的直接适用。为取得公平正义的裁判结果，各司法参与者需要展开对自然正当的论证，暂且形成确信。哈贝马斯的商谈论证对主体间的能力要求太严苛，但至少启发人们，残障人作为法律的承受者，同时也成了法律程序和正当性的创制者。①这个"自主"参与公共政治或司法的过程，对于残障人权利理论而言，其独特挑战在于，传统认为的个体理性、意志以及公共理性、商谈理性，都要加以扩展，以平等接纳一种无障碍环境、合理便利等支持条件下的自主。本书第六章将进一步阐述残障平等理念，批判能力主义的正义论，探索"不同能力者"实现司法正义的可行能力路径。

司法的判断，离不开阐释（interpretation）。通过司法的阐释过程来论证残障人的法律主体地位并实现个案正义，可以在一定程度上克服发现或发明新的正当依据的困难。因为人们已经生活在这个道德世界和法治社会的内部。②由此直到阐释的尽头，包括本书第五章中的公益诉讼揭示出司法介入社会变革的局限，再往后就是立法变革了。

司法是一种公共的事业，正义属于全体社会成员。社会成员不是"疏离、孤立和自利的个体，而是具有正义感、并愿意共同分担彼此命运的道德人"。③更进一步，如果为正义而起的抗争和社会建设发生了，它应当是社会性的，而不是留在个人心灵深处的孤独角落。④共同体的文化政治认同，不仅在于一整套宪法规定的基本自由，还在于这套平等规定的权利，如何通过公共论证程序，兼具自由裁量和反思判断的审慎合度效果，适用于千差万别的具体个案，融入不同能力者的实际生活。

---

① 〔德〕哈贝马斯：《在事实与规范之间：关于法律和民主法治国的商谈理论》（修订译本），童世骏译，生活·读书·新知三联书店，2014，第127~128页。艾丽斯·杨批评了哈贝马斯的理论，认为其将公共领域视为理性领域，排除了人的欲望和情感，忽视了语言中隐喻、修辞、游戏、具象的方面对交往效果具有重要影响。参见〔美〕艾丽斯·M.杨《正义与差异政治》，李诚予、刘靖子译，中国政法大学出版社，2017，第142~143页。

② 〔美〕迈克尔·沃尔泽：《阐释和社会批判》，任辉献、段鸣玉译，江苏人民出版社，2010，第23~27页。

③ 周保松：《自由人的平等政治》，生活·读书·新知三联书店，2017，第81页。

④ 〔美〕查尔斯·蒂利：《身份、边界与社会联系》，谢岳译，上海人民出版社，2021，第73页。

司法正义或矫正正义，是法治社会的公平正义体系的重要内容。司法的优势在于逐案审查，将普遍规则适用于具体个案。残障人实现司法正义，尤其凸显出这个"适用"的张力。一方面，程序正义是必要的；另一方面，在司法全过程为残障人提供程序便利、合理调整也是必要的。直觉正义、实质正义的观念或诉求，都会影响这个判断过程。过去人们觉得"不值得"，现在法律认为值得了；或许法律还认为"不值得"，但社群已经要求"值得"。与本章第一节阐述的人权主体范围扩展的历史相呼应，在谈论和主张人权的过程中，残障人实现司法正义的底线在慢慢提高，而这个人权理想还可以感召后来者。

三 认可和扩展人性能力的多样性

残障人实现司法正义，从普通个案到影响力诉讼，都是促进认同主体性和人性能力多样性的公共说服过程（本书第四章详细举出了关于多种人性能力在司法程序中呈现的例子）。这种公共说服或公众教育，可以表现为日常的对话、理性的论辩或商谈，也可以是感性的触动，譬如某种心理学的实证效果。公共说服是必要且可行的，"如果一个论证为论辩者所指向的听众接受，那它就是正当的"。[①]司法正义的实现过程可以增进人们对法治的认同或正义感，包括：当事人能够发声或在某种程度上掌控程序，更容易得出该程序是正义的判断；增进对总体司法权威的认可；增进对司法干预个案后的再分配或矫正结果的认可；促进人们的一般有益行为。[②]另外，对于遭受司法不公的人来说，则可能意味着复仇，无所相信，撕毁社会契约，放弃伦理价值。其被否认了在人世间"生活得好或做得好"的可能性，余下就是坠落到暴力的、缠闹的乃至极端的选择。对于社会来说，这意味着法治文化解体，不平等加剧，人的脆弱性被遮蔽并恶

---

① 关于佩雷尔曼的新修辞学的阐述，参见〔荷兰〕伊芙琳·T.菲特丽丝《法律论证原理——司法裁决之证立理论概览》，张其山等译，商务印书馆，2005，第46页。
② J. Thibaut, L. Walker, *Procedural Justice: A psychological Analysis*, Hillsdale, NJ: Erlbaum,1975, p.204.转引自李石《〈正义论〉讲义》，中国社会科学出版社，2021，第110页。

化。公平正义先是远离了最脆弱的少数人，然后是大多数人。

　　人为权利而斗争，诉诸司法主张个人或社群正当利益，离不开正义感。这种正义感有其人性天然根基，同时离不开具体个案实践经验的培养，以及从中抽象出来的普遍法则。[①] 社会成员需要亲身 [②] 见证司法公正的制度运行的德性，见识主体间相互交往乃至依存的丰富形式，才能形成个体的正义感以及对人权的肯认，进而汇聚为共同体的法治信仰。残障人诉诸司法救济权利，是对所处的社会存在公正制度的信任和期望。能否在与其他人平等的基础上诉诸司法，并实现司法正义，会影响到残障人作为权利主体对自己这种正义感合适与否的判断及确信。

　　强调不同能力者通过司法正义的过程实现自我认同，乃至扩展社会成员的人性能力的多样性，这一立场与疗愈法学（Therapeutic Jurisprudence）存在相通之处。疗愈法学，是指将法律作为一种社会干预的力量，运用社会科学方法研究法律运行如何影响了参与者的身心健康，以及在不影响正当程序的情况下，如何增加有利影响，消除不利影响。相关研究领域起初主要关注精神卫生法，而后还包括刑事法、侵权法和合同法，乃至所有法律领域。在诸多残障歧视和人格权侵害案件中，可能都会产生法律的治疗或"再次伤害"效果。治疗法学与残障人平等自由相通的一大核心原则在于促进尊严。[③] 例如艾米·罗纳描述了当事人在司法中实现尊严的三个主观要素，亦即发出声音（voice）、确认有理 [④]（validation）以及自愿参与（voluntariness）：当事

[①]　雷磊：《"为权利而斗争"：从话语到理论》，《苏州大学学报》（哲学社会科学版）2019 年第 2 期。

[②]　这里的"亲身"，英文可以对应"personal"；借鉴了波兰尼诉诸个人直觉、良知和信念的"个体知识"（personal knowledge）以及杜维明的"体知""亲知"。相关评述可见胡万年《身体和体知：具身心智范式哲学基础研究》，北京师范大学出版社，2020，第 28 页。这个"亲身"概念，也呼应了本书第六章第二节第三点讨论的具身心智、感性 / 审美自由的人性能力。

[③]　Bruce J. Winick, *Civil Commitment: A Therapeutic Jurisprudence Model*, Carolina Academic Press, 2005, p.161.

[④]　确认有理，本意是验证、确认某个身份、言行或证件真实、有效或合理。在心理学语境中，确认有理不是毫无立场或保持距离的支持，而是让倾听者在场，通过中立、客观而深入的方式，认可、接受自己或他人"是其所是"，并尽可能结合历史的、记忆的、身体的、环境的要素来理解相关的言行、感受、情绪。

人有机会讲出自己的故事，觉得法庭确实认真听取、严肃对待，就会感到自己被"确认有理"。他们对案件结果会更加心平气和。通过发出声音和确认有理，可以产生一种自愿参与的感觉，让人更少体验到强迫。当事人觉得是自愿参与某个程序，该程序产生了最终结果或司法判决，进而影响到他们自己的生活。这种感觉可以引发疗愈，激励未来的更好的行为。当人们感到是自主在做决定，或至少参与了有关自己的决定时，就能顺遂兴盛。①

通过司法路径认可和扩展人性能力的多样性、脆弱性，具体措施在于提高当事人的可行能力，在定分止争的全过程，认可人的动态变化和相互联结，实现个案的公平正义；实际结果在于促进残障人的实质自由和平等。为此需要在司法门前，确保残障人平等的起诉或投诉资格，提升其权利知晓度和运用法律的信心，增进公共法律服务的可及性。在法庭上，需要提供无障碍、程序便利及合理便利支持，落实两造平衡原则，构建诉诸司法权保障残障人基本自由的结构（详见本书第三章第一节的分析）。在裁判结果上，还需要通过一种惩戒、赔偿、矫正和赋能机制，呈现社会中新的强弱对比动态。公正司法阻断了复仇和私力救济，并提供公平的、强制执行的裁判。司法为受侮辱、歧视、损害的当事人提供及时有效的救济，恢复其对正当应得和良好秩序的信心，在差异身份中建立对共同体的认同，最终确保其重新参与对话、开始行动、实现幸福的可能性。

小　结

本章第一节首先厘定了残障人实现司法正义作为一项人权的基本内涵。人权意味着人之为人所享有的主张正当利益、为或不为的平等资格，并能够如此的自由。这一人权概念契合本书的研究问题，有助于凸显残障

---

① Amy D. Ronner, "Songs of Validation, Voice, and Voluntary Participation: Therapeutic Jurisprudence, Miranda and Juveniles," 71 *U Cin L Rev* 89（2002）. 另可参见 Amy D. Ronner, *Law, Literature and Therapeutic Jurisprudence*, Carolina Academic Press, 2010。

人的人性能力的多样性、主张平等权利的正当性，以及诉诸司法、救济和实现权利的可行能力路径。据此回溯西方思想史可以发现：人权主体的框选范围、人性能力的"自然"根基、人格内容的物质承载以及人权主张的正当属性，都有其历史实践的发展过程。

本章第二节回顾国际人权法体系的发展，梳理了"获得司法保护"首次确立于《残疾人权利公约》的背景，包括《世界人权宣言》和早期核心人权公约规定的获得救济的权利、公正审判的权利。

本章第三节指出了残障人实现司法正义的人权价值。第一，在底线正义层面，致力于实现个案中的权利救济和公平正义，加深对疑难案件中相互冲突的"正当"诉求的理解。第二，在公共参与和论证层面，提供公共讨论平台，促进对话，提升司法程序的公共性。第三，在正义感和法治文化层面，认可和扩展人权主体的人性能力的多样性。通过个案（特别是有影响的个案），提高社会认识，实现法律赋能，同时创造群体和国族的文化政治认同。

在此脉络下，本书第二章将论述残障人实现司法正义在中国人权体系中的定位和实施框架；第三、四、五章将检视残障人实现司法正义的现实路径、特别挑战和制度创新；第六章将基于残障人实现司法正义的现实问题，批判以罗尔斯为代表的正义理论，引入残障司法的可行能力路径；第七章将探索运用实践唯物主义承载人性能力的多样性，基于实质平等的六个维度超越可行能力路径，汇入建设融合社会的韧性法治框架。

第二章　残障人实现司法正义，生成本土人权制度

　　一种文明是通过一种时空体，通过某些会使人的概念变得多样的节奏，而在其他文明中把自己区分出来的。[①]

　　中国已经批准《残疾人权利公约》并积极推动其国内实施。残障人实现司法正义在中国的实践，是人权普遍原则与中国实际国情的结合，有其独特的经济社会发展的历史背景，也有特定的制度话语生成的逻辑。残障人权利的法治保障，构成了中国人权文明生动故事的关键内容。中国人权理念首先在于以人民为中心，强调生命至上，所有人平等参与和共享发展，并确保各项权利全面协调实现。这一人权理念的落脚点在于构建人类命运共同体，既尊重人的多样性和脆弱性，又强调人的固有尊严和平等，最终在"和而不同"的国际人权治理体系中，实现"天下万族，休戚与共；多群一体，各美其美"。[②]

　　本章主要概览中国残障人权利的历史发展，指出残障人获得司法保护在中国人权话语中与人权司法保障、特定群体平等保障的交叉，并初步概览在司法全过程，各部门共同促进残障人获得平等保护的制度框架。

---

① 〔法〕吉尔·德勒兹：《康德的批判哲学》，夏莹、牛子牛译，西北大学出版社，2018，第 208 页。在这里，节奏意味着一种内在异质的声音在时空中的组织方式，不同于均质的节拍。
② 李嘉宝：《中国人权理念引发广泛共鸣》，《人民日报》（海外版）2021 年 7 月 31 日，第 6 版。

第一节 中国残障人权利的历史发展概览

中华文明源远流长，其关心扶助残障人的优良传统中蕴含着深厚的人道价值。例如《礼记·礼运·大同篇》指出："大道之行也，天下为公……人不独亲其亲……矜寡孤独废疾者，皆有所养……是谓大同。"受这些文化传统的影响，在中国近现代以前的数千年专制社会中，统治阶级在其统治地位稳固时，会鼓励和支持收养救济残障人的活动，以便人民"乐岁终身饱，凶年免于死亡"，从而维持其正统地位。但是，历史也是残酷的，皇权专制和地主阶级的压迫，实际上让人民"乐岁终身苦"，每有战乱、灾荒，首先受伤害、被抛弃的就是残障人。鸦片战争以后的近百年时间里，中国内忧外患频仍，加之自然灾难，残障人常常流离失所，冻饿死于路旁，悲苦不堪言。因此，残障人天然地期盼社会稳定、国泰民安。

1921 年，中国共产党成立，此后百年征程，从共产主义理想到人道主义政策，从工人运动、革命斗争到经济建设、社会改造，全面彻底改变了中国残障人安身立命、享有平等保障的历史进程。随着中国共产党的成立，马克思主义中国化的初步成就在于，将传统中国仁民爱物的精神和马克思主义中高扬的人的实践主体性结合，关注无产阶级劳动者的真实困难，包括残障导致的具体生存发展问题。党在领导人民的长期革命斗争和社会改造实践中，始终结合历史具体的物质基础和经济社会发展情况，出于革命初心和对基本人性的尊重，为残障人在生产生活中的权利提供了相应保障。

1922—1929 年，中国共产党书记部发起并召开 5 次全国劳动会议，每次都为争取人民的社会保险作出了决议。这一时期较早明确提到残障问题的重要文献，是 1925 年第二次全国劳动大会时，中国劳动组合书记部主任邓中夏所作的《劳动运动复兴期中的几个重要问题》。该文件提出劳动保险应包括"残废保险"。①这些政治主张继承了马克思在《哥达纲领批判》中对资本主义社会虚假的平等劳动权的批判，②要求确保劳动者能够因为自身的价值，而非其产品的价值，并考虑到体力、智力的多样性，而得到符合人性尊严的对待。自20世纪30年代到新中国成立前夕，党在根据地、解放区建立了自己的革命政权，开始通过革命立法保障残障人包括伤残军人、工人和农民的相关权益。在新民主主义革命时期，党在苏维埃政权建设中探索出多种形式来为残障人提供社会保障，包括一般救济、抚恤，机构托养，辅具供给，土地承包和出租的特许规定，以及刑事责任等。党在根据地和解放区的制度探索，从现代人性观出发，将残障人纳入社会保障范围，是中国历史上真正为广大人民提供平等权利保障的开端。这些艰苦卓绝的实践，为新中国发展现代残障人权利保障制度积累了经验、奠定了基础。③

　　1949年，党领导人民成立了新中国。党和政府从国情实际出发，确立了保障残障人人道待遇的基本制度。土地改革、福利工厂、良好的社会秩序、友善的社会环境等促成了残障人生存与发展权利的一次历史飞跃。1978年改革开放之后，党领导下的残障人事业进入恢复与快速发展阶段。党和政府采取了一系列积极措施，通过立法政策途径，发展保障残障人基本权利的体系，促进残障人在政治、经济、社会、文化等领域权利的享有和实现。1988年，中国残疾人联合会成立。2012年党的十八大以来，中国特色残障人事业进入新时代高质量发展阶段，保障残障人基本权利已经成为中国全面建成小康社会进而全面建设社会主义现代化国家、实现共同富裕的关键环节。2014年习近平总书记指出："残疾人是社会大家庭的平等成员，是人类文明发展的一支重要力量，是坚持和发展中国特色社会主

---

① 曲相霏：《中国共产党残疾人权益保障的百年历程及意义》，《人权》2021年第2期。
② 〔德〕马克思：《哥达纲领批判》，《马克思恩格斯全集》第19卷，人民出版社，1963，第21~22页。
③ 相自成：《中国残疾人保护法律问题历史研究》，博士学位论文，中国政法大学，2004，第148~154页。

义的一支重要力量。"[①] 这一深刻论述，揭示了中国共产党始终信奉并践行的马克思主义"人学"原理，为新时代弘扬残障人的主体性、全面保障残障人权利奠定了坚实基础。

在这些重要历史阶段，确立残障人权利的法律制度也得到关键发展。1954 年《宪法》确立了中国的社会主义制度，并在第 93 条确认残障人作为劳动者的主体性，[②] 由国家提供人道主义的福利帮助。1982 年《宪法》重申残障人作为社会主义劳动者的主体地位，并进一步强化了对残障人基本权利的保障制度，其第 45 条具体指出，国家发展社会保险、社会救济和医疗卫生事业，"国家和社会帮助安排盲、聋、哑和其他有残疾的公民的劳动、生活和教育"。1990 年全国人大常委会第十七次会议通过《残疾人保障法》，并自 1991 年 5 月 15 日起实施。残障人权利的制度保障开始形成坚实的法律体系。随后，1994 年《残疾人教育条例》、2007 年《残疾人就业条例》颁布实施。

2008 年，中国修订《残疾人保障法》以及批准《残疾人权利公约》，进一步将残障人权利的国际标准融入中国特色残障人事业中。此次修订《残疾人保障法》，增加了残障人权利的内容，明确"禁止基于残疾的歧视"，强化了政府责任，突出了无障碍环境建设方面的内容，并补充了重要的操作规则。修订后的《残疾人保障法》建构了独特的残障人权利保障体系，借鉴已有弱势群体权益保护立法的优良经验，弥补了现行法律保护残障人的疏漏之处，成果斐然。

2012 年国务院制定《无障碍环境建设条例》，2017 年修订《残疾人

① 国务院新闻办公室：《中国残疾人体育事业发展和权利保障》白皮书，2022 年 3 月，中国政府网，https://www.gov.cn/zhengce/2022-03/03/content_5676615.htm。习近平总书记在致 2013—2022 年亚太残疾人十年中期审查高级别政府间会议的贺信中进一步指出："残疾人是人类大家庭的平等成员。在全球范围内推进可持续发展，实现'一个都不能少'的目标，对残疾人要格外关心、格外关注。"参见《习近平向 2013—2022 年亚太残疾人十年中期审查高级别政府间会议致贺信》，《人民日报》2017 年 12 月 1 日，第 1 版。

② 1954 年《宪法》第 93 条规定："中华人民共和国劳动者在年老、疾病或者丧失劳动能力的时候，有获得物质帮助的权利。国家举办社会保险、社会救济和群众卫生事业，并且逐步扩大这些设施，以保证劳动者享受这种权利。"

教育条例》、制定《残疾预防和残疾人康复条例》。2023 年，《无障碍环境建设法》颁行。至此，残障人权利保障的"二法四条例"框架搭建起来。

2019 年发布的《平等、参与、共享：新中国残疾人权益保障 70 年》白皮书指出，截至 2018 年 4 月，直接涉及残疾人权益保障的法律有 80 多部，行政法规有 50 多部。2021 年 6 月发布的《中国共产党尊重和保障人权的伟大实践》白皮书指出，截至 2021 年 4 月，直接保护残疾人权益的法律有 90 多部，行政法规有 50 多部。 由于统计标准和时间跨度略有差异，本书统计结果为，截至 2022 年 1 月底，我国现行有效的法律（包含已经施行和即将施行的法律）共计 290 部，其中有 101 部法律与残疾人的法律能力、无障碍、人身人格、健康康复、基本生活保障、教育、就业、文化体育娱乐、司法保护等领域的权利密切相关。这些法律包括宪法 1 部、宪法相关领域 11 部，刑法 1 部，民商法领域 10 部，行政法领域 29 部，经济法领域 10 部，社会法领域 31 部，程序法领域 8 部。[①]相关行政法规共有 70 余部（见本书附表 2 "中国残障人权利立法概览"）。

中国共产党成立 100 多年来，在新民主主义革命、社会主义革命和社会主义现代化建设过程中，逐渐确立"残疾人是人类大家庭平等成员"的理念，高举社会主义人道主义旗帜，大力发展残障人事业。全社会认可和支持残障人自尊、自信、自强、自立，[②]享有各项权利，实现幸福美好生活。残障人权利保障的百年实践，已经融入中国共产党领导中国人民探索和建立中国特色社会主义制度的伟大历史进程。从残废到残障的理念转变，从偶发的私人慈善到普惠公共服务制度的建立健全，强调增权赋能与全面发展，[③]平等保护和实现残障人的各项权利，已经成为以人民为中心的中国特色社会主义现代化事业的重要组成部分。

---

① 有一些法律比如《建筑法》《突发事件应对法》《专利法》《标准化法》《安全生产法》，其条文仅是间接涉及对残障人的保护，不列入统计结果。此外，随着《民法典》的生效，《民法总则》《合同法》《婚姻法》《侵权责任法》《继承法》《收养法》等也不纳入统计。
② 邓朴方：《人道主义的呼唤》（第 1 辑），华夏出版社，2006，第 200~201 页。
③ 郑功成主编《中国残疾人事业研究报告（2022）》，社会科学文献出版社，2022，第 16 页。

第二节　残障人获得司法保护进入中国人权话语的脉络

残障人获得司法保护在中国人权语境下，既与"人权司法保护"（尤其是公正审判）话语的发展密不可分，也直接隶属于"特定群体平等保障"的人权话语。

一　残障人获得司法保护与人权司法保障的交叉

2004 年《宪法》修正案正式写入了"国家尊重和保障人权"。2007年党的十七大将"尊重和保障人权，依法保证全体社会成员平等参与、平等发展的权利"写入大会报告，并将"尊重和保障人权"写入《中国共产党章程》。2012 年党的十八大将"人权得到切实尊重和保障"写入大会报告。2014 年，党的十八届四中全会强调"加强人权司法保障"[1]、"增强全社会尊重和保障人权意识"。2017 年，党的十九大报告明确提出"加强人权法治保障"，比人权司法保障更进一步，其体系更加全面，制度更加健全。2020 年，党的十九届五中全会强调"促进人的全面发展"，"促进人权事业全面发展"[2]。2022 年 2 月 25 日，中共中央政治局就中国人权发展道路进行第三十七次集体学习。习近平总书记在主持学习时强调："要加强人权法治保障，深化法治领域改革，健全人权法治保障机制，实现尊重和保障人权在立法、执法、司法、守法全链条、全过程、全方位覆盖，让

---

[1] 党的十八届四中全会通过的《中共中央关于全面推进依法治国若干重大问题的决定》在第四章"保证公正司法，提高司法公信力"第（五）节"加强人权司法保障"中指出：（1）强化诉讼过程中当事人和其他诉讼参与人的知情权、陈述权、辩护辩论权、申请权、申诉权的制度保障。健全落实罪刑法定、疑罪从无、非法证据排除等法律原则的法律制度。完善对限制人身自由司法措施和侦查手段的司法监督，加强对刑讯逼供和非法取证的源头预防，健全冤假错案有效防范、及时纠正机制。（2）切实解决执行难，制定强制执行法，规范查封、扣押、冻结、处理涉案财物的司法程序。加快建立失信被执行人信用监督、威慑和惩戒法律制度。依法保障胜诉当事人及时实现权益。（3）落实终审和诉讼终结制度，实行诉访分离，保障当事人依法行使申诉权利。对不服司法机关生效裁判、决定的申诉，逐步实行由律师代理制度。对聘不起律师的申诉人，纳入法律援助范围。

[2] 鲁广锦：《历史视域中的人权：中国的道路与贡献》，《红旗文稿》2021 年第 1 期。

人民群众在每一项法律制度、每一个执法决定、每一宗司法案件中都感受到公平正义。"①

第一期《国家人权行动计划（2009—2010年）》和第二期《国家人权行动计划（2012—2015年）》就已经明确将人民获得公正审判的权利作为人权重要内容，加深了社会各界对诉权的人权性质的理解。②2016年国务院发布《中国司法领域人权保障的新进展》白皮书。第三期《国家人权行动计划（2016—2020年）》进一步确立基本原则，包括"依法推进，将人权事业纳入法治轨道"。③该期计划直接点出"保障诉讼当事人获得公正审判的权利"，其制度背景正是《关于推进以审判为中心的刑事诉讼制度改革的意见》（2016）要求完善非法证据排除规则、值班律师和法律援助制度，从而提高人权司法保障水平。④

此外，2016年《中国落实2030年可持续发展议程国别方案》就"在国家和国际层面促进法治，确保所有人都有平等诉诸司法的机会"具体目标指出，中国将采取以下措施：深化司法体制改革，建设公正高效权威的司法制度，完善对权利的司法保障和对权力的司法监督；健全司法权力分工、制约机制；提高社会治理法治化水平，建设覆盖城乡的公共法律服务体系，完善法律援助制度，健全司法救助体系。2021年8月发布的《全面建成小康社会：中国人权事业发展的光辉篇章》白皮书也回应指出中国在这些方面取得的成绩。⑤

在此语境下，与法院相关的"人权司法保障"比较侧重于刑事司法中的公正审判程序，强调发挥庭审在查明事实、认定证据、保护诉

---

① 《习近平在中共中央政治局第三十七次集体学习时强调 坚定不移走中国人权发展道路 更好推动我国人权事业发展》，新华网，http://m.xinhuanet.com/2022-02/26/c_1128418774.htm。
② 吴英姿：《论诉权的人权属性——以历史演进为视角》，《中国社会科学》2015年第6期。
③ 《国家人权行动计划（2016—2020年）》，新华网，http://news.xinhuanet.com/politics/2016-09/29/c_129305934.htm。
④ 张万洪：《止于至善：我国〈国家人权行动计划〉的发展历程及新进展》，《人权》2021年第5期。
⑤ 国务院新闻办公室：《全面建成小康社会：中国人权事业发展的光辉篇章》，人民出版社，2021，第35~36页。

权、公正裁判中的决定性作用，同时注重防范冤错案件、实现公平正义，[①]最终确保法律效果、政治效果和社会效果的有机统一。与此相应，有研究从刑事司法赔偿的判决书揭示人权司法保障的进步，分析视角包括原告资格与能力、审理用时、律师协助、赔偿形式等方面。[②]另有研究指出，中国公益诉讼实践普及了社会尊重人权的观念，促进了人权的司法保障，具体涉及环境保护、消费者权利保护、反对基于性别和残障的歧视等。[③]

略微回溯"人权司法保障"进入中国政法话语的近现代历史，可以发现这一制度曾经作为列强殖民争霸时代中西法律文化对立冲突的载体，杂糅了外交与人权、政治与司法议题，如今逐步成为中国独立自主探索现代化道路、借鉴发扬人类人权文明的坚实框架。

在 19 世纪末清廷被迫签订的不平等条约中，所谓的"领事裁判权""治外法权"就涉及公正审判的议题。近期研究表明，从《五口通商章程》（1843）、《天津条约》（1858）到《烟台条约》（1876），清廷与英方对司法审判程序的理解很不一样。其一，对司法职权的界定不同。清廷习惯于由地方行政官员总揽司法事务，推定英国也应该由领事总揽相关的司法审判事务。但是，英国在华商人批评领事官员的司法裁判既不专业也不正当，向本国政府抗议。英国遂于 1865 年在上海设立专门法院，[④]任用职业法官审判。相比之下，清廷派到上海处理涉外案件的官员，职权不足，也害怕民怨，无法有效审判和执行案件。两相比较，英方对中国司法体系的信心越发不足。其二，对审判程序的范围理解不同。依据《烟

---

① 李勇：《加强人权司法保障　确保严格公正》，《人民法院报》2021 年 9 月 2 日，第 5 版。

② 赵树坤、张佰发：《从人民法院 346 份国家赔偿决定书看人权司法保障的进步》，李君如主编《中国人权事业发展报告 No.8（2018）》，社会科学文献出版社，2018。

③ 周伟、者荣娜：《公益诉讼与人权的司法保障》，李君如主编《中国人权事业发展报告 No.6（2016）》，社会科学文献出版社，2016。此外，前一年的人权蓝皮书还收录了唐颖侠《环境权司法保障的进步与展望》，李君如主编《中国人权事业发展报告 No.5（2015）》，社会科学文献出版社，2015。

④ 该法院（British Supreme Court for China）存续到 1943 年。类似的，美国也在华设立了美国驻华法院（United States Court for China, 1906—1943）。

台条约》，对于中国人伤害英国人的刑事案件，应由清廷主导审判，但英方可派人"观审"（attending to watch the proceedings in the interest of justice），以此确保双方可接受的司法公正，但其实主要用于消除英方对清廷刑事审判之"可靠度"的疑虑。清廷以及后世不少研究中英条约的学者认为，观审应仅限于"定案时旁坐观审"。而英方订约者认为，观审包括英方派人于刑事案件调查时在场（to be present at the investigation）。对于清廷而言，这又是英方扩大其干预司法之权力的伎俩。①

在庭审之前的刑事司法阶段，允许律师在场，"旁观"司法程序（proceedings），在 19 世纪末的英国已经被确立为人权保护的基本制度，但远未进入中国的法律体系。1954 年《人民法院组织法》、1979 年《刑事诉讼法》以及 1996 年修订后的《刑事诉讼法》都将刑事法律援助的适用范围限定在审判阶段，并没有规定审前阶段可以向犯罪嫌疑人提供刑事法律援助。直到 2012 年修订《刑事诉讼法》，才吸收了《律师法》（2007）关于侦查阶段辩护权的规定。②2018 年《刑事诉讼法》修订，法律援助机构可以在看守所等场所派驻值班律师，由值班律师为犯罪嫌疑人、被告人提供法律咨询、程序选择建议、申请变更强制措施、对案件处理提出意见等法律帮助。全此，中国刑事司法通过看守所法律援助制度，为贫弱当事人提供及时有效的法律服务，确保其平等实现有效辩护和公正审判（关于值班律师在认罪认罚程序中的作用，以及法律援助法的新规定，另见本书第四章第二节）。

二 残障人获得司法保护与特定群体平等保障的交叉

在中国人权话语中，"特定群体平等保障"是"残障人实现司法正义"研究主题下的另一个关键词。

2008 年中国批准《残疾人权利公约》并大幅修订《残疾人保障法》。

---

① 屈文生、万立：《不平等与不对等：晚清中外旧约章翻译史研究》，商务印书馆，2021，第 181~197 页。

② 张万洪、丁鹏：《人权法视野下的刑事司法早期阶段法律援助：中国经验与发展前瞻》，《求是学刊》2019 年第 2 期。

随后，第一期《国家人权行动计划（2009—2010 年）》即有专章规定对残障人等特定群体的人权保障。第三期《国家人权行动计划（2016—2020年）》明确提到对残障人的法律援助和司法救助。第四期《国家人权行动计划（2021—2025 年）》则是在妇女、老年人、儿童领域明确提到了司法保护。这当然不是漏掉了残障领域，认为残障人权利的司法救济不再重要，而是意味着在上一阶段已经建立的残障人司法保护制度要继续发展，与对其他群体的司法保护一起，形成一个新的完善体系。这一理解契合《残疾人权利公约》第 13 条规定的关于残障人平等获得司法保护的国家义务，也呼应了第四期《国家人权行动计划（2021—2025 年）》第 2 章中关于获得公正审判权利的要求——让残障人在每一个司法案件中感受到公平正义。[①]

在特定群体平等保障议题下，关于老年人权益司法保护的研究指出，国家通过提供强有力的司法救济手段全面保障老年人权利。通过赡养纠纷案件研究老年人权益司法保护包括四个层面：司法诉讼启动、司法过程参与（包括律师参与）、司法裁判规则、司法判决结果。[②]在妇女儿童权利的司法保护方面，法律社会学的研究凸显出法院在裁判家暴、离婚、抚养权案件时，其证据采纳、事实认定、裁判结果都受到了政治、社会、文化因素的影响。[③]这些关于特定群体司法保护的研究有两方面的共性：一是凸显出司法程序的公正包括启动、当事人参与、律师支持、实质救济内容等方面；二是凸显出特定群体受到文化、制度等因素的影响，在实现司法正义过程中具有各种脆弱性。

相比之下，由于残障人的独特脆弱性，法院诉讼程序设计必须采取一些特殊措施，以及建立无障碍设施，才能确保残障人平等参与诉讼，实

---

① 丁鹏：《依法促进对残疾人权利的平等保护》，《人民法院报》2021 年 11 月 18 日，第 5 版。

② 赵树坤、殷源：《老年人赡养权益司法保障与修复型正义——以 2013—2018 年司法裁判文书为研究对象》，《人权》2019 年第 4 期。

③ 贺欣、肖惠娜：《司法为何淡化家庭暴力》，《中国法律评论》2019 年第 4 期；贺欣：《社科法学与法教义学的初步比较——从"儿童最佳利益"谈起》，《中国法律评论》2021 年第 5 期。

现司法公正。^①这类早期的研究，已经注意到司法中无障碍与程序调整的重要性。不过，其尚未充分吸纳《残疾人权利公约》中的残障平等理念，倾向于运用司法制度来弥补残障人的"缺陷"，而缺乏主体视角和赋能措施。本书第三、四章将结合现实中残障人诉诸司法面临的阻碍，阐述通过可行能力路径实现司法正义的可能性。

第三节　残障人获得司法保护的制度框架

残障人权利司法保护要做到全过程的无障碍，既包括残障人有渠道知晓自己的权利，获得可负担的法律服务，有资格进入正式或非正式的司法程序，又包括在司法各阶段享有无障碍服务和便利支持。^②为此，国家承担相应的人权义务，不仅要确保司法体系尊重和不歧视残障人，还要采取积极行动，建设无障碍环境，提供各项便利以及其他支持性的公共服务，确保残障人实现司法正义。^③本节只是概述中国法律体系中残障人获得司法保护的一般规定和做法，将残障权利推进到与具体司法制度的交叉点，另外结合国际人权标准的深度分析，见本书第二章至第五章。

一　司法全过程的制度支持

在司法全过程中为残障人提供无障碍与程序便利，包括从普法到立案、审查起诉、法院审理、证人或受害人出庭、作出裁判以及判决执行

---

① 刘海蓉：《中国残疾人平等参与诉讼权利研究》，《理论与改革》2010年第3期。
② 联合国残疾人权利问题特别报告员、联合国开发计划署：《残障人士获得司法保护权利的国际原则和准则》，2020年8月，联合国人权高专办网站，https://www.ohchr.org/Documents/Issues/Disability/SR_Disability/GoodPractices/Access-to-Justice-CH.pdf；张万洪、丁鹏：《中国残障人平等获得司法保护研究报告》，2016年11月29日，联合国开发计划署网站，https://www.cn.undp.org/content/china/zh/home/library/democratic_governance/equal-access-to-justice-for-persons-with-disabilities-in-china.html。
③ 丁鹏：《残障者平等实现司法正义：法律框架与案例评述》，张万洪主编《残障权利研究》（第2卷第1期），社会科学文献出版社，2015。

的全部环节。^①其中需要从物理设施、信息交流等方面确保无障碍，并提供程序便利与合理调整，以确保残障人的平等参与。中国现行法律体系主要从以下几个方面规定了残障人在司法全过程获得平等保护（如表 2-1 所示）。一是在程序上，通过《民法典》及诉讼法确认残障人平等参与诉讼或受审的资格，并且专门规定了对残障人的法律援助、相关监护与代理制度，以确保诉讼中的两造平衡和公正审判。二是在实体上，通过《行政处罚法》《刑法》《治安管理处罚法》等明确在残障人作为相对人、被告人或受害人的情况下，如何确定相应的法律责任。三是在无障碍环境建设方面，通过《无障碍环境建设法》及相关规范、标准，要求义务承担者采取措施，消除残障人在司法中面临的物理环境、信息交流等方面的障碍。

表 2-1　残障人平等获得司法保护的制度概览

法律	全国人大及其常委会制定或修订 • 2023 年《无障碍环境建设法》 • 2021 年《法律援助法》第 45 条，关于法律援助的无障碍 • 2008 年《残疾人保障法》第 60 条，关于起诉、法律援助和司法救助 • 2018 年《刑事诉讼法》第 35 条，关于盲、聋、哑人和精神病人的指定辩护；第 174 条认罪认罚中的盲、聋、哑人和精神病人 • 2022 年《民事诉讼法》第 60、194~197 条，关于诉讼行为能力、民事行为能力 • 2021 年《民法典》第 21~24 条，沿用之前关于民事行为能力的规定 • 2017 年《行政诉讼法》第 30 条，关于诉讼行为能力 • 2017 年《仲裁法》第 17 条，关于民事行为能力导致的仲裁协议无效 • 2008 年《劳动争议调解仲裁法》第 25 条，关于民事行为能力及代理 • 2021 年《行政处罚法》第 31 条，关于精神病人、智力残疾人可以从轻或者减轻行政处罚 • 2020 年《刑法》第 18、19 条，关于盲人、"聋哑人"和精神病人可以从轻、减轻或者免除处罚；第 234、260、262 条，关于侵害残疾人人身权利的犯罪 • 2012 年《治安管理处罚法》第 40、43、44 条，侵害残疾人作为加重情节 • 2015 年《反家庭暴力法》第 5、19 条，关于特殊保护和法律援助
行政法规	2003 年国务院《法律援助条例》第 10、12 条，关于法律援助范围和指定辩护 2012 年国务院《无障碍建设条例》

① 张万洪:《用法治推进无障碍环境建设》,《光明日报》2021 年 12 月 18 日, 第 7 版。

地方性法规	地方省市人大及其常委会制定的关于法律援助、无障碍环境建设的条例，例如2011年《湖北省法律援助条例》、2021年《北京市无障碍环境建设条例》
其他规范	• 2013年最高人民法院、最高人民检察院、公安部、司法部《关于刑事诉讼法律援助工作的规定》 • 2014年最高人民法院《关于全面推进人民法院诉讼服务中心建设的指导意见》 • 2014年最高人民法院《关于进一步做好司法便民利民工作的意见》 • 2015年最高人民检察院、中国残疾人联合会《关于在检察工作中切实维护残疾人合法权益的意见》 • 2016年最高人民法院《人民法院法庭规则》第5条，关于无障碍 • 2017年司法部《关于"十三五"加强残疾人公共法律服务的意见》 • 2017年最高人民法院、最高人民检察院、公安部、国家安全部、司法部《关于开展法律援助值班律师工作的意见》 • 2018年最高人民法院、中国残疾人联合会《关于在审判执行工作中切实维护残疾人合法权益的意见》 • 2018年最高人民检察院《关于在全国检察机关开展"深入推进国家司法救助工作"专项活动的通知》 • 2018年最高人民法院《关于增加民事案件案由的通知》 • 2019年最高人民法院、最高人民检察院、公安部、国家安全部、司法部《关于适用认罪认罚从宽制度的指导意见》第31条指出，犯罪嫌疑人是精神病人，不需要签署认罪认罚具结书，但不影响认罪认罚从宽制度的适用 • 2019年《湖北省无障碍环境建设管理办法》《宁夏回族自治区无障碍环境建设管理办法》等 • 2019年最高人民法院《关于建设一站式多元解纷机制、一站式诉讼服务中心的意见》第15条，关于无障碍 • 2021年最高人民法院《人民法院诉讼规则》第2条，关于便民利民原则 • 2021年最高人民检察院《人民检察院办理认罪认罚案件听取意见同步录音录像规定》《人民检察院办理认罪认罚案件开展量刑建议工作的指导意见》"对依法不需要签署具结书的案件"的规定 • 2021年司法部《全国公共法律服务体系建设规划（2021—2025年）》关于"法律服务机构无障碍环境建设" • 2022年3月，最高人民法院、最高人民检察院、公安部、司法部、中国残疾人联合会共同发布《关于深入学习贯彻习近平法治思想 切实加强残疾人司法保护的意见》，要求"不断完善司法为民服务体系，切实将无障碍服务贯穿诉讼全流程" • 2023年12月，司法部、中国残疾人联合会《关于进一步加强残疾人法律服务工作的意见》

资料来源：笔者整理。

"无障碍设施建设问题，是一个国家和社会文明的标志"，[①] 国家和社

---

① 张晓松、朱基钗：《坚守人民情怀，走好新时代的长征路》，《人民日报》2020年9月21日，第1版。

会应该高度重视。在有关无障碍的立法方面，中国已经形成以《残疾人保障法》和《无障碍环境建设法》为核心，以无障碍环境建设地方实施办法和相关国家标准为重要内容，以具体领域的专门规定为补充的无障碍法律规范体系。从 1988 年国家制定《方便残疾人使用的城市道路和建筑物设计规范》开始，截至 2023 年底，有 10 多部法律法规、10 多部部委规章、30 多部现行生效的国家标准直接规定了无障碍环境建设相关内容。[①]此外，2022 年生效施行的《法律援助法》第 45 条对公共法律服务中的无障碍提出了更明确的要求。《国家人权行动计划（2021—2025 年）》《"十四五"残疾人保障和发展规划》《无障碍环境建设"十四五"实施方案》等文件也为无障碍与残障人权利司法保护的新发展设定了框架。还有近 50 部涉及残障人权利的司法解释和指导意见，[②]为残障人诉诸司法救济权利提供了更广泛的指引。

在地方立法层面，截至 2020 年底，全国共出台了 674 个省、市、县级无障碍环境建设与管理法规、政府令和规范性文件；1753 个市、县系统开展了无障碍环境建设。[③]2021 年，北京、上海、深圳等多个大型城市制定或修订了无障碍环境建设规范，体现出人权治理创新的特色。这些无障碍领域的制度规范，为促进残障人平等参与社会以及诉诸司法、实现救济权利提供了重要依据。

二 各部门共同促进残障人获得司法保护

人民法院作为残障人诉诸司法救济确保各项平等权利的兜底环节，其本身在无障碍与程序便利方面的进步，对于残障人权利司法保护意义重

[①] 张万洪：《平等享有人权，融合共创精彩——中国人权发展道路上的残疾人权益保障》，《光明日报》2022 年 3 月 4 日，第 2 版。截至 2021 年底的统计另可参考张万洪《以无障碍为抓手，为残疾人提供更强有力的法律保障》，《人民法院报》2021 年 11 月 11 日，第 5 版。

[②] 数据来自笔者 2020—2021 年参与完成的中国残联"残疾人事业法治建设研究"课题。

[③] 中国残疾人联合会：《2020 年残疾人事业发展统计公报》，2021 年 4 月 9 日，中国残疾人联合会网站，https://www.cdpf.org.cn/zwgk/zccx/tjgb/d4baf2be2102461e96259fdf13852841.htm。

大。此外，人民法院提供个案救济、发布典型案例，通过司法渠道在广泛领域促进全社会更加关注无障碍议题，尊重和保障残障人的平等权利。

残障人实现"平等、参与、融合"，根基在于全社会认可人的多样性与平等尊严，认可残障人作为人权主体的丰富个性及其切实享有各项权利所需要的外部支持。其中，人民法院和相关部门单位、社会组织合力为残障人提供平等司法保护，构成了最后兜底的也最坚定有力的支持。①2016年最高人民法院首次发布保障残障人权益的典型案例，从不同角度说明法院如何切实维护残障人权益，并为鼓励和支持残障人积极参与社会生活营造平等公正氛围。2018年最高人民法院、中国残疾人联合会发布《关于在审判执行工作中切实维护残疾人合法权益的意见》，对残障当事人依法缓、减、免诉讼费用。2021年《人民法院在线诉讼规则》中的便民原则进一步强调了残障人在司法诉讼中享有的便利支持和平等权利。2021年12月2日，国际残障人日前夕，最高人民法院再次发布残障人权益保护十大典型案例，包括银行服务中的沟通无障碍、落实乘车优惠便利交通无障碍、确保相邻通行无障碍、要求辅具服务全过程无障碍等内容，并指出各级法院和残联在新时期应通过典型案例和示范合作更好推动残障人无障碍设施建设和便民诉讼，保障残障人平等参与社会经济生活。②

人民检察院构成了中国司法体系的关键一环，在通过司法促进残障人权利保护过程中发挥着重要作用。2018年最高人民检察院发布《关于在全国检察机关开展"深入推进国家司法救助工作"专项活动的通知》，将残障人作为重点救助对象。近年来，各地检察院在民事行政监督领域，通过公益诉讼促进无障碍环境建设，积累了丰富经验；在普通刑事案件的侦查监督、认罪认罚程序中，确保残障人平等享有诉权和无障碍参与刑事司法，取得了积极成果。

① 丁鹏：《依法促进对残疾人权利的平等保护》，《人民法院报》2021年11月18日，第5版。
② 最高人民法院：《残疾人权益保护十大典型案例发布会》，2021年12月2日，最高人民法院网站，http://www.court.gov.cn/zixun-xiangqing-334481.html。具体案例另可参见《人民法院报》2021年12月3日，第3版。

　　法律援助是确保残障人有渠道了解并通过专业协助而主张自己的权利、平等获得司法保护的另一个关键支柱。2021 年起草制定《法律援助法》的过程，有力推动了社会各界对人权司法保护和残障平等支持这一交叉议题的认识。本书第三章第一节中关于公共法律服务的讨论将详细分析这一点。

　　随着相关专门规章的制定、典型个案的发布，中国残联和其他部门在推动无障碍环境建设、加强残障人权利司法保护方面的作用也进一步明确。中国残联及其地方组织以其独特的组织优势，在国家人权事业中扮演着理念倡导者、权益维护者等角色。[①]2021 年相关立法和司法工作，强化了残联在推动无障碍环境建设、维护残障人权益方面的重要作用。在立法领域，《法律援助法》在起草制定过程中强化了对残联作用的认可。《法律援助法（草案第二次审议稿）》第 65 条规定，工会、共产主义青年团、妇联等群团组织开展法律援助工作，参照适用本法的相关规定。有全国人大常委会委员建议增加"残疾人联合会"，立法采纳了这一意见。[②]在地方立法层面，2021 年《上海市无障碍环境建设与管理办法》专门强调了残障人、老年人社会组织可以反映社群需求，提出完善无障碍环境的意见建议，并开展社会监督。在司法领域，残联与法院、检察院的合作，被确立为无障碍与人权司法保护的典范。例如 2021 年最高人民法院发布的残疾人权益十大典型案例中，有一起心智障碍者反家暴案例，正是残联积极介入代为申请人身保护令，与法院一起落实《关于在审判执行工作中切实维护残疾人合法权益的意见》，才消除了程序障碍，实现了对残障当事人的平等司法保护。

　　此外，2022 年最高人民法院、最高人民检察院、公安部、司法部、中国残疾人联合会发布《关于深入学习贯彻习近平法治思想　切实加强

---

① 江传曾：《新中国成立以来残联组织在残疾人事业中的历史作用》，《北京联合大学学报》2019 年第 3 期。

② 全国人民代表大会宪法和法律委员会：《关于〈中华人民共和国法律援助法（草案）〉审议结果的报告》第 6 点，《全国人民代表大会常务委员会公报》2021 年第 6 号，第 1161 页。

残疾人司法保护的意见》，2023 年 12 月司法部、中国残疾人联合会发布《关于进一步加强残疾人法律服务工作的意见》，2024 年 2 月最高人民法院、中国残疾人联合会发布《关于为残疾人提供更加优质诉讼服务的十条意见》及配套文件《人民法院诉讼服务中心无障碍环境建设规范》，这些规范文件都进一步强调了各部门协调促进残障人获得司法保护的意义与机制。

小　结

第二章首先回顾了百年来中国残障人权利的历史发展过程。残障人实现司法正义，融入了中国共产党团结带领中国人民争取人权、尊重人权、保障人权、发展人权的历史实践过程。

本章着重指出，残障人实现司法正义在中国人权话语中，涉及"人权司法保障"与"特定群体平等保障"的交叉。前者包括公正审判以及法律援助，后者涉及对妇女、儿童、老年人、残障人的平等保障与特殊保护，并初步指出了多重身份认同以及风险—脆弱的交叉议题。处理残障人获得司法保护这个交叉议题，还需要跨部门的协调。从公正审判到人权司法保障，相关理念在中国的发展，还可以回溯到清末的"领事裁判权""治外法权"纷争。今昔比较，更显出人权司法保障进入中国政法话语的曲折，以及中国独立自主探索现代化道路，借鉴发扬人类人权文明的意义。与此同时，中国人权实践强调残障人的平等主体地位，为全面构建残障权利的司法保护框架奠定了良好基础。

循此实践脉络，本书第三章将进一步描述残障人实现司法正义的现实路径。坚持残障人的实践主体性，也要求重视残障人在现实社会面临的独特风险—脆弱，并创新国家履行义务的形式，回应其在诉诸司法过程中遇到的难题。这是本书第四、五章的内容。

第三章　残障人实现司法正义的要素分析

在一个正义的社会里，平等的公民自由是确定不移的，由正义所保障的权利绝不受制于政治的交易或社会利益的权衡。[①]

联合国残疾人权利委员会尚未就《残疾人权利公约》第13条发布一般性意见，不过联合国消除对妇女歧视委员会2015年通过的《关于妇女获得司法救助的第33号一般性建议》[②]、联合国人权理事会2018年通过的其高级专员办事处的研究报告《〈残疾人权利公约〉第13条规定的诉诸司法权》[③]、联合国人权高专办和联合国开发计划署等支持发布的《残障人士获得司法保护权利的国际原则和准则》[④]（2020），都可以为本书提供重要参考。关于诉讼权的研究一般认为，人民在司法领域主张自己正当利益的资格及可行能力，包括起诉、参与听审、及时审判、程序上平等、有效救济结果等方面。[⑤]权利要成为真实和充分的权利，应包含防御、受益和

---

① 〔美〕约翰·罗尔斯:《正义论》（修订版），何怀宏、何包钢、廖申白译，中国社会科学出版社，2009，第3页。

② 联合国消除对妇女歧视委员会:《关于妇女获得司法救助的第33号一般性建议》（2015），CEDAW/C/GC/33，第17段。

③ 联合国人权事务高级专员办公室:《〈残疾人权利公约〉第13条规定的诉诸司法权》，2018，A/HRC/37/25，第5段。

④ 该文件英文名为International Principles and Guidelines on Access to Justice for Persons with Disabilities，直译过来并无官方中文里的"权利"；本书仍援引官方中文译法。

⑤ 参见沈冠伶《诉讼权保障与裁判外纷争处理》，台北: 元照出版公司，2012，第6页；唐力《司法公正实现之程序机制——以当事人诉讼权保障为侧重》，《现代法学》2015年第4期。

救济这三大权能。其中，救济权能凸显出诉权的人权属性，进而应包括程序发动（立案）、在庭审中充分知情参与以及司法权的制衡（包括两造平衡、申诉）等。[①]

有学者将残障人诉诸司法救济权利的过程分为司法程序（legal proceedings）之前、之中和之后三个阶段。在司法程序之前残障人面临的问题包括权利知晓度、法援热线的信息交流障碍、害怕照顾者的报复、执法人员的轻忽草率态度、缺乏经济资源等；在司法程序之中的问题涉及法庭环境无障碍、法律能力与有效代理、程序便利与合理调整等方面；在司法程序（包括投诉、起诉）之后的问题体现为救济结果不如意，反而剥夺了残障人的独立性，加剧了其脆弱性。[②]

本章综合这些标准和相关研究成果，认为残障人在法治社会实现司法正义的现实路径应该同时包括以下 5 个要素（其与 10 个国际原则的比较可见表 3-1），涉及立法、普法、知法、用法、司法等方面：

（1）完善的司法制度，包括认可所有人诉诸司法救济权利的资格，依法设置分工合作、相互制衡的司法机构，建立司法审查程序，提供均等的公共法律服务，支持非正式司法等；

（2）容易理解的法律信息，例如信息无障碍格式、易读版本等；

（3）法律主体的权利意识和积极态度；

（4）可及的法律服务，包括法律服务提供者具备残障平等意识；[③]

（5）司法全过程的无障碍与便利支持，包括司法工作人员具备

① 吴英姿：《论诉权的人权属性——以历史演进为视角》，《中国社会科学》2015 年第 6 期。

② 可见 Anna Lawson, "Disabled People and Access to Justice, From Disablement to Enablement?" in Peter Blanck, Eilionóir Flynn, eds., *Routledge Handbook of Disability Law and Human Rights*, Routledge, 2017, pp.91-95.

③ 相关政策可以参考 2023 年 12 月司法部、中国残疾人联合会发布的《关于进一步加强残疾人法律服务工作的意见》，其要求"各级司法行政机关要落实无障碍环境建设法……积极加强公共法律服务中心无障碍环境建设；鼓励律师事务所、公证机构、司法鉴定机构、基层法律服务所等法律服务机构……结合所提供的服务内容提供无障碍服务"。该意见还要求"各级残联及时安排专业人员为法律服务工作者讲解残疾人相关知识，提升残疾人法律服务能力和专业化水平"。

残障平等意识。[①]

表 3-1　残障人实现司法正义的要素与原则比较

本书概括的残障人实现司法正义的要素	残障人士获得司法保护权利的国际原则和准则	比较说明及本书对应部分
要素 1　完善的司法制度	原则 1　平等法律能力，以及必要支持和便利	行为能力，第 3.1.1 部分
要素 1　完善的司法制度	原则 5　正当程序所需的保障	偏重刑事程序和人身权利，第 3.2 部分
要素 1　完善的司法制度，包括非正式司法	原则 8　起诉并获得适当和有效救济	起诉资格以及多元纠纷解决，第 3.1.4 部分
要素 1　完善的司法制度，相互制衡的司法机构	原则 9　监督机制	本书仅讨论检察机关在公益诉讼和认罪认罚中的监督作用，第 5.2.2 部分
要素 2　容易理解的法律信息 要素 3　法律主体的权利意识和积极态度	原则 4　及时并方便地获得法律信息	权利知晓度，第 3.1.2 部分国际原则未能涵盖主体的"积极态度"，这一赋能视角的经验分析可见第 5.2.1 部分
要素 4　可及的法律服务	原则 6　免费或可负担的法律援助	公共法律服务，第 3.1.3 部分
要素 5　司法全过程的无障碍与便利支持	原则 2　无障碍设施和服务	司法全过程的无障碍，第 5.1.1 部分
要素 5　司法全过程的无障碍与便利支持	原则 3　获得适当的程序便利	司法全过程的程序便利，第 5.1.1 部分
要素 1　完善的司法制度 要素 5　司法全过程的无障碍与便利支持	原则 7　平等参与司法	包括法官、律师、陪审员、证人等的参与，本书仅讨论心智障碍者作为证人的程序调整，第 4.2 部分
要素 5　司法全过程的无障碍与便利支持	原则 10　司法人员提高认识和培训	相通经验，第 5.2.1 部分

资料来源：联合国残疾人权利问题特别报告员、联合国开发计划署：《残障人士获得司法保护权利的国际原则和准则》，2020 年 8 月，联合国人权高专办网站，https://www.ohchr.org/

[①]　参考自张万洪、丁鹏《中国残障人平等获得司法保护研究报告》，2016 年 11 月 29 日，联合国开发计划署网站，http://www.cn.undp.org/content/china/zh/home/library/democratic_governance/equal-access-to-justice-for-persons-with-disabilities-in-china.html。

在残障权利领域，对平等实现司法正义的阐释，进一步要求在司法各个环节保障残障人防御侵害、主张正当利益、救济损害的可行能力。本章分两节阐述残障人为权利而起在司法门前的诸多准备事项，以及在法庭上得到平等对待、主张基本权利的现状。

第一节　在司法门前：为权利而起的必要准备

残障人作为权利主体，平等诉诸司法、救济损害、实现正义，而不是被动等待他人"拯救"于水火，意味着其应该具备为权利而起来行动的现实条件或可行能力。在司法门前，残障人需要通过公共法律教育和公共法律服务，知晓自己的权利，有信心并实际上选择有效的纠纷解决渠道；如果其选择起步于调解、仲裁、诉讼等广义形式的司法渠道，则依法应该具备参与、发起该司法程序的资格及权能。本节首先分析残障人诉诸正式司法的基本资格，而后逐一分析在权利知晓度、公共法律服务和可选择纠纷解决渠道等方面的问题。实际生活中，残障人在司法门前的行动处境自然不限于这个叙述顺序，比如多元纠纷解决渠道（社区调解组织）的存在可能就有助于提升权利知晓度、转介法律援助服务；社区值班律师这一公共法律服务的延伸也可能率先提升本社区中残障人获取法律信息的便利程度。

一　残障人的起诉资格与法律能力

诉诸正式司法以获得有效救济的权利，对残障当事人而言首先意味着起诉资格；对法院（中国语境下还包括检察院）而言，意味着拥有正当权限来审查那些限制、侵害残障人基本权利的行为或措施。司法管辖的

"可接近"，就是残障人实现司法正义的关键第一步。^①为此，《残疾人权利公约》第12条规定残障人"在法律面前获得平等承认"，包括：享有在法律面前的人格在任何地方均获得承认的权利，在生活的各方面在与其他人平等的基础上享有法律权利能力。

《公约》这一规定中的"法律权利能力"（legal capacity，或直接翻译为"法律能力"）是个笼统概念。"法律权利能力"不仅意味着"拥有权利的能力"（the capacity to have rights），也包含"行动或行使权利的能力"（the capacity to act or exercise one's rights），^②与实现司法正义的全过程相关。为此《公约》不仅在第9条规定了"无障碍环境"，还在第12条进一步规定，"缔约国应当采取适当措施，便利残疾人获得他们在行使其法律权利能力时可能需要的协助"。

《公约》在第13条"获得司法保护"之前规定第12条"在法律面前获得平等承认"；联合国残疾人权利委员会在2014年发布的第1号一般性意见也是关于第12条。^③如此重视残障人的法律能力，一个重要原因是为了回应现实中的难题或争议：残障人常常被认为缺乏独立自主的行为能力，被排斥在基本的起诉资格之外。所有残障人，包括有心理、精神、智力或感官障碍的人，都可能被剥夺法律行为能力和被置于替代决策制（成年监护）之下。其中，在认知或心理社会方面有残障的人由于社会中根深蒂固的替代决策制和法律能力剥夺更是深受伤害。^④

如联合国残疾人权利委员会观察到的，世界各国在精神卫生领域的

---

① 这里略去了关于司法机构物理环境、司法程序中信息交流无障碍的讨论；另可见本书第四章的讨论。

② Robert D. Dinerstein：《实施〈残疾人权利公约〉第12条中的"法律能力"》，陈博译，刘小楠主编《反歧视评论》（第1辑），法律出版社，2014。

③ 联合国残疾人权利委员会：《关于"第十二条：在法律面前获得平等承认"的第1号一般性意见》（2014），CRPD/C/GC/1。联合国残疾人权利委员会也在该一般性意见第3段明确其观察到的实务问题：根据迄今已审查的各个缔约国所提交的初次报告，委员会认为，总体而言缔约国根据《残疾人权利公约》第12条应承担的义务的确切范围存在误解。委员会呼吁将基于成年监护的替代决策范式转变为协助决策范式。

④ 联合国残疾人权利委员会：《关于"第十二条：在法律面前获得平等承认"的第1号一般性意见》（2014），CRPD/C/GC/1，第9段。

成年监护、替代决策制度，造成了残障人起诉资格的最大障碍。在《残疾人权利公约》生效之前，各国对精神障碍者诉诸司法的自由存在较多限制。例如在 1985 年 *Ashingdane v. United Kingdom* 案[①]中，欧洲人权法院认为，考虑到精神病人的行为能力，他们似乎不能合理地主张、运用自己诉诸司法的权利。因此，审查精神病人的起诉资格具有合法目的，亦即防止对医护人员或机构的侵扰和资源浪费。[②]

中国《宪法》和《残疾人保障法》总体上规定了残障人在法律上得到平等承认与保护的权利。《宪法》第 33 条申明，"中华人民共和国公民在法律面前一律平等"。《民法典》中直接涉及残障人权益保障的条款有三十多条，[③]包括对残障人行为能力的认定，《民事诉讼法》界定了当事人的诉讼能力，《刑事诉讼法》限定了某些残障人的证人能力、法律责任能力。在目前约五十部残疾人司法保护相关的司法解释和司法指导意见中，最多的是对诉讼当事人行为能力的认定及相关程序保障，有十多部；在审判监督程序中明确因为诉讼当事人行为能力瑕疵而需要重审等处理的有几部；在其他程序如管辖、送达、时效、执行、判决认可中规定对残障人（主要是行为能力受限的当事人）特别保护的，有近十部。同时，中国法律与大多数国家的法律一样，基于精神疾病、智力水平及辨认和控制自己行为的能力，拟定一些成年人为"限制或无民事行为能力人"。其立法本意是保护处于弱势地位的人的利益不受侵犯，但与之相关的实体标准和司法程序不够精细，且法律之间存在内部冲突，[④]导致在现实中行为能力相

---

① ECHR 8225/78, 28 May 1985.

② 陈洪杰：《接近正义与人权的司法保护——欧洲人权法院相关实践的启示》，柳经纬主编《厦门大学法律评论》第 8 辑，厦门大学出版社，2004，第 266 页。

③ 王治江：《实现平等：〈民法典〉保障残疾人权益的基本理念与价值追求》，《残疾人研究》2020 年第 3 期。

④ 法律对监护制度、行为能力的解释和规范存在矛盾之处。例如《精神卫生法》中多次出现"监护人"权利与职责，将近亲属与监护人自动视为同一角色——"负有监护职责的近亲属"，将所有精神障碍者自动推定为需要监护的人，授予监护人超越一般公民的特权，决定另一公民的基本自由。这明显违反了《民法典》中关于监护的法律秩序，使精神病院成了某种"法外之地"。再比如《民法典》承认限制行为能力人可从事与本人状况相适应的民事活动，但《民法典》第 1143 条关于继承的规定却一刀切，认定限制行为能力人的遗嘱无效。

关立法有可能沦为限制剥夺残障人诉讼资格和权利救济渠道的工具。

对残障人平等享有和实现法律能力影响最大的是成年人监护制度。这部分法律规定主要源于《民法典》第 21~23、28、35 条等。[①] 在程序上，则主要源于《民事诉讼法》（2022）第 60、194~197 条。《民事诉讼法》规定了"诉讼行为能力"，但对此没有再做具体界定或设定配套制度，实践中就与"民事行为能力"和监护制度挂钩或混同。[②] 此外，与监护/行为能力/精神病有关的法律规定主要有：《刑法》第 18 条，《精神卫生法》第 31、36、43、47 条，《选举法》第 26 条，以及原《合同法》第 9、47 条，原《侵权责任法》第 9、32 条（后分别成为《民法典》第1169、1188 条），原《继承法》第 6、22 条（《民法典》第 1143 条），原《婚姻法》第 7、10 条。[③]

总体来看，中国法律体系中较多使用"权利能力""行为能力""责任能力"等法律术语，但精神障碍、智力障碍的医学术语也被写进法律中。例如原《民法通则》第 13 条规定，"不能辨认自己行为的精神病人是无民事行为能力人，由他的法定代理人代理民事活动。不能完全辨认自己行为的精神病人是限制民事行为能力人，可以进行与他的精神健康状况相适应的民事活动"。这意味着在判断一个人是否具有民事行为能力时，主要考虑两个要件：第一，是否能够辨认自己的行为；第二，是否患有精神病。

依据上述法律体系，再加上主流的行为能力观念，大部分申请宣告

① 这里沿用了 2017 年颁布的《民法总则》第 21~23、28、35 条。

② 有研究者指出，有必要分别设置诉讼行为能力和民事行为能力，其能够为民事行为能力有瑕疵的人（包括精神障碍者）提供诉权上的保护。参见陈博《精神障碍者民事独立起诉权的实践与发展：从〈精神卫生法〉到〈残疾人权利公约〉》，张万洪主编《残障权利研究》（第 2 卷第 1 期），社会科学文献出版社，2015。

③ 原《合同法》第 9 条要求"当事人订立合同，应当具有相应的民事权利能力和民事行为能力"，第 47 条规定"限制民事行为能力人订立的合同，经法定代理人追认后，该合同有效，但纯获利益的合同或者与其年龄、智力、精神健康状况相适应而订立的合同，不必经法定代理人追认"。原《继承法》第 6 条规定"无行为能力人的继承权、受遗赠权，由他的法定代理人代为行使。限制行为能力人的继承权、受遗赠权，由他的法定代理人代为行使，或者征得法定代理人同意后行使"。这些规定被《民法典》总则吸收了。此外，《民法典》第 1047 条已经删去原《婚姻法》第7、10 条中"患有医学上认为不应当结婚的疾病"这一禁止结婚的条件。

成年公民无行为能力的案件都会获得法院支持。在许多现实案例中，法官的判决理由只是一个简单的因果关系：经鉴定，原告或上诉人患有精神分裂症或双相情感障碍，不具有诉讼行为能力或民事行为能力，故驳回诉讼请求。法院几乎是直接将"精神病"这个有待司法权衡的医学结论当成了剥夺公民法律资格的"科学"依据。

应该强调，每个人的精神世界都是丰富多彩、动态多变、无可限量的，比起对物质世界、外在环境的认知，人类对自我精神世界的探索更为有限。法官不能仅仅依赖一个"他者"（医生、咨询师、鉴定人或家属）的观察，而放弃自己的司法裁量，放弃对外部支持可行性的考虑，率尔认定当事人没有或缺乏法律能力。

部分由于残障新理念、精神障碍平权倡导的影响，2017年《民法总则》修改了相关界定，其第21条删去了"精神病人"一词，规定"不能辨认自己行为的成年人为无民事行为能力人，由其法定代理人代理实施民事法律行为"。这一做法深刻变革了《民法通则》中关于成年人行为能力的规定。这是继2012年《精神卫生法》之后，国家法律保障精神障碍者权利的又一进展，也为后续成年监护制度的改革奠定了良好基础。此后，2021年生效的《民法典》第1047条删去原《婚姻法》第7、10条中"患有医学上认为不应当结婚的疾病"这一禁止结婚的条件。这又是一大进步，同时也给《母婴保健法》《残疾预防和残疾人康复条例》相关条文的修订完善带来影响。

此外，《精神卫生法》第82条规定明确赋予精神病患者在认为自身合法权益受到侵害时向法院提起诉讼的权利。现实中，精神障碍者或疑似精神障碍者在向人民法院提起诉讼主张自身权利时，常常仅因为其精神病诊断或住院经历，而被法院裁定不予受理、驳回或直接石沉大海无法获得任何回应。尽管如此，相关司法实践中也有一些值得称赞的判决，例如2014年有法院判决书写道：

根据《中华人民共和国精神卫生法》第82条：精神障碍患者或

者其监护人、近亲属认为行政机关、医疗机构或者其他有关单位和个人违反本法规定侵犯患者合法权益的，可以依法提起诉讼。夏某虽为精神残疾人，但可以提起诉讼，主体适格。[①]

再比如 2017 年一份二审判决书强调未经特别程序确认，由医疗诊断结果不能推定当事人没有诉讼行为能力：

> 依据《中华人民共和国民事诉讼法》第 187 条（对应 2022 年起施行的修订后的《民事诉讼法》第 194 条——引者注）"申请书应当写明该公民无民事行为能力或者限制民事行为能力的事实和根据"的规定，公民无民事行为能力或限制民事行为能力需通过法律程序确认。本案中，医方凭其医疗诊断结果质疑 ××（当事人姓名隐去）的民事行为能力，但未经特别程序确认 ×× 无民事行为能力或者限制民事行为能力，亦未提供专门鉴定机构的相应鉴定意见，医疗诊断结果不能推定 ×× 没有民事诉讼行为能力。[②]

但是，在更多司法实践中，残障人诉诸司法的资格首先遇到了成年监护制度导致的问题。例如有监护人与残障当事人意见不一致，智力障碍者的监护人擅自代为起诉离婚，幸而被法院驳回；[③]聋人的母亲以"监护人"身份要求撤销其儿子的离婚诉请，引起争议；[④]智力障碍女性的母亲代为起诉离婚，却因为监护权在男方而被法院驳回；[⑤]等等。此外，当监

[①] 转引自陈博《精神障碍者民事独立起诉权的实践与发展：从〈精神卫生法〉到〈残疾人权利公约〉》，张万洪主编《残障权利研究》（第 2 卷第 1 期），社会科学文献出版社，2015。

[②] 案例来自笔者 2017 年对武汉市律师的访谈。

[③] "曾某某与张某某离婚案"，《最高人民法院公布 10 起残疾人权益保障典型案例》，2016 年 5 月 14 日，最高人民法院网站，https://www.court.gov.cn/zixun/xiangqing/20871.html。

[④] 案例来自 2016 年 8 月笔者主持的"聋人获得司法正义工作坊"。

[⑤] 案例来自李云峰、丘玉娟《以基层法院涉残案件为样本探讨司法助残途径》，2011 年 10 月 1 日，西安新城法院网，http://sxxcfy.chinacourt.org/public/detail.php?id=148。

护人缺失，或在继承、拆迁补偿等案件中，有监护"资质"的近亲属之间存在利益冲突时，被设定了监护的残障当事人常常会丧失采取法律行动的资格。《民事诉讼法》（2022）第60条规定"无诉讼行为能力人由他的监护人作为法定代理人代为诉讼"。出于种种原因，这里的无诉讼行为能力常直接等同于患有精神疾病，导致被诊断患有精神病的人丧失诉权，必须由监护人代为提起诉讼。一旦精神病人、心智障碍者与"监护人"之间发生纠纷，就陷入难以独立起诉也难以变更监护人的困境。在此语境下，如何理解《民法典》在1980年《婚姻法》基础上将残疾人纳入"婚姻家庭编"，规定"保护妇女、未成年人、老年人、残疾人的合法权益"，以及落实《民法典》新增的残疾人联合会在民事行为能力认定和监护中的职责，就成为有待阐释的重要课题。

主流社会对残障人成年监护制度的误解或误用，导致更多障别的当事人在更广泛领域遭受歧视。例如2017年武汉市某聋人委托的法律援助律师到法院立案，被拒绝，并被要求出具该聋人的监护人的委托材料。律师申辩说聋人打官司不需要监护人。立案庭工作人员则回应，只要是残疾人打官司都需要监护人。[1]由此延伸，除了起诉资格，残障人在社会生活的许多领域被认为缺乏行为能力，从而需要监护人陪同和替代做决定（以及承担责任）。例如，以残障当事人缺乏行为能力（法律能力）为由，银行拒绝为视力障碍者办卡或办理房贷，[2]民政局拒绝为聋人办理结婚或离婚手续，保险公司拒绝与残障人签订人寿保险合同，以及医疗单位忽视残障病人的知情同意权。

再加上缺乏司法救济的兜底保护，这些歧视残障人行为能力的案例，有的通过侵权法或合同法上的诉讼得到了解决，有的在现行司法制度和理念框架中则很难解决。尽管联合国残疾人权利委员会一再强调精神、智力

---

① 2017年11月，笔者对武汉市C律师的访谈。
② 例如2014年，温州盲人林先生和同为盲人的妻子胡女士想贷款买房，被银行以"无法阅读条款和无法确认"为由拒绝；2016年，长沙盲人石××在办理信用卡时，以同样的理由被拒；2018年初，盲人歌手周××在某银行某支行办理借记卡时，竟被以"无民事行为能力"为由拒绝。

残障人在各方面的自主决策权利，以及平等诉讼资格，立场近乎激进，但全球不同法域对《残疾人权利公约》第 12 条的理解仍然存在争议。本书认为，公约确立的实质平等[1]及程序便利等方面的原则，有助于人们从残障人固有尊严、多样能力出发，对照现实案例反思相关制度的完善路径。本书第五章第二节将深入讨论几个具体案例，引出第六章中关于"不同能力者"实现司法正义的可行能力的讨论。

二 权利知晓度及法律需求

一般认为，司法程序所用的专业语言、专门技术以及法庭的运作机制原本就让普通公众难以完全理解，而对于残障人来说，由于身心障碍，他们所面临的处境要更加艰难。有时候，部分残障人可能不了解法律措施的后果或行为，而低估了及时行动的重要性。[2]经过多年普法，中国的社会大众已经有了基本的法律和权利意识，并能在切身利益受影响的时候诉诸法律和政策。[3]但是，在维护自己权利的过程中，残障人能否意识到并找到可负担的法律服务？如以下案例所示：

> 张某今年已经 60 岁，是二级残疾人。他本身行走困难，这次又遭逢车祸，让这个本来就并不富裕的家庭雪上加霜、困难重重。在走投无路的情况下，他抱着试试看的心态来到怀柔区法律援助中心。[4]

---

[1] 关于《残疾人权利公约》确立了实质平等、包容平等（inclusive equality）原则的论述，可见 Gauthier de Beco, *Disability in International Human Rights Law*, Oxford University Press, 2021, pp. 23-25。

[2] 《残障人士获得司法保护权利的国际原则和准则》，2020 年 8 月，联合国人权高专办网站，https://www.ohchr.org/Documents/Issues/Disability/SR_Disability/GoodPractices/Access-to-Justice-CH.pdf，第 5 页。

[3] 董磊明：《宋村的调解：巨变时代的权威与秩序》，法律出版社，2008，第 153 页。

[4] 《怀柔法律援助开启"绿色通道"》，新华网，http://news.xinhuanet.com/local/2015-12/07/c_128503868.htm。

这种"走投无路""万般无奈"的情况，[①] 与法律援助知晓度有关。在2006年第二次全国残疾人抽样调查中，只有 0.5% 的残障人接受过法律援助服务。[②]2012 年湖北省抽样数据表明，有 1.1% 的残障人家庭接受过法律服务，0.75% 的残障人家庭接受过法律援助或司法救助；2014 年湖北省相关监测数据显示，1.2% 的残障人家庭接受过法律服务，没有残障人家庭接受过法律援助或司法救助。[③]2016 年，笔者参与开展的相关定量研究表明，就是否知道法律援助这个问题，在 500 多位受访的残障人中，只有 1% 的人经历过，7% 比较了解，56% 知道一点，36% 没听说过。问及对一般法律服务的需求，只有 23% 的受访残障人表示需要，而有 78% 表示不会选择付费法律服务。对于不选择付费法律服务的原因，66% 的受访残障人说自己完全付不起，还有 24% 觉得太贵不划算。可以发现，大多数受访残障人对法律服务敬而远之，对免费法律援助有所期待，对收费法律服务则不予考虑。"经济困难""没有办法""免费服务"成了受访残障人中一再出现的高频填答。这也意味着，提升残障人的法律援助知晓度，可以为经济困难、负担不起律师服务，而又需要依法维护权利的残障人提供一个关键的解决方案。

作为对照之一，2016 年在天津市普通公众当中开展的一项问卷调查表明，61% 的受访公众认为打官司的时候找律师很重要。这个比例要比残障群体的选择高很多。这项研究还指出，高收入、高学历群体更倾向于

---

① 在许多残障人维权案例中，这通常还是当事人长期上访或久诉不决的结果。特别是在工伤致残案例中，由于多个用工单位推诿、难以证明劳动关系，以及企业滥用诉讼程序拖延等，残障当事人势单力薄，难以有效运用法律维权，陷入极大困境。相关案例可见《湖北第四届"残疾人法律援助十大典型案例"评选推荐案例》，2016 年 7 月。

② 第二次全国残疾人抽样调查办公室、北京大学人口研究所：《第二次全国残疾人抽样调查数据分析报告》，华夏出版社，2008，第 207 页。

③ 湖北省残联残疾人状况监测工作办公室：《湖北省残疾人抽样数据分析报告（简版）》，2013 年 5 月，湖北省残疾人联合会网站，http://www.hbdpf.org.cn/wcm.files/upload/CMShbdpf/201607/201607290857021.pdf；湖北省残联残疾人状况监测工作办公室：《湖北省残疾人状况监测数据分析报告》，《湖北日报》2015 年 12 月 31 日，第 17 版。

选择正式的司法体系和律师的服务。①作为对照之二，2021 年在江苏省常州市开展的一项法律援助知晓度调查表明，普通公众也不是很了解法律援助。例如，关于法律援助的一般界定，有 80% 的被调查人选择了"法律援助是无偿服务"，但在具体问及法律援助是否免费时，表示不知道的仍占 56.92%，不知道申请法律援助渠道的则更多，占比达 78.46%。②

2003 年颁布的《法律援助条例》对法律援助宣传并无专门规定。2021 年颁布的《法律援助法》第 10 条规定："司法行政部门应当开展经常性的法律援助宣传教育，普及法律援助知识。新闻媒体应当积极开展法律援助公益宣传，并加强舆论监督。"在这方面，可谓任重道远。

笔者 2016 年的调研发现，残障人对一般法律知识的了解程度很低，但对于法律和权利的态度并非全然消极。特别是，对于"保护残障人权利，需要特别高的成本，要等到社会发展到那一步，现在条件还不成熟"这个说法，尽管有 57% 的受访人持赞同态度，仍然有 23.6% 的人明确表示不赞同。相比之下，同样一群受访人中，有 78% 的人认为"罹患残障是一种很不幸的命运"，有 75% 的人认为"残障人天然有欠缺，不像普通人一样有能力去争取自己的权利"，76% 的人认为"残障人维权，耗时费力，会给其本人和家人造成很大的负担"。考虑到这种对比，可以发现，尽管有近五分之一的受访者认为残障人处境不幸、能力欠缺、维权不易，将残障带来的不利处境归因于个体缺陷或命运，但他们同时拒绝接受"保护残障人权利的条件还不成熟"这一说法。换言之，他们基于朴素的权利意识，对自己平等获得司法保护的权利提出了明确要求。这也契合《残疾人权利公约》所倡导的基本原则。与此相关，尽管 58.5% 的受访人认为

①　王焱：《城市居民对司法机关保障公民权利的信任度研究——基于天津市部分地区的问卷调查》，李君如主编《中国人权事业发展报告 No.10（2020）》，社会科学文献出版社，2020。该调查还提供了 2018 年的一组后续对照数据，不过在本书引用的几个指标方面，这两个时间点的结果相差很细微。

②　《江苏省常州市法律援助知晓率调查结果的对比分析》，司法部网站，http://www.moj.gov.cn/pub/sfbgw/jgsz/jgszzsdw/zsdwflyzzx/flyzzxzcxx/zcxxllyj/202108/t20210819_435244.html。

"保护残障人权利，最关键的是他们的家人要负责任"，但同时也有多达83%的人认为残障人需要专业的支持。[①]

上述调研还发现，21.8%的受访人表示自己或亲友有过法律纠纷。总共收集到的132件纠纷中，婚姻、监护、继承类最多，占23%，其次是劳动纠纷、土地、交通事故和人身伤害。相比之下，刑事案件、服务歧视、教育歧视案件均比较少。这些纠纷类型与前文所描述的法律援助案件范围还有一定出入，特别是婚姻家庭、土地征用或房产纠纷方面，存在覆盖范围上的缺口。[②] 为验证前述数据，笔者于2017年湖北全省法律援助专职律师培训期间开展了另外一次问卷调研。238位法律援助专职律师为残障当事人服务的经验，在很大程度上呼应了前述残障社群自身反映的需求。这些法援律师经办的残障当事人案件中，交通事故、婚姻家庭、劳动纠纷、人身损害同样排在前几位。不过，法援律师的经验也反映出，刑事案件占全部残障人法援案件的比重较高（约6%），补充了受访人（大多没有接触过刑案）的经验。2018年笔者在湖北省十堰市对全市30多位法律援助专职律师的问卷调研表明，排在前列的残障人法律援助案件是婚姻家庭（包括家庭暴力）、刑事案件、交通事故及劳动纠纷。另据笔者2018年12月对湖北省十堰市30位司法所工作人员及地方残联维权工作站人员的问卷调研，他们主要处理民事案件，排在前列的同样是劳动纠纷、婚姻家庭（包括家庭暴力）及交通事故。

此外，有必要补充说明，2018年在北京"温馨家园"开展的系列调研体现了大城市中的心智障碍者对法律服务的独特需求。"温馨家园"作为基层综合性的残障服务机构，一个重要职能是开展智力残障人

---

① 张万洪、丁鹏：《中国残障人平等获得司法保护研究报告》，2016年11月29日，联合国开发计划署网站，http://www.cn.undp.org/content/china/zh/home/library/democratic_governance/equal-access-to-justice-for-persons-with-disabilities-in-china.html。

② 张万洪、丁鹏：《中国残障人平等获得司法保护研究报告》，2016年11月29日，联合国开发计划署网站，http://www.cn.undp.org/content/china/zh/home/library/democratic_governance/equal-access-to-justice-for-persons-with-disabilities-in-china.html。

日间照料，帮助社区里的重度智力残疾人进行康复劳动、生活适应训练以及在文体娱乐活动中得到身心康复。[①]"温馨家园"负责人认为，在其服务的残障人碰到的纠纷类型中，成年精神、智力残障人的监护问题占62%，比例最高；其他如拆迁、征地补偿、所有权确认等房产纠纷占45%，婚姻、继承等家事纠纷占47%。[②] 在这些机构的法律服务提供者（主要法律顾问、律师志愿者）接触到的纠纷类型中，前三位分别是：婚姻、继承等家事纠纷，占72%；拆迁、征地补偿、所有权确认等房产纠纷，占63%；成年精神、智力残障人的监护问题，占35%。[③] 成年监护与婚姻家庭、房产、继承纠纷交织在一起，构成了残障人法律需求的一个重要方面。

概言之，残障人知晓自己权利的程度奠定了其为权利而起的知识或信念基础，也揭示出未来改善公共法律教育、推进社群法律赋能的重要途径。残障人对法律援助的知晓度、对借助律师服务的信心低于普通公众，表明其尚未在与其他人平等的基础上，有效地接近和使用国家司法制度，实现司法正义。这背后的原因在于现行普法机制的不足，例如缺乏信息无障碍形式，也与残障社群在更广泛领域遭受排斥、社会参与不足相关。不同类别的残障人对法律服务的需求不同，体现出其独特的脆弱性和权利困境，也对司法过程中的程序调整及合理便利提出了具体要求。残障人通过法律赋能，将正当需求表达为权利语言，并得以借助公共服务，诉诸司法，有助于进一步建构其依据朴素公平信念和公约前沿理念主张平等对待的主体能动性。本书第四章第二节将从残障认同的脆弱性、多样性出发，进一步阐述这些方面的专门内容，第五章第二节将从社群赋能角度总结一些可行策略。

---

① 参见《北京：温馨家园每年服务残疾人逾百万人次》，中国政府采购网，http://www.ccgp.gov.cn/gpsr/zhxx/df/201806/t20180629_10185427.htm。

② 这些纠纷的分类标准不是相互排斥的，比如监护可能与房产、婚姻交叉，故而这里的统计数据占比之和超出了100%；下文法律服务提供者的数据也是如此。

③ 数据引用自2018年《北京市温馨家园法律服务工作站服务现状调研报告》。

三 公共法律服务

残障人实现司法正义，包括在法院听审过程中获得"公正审判"的权利，也包括要求国家提供公共法律服务的权利。通过公共法律服务，专业人士提供有效支持，确保需要救济权利但又无法自我代理、辩护也请不起（或请不到）律师的残障当事人，有平等机会和可行能力，将案件诉至司法门前。诸多法治国家的司法制度都特别强调律师服务、法律援助等与法院审判配套的程序保障机制。[①]事实上，法律援助制度的改革长期处于实现司法正义运动的中心。[②]

法律援助具备鲜明的人权属性。首先，对于每个人的公民和政治权利以及经济、社会和文化权利而言，法律救济是实现这些权利的最后保障。大部分社会贫弱者只有知晓并通过法律援助，才有能力主张和救济自己的权利。其次，获得及时、方便、有效的法律援助本身就是一项基本人权，有其对应的权利义务主体和评判实效的标准。

人权的各项内容相互依存、不可分割，《残疾人权利公约》规定的各项权利也是如此。残障人平等获得司法保护，特别是法律援助，看起来更偏向程序方面的权利，但与其他各项实体权利也不可分离——残障人实现更好的康复、教育、就业，获得信息，表达意见，参与家庭和社会生活，无疑与其获得司法保护是相互促进的关系。与此对应，国家制定相关立法和政策的义务（如《公约》第2、12条），也与其"立即采取有效和适当的措施"提升认识的义务（第8条）、确保平等的无障碍与合理便利支持（第5、9条）、提供公共法律服务（第13条）和法律信息（第21条）等诸多义务密不可分。尽管如此，由于社会观念、法律制度层面的歧视与障碍，在世界范围内，残障人拥有平等获得法律援助

---

① Earl Johnson Jr., "Equal Access to Justice: Comparing Access to Justice in the United States and Other Industrial Democracies," 24 *FORDHAM INT'l L.J.* 83（2000）.

② 〔意〕莫诺·卡佩莱蒂编《福利国家与接近正义》，刘俊祥等译，法律出版社，2000，第7页。

的权利是一项较为晚近的共识。①

　　早在 1996 年，全国法律援助工作刚刚起步，司法部印发的《关于迅速建立法律援助机构开展法律援助工作的通知》中，就提到了对行为能力受限的当事人的法律援助问题。2003 年《法律援助条例》颁布，沿用当时刑事诉讼法的规定，纳入了对盲聋人的指定辩护，以及在经济困难群众这个范围内，确立了残障人可以申请特定司法案件中的法律援助。2004 年，司法部、中国残疾人联合会印发的《关于为残疾人提供无障碍法律服务和法律援助的通知》进一步提出了法律援助中的无障碍问题。

　　2013 年，中国共产党第十八届三中全会将法律援助制度提升到国家人权司法保障制度的高度，明确提出"完善法律援助制度"的改革目标。2014 年中国共产党第十八届四中全会通过《中共中央关于全面推进依法治国若干重大问题的决定》，提出"建设完备的法律服务体系。推进覆盖城乡居民的公共法律服务体系建设，加强民生领域法律服务。完善法律援助制度，扩大援助范围，健全司法救助体系，保证人民群众在遇到法律问题或者权利受到侵害时获得及时有效法律帮助"。2015 年中共中央办公厅、国务院办公厅发布《关于完善法律援助制度的意见》，要求帮助更多残障人及时获得法律援助。此后，国家《"十三五"加快残疾人小康进程规划纲要》和《国家人权行动计划（2016—2020 年）》中都有相关规定。2017 年司法部印发《关于"十三五"加强残疾人公共法律服务的意见》，要求到 2020 年，公共法律服务网络体系覆盖所有残疾人。②

　　2018 年，司法部、中国残疾人联合会发布《"法援惠民生·关爱残疾人"法律援助品牌建设实施方案》，着重加大对残障人的法律援助供

---

　　① 郭锐、倪震：《残障人法律援助基本原则研究》，《人权》2018 年第 2 期；Eilionoir Flynn, *Disabled Justice? Access to Justice and the UN Convention on the Rights of Persons with Disabilities*, Routledge, 2016.

　　② 《司法部关于"十三五"加强残疾人公共法律服务的意见》，司法部网站，http://www.moj.gov.cn/government_public/content/2017-11/08/tzwj_9591.html。

给力度。^①为此，要拓展残障人公共法律服务领域，为残障人就学、就业、医疗、保险、救助、托养照料、康复、灾害及事故致残鉴定和监护等提供可及的法律服务，以及做好残障人涉法涉诉信访等矛盾纠纷排查化解工作。2018 年司法部还发布《关于深入推进公共法律服务平台建设的指导意见》，要求完善服务功能，应用技术手段实现音频、视频、文字信息无障碍快速转换，适应各类残障人的服务需求。2021 年国务院印发《"十四五"残疾人保障和发展规划》，也明确要求将残障人作为公共法律服务的重点对象，加强司法保护。^②2021 年司法部印发《"乡村振兴　法治同行"活动方案》，要求适应少数民族、老年人、残障人群体特点和法律服务需求，完善法律服务网无障碍功能，提供少数民族语言版、老年人大字版、视力残障人语音版等服务。

2022 年 3 月，最高人民法院、最高人民检察院、公安部、司法部、中国残疾人联合会共同发布《关于深入学习贯彻习近平法治思想　切实加强残疾人司法保护的意见》，明确要求推进公共法律服务场所及平台的无障碍建设，让广大残障人可以就近、便利、公平地享受公共法律服务。

在此制度发展背景下，中国各地法律援助机构协调残联等部门，建立了覆盖广泛的残障人维权工作站。截至 2020 年底，全国设立的残障人法律援助工作站有 2795 个，残障人法律救助工作协调机构 2881 个。^③这些工作站办理了不少残障人法援案件。^④此外，许多地方还在特殊教育学

---

① 《司法部　中国残联关于开展"法援惠民生·关爱残疾人"法律援助品牌建设工作的通知》，司法部网站，http://www.moj.gov.cn/government_public/content/2018-07/06/tzwj_21831.html。

② 在第四个重点任务"保障残疾人平等权利，为残疾人提供无障碍环境和便利化条件"第 2 段指出："将残疾人作为公共法律服务的重点对象，完善公共法律服务平台无障碍功能，依据国家有关规定扩大残疾人法律援助覆盖面，重点提升残疾人法律援助质量。完善残疾人法律救助工作协调机制，培养助残公益律师队伍，开展法律援助志愿助残行动，为残疾人提供及时有效的法律救助服务。加强对残疾人的司法保护，方便残疾人诉讼。"

③ 中国残疾人联合会编《中国残疾人事业统计年鉴（2021）》，中国统计出版社，2021，第 89~90 页。

④ 2017 年全国残疾人法律救助工作站办理了 3649 件案件，参见中国残疾人联合会编《中国残疾人事业统计年鉴（2018）》，中国统计出版社，2018，第 98 页。2018 年全国残疾人法律救助工作站办理了 3532 件案件，参见中国残疾人联合会编《中国残疾人事业统计年鉴（2019）》，中国统计出版社，2019，第 96 页。

校建立法援工作站，宣传法援信息，收集需求，及时提供法援服务；以及通过政府购买，开展庭院式法律服务活动，让律师深入各村为残障人及其家属提供法律教育和咨询等服务。[1]随着公共法律服务平台将法律援助、司法鉴定、公证、社区法律咨询等平台整合到一起，在残障人意定监护的公证方面，公共法律服务也发挥着日益重要的作用。2018年，在北京、上海等地，已有公证机构探索这方面的成功做法。[2]

分析2003—2020年全国特定群体接受法援的数据可以发现，自《法律援助条例》颁布之初，残障人就是法律援助所特别关注的人群。但2006年以来，受援的农民工增量一直最快（其中包括许多工伤致残案件），妇女的增量次之。此外，儿童、老年人都处在较低的水平，而残障人受援比例最低，近年一直只占法援总量的6%左右。2020年，全国法律援助机构共办结法律援助案件近140万件，受援主体达216万余人次。[3]总体上看，如图3-1所示，法律援助总体数量以及对残障当事人的援助数量增长仍然有限。

2021年《法律援助法》制定通过，残障人公共法律服务有了最重要的突破。国家制定《法律援助法》，是为了"更好地维护公民合法权益、维护法律正确实施、维护社会公平正义"。[4]2020—2021年，全国人大在起草制定《法律援助法》过程中，明确将法律援助覆盖面的扩展与人权司法保护联系起来。例如有全国人大常委会委员和相关部门提出，法律援助应当与刑事案件律师辩护全覆盖试点工作相结合，加大人权司法保障力度。《法律援助法（草案）》据此在第25条增加规定："其他适用普通程序

---

[1] 《昌平区三项措施做好残疾人法律援助维权服务》，北京市法律援助网，http://www.bjlegalaid.gov.cn/tabid/338/InfoID/10301/Default.aspx。另可见《李遂镇残联开展"庭院式"法律服务讲座》，北京市人民政府网站，http://zfxxgk.beijing.gov.cn/syq11M086/bmdt52/2018-10/09/content_42293b97c9ac432fab259721afc5e37c.shtml。

[2] 来自笔者于2018年12月对北京市范律师的访谈。

[3] 《2020年全国法援机构办结法律援助案件近140万件》，中国普法网，http://www.legalinfo.gov.cn/pub/sfbzhfx/zhfxfzzx/fzzxyw/202103/t20210302_191512.html。

[4] 栗战书：《在第十三届全国人民代表大会常务委员会第三十次会议上的讲话》，《全国人民代表大会常务委员会公报》2021年第6号，第1113页。

审理的案件，被告人没有委托辩护人的，人民法院根据实际情况，可以通知法律援助机构指派律师担任辩护人。"[1]

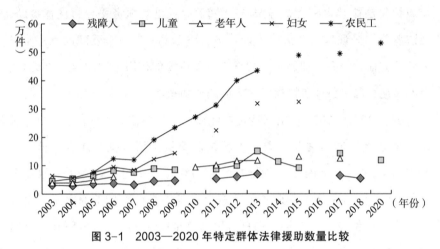

图 3-1　2003—2020 年特定群体法律援助数量比较

资料来源：历年官方法律援助统计数据、《中国司法》公报以及中国提交联合国的文件。

《法律援助法（草案三次审议稿）》在修订时，进一步扩大了平等司法保护的范围，完善了对可能被限制行为能力的精神或心智障碍者的法律援助。草案二次审议稿第 31 条规定，在一定情形下，当事人因经济困难没有委托代理人的，可以申请法律援助。有全国人大常委会委员提出，认定公民无民事行为能力或者限制民事行为能力，关系公民重大权益，建议在可以申请法律援助的情形中增加这项内容。[2] 立法采纳了这一意见。在地方相关立法层面，上海市新发布的《关于调整法律援助对象经济困难标准和扩大法律援助事项范围的通知》，将残障人依法申请再审也纳入法律援助范围。这些举措进一步加大了对残障人权利司法保障的力度。

《法律援助法》在起草中逐步完善，通过纳入无障碍服务的明确要求，将人权司法保护原则贯彻到对残障人等特定群体的特别支持与平等保

---

[1] 全国人民代表大会宪法和法律委员会：《关于〈中华人民共和国法律援助法（草案）〉审议结果的报告》第 4 点，《全国人民代表大会常务委员会公报》2021 年第 6 号，第 1160 页。

[2] 全国人民代表大会宪法和法律委员会：《〈中华人民共和国法律援助法（草案三次审议稿）〉修改意见的报告》第 3 点，《全国人民代表大会常务委员会公报》2021 年第 6 号，第 1162 页。

护中。草案提请初次审议时有 61 条，经过修改完善增至 71 条。[①]在初次审议的草案中并未提到对残障人的无障碍支持，仅提到了对无固定生活来源的残障人免予审查经济困难状况（草案第 34 条）。[②]经过广泛征求建议，草案二次审议稿第 22 条（由原草案第 19 条顺延）第 2 款增加规定，法律援助机构为残疾人、老年人提供法律援助服务的，应当根据实际情况采取无障碍等便捷的方式。[③]二审稿在"便民服务"方面还增加规定，为未成年人、妇女、老年人、残疾人提供法律援助应考虑其特殊情况、指派合适的法律援助人员。[④]最终定稿时，该新增规定升格为单独的第 45 条，其第 1 款明确："法律援助机构为老年人、残疾人提供法律援助服务的，应当根据实际情况提供无障碍设施设备和服务。"本款中的"根据实际情况"，可以阐释为司法中的程序便利与合理便利（本书第五章第一节将继续讨论这方面的案例和反思）。

有研究表明，近三成的律师和法官都认为，在现行司法救助中，诉讼费用缓、减、免措施对于经济困难当事人的帮助尚不充分。[⑤]对此，2018 年最高人民法院、中国残疾人联合会发布的《关于在审判执行工作中切实维护残疾人合法权益的意见》第 10 条指出，"对经济确有困难、符合相应条件的残疾当事人，应当依法为其缓、减、免诉讼费用。对符合司法救助条件的残疾人，应当告知其有权提出救助申请。对已经提供法律援助的残疾当事人，应当进行司法救助"。与此呼应，2021 年《法律援助法》第 42 条规定，社会救助、司法救助或者优抚对象申请法律援助，免予核查经济困难状况。

还应指出，《法律援助法》第 25 条将传统法条中的"盲、聋、哑人"

---

① 《为群众获得优质高效法律援助服务提供法治保障》，2021 年 8 月 23 日，中国人大网，http://www.npc.gov.cn/npc/c30834/202108/d341c5974fbc407291d02a50a727f0b5.shtml。
② 第一次审议稿可见 https://npcobserver.com/wp-content/uploads/2020/11/Legal-Aid-Law-Draft.pdf。
③ 《法律援助法（草案二次审议稿）征求意见》，2021 年 6 月 25 日，澎湃新闻网，https://www.thepaper.cn/newsDetail_forward_13300171。
④ 该新增规定在二审稿第 31 条；三审稿略去了这个新增条款，被认为是吸收到新的第 45 条中。吴宏耀等：《法律援助法注释书》，中国政法大学出版社，2022，第 379 页。
⑤ 李燕、胡月：《我国民事诉权司法保障的实证考察与完善路径》，《人权》2021 年第 5 期。

称谓，改成了"视力、听力、言语残疾人"，并明确提出了"不能完全辨认自己行为的成年人"这个说法，取代民事、刑事领域长期盛行的"精神病人"[①]、"智力残疾人"概念。这都反映出立法理念的进步，也与本书研究的残障平等权利息息相关。

四　可选择的权利救济渠道

残障人通过个案援助实现司法正义的体系，应当兼容正式与非正式的渠道，包括投诉、仲裁、诉讼、调解（行政、司法以及人民调解）、和解、信访等多种方式。国家司法权的兜底救济，应该是指司法对于争议案件和其他纠纷解决渠道保留"最终"救济权，而不是"排他"的"最初"或初审救济权。[②]建立多元化的可选择的纠纷解决渠道，能够充分动员社会自身的力量，化解矛盾、实现正义，为国家与社会的良性互动和善治创造条件。[③]联合国经济社会文化权利委员会也指出，得到有效补救的权利无须解释为一定需要司法补救。行政补救在许多情况下是足够的。但是，当没有司法机构的作用便不能充分实施《经济、社会及文化权利国际公约》所载权利时，司法补救措施是必要的。[④]

在《残障人士获得司法保护权利的国际原则和准则》的编撰过程中，中国政府曾于2019年提交书面文件，分享中国的相关良好经验。其中，在可选择的权利救济渠道方面，中国政府指出：

依据《中华人民共和国残疾人保障法》和其他法律法规，对于

---

① 例如《行政处罚法》第26条、《治安管理处罚法》第13条以及《刑法》第18条仍然使用的是"精神病人在不能辨认或者不能控制自己行为的时候……不予处罚/不负刑事责任"；《刑事诉讼法》第35条规定的强制辩护对象包括"尚未完全丧失辨认或者控制自己行为能力的精神病人"，第62条排除了"生理上、精神上有缺陷或者年幼，不能辨别是非、不能正确表达的人"作为证人的资格。

② 傅郁林：《多层次民事司法救济体系探索》，《当代法学》2013年第2期。

③ 王亚新：《诉前调解的建构：目的、悖论、因应之策》，《人民司法》2018年第31期。

④ 联合国经济社会文化权利委员会：《第9号一般性意见：〈公约〉在国内的适用》，（1998）E/C.12/1998/24，第9段。

残障人权利受到侵害的案件，至少有四种救济渠道。第一，残障人可以向残障人组织投诉，后者应当维护残障人的合法权益，并有权要求承担相关职责的部门或者单位实施调查和惩处。有关部门或者单位应当依法查处，并予以答复。第二，残障人有权要求承担相关职责的部门依法处理。第三，残障人可以依法向仲裁机构申请仲裁。第四，残障人可以依法向人民法院提起诉讼。残障人可以自行选择通过何种渠道来救济和保障权利。①

实践中，残障人可选择的权利救济渠道不只上述四种。在笔者 2016 年开展的一项研究中，受访残障人遇到法律纠纷，自己解决（忍受或想别的办法）的占 29%，诉诸正式司法程序的占 23%，找社区、残联协助处理或调解的比例与正式司法渠道持平，也占 23%，找政府部门的占 8%，排在找亲友的 10% 之后。可以作为对照的是，在北京开展的另外一个较大规模的法律需求评估中，有近半数被调查者曾在生活中遇到法律问题，但这些问题大多数是通过受访人父母、朋友等社会关系帮助解决。②

一般社会大众解决纠纷、救济权利的选择与此略有不同。2016 年在天津市普通民众当中开展的一项问卷调查表明，如果发生纠纷而协商不成，有 37% 的民众会向法院提起诉讼，另有 21% 选择仲裁这种比较正式的渠道。普通民众选择正式司法救济渠道的比例要比残障群体高很多。当然，这项调研也揭示出，在普通民众当中，有半数不认为司法机关在维护公民权利方面"十分重要"或"重要"，只有 28% 对法律维护自身权益感

---

① China submission to questionnaire on good practices to ensure effective access to justice for persons with disabilities（中国提交的回应：确保残障人有效获得司法保护的良好实践问卷），第 4 部分。文件原文为英文，主要依据《残疾人保障法》第 59~60 条的内容；本书翻译为中文时依据英文用词略有微调，比如将"有关部门"译为"承担相关职责的部门"（competent government departments）。报告原文可见联合国人权高专办网站，https://www.ohchr.org/EN/Issues/Disability/SRDisabilities/Pages/GoodPracticesEffectiveAccessJusticePersonsDisabilities.aspx。

② A 研究所：《B 市残障人法律服务需求与相关服务调查》，会议发言稿，2015 年 12 月。

到有信心。①

在正式司法之外,《人民调解法》(2011)设定了人民调解作为解决
纠纷的重要补充机制,其中对残障当事人的行为能力要求没有诉讼法那么
高,这一变通之处对于残障人充分参与纠纷解决、有效化解矛盾以及在基
层调处矛盾都具有重要意义。

现阶段,残障人信访是对其可用的正式法律救济渠道的补充。残障
人信访数据整体呈逐年下降趋势(见图3-2),但总体上仍发挥着重要作
用。习近平总书记在2017年对信访工作作出指示:

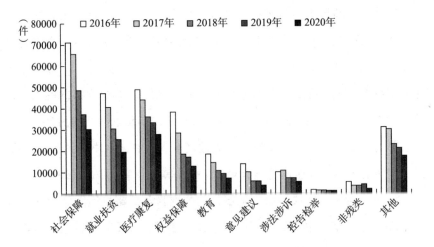

图 3-2　2016—2020 年全国残障人信访案件分类对比

资料来源:2017~2021 年《中国残疾人事业统计年鉴》。

各级党委、政府和领导干部要坚持把信访工作作为了解民情、
集中民智、维护民利、凝聚民心的一项重要工作,千方百计为群众
排忧解难。要切实依法及时就地解决群众合理诉求,注重源头预防,
夯实基层基础,加强法治建设,健全化解机制,不断增强工作的前
瞻性、系统性、针对性,真正把解决信访问题的过程作为践行党的

---

① 王焱:《城市居民对司法机关保障公民权利的信任度研究——基于天津市部分地区的问卷调查》,李
君如主编《中国人权事业发展报告 No.10(2020)》,社会科学文献出版社,2020。该调查还提供了
2018 年的一组后续对照数据,不过在本书引用的几个指标方面,这两个时间点的结果相差很细微。

群众路线、做好群众工作的过程。①

在这一制度和政策框架下，2016 年全国处理残障人信访（包括来信来访）28.6 万件，其中残障人社会保障、医疗康复、就业扶贫问题排在前三位，权益保障问题紧随其后。2017—2020 年，全国处理残障人信访案件逐年下降，其中社会保障、就业扶贫、医疗康复、权益保障问题仍然位居前列。作为对照，前述 2016 年在天津市普通民众当中开展的问卷调查表明，有 41% 的民众认为信访、举报和投诉对政府有效行使权力有很强或较强的推动作用。②

此外还有具体案例。2018 年前后笔者接触到一个案件，某市电动轮椅使用者与某市地铁公司发生纠纷，后者以电池容量过大为由不允许电动轮椅过安检。该案涉及的纠纷解决方式包括残障人向市残联投诉，市残联向有关部门反映情况，当事人一度拟提起公益诉讼，后来还是通过（集体）信访渠道解决。2019 年笔者协助处理的某省一起视力障碍者考研申请盲文试卷遇到推诿的案件中，也是综合运用了找省考试院反映情况、向省残联投诉、给省长信箱写信、给报考学校的校长信箱写信等渠道。当事人在社群倡导者和法律专业志愿者支持下，将依法主张正当权益与多途径信访相结合，取得了比较好的效果，最终拿到了合理便利告知书和盲文试卷，如愿考上翻译专业的研究生。③

有研究认为，"多元纠纷解决机制"的失败令中国司法体制改革的设计者深入反思"诉讼爆炸"的法治化解决进路。④在残障权利领域，这种法治化的解决思路也有所体现。例如中国提交给联合国残疾人权利问题特

---

① 《千方百计为群众排忧解难　不断开创信访工作新局面》，《人民日报》2017 年 7 月 20 日，第 1 版。

② 王焱:《城市居民对司法机关保障公民权利的信任度研究——基于天津市部分地区的问卷调查》，李君如主编《中国人权事业发展报告 No.10（2020）》，社会科学文献出版社，2020。

③ 相关案情自述可见《为了一份盲文试卷，经历了一场战役》，2019 年 12 月 28 日，发表于"残障之声"微信公众号，https://mp.weixin.qq.com/s/7ABXrlqeCn9e2w_YwSHU6g。

④ 蒋银华:《司法改革的人权之维——以"诉讼爆炸"为视角的分析》，《法学评论》2015 年第 6 期。

别报告员的经验交流材料指出，其促进残障人有效获得司法保护的相关创新举措包括：最高人民法院、最高人民检察院与中国残联联合发布促进司法工作的文件，发布保护残障人的典型案例，开辟残障人参与诉讼的绿色通道，设立残障人诉讼专门法庭，为法律工作者培训手语知识，为手语翻译员培训法律知识，为聋人或听力障碍当事人提供 12110 短信报警平台，等等。① 这些举措反映出在司法权运行的分工体系中跨部门协调的努力，以及司法部门通过个案提升公众认识、营造良好氛围，在司法中促进无障碍与程序便利的努力（本书第五章第一节将继续阐述这方面的细节）。这些努力总体上仍属于从公权力配置、正式制度、自上而下的视角来回应残障人权利救济渠道的问题。

但仍应指出，近年来，在促进多元纠纷解决方面，法院系统充分发挥了非正式司法制度对正式司法保护的有效补充作用。各地法院的良好经验表明，为残障人化解纠纷、维权解困，不仅要在"法庭上"确保残障人参与司法、两造平衡、法官准确适用法律，还要在"法庭外"考虑到残障人群体的现实生活困难，通过跨部门协调的司法救济实现可持续的权利保障。例如对于残障人婚姻家庭案件，法院通常会联系本地残联、妇联以及社区工作人员协同调处；在残障人教育劳动权利领域的争议，则会联系残联、卫健、教育行政、人社等部门协同处理。这类由法院主导的多元纠纷解决机制，可以动员多个部门的资源，为残障人提供有效帮助和救济，在诉前或诉外化解矛盾，避免久拖不决，及时解决实际困难。② 在中国语境下，这些跨部门协调和多元纠纷解决渠道成为化解残障人诉累、促进司法为民的重要举措。

---

① China submission to questionnaire on good practices to ensure effective access to justice for persons with disabilities（中国提交的回应：确保残障人有效获得司法保护的良好实践问卷），第 5 部分。文件原文为英文，可见联合国人权高专办网站，https://www.ohchr.org/EN/Issues/Disability/ SRDisabilities/Pages/GoodPracticesEffectiveAccessJusticePersonsDisabilities.aspx。

② 姚建军：《让残疾人感受司法的温度和力量》，《人民法院报》2021 年 11 月 25 日，第 5 版。

第二节 在法庭上：诉讼构造中的平等保护

本节主要关注诉讼构造中的两造权能关系、司法权与公民基本权利的关系，阐述残障人在诉诸司法过程中，在法庭听审阶段所应当享有的平等权利及面临的挑战。当然，这里的"在法庭上"只是形象比喻的说法，为了与上一节"在司法门前"对应；下文所论"两造平衡"以及司法对残障人人身自由的裁量，尤其是在刑事司法中，实际上贯穿于审前阶段，以及判决后的执行阶段。

一 两造平衡原则的适用

两造平衡（equality of arms）原则，又称等臂原则或平等武装原则；在司法中，该原则意味着民事案件的原被告、刑事案件的控诉方和被告之间，在争讼的能力（ability）或权能（power）方面应该平等。[1]例如，每一方当事人均应拥有平等机会获取案件信息、亲自出庭、陈述观点、申请证人出庭，以及在刑事案件中得到律师的独立、有效辩护等。[2]这个短语的英文中，arms 的意思包括手臂、武器、伸手可及之范围。在本书语境中，这一与身体有关的比喻，包含了丰富的对人性能力的理解。人是会制造和使用工具的实践主体，工具是"手的自然延长"。同理，司法程序中的"武器装备"，也是为了确保残障人在参与司法的过程中，得到身心官能、意思表示、法律知识等方面的延伸与提升，从而获得公正审判。

公正审判所要求的两造平衡、律师帮助、法律援助，起初在刑事司法领域得到重视，因为国家追诉权显然太过"强势"，而人权概念一开始

---

[1] 在既有法学理论中，这种能力更偏向于诉讼双方表现在外的能力、影响力乃至权能（power）；而非本书第六章批判能力主义之后所主张的那种可行能力（capability）。

[2] 陈洪杰：《接近正义与人权的司法保护——欧洲人权法院相关实践的启示》，柳经纬主编《厦门大学法律评论》第 8 辑，厦门大学出版社，2004，第 271~272 页。

也强调其"防御"利维坦侵害的一面。①在现代社会，民事领域中"弱而愚的人"，对强势的作为产品制造和销售者、环境污染者、雇主、个人信息收集者以及机构运营者的企业，也需要国家介入，以确保司法救济中抽象民事主体之间的现实平等。在此脉络下，残障人在现代社会经历的脆弱性，为实现司法中的两造平衡增添了新的维度。

两造平衡原则来自被告人享有的依据正当程序获得公正审判的权利，与无罪推定、沉默权、知情权、辩护和参与审判、询问证人、上诉权等权利都属于实质性的程序权利（substantive procedural rights）。②公正审判权体现了一种权利话语和逻辑在司法领域的延伸。③在刑事案件中，该原则要求控辩双方具有程序上的实质平等。欧洲人权委员会在1963 年 Ofner and Hopfinger v. Austria 案以及欧洲人权法院在 1968 年 Neumeister v. Austria 案中已经通过判例确立了这个原则，④其判断标准在于当事人是否处于"实质劣势"，法院对此自由裁量程度较高。联合国人权事务委员会于 2007 年就《公民权利和政治权利国际公约》第 14 条发布更新的第 32 号一般性意见，取代了其 1984 年发布的第 13 号一般性意见，进一步强调了"在法庭和裁判所前一律平等和获得公正审判的权利"。该权利就包括了两造平衡原则：

> 除了根据法律作出的在客观合理基础上有理由的区分之外，所有各方都应享有同样的程序性权利，但这种区分不得使被告处于不

---

① 例如抗辩制在 17 世纪英国的发展，再比如国际人权法中比较晚近的发展，参见 2012 年联合国经济及社会理事会通过的《联合国关于在刑事司法系统中获得法律援助机会的原则和准则》，E/CN.15/2012/L.14/Rev.1；关于中国刑事司法中对律师作用的强调，可参见张万洪、丁鹏《人权法视野下的刑事司法早期阶段法律援助：中国经验与发展前瞻》，《求是学刊》2019 年第 2 期。

② 〔英〕Ed Cape 等主编《欧洲四国有效刑事辩护研究——人权的视角》，丁鹏等编译，法律出版社，2012，第 23~25 页。

③ 黄文艺：《论公正审判权与中国司法改革》，网络指导委员会编《中国人权年刊》（第 2 卷），社会科学文献出版社，2006，第 294 页。

④ 〔英〕克莱尔·奥维、〔英〕罗宾·怀特：《欧洲人权法原则与判例》（第 3 版），何志鹏、孙璐译，北京大学出版社，2006，第 213 页。

利地位或对其造成不公 ……原则还适用于民事诉讼，并除其他外要求两造均有机会对由对方提出的所有论点和证据提出反驳。在特殊情况下，还可能要求提供免费的口译协助，否则的话贫困的一方无法平等地参加诉讼或使其证据得到核查。[1]

严格的控辩两造平衡，要求双方在拥有的资源和设施、时间、证人数量、证据开示等方面做到实质平等。[2]反思这一严格界定的研究认为，在每项程序权利中为控辩双方寻求平衡，既不可行，也无必要。刑事案件中，国家追诉权天然更加强大，其运用优势资源查明真相的正当性无法轻视。另外，刑事诉讼要兼顾打击犯罪与保障人权的目的，强调对被追诉人的特殊保护，赋予其一系列的"特权"（privileges）或保障（safeguard），同时确立控方相应的义务或负担。现代司法中的两造平衡原则，还可能发展出控辩双方基于平等、自愿、合意等就强制措施、暂缓起诉、定罪量刑等达成的合作。[3]因为节约司法成本，提高诉讼效率，长期以来也是司法改革关注的焦点。[4]本书第四章第二节将结合听力语言障碍人士在认罪认罚程序中的平等权利，继续分析刑事司法中的平等武装与平等合作。

刑事案件中的犯罪嫌疑人、被告人（以及被害人）获得免费律师帮助权，是基于平等原则对律师帮助权的一种再分配。[5]多年来，中国刑事司法改革致力于促进控辩双方平衡，但律师刑辩质量并未因制度上的输入而获得显著提升。一个原因在于，刑辩律师职业准入门槛较低，知识更新

---

[1]　联合国人权事务委员会：《第 32 号一般性意见：在法庭和裁判所前一律平等和获得公正审判的权利》，（2007）CCPR/C/GC/32，第 13 段。

[2]　王秀梅、陈朗：《论国际刑事辩护"平等武装"原则》，赵秉志主编《刑法论丛》第 38 卷，法律出版社，2014。

[3]　冀祥德：《控辩平等之现代内涵解读》，《政法论坛》2007 年第 6 期。

[4]　冀祥德、张文秀：《从对抗转向合作：中国控辩关系新发展》，《中国司法》2011 年第 12 期。

[5]　易延友：《论刑事被追诉人自行聘请律师的优先性——以罗尔斯的正义理论为分析框架》，《政治与法律》2021 年第 11 期。

压力较小，收益回报低，优秀人员投入少。另外，"检察一体化"促使公诉机关高度组织化、专业化，相比之下，个体乃至"抱团"的刑辩律师对抗力量十分不足。[①] 律师在"专业性"和"组织化"方面的不足，影响了残障人获得有质量的法律服务（包括法律援助）、在两造平衡中实现有效辩护与公正审判的可行路径。如本书第四章所述，残障人的独特脆弱性意味着律师要积极更新更多专业知识——包括但不限于无障碍、合理便利、反歧视方面的知识，以及争取司法部门为残障当事人提供程序便利与合理调整。《法律援助法》的制定实施，在一定程度上，从人权司法保障的角度，为残障人的法律援助服务提供了一些组织化保障，以及在经济激励之外，提供了公益表彰、社会认同方面的激励机制。

相关工作组和委员会在《残疾人权利公约》的起草和实施中，一再强调，其没为残障人创造任何新的权利或特权——这是相对于其他权利享有者（自然人）而言的。但是就刑事诉讼而言，国家履行其尊重和保障人权的义务，就包括为每个被追诉人设定一些"特权"——相对于公权力部门而言，比如保持沉默、获得律师帮助、获得翻译帮助等。残障人"在与其他人平等的基础上"享有这些"特权"——《公约》第12、13条应有之义，进而在法庭上实现两造平衡，仍面临独特挑战。为此应当考虑到制度调整的手段对当事人"手臂/武装"的"自然"延伸。如果拘泥于传统自由主义的正义原则，落入"个人自主"的窠臼，就容易忽略残障人的脆弱性，而主张一种简单的经济考量：对未成年人，盲、聋、哑人，精神病人以及可能面临死刑、无期徒刑的人，固然可以为他们指派律师提供法律帮助，但如果上述人员不属于经济困难者，则应当要求其在享受相应服务后承担相应费用。[②] 事实上，残障人，特别是精神、智力障碍人士，常常被安置在机构之中，处于国家的恰当监护或代理制度之外，难以在法庭

---

① 刘忠：《未完成的"平等武装"：刑辩律师非知识技艺理性的养成》，《中外法学》2016年第2期。
② 易延友：《论刑事被追诉人自行聘请律师的优先性——以罗尔斯的正义理论为分析框架》，《政治与法律》2021年第11期。

上得到有效代理，更难实现两造平衡。[①]在事后令残障当事人承担律师帮助的费用，对于许多残障人而言，本就属于巨大经济负担；并且还有一个风险，在于其会低估律师作用、选择拒绝律师服务，或者在刑事案件中心存侥幸、"负隅顽抗"，拒绝认罪认罚或拒不参与司法程序，造成更大的刑事司法成本。

启蒙时代确立了每个人在法律（民法）上享有的抽象平等的"法律人格"，其剥离了个人的七情六欲、独特习性，而建基于人人相通的理性本质与自主意志，构造出可以通过客观方式衡量的人格价值、表意行为和财产（本书第一章第一节、第六章第一节对此另有详述）。民法以"权利能力"将法律主体同质化，再用"行为能力"将其大略分类，忽略了人与人之间的差别。[②]故此，近现代以来，私法中的"法律人格"逐渐发生了多重转变：人从自由的立法者转变为法律的保护对象，从享有抽象平等转而在法律上呈现出实际的不平等，以及最深层的"从理性的、意思表示强而智的人转向弱而愚的人"。[③]与之相应，面对大规模的陌生人之间的复杂互动及社会流动，现代社会制度确立了一种以法律为核心的抽象体系，建构普遍信任，特别是通过专业人士的代理、职业伦理的声望来促成社会交往与合作。[④]国家和法律更加强大，市场、家庭、社会却各自脱嵌；现代人更具有知识上的反思性，却也更增添了人生在世的脆弱性。

概要揭示这些法律制度浸染现代气息的变化脉络，有助于人们更好地阐释现行司法制度中关于无障碍、程序便利、合理便利的规定，切实增进两造平衡，实现公正审判。例如《民事诉讼法》第 60 条、《行政诉讼

① Constantin Cojocariu, "Hit and Miss: Procedural Accommodations Ensuring the Effective Access of People with Mental Disabilities to the European Court of Human Rights," in Peter Blanck, Eilionóir Flynn, eds., *Routledge Handbook of Disability Law and Human Rights*, Routledge, 2017, pp.113-115.

② 民法按照"理性—主体—意志"的图式拟制出"自然人"以及"法人"的概念；不过，国家按照同样的图式在民法路径之外成为一种最独特的"法人"实体。参见李永军《民法上的人及其理性基础》，《法学研究》2005 年第 5 期。

③ 〔日〕星野英一：《私法中的人》，王闯译，中国法制出版社，2004，第 50 页。

④ 〔英〕安东尼·吉登斯：《现代性的后果》，田禾译，译林出版社，2011，第 73~74 页。

法》第 30 条、《劳动争议调解仲裁法》第 25 条都规定了法定代理人参与诉讼、为没有民事行为能力或诉讼行为能力的当事人提供支持——尽管这种代理的滥用会侵害当事人的自主决策，需要以"作为基本权利核心的人性尊严"为限，在个体自主与法律家长主义之间找到平衡。[①]《刑事诉讼法》第 35 条规定了强制辩护，"犯罪嫌疑人、被告人是盲、聋、哑人，或者是尚未完全丧失辨认或者控制自己行为能力的精神病人，没有委托辩护人的，人民法院、人民检察院和公安机关应当通知法律援助机构指派律师为其提供辩护"；第 121 条规定了翻译协助，"讯问聋、哑的犯罪嫌疑人，应当有通晓聋、哑手势的人参加，并且将这种情况记明笔录"。《刑事诉讼法》还就盲聋人认罪认罚、简易程序另作规定。《法律援助法》第 45 条规定，"法律援助机构为老年人、残疾人提供法律援助服务的，应当根据实际情况提供无障碍设施设备和服务"。

此外，2016 年《人民法院法庭规则》修订，其新增的第 5 条规定"法庭应当设置残疾人无障碍设施"；新增的第 4 条规定"刑事法庭可以配置同步视频作证室，供依法应当保护或其他确有保护必要的证人、鉴定人、被害人在庭审作证时使用"，可能涉及为心智障碍者的利益而对直接言辞原则作出程序调整。这些规定更能体现庭审规则的公平，有利于保障诉讼参与人依法行使诉讼权利。[②]2018 年最高人民法院、中国残疾人联合会发布的《关于在审判执行工作中切实维护残疾人合法权益的意见》第18 条指出，要"完善诉讼无障碍设施及服务。大力推进法院接待场所、审判场所的无障碍设施建设，方便残疾人参加诉讼。积极推进信息交流无障碍环境建设，根据案件情况，允许相关辅助、陪护人员陪同残疾当事人出庭"。2021 年《人民法院在线诉讼规则》第 4 个原则确立了便民利民原则，要求"优化在线诉讼服务，完善诉讼平台功能，加强信息技术应用，

---

① 孙笑侠、郭春镇：《法律父爱主义在中国的适用》，《中国社会科学》2006 年第 1 期。
② 田禾、吕艳滨主编《中国人权法治（2002~2016）》第 13 章 "2016 年中国执法司法改革与人权保障"，社会科学文献出版社，2018，第 145~146 页。

降低当事人诉讼成本，提升纠纷解决效率。统筹兼顾不同群体司法需求，对未成年人、老年人、残障人士（原文如此，而非残疾人——引者注）等特殊群体加强诉讼引导，提供相应司法便利"。2021 年底司法部制定《全国公共法律服务体系建设规划（2021—2025 年）》，提出了对"法律服务机构无障碍环境建设""刑事案件审判阶段律师辩护或法律帮助全覆盖"的要求。

这些程序规定，在法教义学的阐释下，已经有助于确保残障人在诉诸司法的各个环节，特别是"在法庭上"，获得适当的专业支持与便利条件，克服外部障碍，在与其他人平等的基础上实现"两造平衡"，接近司法正义。本书第四、五章将进一步结合残障人权利视角的批评，拓展"正当程序"的外延，丰富两造平衡的实质内容，论述司法中的无障碍、程序便利、合理便利的关键作用在于，促进认可人性能力多样、积极应对人生在世的风险—脆弱以及确保有意义的权利救济。

二 诉诸司法保障平等的人身自由

本节上一部分依据诉讼构造中两造平衡的原则来阐述司法制度如何平等保护残障人的程序权利。这一部分聚焦司法权力与残障人享有的自由权利之间的关系，将《残疾人权利公约》第 13 条的规定与第 5 条反歧视，第 12 条关于法律能力，第 14~17 条关于人身自由和完整、免于酷刑、免于暴力和虐待的规定联系起来，[①]分析诉讼构造如何平衡司法权力与基本自由，确保对残障人的平等保护。特别是就精神障碍者免于被任意剥夺人身自由的权利，以及免于酷刑、暴力和虐待的权利而言，其平等获

---

① 例如有公约评注认为，《残疾人权利公约》第 14 条关于残障人人身自由的规定，应该与第 15~17 条这一系列紧密联系的规定结合起来解读，其中有贯通的平等与非歧视原则（例如第 15 条关于酷刑的"目的要素"与《禁止酷刑公约》第 2 条规定的"歧视目的"相通），并与更广泛的国际人权法中关于自由权的司法保障联系起来。参见 Valentina Della Fina, Rachele Cera, Giuseppe Palmisano, eds., *The United Nations Convention on the Rights of Persons with Disabilities: A Commentary*, Springer, 2017, pp. 303–304, 311。

得司法保护的议题，既促进了世界各国司法制度的重大变革，也仍然面临不少激烈争议。

《残疾人权利公约》第 14 条关于"自由和人身安全"的规定如下：

> 一、缔约国应当确保残疾人在与其他人平等的基础上：
>
> （一）享有自由和人身安全的权利；
>
> （二）不被非法或任意剥夺自由，任何对自由的剥夺均须符合法律规定，而且在任何情况下均不得以残疾作为剥夺自由的理由。
>
> 二、缔约国应当确保，在任何程序中被剥夺自由的残疾人，在与其他人平等的基础上，有权获得国际人权法规定的保障，并应当享有符合本公约宗旨和原则的待遇，包括提供合理便利的待遇。

残障人在与其他人平等的基础上，享有人身自由，不被非法或任意剥夺自由，以及在剥夺自由的法律程序中获得国际人权法规定的保障，由此涉及以下两个方面。第一，通过司法来审查其他民事、行政或特别程序——例如强制住院医疗、强制社区治疗中的自由权保障措施，为涉案残障人提供有效救济。其中一个难题在于，审查剥夺自由的措施在何种程度上属于仅仅"基于残障"。按照理想的标准，判断残障人的"外在"危险性，还应考虑到残障人参与社会、实现融合的支持体系，而不能仅仅考察其个人的身心状态。第二，在直接裁量剥夺人身自由的刑事司法程序中，从侦查阶段的询问、羁押，到庭审中的辩护，再到执行判决阶段，都为残障嫌疑人、被告人提供程序便利（《公约》第 13 条）及合理便利（《公约》第 14 条）。

简要回顾欧洲的"疯癫与文明"史可以发现，在英、法、德等国家，自 17 世纪起，就有了长期的通过司法将"疯人"关押、隔离、强制劳动教化或净化的做法。例如 1656 年巴黎总收容院（Hôpital Général de Paris）整合了市政及教会当局的收容机构，作为半司法结构和行政机构，接纳政府和司法机构送来的穷人、无业游民、弃家浪子、亵渎神明的人、违反习俗的人以及疯人。收容机构不是医院，而是国家统治力的分支，通过严厉的肉体强制来实行统治心灵的法律，以"放逐""隔离""拒绝"疯人为世俗秩序、社会美德和理性权威奠定稳固基础。18世纪著名的皮埃尔解放运动，仍然在替代收容院的精神病院（疯人院）中"把医学变成司法，把治疗变成镇压"，通过无休止的"审判"将文明秩序的规训要求内化到疯人心中。①17世纪是欧洲王权趋于巅峰的世纪，也是工具理性兴盛、世俗秩序强化的时代。贵族、教会、资产阶级在专断的王权面前，尚有联合起来、诉诸法律的自保之力，但贫弱者、身心障碍者，则如落叶飘萍，在利维坦统治术的突飞猛进中，横遭蹂躏。18—19世纪的实证主义进一步助长了知识与权力的结合，文明社会的合法裁判借助医学诊断的科学面具缔造了疯人永难逾越的鸿沟。

强调诉诸司法平等保障残障人的人身自由，这一主张和举措进入国际人权法，是比较晚近的事情。联合国残疾人权利委员会关于《公约》第14条的官方评述指出，审查某程序剥夺残障人自由是否"以残障为理由"，要注意到，如果羁押的依据仅仅在于精神或智力残障加上相应的危险性、照顾或治疗的需求等要素，那么羁押就是"非法的"。因为"这些羁押措施的依据部分在于当事人的残障，因此其被认为是歧视性的，违反了第14条禁止基于残障而剥夺自由的规定"。②涉及第14条的一般性意见明确指出：宣称当事人缺乏受审能力，进而据此实

---

① 在中世纪及文艺复兴之初，"愚人船""李尔王（后）""堂吉诃德"等文艺形象，意味着欧洲社会对人性能力构成多样性的某种"包容"，在理性探索与宗教信仰、直观感受等非理性领域的交叉地带，为"迷狂""愚人""疯癫"留下了通向开放或神秘解释的空间。但是，从17世纪收容院的建立开始，放逐、隔绝、拒绝交流成为新的对策，中间虽然经过18世纪浪漫主义的批评，但理性主导秩序、机构收容策略仍然延续到21世纪。〔法〕福柯：《疯癫与文明》（第5版），刘北成、杨远婴译，生活·读书·新知三联书店，2019，第41~45、57~59、245~247页。

② UN Secretary-General and High Commissioner for Human Rights, Human Rights Council, "Thematic Study by the Office of the United Nations High Commissioner for Human Rights on Enhancing Awareness and Understanding of the Convention on the Rights of Persons with Disabilities," UN Doc A/HRC/10/48（26 January 2009）, Para.48.

施羁押，违反了《公约》第 14 条。此外，还存在基于残障而间接影响被羁押人自由权的情况。例如在美国，估计有 50% 的囚犯经历着至少某一种残障，他们的服刑时间比同类案件的非残障犯人更长，服刑条件也更恶劣。残障人由于缺少获得社区精神卫生和其他公共服务的渠道，遭逮捕和判刑的比例更高。[①]

在《公约》起草过程中，精神病学使用者和幸存者人权中心主任与发起人蒂娜·明科维茨（Tina Minkowitz）以及世界精神病学使用者和幸存者网络的代表都强烈要求认可残障人的法律能力。明科维茨认为，在刑事司法中认定残障人丧失理性、缺乏受审能力而不予审判，径行强制治疗，有违《公约》第 12 条。因为这样削弱了残障人在法律面前获得的平等认可，残障人作为个体对他人同样负有多重义务和责任，并有平等权利在刑事司法中参与界定、协商这些义务的内容。[②]有研究者对此提出质疑：《公约》看来是要废除"缺乏（刑责或受审）能力"这个概念，但这可能违反刑事法一般原则，亦即个人在道德上的可责性（culpability）构成其刑事责任的关键。将缺乏责任能力的行为纳入司法审判，可能玷污个体尊严与个人自主原则。一个完全不理解自身处境的人，比如有严重智力障碍者，不应当被准许就其处境自己作出决定，不论是否存在支持人员。[③]

近年来，一些国家和地区已经废除了"主张理性丧失的辩护"（insanity defense，或译"精神病辩护""以精神障碍为由的辩护"），但这一制度仍然反映出"对人类理性、可威慑性以及自由意志的信念"，也

[①] Arlene S Kanter, *The Development of Disability Rights under International Law: From Charity to Human Rights*, Routledge, 2015, p.226.

[②] Minkowitz, Rethinking Responsibility（n 151）447. 另可见 Tina Minkowitz, "Prohibition of Compulsory Mental Health Treatment and Detention under the CRPD" at 8, available at https://papers.ssrn.com/sol3/papers.cfm?abstract_id=1876132。

[③] Christopher Slobogin, "Eliminating Mental Disability as a Legal Criterion in Deprivation of Liberty Cases: The Impact of the Convention on the Rights of Persons with Disability on the Insanity Defense, Civil Commitment, and Competency Law," 40 *Law and Psychol Rev.* 297, 300（2015–2016）.

是法律谴责道德败坏的参照系。^①这个制度源于犹太法典和古希腊罗马。6 世纪的《查士丁尼法典》明确认定，丧失理性的人对其行为不负责任，该法典还界定了暂时失去理性、心智能力弱化等规则的早期形式。到了 9 世纪，《阿尔弗雷德裁判法典》认定，受损伤的个人如果不能"识别或坦白自己的犯行"，则免除其个人承担的赔偿责任。^②在诺曼征服之前的英格兰，如果"当事人失去了感知或理智……杀人"，法律也同样移除其赔偿责任。在 17 世纪以来的盎格鲁－美利坚刑事法传统中，"缺乏受审能力"（incompetency status）的被告人不应送交审判；^③但参考前引福柯的研究，^④这些人还是会被司法或行政部门交付"收容机构"，长期隔绝于社会。

在区域人权机制中，《欧洲人权公约》的实施逐渐受到《残疾人权利公约》和残障权利运动的影响，欧洲人权法院对欧洲各国剥夺精神障碍者自由的做法持愈加审慎的态度。该法院在 1979 年 *Winterwerp v. Netherlands* 案中认定，依照《欧洲人权公约》第 5 条第 1 款第 5 项羁押心智障碍人士，应当证明其精神功能错乱程度达到采取羁押措施之必要，而且当事人应当进入法院听审程序，有机会亲自陈述或在必要时由他人代理陈述意见。^⑤这是基于公正审判原则对被告人参与听审的强调。欧洲人权法院在 1998 年 *Aerts v. Belgium* 案中认为，当事人羁押所在的机构不能对其精神健康造成破坏性的影响。^⑥这是考虑到封闭的机构环境（如监

---

① Ilias Bantekas, Michael Ashley Stein, and Dimitris Anastasiou, eds., *The UN Convention on the Rights of Persons with Disabilities: A Commentary*, Oxford University Press, 2018, pp.418 – 419.

② Nigel Walker, *Crime and Insanity in England*, Edinburgh Univ Press, 1968, p.219.

③ Thorpe, Laws and Institutes of England（Additamenta 1840）29.

④ 18—19 世纪，对监狱关押精神病人的批评，对精神病人遭受铁链枷锁的解放，部分来自实证科学、医学的进步，启蒙精神、博爱精神及人道主义的传播，部分也来自政治的考量——反对专制王权暴政及其压迫人民的机构（包括监狱和收容院）。关于政治、权力、统治技术因素的解读，可见〔法〕福柯《疯癫与文明》（第 5 版），刘北成、杨远婴译，生活·读书·新知三联书店，2019，第 205~209 页。

⑤ *Winterwerp v. Netherlands*（1979）2 EHRR 387 para 39.

⑥ *Aerts v. Belgium*（1998）29 EHRR 50.

狱、精神病院）通常会恶化精神障碍者的症状，而社区康复更有利于其融入社会。欧洲人权法院还认定，精神残障应当足够严重才可以证明剥夺自由的正当性，[①]当事人依照《欧洲人权公约》第 5 条有权对该羁押决定要求司法审查。[②]在 1990 年 *E v. Norway* 案中，欧洲人权法院认为迟延 8 周才由法庭审查羁押（精神障碍者）的正当性，违反了当事人迅速获得法院审查的权利。[③]在 1992 年 *Megyeri v. Germany* 案中，法院认定，对羁押决定开展有效的定期审查，意味着要有特定程序保障，包括指派律师代理当事人向法院申诉羁押正当性。[④]此外，国家主管部门有义务保护被剥夺自由人的健康，[⑤]对羁押候审的精神病人，其羁押期限应有限度。[⑥]在 2003 年 *Reid v. U.K.* 案中，由被强制医疗的当事人承担举证责任，证明自己有其他替代治疗途径，法院认定该做法违反了《欧洲人权公约》第 5 条第 4 款规定的审查羁押合法性的原则。[⑦]在 2010 年 *Stanev v. Bulgaria* 案中，原告被部分剥夺法律能力，并且未经本人同意而被收治在机构中，他仍然有资格申诉。法院认定原告在《欧洲人权公约》第 5 条下的多项权利受到侵害，尤其是遭受了任意羁押，以及对羁押措施的合法性缺乏独立司法审查。[⑧]

概言之，对于强制医疗的司法程序，西方国家多采专业鉴定和法官裁量相结合的模式。法官在判断过程中很大程度上参考专业鉴定结论，但必须在判决中根据法律作出自己的判断和说理。[⑨]国内关于精神障碍者的强制医疗，也有类似的比较广泛的共识：判断精神障碍者的刑事责任能

---

① *Varbanov v. Bulgaria*,（2000）ECHR 457.

② *Rakevich v. Russia*（2003）ECHR 558；*X v. United Kingdom*（1981）4 EHRR 188, 206 – 07.

③ *E v. Norway*（1990）17 EHRR 30, 57 – 58.

④ *Megyeri v. Germany*（1992）15 EHRR 584, 590 – 92.

⑤ *Keenan v. United Kingdom*（2001）33 EHRR 913.

⑥ *Kudla v. Poland*［GC］（2000）135 EHRR 198, para 94.

⑦ *Hutchison Reid v. the United Kingdom*（2003）ECHR 50272/99

⑧ *Stanev v. Bulgaria*,（2010）ECHR 1182.

⑨ 倪润：《强制医疗程序中"社会危险性"评价机制之细化》,《法学》2012 年第 11 期。

力，应该结合法学与医学的知识，[1]法官应该重视医学专家的意见，并综合裁量全案的法律事实。就最终作出决定而言，问题的关键在于让法院相信，强制医疗是唯一适合涉案行为人的可选模式。

在中国的司法实践中，目前主要有两种情况涉及精神障碍者的强制医疗。第一种，依据《精神卫生法》第30条，有自伤、伤害他人的行为或危险的，监护人可以或应当同意（对于伤害他人）住院治疗。其中主要是监护人（以及鉴定人的结论）决定，但公安机关提供协助，法院可以审查。第二种，依据《刑事诉讼法》第5章"强制医疗"程序，限于"实施暴力行为，危害公共安全或者严重危害公民人身安全，经法定程序鉴定依法不负刑事责任的精神病人，有继续危害社会可能的，可以予以强制医疗"。在民事性质的住院收治和刑事性质的强制医疗之间，还有一些行政法上的强制措施，比如《治安管理处罚法》《行政处罚法》中对精神病人和盲、聋人的法律责任能力和处置程序的规定，也会影响到是否对其适用行政拘留、强制医疗等限制人身自由的措施。再比如《警察法》第14条规定，"对严重危害公共安全或者他人人身安全的精神病人，可以采取保护性约束措施。需要送往指定的单位、场所加以监护的，应当报请县级以上人民政府公安机关批准，并及时通知其监护人"。与强制收容遣送、劳动教养、强制戒毒和收容教育等行政强制措施相比较，强制医疗具有一定的治疗和救助属性，[2]以致对该限制人身自由权利的司法审查尚未得到充分重视。

2003年国务院颁布《城市生活无着的流浪乞讨人员救助管理办法》，废除收容遣送制度，对包括残障人在内的流浪乞讨人员实行自愿救助，尊重其基本人身自由。此外，《拘留所条例》《看守所条例》对拘留、羁押

---

[1]　如李娜玲《刑事强制医疗程序适用对象之研究》，《法学杂志》2012年第10期；洪洋、苏可《精神障碍者犯罪防控体系再探——兼评我国〈精神卫生法〉》，《上海公安学院学报》2019年第4期。

[2]　化国宇：《公安机关介入精神病人行政强制医疗研究》，《中国人民公安大学学报》（社会科学版）2019年第6期。

残障人作出了相关限制，特别是通过检察院和法院的监督，确保残障人人身自由的司法保护。2016年最高人民法院公布《罪犯生活不能自理鉴别标准》。该标准参照世界卫生组织《国际功能、残障和健康分类》（ICF）中有关"自理"的标准，对罪犯因疾病、伤残、年老等造成身体机能下降而不能自主处理自己日常生活的情况进行鉴别，从进食、大小便、穿衣洗漱、行动（翻身和自主行动）等方面来综合评定被羁押人的生活自理能力。[1]该国际标准侧重于评估人的"功能"（function）发挥，强调身心能力的损伤与外部环境交互作用，比较契合《残疾人权利公约》中的残障新理念，为司法程序中如何平等对待犯罪嫌疑人、被告人、已决犯等群体中的残障人，确保其人身自由与自负其责，引入了新的反思参照。

《精神卫生法》明确了自愿住院治疗的原则和基于危险实施强制医疗的例外。只有在法律规定的特殊情况下，才可以对精神障碍患者实行强制住院治疗。精神障碍患者对于需要住院治疗的诊断结论可以提出异议，要求再次诊断和鉴定。为进一步保障精神障碍患者的人身自由，《精神卫生法》承认精神障碍患者享有独立诉权。其第82条规定，"精神障碍患者或者其监护人、近亲属认为行政机关、医疗机构或其他有关单位和个人违反本法规定侵害其合法权益的，可以提起诉讼"。就此而言，精神障碍者徐为（化名）通过诉讼自主离开精神病院的案件，可谓《精神卫生法》自愿住院治疗原则在实践中的体现。徐为案得到主流媒体广泛报道，也向社会表明，精神障碍者的人身自由同样应受尊重和保障。[2]

比《精神卫生法》中的强制收治更加严格的是《刑事诉讼法》第302条中的"强制医疗"程序。该特别程序主要针对客观上达到构成犯罪标准的暴力行为——"危害公共安全或者严重危害公民人身安全……有继续危害社会可能的"，由公安机关、检察院、法院提出，并由法院决定。与

---

① 田禾、吕艳滨主编《中国人权法治（2002~2016）》第13章"2016年中国执法司法改革与人权保障"，社会科学文献出版社，2018，第152页。

② 应琛：《精神卫生法第一案　证明自己正常有多难？》，《新民周刊》2014年11期。

此相关，最高人民法院 2021 年发布的《关于适用刑事诉讼法的解释》第605 条规定：

> 因被告人患有严重疾病导致缺乏受审能力，无法出庭受审，中止审理超过六个月，被告人仍无法出庭，被告人及其法定代理人、近亲属申请或者同意恢复审理的，人民法院可以根据刑事诉讼法第二百九十六条的规定缺席审判。
>
> 符合前款规定的情形，被告人无法表达意愿的，其法定代理人、近亲属可以代为申请或者同意恢复审理。

其中，官方立场认为，"患有严重疾病无法出庭"实际上是指没有受审能力，而不能作其他泛化解释，更不能将被告人因身体残障不便到庭参加诉讼就理解为此处规定的"患有严重疾病无法出庭"。缺乏受审能力主要是指被告人不能感知、理解诉讼活动的内涵和后果，不具有相应的认知、判断和表达能力；不少情况下被告人无法表达意愿，但应当允许其法定代理人、近亲属代为申请或者同意恢复审理。被告人如靠呼吸机维持生命等，无法出席法庭接受审判，但其对诉讼活动的认知、判断、理解能力并不一定受限；对此情形，可以通过到医院开庭等便民方式予以解决。[①]这可以理解为司法部门对适用缺席审判的限制，以及对残障人在与其他人平等的基础上参与审判的保障。前述 2021 年最高人民法院司法解释关于强制医疗的部分，也强调法院"审理强制医疗案件，应当会见被申请人，听取被害人及其法定代理人的意见"（第 635 条），"被申请人要求出庭，人民法院经审查其身体和精神状态，认为可以出庭的，应当准许。出庭的被申请人，在法庭调查、辩论阶段，可以发表意见"（第 636 条），由此一以贯之地保障精神障碍者参与诉讼的权利。不过，其中对"受审能力"的初步界

[①] 《刑事诉讼法解释》起草小组：《〈关于适用刑事诉讼法的解释〉的理解与适用》，《人民司法》2021 年第 7 期。

定，确实呼应了 2012 年《刑事诉讼法》修订时新增的"强制医疗"程序，以及《刑法》第 18 条规定的精神障碍者刑责能力认定与处置方式。①

在此制度框架下，一方面，不少研究者仍然秉持传统的刑事法中关于公共安全、人身安全和精神病的看法，认为精神病属于个人缺陷，且更容易实施暴力行为或其他犯罪行为。②法院适用强制医疗，时常突破《刑事诉讼法》第 302 条规定的"危害公共安全或者严重危害公民人身安全"标准，将哄闹等"软暴力"或侵害财产的行为也覆盖在内。其背后的逻辑是，由于缺乏有效防控手段，只有强制医疗才能及时预防精神障碍者的暴力危害社会的行为，且为了充分"防微杜渐"，对目前不属于法定的"危害公共安全与公民人身安全"的其他危害行为，也应予以强制医疗。③这显然违背了 2021 年最高人民法院《关于适用刑事诉讼法的解释》第 630 条确定的"犯罪程度"标准："实施暴力行为，危害公共安全或者严重危害公民人身安全，社会危害性已经达到犯罪程度，但经法定程序鉴定依法不负刑事责任的精神病人，有继续危害社会可能的，可以予以强制医疗。"强制医疗（包括解除强制医疗）制度在实施中还面临适用标准统一方面的问题。例如北京市的一项研究表明，当地强制医疗期限平均不超过 2 年；④西安的一项研究表明，在 2012 年《刑事诉讼法》修订实施之前因"强制医疗"决定而住院的精神病人中，其住院时长平均已达 15 年；⑤贵

---

① 《刑法》第 18 条："精神病人在不能辨认或者不能控制自己行为的时候造成危害结果，经法定程序鉴定确认的，不负刑事责任，但是应当责令他的家属或者监护人严加看管和医疗；在必要的时候，由政府强制医疗。间歇性的精神病人在精神正常的时候犯罪，应当负刑事责任。尚未完全丧失辨认或者控制自己行为能力的精神病人犯罪，应当负刑事责任，但是可以从轻或者减轻处罚。醉酒的人犯罪，应当负刑事责任。"
② 如吕盼、刘建梅、胡峻梅《3720 例刑事责任能力鉴定案例分析》，《华西医学》2014 年第 8 期；卢家栋《新形势下肇事肇祸精神病人管控研究——以四川省达州市为调查对象》，《北京警察学院学报》2016 年第 6 期。
③ 张吉喜：《刑事强制医疗客观要件的反思与重构》，《比较法研究》2021 年第 2 期。
④ 石魏：《强制医疗程序庭审虚化之反思与破解——以北京市 2015—2019 年强制医疗案件为研究样本》，《北京警察学院学报》2019 年第 6 期。
⑤ 牛一岚、王育鹏：《刑诉法修改前被强制医疗人员的解除问题研究——以 X 市现存 40 例病人为样本》，《武汉公安干部学院学报》2021 年第 3 期。

州省的研究也表明，不少被强制医疗人员治疗期限已经超过 3 年，2016
至 2020 年仅 11 人被解除强制医疗。①

在精神障碍强制医疗之外，还有大量其他障别的犯罪嫌疑人、被告
人遭受到高比例的羁押。例如一项研究分析了重庆市 375 份有关残障被
告人的判决书，其中涉及 484 名残障被告人，347 人被司法机关采取逮
捕措施，占总数的 72%。28% 的被告人最后未被判处有期徒刑（实刑），
而是被判处拘役、罚金与缓刑；62% 的被告人被判处的是 3 年以下有期
徒刑。②

另一方面，也有法律学者意识到，随着技术发展、社会变迁以及残
障新理念的普及，精神健康与精神障碍的边界逐渐变得模糊。③精神障碍
者在本质上与其他人无异，应享有平等尊严和知情自主的权利；其在医疗
康复方面应获得国家补贴，在鉴定、治疗等环节应得到适当监护且同时得
到司法审查的程序保障。基于公共安全（以及他人的人身安全）而限制精
神障碍者人身自由，应限于影响最小的范围内。④这种审慎举措借鉴了社
会支持理论，为采取积极刑事政策预防和减少弱势群体犯罪提供了新的视
角。⑤强制医疗程序作为特别程序（例如对一审法院决定不服应当申请向
上一级法院复议，而非上诉），其证据标准可能略低于一般定罪量刑中的
"犯罪事实清楚，证据确实、充分"，但也不能降低到一般的"优势证据"

---

① 贵州这项研究还表明，被强制医疗人员的基本权利包括人身自由、健康照护以及诉讼权利等得
不到保障。吴大勇、杨涛、李然：《涉案精神病人强制医疗程序研究》，《中国检察官》2020 年
第 2 期。
② 马玉栀：《刑事诉讼中残障人权益保障问题研究》，张万洪主编《残障权利研究》（第 9 辑），社会
科学文献出版社，2021，第 147~148 页。
③ 这里主要是从司法权构造的视角来分析强制医疗的问题，偏向于传统的法律分析；本书第四章第
二节将从残障人的脆弱性角度来分析这个议题，偏向于人权法的批判，以及强调外部善和程序支
持（包括无障碍、程序便利及合理便利）的重要性。
④ 张品泽、赵雪松：《精神病人危害防控与应然权利探析——以 B 市为主要样本》，《贵州民族大学
学报》（哲学社会科学版）2021 年第 5 期。
⑤ 汪明亮：《以一种积极的刑事政策预防弱势群体犯罪——基于西方社会支持理论的分析》，《社会
科学》2010 年第 6 期。

标准，而应该采纳"清楚和有说服力的证明标准"；[①] 由此还应该强调精神鉴定专家出庭，确保鉴定意见的科学准确，以及各方充分了解鉴定结论的客观正当依据。[②]

在精神障碍社区康复（接近《刑法》第 18 条中的"责令家属或监护人严加看管"）与住院强制医疗（《刑事诉讼法》）之间，中国也在探索"强制社区治疗"的可行性。2015 年上海市修订本地精神卫生条例，被认为是引入了类似"社区非自愿治疗"（或称"强制社区治疗"）的制度框架。[③] 探索建立适合中国精神卫生需求和资源条件的强制社区治疗制度，对于在去机构化背景下，降低精神专科医院压床率，减少精神障碍患者肇事肇祸发生率，以及促进对精神障碍者自由权的保护，都有积极意义。[④] 经过数十年发展，越来越多的国家和地区认可强制社区治疗属于一种强制医疗制度——其应严格遵守司法审查的要求，致力于以更少限制自由的方式达到保护个人和公众免受侵害之目的。[⑤]

本书认为，诉诸司法保障残障人的人身自由，权衡个人自由与公共安全，该司法权的构造离不开大的社会环境。当残障人生活在无障碍环境中，享有与所有人平等的权利，其至少形式上应该具备平等的法律行为能力和刑事责任能力。实际上，国内外已有许多经验表明，通过无障碍环境、合理便利、支持决策等机制，残障人——作为犯罪嫌疑人、被告人、

---

① 倪润：《强制医疗程序中"社会危险性"评价机制之细化》，《法学》2012 年第 11 期。

② 石魏：《强制医疗程序庭审虚化之反思与破解——以北京市 2015-2019 年强制医疗案件为研究样本》，《北京警察学院学报》2019 年第 6 期。在强制医疗的解除程序中，法官大多只依靠诊断评估报告从医学方面判断被执行人的精神状况，未询问被强制医疗人、证人，未曾了解日常诊疗情况；极少有法律援助律师参与，法院过于依赖监护人的作用。参见章建军、忻佩燕、徐国平、陈梓宁《现行强制医疗解除程序的缺陷及相关司法制度完善》，《中国司法》2021 年第 9 期。

③ 该条例第 44 条规定："重精神障碍患者出院时，经具有主治医师以上职称的精神科执业医师病情评估，认为有接受定期门诊治疗和社区随访必要的，严重精神障碍患者的监护人应当协助其接受定期门诊治疗和社区随访。"

④ 刘勇、谢斌：《强制社区治疗的国际经验及对我国的启示》，《中国心理卫生杂志》2017 年第 12 期。

⑤ 司法机关审查强制社区治疗之决定，在英国、加拿大等法域，属于医生决定、患者随后可以起诉的情形；在美国等地，则是决定本身要由法官作出。可见陈绍辉《强制社区治疗的域外经验及其本土构建》，《残疾人研究》2021 年第 2 期。

证人、被害人以及其他参与者——完全可以和非残障人一样具备参与司法、获得正义的能力。拒绝残障人参与刑事司法或特别程序，以强制治疗的形式剥夺自由，令其隔离于社会，会加重社会对残障人的误解与偏见——残障似乎就意味着生活不能自理，人格不能独立，只能成为包袱，听命于人。因此，对残障人责任能力的审查，不能一刀切，而应该基于法律面前人人平等的原则，充分落实最新的残障法律政策要求，确保司法公正。[①]

小　结

第三章首先概括指出，残障人实现司法正义的现实路径应该包括5个要素：（1）完善的司法制度；（2）容易理解的法律信息；（3）法律主体的权利意识和积极态度；（4）可及的法律服务；（5）司法全过程的无障碍与便利支持。

其中，在司法门前，残障人为权利而起的准备，包括具有诉诸司法的法定资格或"法律能力"（《残疾人权利公约》第12条），以及通过公共法律教育和公共法律服务，知晓自己的权利，有信心并实际上选择有效的纠纷解决渠道。残障人对法律援助的知晓度、对借助律师服务的信心低于普通公众，表明其尚未在与其他人平等的基础上，有效地接近和使用国家司法制度，实现司法正义。

残障人诉诸司法，还需要参与、发起该司法程序的实行能力。为此需要律师服务、法律援助等与法院审判配套的程序保障机制。与此相应，中国2021年颁布的《法律援助法》在起草中逐步完善，通过纳入无障碍服务的明确要求，将人权司法保护原则贯彻到对残障人等特定群体的特别支持与平等保护中。

---

① 丁鹏:《残障人平等实现司法正义：法律框架与案例述评》，张万洪主编《残障权利研究》（第2卷第1期），社会科学文献出版社，2015。

　　残障人通过个案援助实现司法正义的体系，应当兼容正式与非正式的渠道，包括投诉、仲裁、诉讼、调解（行政、司法以及人民调解）、和解、信访等多种方式。其中，信访制度仍在发挥重要作用，法院也在积极推进多元纠纷解决，包括简案快审及诉前调解程序，将矛盾纠纷化解在诉前。

　　在法庭上，公正审判所要求的两造平衡原则，除了指向法律援助、手语翻译等"武装"支持，还涉及贯彻落实现行司法制度中关于无障碍、程序便利、合理便利的规定，有效增进残障当事人平等参与司法的权能。

　　此外，在法治社会，正当程序的基本要义，离不开诉诸司法保护公民的人身自由。但强调司法平等保护残障人的人身自由，这一主张和举措进入国际人权法，是比较晚近的事情。据此，《残疾人权利公约》第13条与第5条反歧视，第12条关于法律能力，第14~16条关于人身自由、免于酷刑、免于暴力和虐待的规定联系起来，要求国家的诉讼构造更好地平衡司法权力与公民基本自由，确保对残障人的平等保护，特别是保障精神障碍者免于被任意剥夺人身自由的权利，以及免于酷刑、暴力和虐待的权利。拒绝残障人参与刑事司法或特别程序，以强制治疗的形式剥夺自由，令其隔离于社会，只会加重社会对残障人的误解与偏见。

第四章　残障人实现司法正义的独特挑战

> 你依恃身体的力气，享受命运女神的眷顾……想想看，要毁掉你是多么轻而易举……为了对生命作出合适的估量，我们必须时时提醒人类自己的脆弱。[①]

第三章主要从司法程序、形式法治的角度阐述在司法全过程、全领域如何平等对待残障人。第三章的分析引出了本书第五章第一节，其既要求司法程序全过程的无障碍与便利支持，也要求反思通过司法权限审查残障歧视的限度。本章主要从残障角度分析残障人实现司法正义的独特挑战，特别关注残障人在诉诸司法时的结构风险、多样脆弱性及潜在的主体性，展开经由司法认可人性能力的内外辩证，为本书第五章第二节的社区赋能、公益诉讼、审美正义等议题埋下伏笔。

残障人平等诉诸司法要克服的困难，超出了形式主义法治与程序正义的"想象"。残障，本就意味着个体身心损伤和外部障碍的持续互动。本章第一节论述残障人经历或面临的独特"风险—脆弱"，既包括看起来由主体的不同身心能力构成所导致的脆弱或困难，也包括外部制度环境（如缺乏无障碍或支持自主决策）导致的障碍与风险。个体似乎"内生"的身心能力障碍与脆弱性，自有外部制度参与建构；个体经受"外在"的

[①]　〔古罗马〕老普林尼：《自然史》第7卷第42~44节，转引自〔意〕伊塔洛·卡尔维诺《天空、人、大象》，〔意〕伊塔洛·卡尔维诺《为什么读经典》，黄灿然、李桂蜜译，译林出版社，2012，第47页。

风险，也离不开自己的选择，并浸润于现代社会固有的生活方式。重新阐述"风险—脆弱"的普遍结构及其对残障人的独特影响，有助于理解现代社会残障人平等诉诸司法的困境，进而探索实质平等与社会包容的路径。

第一节 "风险—脆弱"对残障人平等诉诸司法的影响

现代社会的高流动、高风险、个体化及抽象信任机制，[1]与人类社会根深蒂固的能力主义人性观结合，进一步造成了残障人自立生活、融入社会、平等实现司法正义的诸多挑战。新冠疫情在全世界揭示出人类个体乃至社会制度的脆弱，以及这种脆弱的动态多样和情境属性。[2]残障人等群体面临身心健康、社会资源等多重脆弱性叠加的处境，在疫情防控的制度设计和权利保护实践中尤为值得重视。加强人权法治保障，确保残障人享有平等权利和自由，需要着重回应其独特需求，包括应对身心损伤导致的风险与脆弱性。[3]

另外，现代社会的独特"自反性"，为人们检讨这些风险与脆弱提供了诸多有洞察力的视角，包括工具理性（科学技术）的、现实主义的、文化人类学（结构功能主义）的、批判结构主义的、后结构主义的、女权主义的视角。[4]与此类似，联合国开发计划署在《2014年人类发展报告——促进人类持续进步：降低脆弱性，增强抗逆力》中，也提出了衡量人类脆弱性的多维框架，包括外部风险，主体当下的承受、抵抗能力，主体中长期的复原和适应力等。[5]其中，衡量外部"客观"风险与科技水平和计算

---

① 〔英〕安东尼·吉登斯：《现代性的后果》，田禾译，译林出版社，2011，第72~73、105~109页；〔英〕齐格蒙特·鲍曼：《流动的现代性》，欧阳景根译，中国人民大学出版社，2018，第10~13页。

② 李英桃：《新冠肺炎疫情全球大流行中的"脆弱性"与"脆弱群体"问题探析》，《国际政治研究》2020年第3期。

③ 张万洪：《平等享有人权，融合共创精彩——中国人权发展道路上的残疾人权益保障》，《光明日报》2022年3月4日，第2版。

④ 〔澳〕狄波拉·勒普顿：《风险》，雷云飞译，南京大学出版社，2016，第28页。

⑤ 联合国开发计划署：《2014年人类发展报告——促进人类持续进步：降低脆弱性，增强抗逆力》，第28页。

能力有关，接近现实主义的分析。主体的抵抗力、适应力和复原力既来自个体身心能力，受到文化习俗或惯习的影响，也离不开教育就业和社会保障网络的支持。全面理解主体的韧性，需要构建一个从工具理性到文化结构乃至后结构主义的连续谱。在人权法层面，《残疾人权利公约》强调残障的动态属性，以及个人与外部环境相互作用的情境属性。这一人权基本原则的最新阐发，为人们在疫情之下和之后反思脆弱性的深层含义，并重申人之为人固有的尊严和权利提供了重要参照。《公约》第 11 条还特别强调在"危难情况"（situations of risk，直译为"各种风险情形"）下采取一切必要措施，确使残障人获得保护和安全。

一　反思福利国家控制风险、应对脆弱的单一模式

大多数传统文化都没有风险概念，现代风险概念伴生于 17 世纪以来的商业航海探险和资本主义实践。[①] 风险是人类积极探索世界的副产品或潜在副作用。风险也意味着机遇、利润或成就，如曾经的大航海、如今的外太空探索和载人航天。资本市场以成功的风险投资为傲，极限运动以"征服"风险为乐，亚文化群体把"在刀刃上"舞蹈作为逃逸或抵抗的渠道。[②] 然而，晚期现代社会的风险看起来越发"负面"，并有构成全球风险社会的趋势，这主要来自笛卡尔以降的分解（disengage）理性[③]、工具理性的兴盛乃至主导地位，[④] 深刻于大工业化的生产方式，导致近现代政治经济制度无法有效应对高度复杂连锁、全球流动再生的风险。人为的制度化的风险，不同于危险或天灾，其中的损害可归责于行为人的选择和

---

①　黄炬、刘同舫：《从风险社会到命运共同体：基于现代性理论的审视》，《学术界》2018 年第 3 期。

②　〔澳〕狄波拉·勒普顿：《风险》，雷云飞译，南京大学出版社，2016，第 120~130 页。

③　这种分解理性受到 17 世纪自然科学大发展的鼓舞。宇宙不再神秘，外部世界只是巨大的机器，任由人的理性分解。秩序来自人的建构，而非发现。人像控制工具一样控制肉体、激情、荣誉和外部世界的力量。〔加〕查尔斯·泰勒：《自我的根源：现代认同的形成》，韩震等译，译林出版社，2012，第 201~215 页。

④　〔德〕乌尔里希·贝克：《再造政治：自反性现代化理论初探》，〔德〕乌尔里希·贝克、〔英〕安东尼·吉登斯、〔英〕斯科特·拉什：《自反性现代化：现代社会秩序中的政治、传统与美学》，赵文书译，商务印书馆，2001，第 13 页。

行动。① 这个逻辑仍然延续了 18 世纪启蒙思想中的自负其责的法权概念，为残障人应对风险、克服脆弱预设了坎坷。

（一）通过法律应对全球风险社会的基本模式

晚近数十年，各国在法治进程中采取积极措施应对风险社会的难题，主要包括对风险认知、评估、分配、预防和损害救济的制度安排，例如确定立法及决策的公共参与程序，提高法律实施的专业、前瞻和部门协调程度，以及培育法律主体的韧性。这些制度设计仍需要解答关于风险的分配和矫正正义问题，以及法律经济学中的交换正义问题。

在全球风险社会中，其法治回应模式有所发展，可以概括为两大类。其一，通过法律规定政府的积极义务，提供经济社会上的福利保障，提升人们应对各类风险的信心。这预设着较强的行政体系和国家治理能力。② 国家主导构建"纵向到底、横向到边"的福利模式，进一步促进了"制度化的个人主义"。③ 福利国家的权利逻辑仍然是启蒙时代以来的个体自由主义，强化了个体自负其责的"坚强"乃至"封闭"属性，并在一定程度上限缩了社群多元认同以及参与公共行动、共担风险的可选方案。

国家福利的起源与应对资本主义生产关系中的结构性风险有关。国家试图通过各类社会保障政策将劳动力"去商品化"来缓解经济周期、临时失业等带给脆弱人群的风险。在新形势下，国家需要更多资源用于再分配，协调更复杂的劳动和阶层关系。福利国家的劳动力"去商品化"策略失效，④"再商品化"策略不够包容，难以实现能力和公平机会的再分配。社会成员中的残障人群体缺乏主流认定之就业潜力，被超级智能时代的知

---

① 王贵松：《风险社会与作为学习过程的法——读贝克的〈风险社会〉》，《交大法学》2013 年第 4 期。

② 杨春福：《风险社会的法理解读》，《法制与社会发展》2011 年第 6 期。

③ 肖祥：《风险社会治理责任范式：全球战"疫"与中国行动》，《学术界》2020 年第 9 期。

④ 房莉杰：《平等与繁荣能否共存——从福利国家变迁看社会政策的工具性作用》，《社会学研究》2019 年第 5 期。

识、教育鸿沟所区隔，难以通过优绩竞争模式胜出乃至维系基本的生存发展，陷入长期的被排斥和积贫积弱状态。^①其面临的结构性的原生风险与制度性的再生风险交织在一起。

其二，通过法律控制风险，纳入预防、分配、调控风险和救济损害等环节。（1）在个体层面的法律控制，可以通过法律经济学特别是"公共选择理论"来说明，包括风险评估和决策程序、商业及社会保险制度、侵权归责原则、产权配置和禁令规则、能动的司法救济制度^②等。其强调确立严格程序，加强信息公开和公共参与^③、民主决策，允许受到影响的个体在各个环节参与知情决策，自主选择是否承担某项决定带来的风险。（2）在总体层面的法律控制，主要由国家立法及其实施来直接确保社会稳定、公共秩序和安全。例如更积极地运用刑法来处理更加广泛的危险行为、社会危害及其之间的复杂因果关系。这种功能主义的路径本身又引发了制度性的风险或"风险刑法的法治悖论"，并预设了风险控制与权利保障的张力。^④平衡这一张力，意味着福利国家深入干预私域和宪法发挥功能、依照比例原则处理个人—社会—国家立体交互关系的契合点，以及维系社会子系统的功能分化，维护基本权利，防止干预措施带来的次生风

---

① B.Cantillon & W. Van Lancker, "Three Shortcomings of the Social Investment Perspective," 12 *Social Policy and Society* 4（2013）.

② 吴英姿：《风险时代的秩序重建与法治信念——以"能动司法"为对象的讨论》，《法学论坛》2011年第1期。

③ 法律对风险的个体控制和总体控制之间存在一些"机制或制度"作为过渡载体，例如法定的公共参与程序（环评）在特定语境下可以转化为公益诉讼个案。但通过个案司法审查促进一般公共参与，仍面临诸多限制。参见黄泽萱《现代风险治理框架下的民意困局及其出路探讨——兼评张小燕等人诉江苏省环保厅环评行政许可案》，《清华法学》2018年第5期。

④ 劳东燕：《风险社会与功能主义的刑法立法观》，《法学评论》2017年第6期；姜峰：《社会风险的刑法调控及其模式改造》，《中国社会科学》2019年第7期。对于结构功能主义分析所导致的风险，亦即低估了人类行动与社会结构的互动，造成了非企及后果，参见赵鼎新《什么是社会学》，生活·读书·新知三联书店，2021，第16~17、81~82页。人类学研究者对风险的结构功能主义分析，偏向于指出特定社会及其文化习俗中通过界定风险、确立道德归责机制来应对（同化、排斥、消除）差异并维系秩序的策略；特定文化中的风险认知观念是一种"对危险的司法鉴定或法证科学理论"（forensic theory of danger）。另可参见〔澳〕狄波拉·勒普顿《风险》，雷云飞译，南京大学出版社，2016，第29~39页。

险。^①在宪法、刑法之后，"风险行政法"也呼之欲出，以在智能监管时代加强对行政权力的合法审查，平衡技术创新和人权保护。^②

现代社会风险的公共性和外部性，意味着相关法治应对需要超越传统的公法私法之别，协调部门法的全行业、全领域实施，^③促进公共参与和人权保护，^④还要在中国语境下特别强化对个体应对风险之权利和能力的法律保障。

（二）国家依法干预社会风险的理论基础

国家通过福利介入市场及民间社会、依法再分配风险的依据，在于共同体持有的公正标准。市场领域中的风险分配和控制，原本以自由交换为原则。每个人自主行动，各凭偏好、才能和运气，风险自担、盈亏自负。个人才能、家世乃至运气，既成就个人卓越也属于个人荣耀。资本主义工业生产，不仅导致了风险，还通过一套法权体系界定了风险分配方式。于是资本家和劳动者"应当"面临的风险很不一样——其应对风险的资源也天差地别。罗尔斯出于自由主义的平等主义，尝试通过"差异"原则，让全体社会成员共享人类禀赋、共担人生风险。个人在市场中的成功或不幸，与其"应得"（品质）无关，所以关于福利与风险的再分配是公正的。^⑤诉诸精明算计的理性和超越道德争议的正义感，罗尔斯论述正义原则为现代国家的福利政策、法治社会的程序正义乃至人权标准中的社会权内容奠定了理论根基（本书第六章第一节将详述罗尔斯理论对人权制度的影响）。

通过国家福利应对各类风险、弥补个体脆弱性的好处在于去人格化，

① 李忠夏：《风险社会治理中的宪法功能转型》，《国家检察官学院学报》2020年第6期。
② 何渊：《智能社会的治理与风险行政法的建构与证成》，《东方法学》2019年第1期；郑戈：《在鼓励创新与保护人权之间——法律如何回应大数据技术革新的挑战》，《探索与争鸣》2016年第7期。
③ 宋亚辉：《风险控制的部门法思路及其超越》，《中国社会科学》2017年第10期。
④ 马长山：《数字时代的人权保护境遇及其应对》，《求是学刊》2020年第4期。
⑤ 〔美〕约翰·罗尔斯：《正义论》（修订版），何怀宏、何包钢、廖申白译，中国社会科学出版社，2009，第78~79、244~247页。罗尔斯的分配正义主要关注经济领域，将"刑罚"或报应正义单独对待，难以用来融贯阐释"风险刑法"中分配风险与惩罚的正当性。

降低人身依赖，促进广泛的个体自由和平等；缺点在于会产生官僚体系的僵化和傲慢，以及更严重的是，会忽视主体的多样脆弱性，侵蚀其自主能动性。传统福利原则要求给予穷人与其需要相称的帮助，但没有义务使其致富。对需求的恰当满足，只依据个人的基本需求，而不考虑任何内在的能力或品质。这看起来像是现代人权观念中基于人性的应得观念，但其实蕴含了共同体的规训。例如在前现代社会，教团救济犹太穷人食物，尤其是在特定宗教仪式之前，不只是令其饱腹，还意味着按照宗教共同体认为妥当的方式，令其吃到"清洁的"食物。[①] 在现代社会，国家福利也难免渗入市场定价、成本效益计算以及文化价值要求，例如将失业救济与某种再就业培训和求职努力挂钩，就引发了一定的道德张力——其带有外部社会道德对内在个体逻辑的干预，类似于"强迫某人去实现自负其责、免于匮乏的自由"。

二战之后，在传统的人身、言论、信仰、政治自由之外，出现了确保人们免于贫困、匮乏的社会权，涉及社会保险、教育、就业等领域。为确保这些新的权利得到实现，福利国家随之发展出特有的通向司法正义的路径，例如努力平衡法律的体系化、明晰稳定以及司法干预的及时有效、可负担、可持续、兼顾福利行政的人性化（公共参与及个案裁量）与对行政的司法审查，尝试评价法律和政策的社会影响等。[②] 但是，人们逐渐认识到，实现社会权或公共福利领域的司法保护，不仅仅是特定弱势群体主张公共给付的"行政申诉或诉讼"，也不只是按照传统的民事诉讼进行提告、举证即可。个体的脆弱，制度性的障碍与风险，司法审查的正当范围，乃至分配正义的政治议题，已经错综复杂地交织在一起。

（三）预防风险和救济权利的公正维度

本书强调，法治社会开展风险治理，应当考虑到人作为主体的脆弱

---

① 〔美〕迈克尔·沃尔泽：《正义诸领域：为多元主义与平等一辩》，褚松燕译，译林出版社，2009，第81~83页。

② 〔意〕莫诺·卡佩莱蒂编《福利国家与接近正义》，刘俊祥等译，法律出版社，2000，第304~325页。

性、多样性以及能动性和韧性（resilience）。风险和脆弱本身均不足以论证特定的法律制度或司法程序，还需要加入公正的维度。风险内生或同构于现代社会，而人的脆弱性受到个体身心能力、制度环境和外部风险的多重影响。风险是现代人的选择，在努力计算和预测中仍然带有难以确知的变数。人们要应对自然环境、社会结构的变迁所带来的原生风险，还得选择公正的制度，依靠制度控制诸多风险，并减少风险的再生产。无论如何，应对风险的法治路径，首先要考虑到人类社会订立制度的目的、理念，在于克服内外部的脆弱性，促进人的平等自由，合理分担风险，共享公平正义。

通过法治保障人权，不是一律消除或降低风险——也不可能做到，而是在制度与行动者、脆弱性与韧性的辩证中，确保特定群体受到公正对待。为此需要完善传统的个人自主和自负其责理论，强化个案审查、制度调整和外部支持因素，探索韧性法治的价值目标和运行机制。

防控风险的法律制度，应当具有开放和批判性质，以便"促成社会学习和实验的持续过程"。[①] 由此反观，当前相关研究都比较强调通过法律控制风险和供给福利，而较为忽视其中的人权内容，特别是人的多样性、脆弱性和韧性。仅有个别研究指出，人权是应对外在不确定风险的重要体系，但尚未充分纳入"公正"视角，具体论述仍可以归入社会控制与福利保障维度。[②] 此外，应对风险的法律措施对特定群体造成不成比例的影响，例如疫情期间视力障碍者参加在线诉讼碰到面部识别、证据辨认方面的困难，本身就是一种制度再生产出来的风险。这些前沿议题尚未得到深入分析。

人权研究中的脆弱性理论主张通过广泛而动态的"脆弱"指标来评估个体权利的损害风险，强调围绕人的属性，构建平等、全纳、包容的权

---

① 〔德〕乌尔里希·贝克：《风险社会》，何博闻译，凤凰出版传媒集团、译林出版社，2003，第291页。

② 孟庆涛：《重读〈世界人权宣言〉》，《现代法学》2018年第5期。

利保障机制。法治社会应对风险的关键目标除了一套良法之治，还在于增强主体的韧性，亦即抵抗风险、适应和复原的能力。[①] 所有社会成员的权利都受制于脆弱性，需要来自他者、社会以及国家的支持。个体脆弱性的表现，包括其基本权利不能实现或受到损害。对此需要进行个案分析和提供"个性化"保障，反对简单"归类"处理。通过法治克服脆弱性、提升韧性，在于以机会、资源、风险的公平分配为核心，既强调主体能力，又承认特定风险情境中人类个体的局限和社会支持的必要。

如今，大工业、大数据和人工智能等因素给传统的福利保障及风险控制措施带来了新挑战。面对此局面，残障人等特定群体的正当主张首先在于指出，一些风险防控措施落入"单一能力"偏见，忽视了人的脆弱性和多样性，也低估了人对外在善的固有需求及其丰富潜能，未能有效预防和消除风险，反而造成或加剧了对边缘人群不成比例的负面影响。其中，结构性的原生风险与人的身心能力多样性和人口、环境、公共服务基本格局有关；制度性的次生风险来自原有的社会制度或新增的防控措施可能加剧了特定群体的脆弱性。

残障人的独特脆弱性给相关人权保障带来的挑战包括但不限于以下方面。（1）残障人面临与老年人类似的结构性的原生风险，包括身心机能损伤、机构化安置导致的风险。（2）制度性的次生风险，例如由于缺乏无障碍环境，许多残障人在获得生活物资、就医就学就业，乃至参与在线庭审等方面都面临困难。（3）残障女性、老年人、儿童受到多重身份的不利影响，疫情导致的原生及次生风险更加严重。[②]

[①] 关于脆弱性的讨论，可见玛萨·艾伯森·法曼《脆弱性主体——锚定人类境遇的平等》，王新宇译，《比较法研究》2013年第4期；玛萨·艾伯森·法曼《脆弱性的人类与回应性的国家》，李霞译，《比较法研究》2015年第2期；Martha A. Fineman and Anna Grear, eds., *Vulnerability: Reflections on a New Ethical Foundation for Law and Politics*, Ashgate, 2013, pp. 13, 22. 关于韧性（抗逆力）的界定，本书参考了联合国开发计划署《2014年人类发展报告——促进人类持续进步：降低脆弱性，增强抗逆力》，联合国开发计划署网站，https://hdr.undp.org/sites/default/files/hdr_2014_report_chinese_web.pdf。

[②] Coleen A. Boyle, Michael H. Fox, Susan M. Havercamp, Jennifer Zubler, "The public Health Response to the COVID-19 Pandemic for People with Disabilities," 13 *Disability and Health Journal* 1（2020）.

至此，残障人的多样脆弱性要求反思前述风险应对模式中假定的人所固有的人性能力和个体自负其责的观念。通过福利保障和个人行动（主要是市场领域，也包括司法领域）来应对风险问题，该路径假定残障人作为过于被动的救济对象，为其设定了比较狭窄的行动空间。为此需要讨论个人及公共生活中诸多不同领域的风险、脆弱和公正问题。全球风险社会通过法治保障人权，应当区分国家控制风险的不同领域，并结合人的脆弱性来评估各领域风险应对措施的正当性。比如在市场干预、劳资关系调节、产权配置中的公正原则体现为自由交换的选择（契约自由、侵权禁令），在环境决策领域贯彻严格的应得原则（借鉴风险刑法的原理），在公共卫生决策领域依据合乎比例的裁量原则（风险行政法）。诸领域总体的公正则由宪法阐释的个体基本自由来保障。这些不同领域的风险应对举措，给不同障别的残障人平等获得司法正义造成了独特的挑战，本章下一节将展开论述。本书第五章第一节讨论国家促进残障融合、社会平等的积极意义，反思通过司法审查教育就业等诸多领域的残障歧视的限度，其"脆弱—风险"分析的基础也在于此。

二 探索现代社会应对风险、培育韧性的包容制度

现代社会的风险如此巨大、复杂，在全球化的压缩时空中牵一发而动全身，似乎是以"均匀分布"的方式对社会中的每一个成员产生影响，显得风险面前人人"平等"。关于风险的许多理论常常忽略行为主体在年龄、阶级或性别认同[1]以及残障方面的差异。但是，人的脆弱性潜藏于社会结构和表面秩序之下，会随着风险发生或者在危机中涌现出来。全球风险问题诸如公共卫生危机、极端气候事件和经济衰退，对不同阶层、性别、年龄、残障类型的人群影响很不一样。相关风险控制措施则可能加剧社会不公，导致对残障群体的歧视与排斥。脆弱性使得特定群体以不公正

---

① 〔澳〕狄波拉·勒普顿：《风险》，雷云飞译，南京大学出版社，2016，第99页。

的方式被排除在风险识别、分配以及应对机制之外，这已经成为分析全球风险社会的不平等的一个关键方面。[1]

有鉴于此，各方行动者超越阶层、族群、地域视角，开展风险应对和人权治理，建构想象共同体，应该将人权作为相通语言。有必要在制度上回溯到2004年联合国人权事务委员会就《公民权利和政治权利国际公约》发布的一般性意见，其指出有效司法救济要考虑到当事人的独特脆弱性："缔约国必须保证个人还能得到有效的补救以维护这些权利。应该考虑到某些类别的人们（特别包括儿童）的特殊脆弱性，从而适当修正这些补救措施。"[2]

此外，还有必要继续开掘正义理论中对社会风险、人生脆弱、残障平等的一贯阐释。罗尔斯在其《正义论》中，设定了5个正当概念的约束或形式限制条件，从而确保在"无知之幕"后的订约者[3]"平等、自由"地选择最后的正义原则。这些限制条件，鼓励订约者设想自己可能处于的"初始位置"或面临的风险，参照"最大最小（或小中取大）规则"，确保自己在最不利处境（最小点）时的最大福利值。即便如此，对于可能处于身心障碍这个初始状态（最小点），订约者们都显得普通、自信以及信任一个重视公平的制度，认为"平等机会的公平原则"加上"差别原则"所保障的福利，已经是最好的公正了，不需要再"上诉"谋求更好的正义原则。

本书由此反思罗尔斯的5个形式限制条件，[4]追问残障人如何真正理

---

[1] 贝克、邓正来、沈国麟：《风险社会与中国——与德国社会学家乌尔里希·贝克的对话》，《社会学研究》2010年第5期。

[2] 联合国人权事务委员会：《第31号一般性意见：〈公约〉缔约国的一般法律义务的性质》，（2004）CCPR/C/GC/31，第15段。

[3] 本书用"订约者"不用"立约者"，"订"本身有修改、约定的意思，更能表达契约订立中的公共性。

[4] 〔美〕约翰·罗尔斯：《正义论》（修订版），何怀宏、何包钢、廖申白译，中国社会科学出版社，2009，第100~105页。作为对照，可以参考阿列克西的程序性法律论证理论中，借鉴哈贝马斯的商谈理论而为普遍实践言说设定的六大合理原则：连贯性、效率性、可检验性、融贯性、可普遍化以及真诚原则（包括免于压制的自由）。此外，"证立那些不能从实证法中推出的前提，是外部证立的任务"。参见〔荷兰〕伊芙琳·T.菲特丽丝《法律论证原理——司法裁决之证立理论概览》，张其山等译，商务印书馆，2005，第103~104、109页。

解其风险—脆弱之根底，平等参与确定正义的诸原则，并主张"上诉"的资格和理由。对于人性能力构成方式不同的存在者（不同能力者）如残障人而言，以下所列 5 个形式上的限制条件，实质上预示了第 6 个或更多的限制条件。（1）陈述形式的一般性，看起来只是对用语的客观逻辑要求，实际上假定了逻辑分析、理性一致的某种"迷思"。（2）应用范围的普遍性，尽管其假定正义原则可以为每个人理解并实行，但显然没有考虑到"精神障碍者"的平等法律能力，如本书第三章第一节所述，允许成年监护之类的制度将其排除在正义原则的平等适用之外。（3）社会合作的公共性，其预期的人人作为目的的伦理王国，在缺乏基本的无障碍设施的情况下，对残障人而言就成了空想，也无从在平等纳入这部分社会成员后继续维持社会合作的稳固性。（4）调整冲突的次序依据，应该是基于人们的人格和处境的相关方面，独立于社会地位、威胁优势或强制能力；但这个概念仍然忽视了人的多个善目的以及不同人的善目的之间可能存在根本冲突，以及当事人撇开给定"次序"、诉诸私力救济的可能性，比如自闭儿童进入普通学校后遭到同学及其家长的反对、精神障碍者进入社区康复后遭到邻居的反对等法律纠纷。（5）论证的终极性，预设了实践理性判断得出的正义原则应该是各方的最终"上诉法庭"，其强调各方都尽可能地考虑其利益，认为"个人慎思"的要求已经在正义原则的完整体系中占有了适当权重，人人充分参与，却忽视了残障人进入（access）这一论证程序、平等诉诸司法渠道的特别挑战。

在罗尔斯假定的原初状态，订立契约者的自然能力（abilities）包括正义感确实可能存在差异，但都处于一个同质的区间。因此，人们的基本权利和自由不因能力而不同。一个人只要具备了最低的道德人格能力，就应被确保享有全部正义，尽管"人们在实现这种能力方面的失败是不公正的、贫困的社会环境或偶然事件的结果"。[①]此外，这种出于一般经济社

[①] 〔美〕约翰·罗尔斯：《正义论》（修订版），何怀宏、何包钢、廖申白译，中国社会科学出版社，2009，第 400~401 页。

会秩序的设想，并不包括如何应对重大社会危机的冲击，比如恐怖袭击、自然灾害等，也难以应对"老龄化""气候变化"这种整体社会的变迁带来的风险难题。本书第六章将深入辨析自由主义及其他流派对自由人性、自然正当的论述，第七章将从韧性法治的角度来回应如何认可及保障人性能力的多样性、脆弱性和差异性。

社群主义批评前述《正义论》中单薄的人性假定及相应的福利保障模式，强调个体自我的丰富性及外部共同善的重要性。例如桑德尔建议引入一种"接受交互主体性的自我观"，来充实自我的能动性，认同他者的脆弱性，以及分担社会成员的风险。[①]泰勒开拓自我的丰富性，凸显出情感和想象的作用。承认我们的所是，在于寻找各自存在的独特感知形式，而不是普遍本性。这是与笛卡尔的分离（disengage）理性非常不同的个人主义起点，并要求一种深刻的融入（engage）和领悟。[②]沃尔泽认为，国家通过福利和公共决策划定市场的边界，在于明确将风险强加到别人身上的权力属于不可交易的物品，克服金钱在需要领域的支配及其不平等后果。公民需要积极参与福利和安全事业，以确保市场机制不是简单地被政治权力的支配所取代。[③]对于阶层固化或者劳工（比如平台雇员、快递员）脆弱性剧增的情形，则仍然需要公权力的介入。事实上，《联合国工商业与人权指导原则》已经为市场领域的风险提出了新的界定和应对方案。人权尽责要求企业更加注意到其工商业行为对供应链或域外投资所影响到的脆弱社群造成的风险。[④]

对于现代社会中的风险分配正义问题，罗尔斯代表的个人自由主义

---

① 〔美〕迈克尔·J.桑德尔：《自由主义与正义的局限》，万俊人等译，译林出版社，2001，第72~73、98、183页。

② 〔加〕查尔斯·泰勒：《自我的根源：现代认同的形成》，韩震等译，译林出版社，2012，第259~261页。

③ 〔美〕迈克尔·沃尔泽：《正义诸领域：为多元主义与平等一辩》，褚松燕译，译林出版社，2009，第105、121页。

④ Radu Mares、张万洪：《工商业与人权的关键议题及其在新时代的意义——以联合国工商业与人权指导原则为中心》，《西南政法大学学报》2018年第2期。

突出了人性能力中"抽象、理性、坚固"的部分，其与一整套规则或程序良好适配，环环相扣，似乎可以织就密实的安全网络，坚不可摧。而社群主义强调人性中"开放、共享、相通"的部分，建议通过诸多领域和群体的差异互动，达成多元复合的风险分配正义。此外，以阿马蒂亚·森、纳斯鲍姆等人为代表的可行能力路径进一步要求认可人的"柔软和韧性"，在传统福利路径之外，阐释国家提供合理调整与外部支持的积极义务。

为确保人类共同的好生活，对国家福利的伦理学和人权法阐释，意味着要认可人类社会的风险、不幸以及善的脆弱性，以此来丰富对人的多样脆弱性、固有尊严和平等自由的理解。从古到今，国家具有一种确保社会成员的可行能力安全的道德角色。自康德以降的形式主义法权理论预设了一个完善自足的理性主体，而到亚当·斯密、托马斯·潘恩等人强调政府提供教育、劳工福利的义务，已经逐步扩大了对人之脆弱性的认可并要求政府保障人之可行能力。[1]20世纪中后期，国家进一步干预市场，例如要求雇主或失业救济部门为周六做礼拜的工人提供调整（accommodation），以便其平等享有劳动和信仰自由权。[2]经由长期的社群抗争和倡导，2006年《残疾人权利公约》进一步将这种制度调整确立为"合理调整"，成为反歧视原则的最前沿要求。[3]这是对少数边缘/高风险/脆弱群体平等保护的重要进步，既是出于对理性主体的良心或信仰自由的看重，也是对个体多样性及平等主张的认可。

由此回到本书第一章第一节梳理的人性论，并重新阐释古希腊以来的伦理学和权利哲学。一方面，那些"固有的""天生的"伦理价值似乎就意味着：伦理价值或德性，不依赖于人及其生活方式。善之为善，具有

---

① 〔美〕玛莎·C.努斯鲍姆：《寻求有尊严的生活：正义的能力理论》，田雷译，中国人民大学出版社，2016，第80、93~99页。

② 例如1963年的 *Sherbert v. Verner* 案，相关评论可见〔美〕玛莎·C.努斯鲍姆《寻求有尊严的生活：正义的能力理论》，田雷译，中国人民大学出版社，2016，第120页。

③ 曲相霏：《残疾人权利公约中的合理便利——考量基准与保障手段》，《政法论坛》2016年第2期。

超越属性，才稳定如常。人们希望其最深的伦理要求，可托付于最坚固、不可抗拒的属性，故而人类行动不能忽视或拒绝这些要求。但另一方面，伦理价值又是生长的、流动的、异变的，属于具体情境中的共同体，可以争辩、协商。[①]律法（nomos）[②]及其正义原则，既体现为普遍的稳定的规则（立法），也要考虑到人的脆弱多样、具体情境，通过个案审查（司法）确保实质平等与自由。当残障人作为"不同能力者"诉诸司法追寻正义时，其人生在世所主张的正当／权利、所具备的双重属性（见表4-1）显得更为鲜明。人在应对风险、救济权利时，坚如磐石、理性自持、德性不移，可谓典范；但劫难加身，情之所钟，感念互动、挚爱互助，也别有一番活着的柔韧动人之处。法律承载总体的德性，应对人类社会结构性的风险与脆弱，护持人性的多样能力与一点灵明，自当于此往复衡量、慎思合度而后才得出判断。

表 4-1　西方伦理传统中人的"固有"权利的双重属性

	属性之一	属性之二
两个世界	理念的	现象的
灵肉分际	精神的，内在的，自足的	身体的，外在的，不足的
诸神宇宙	永恒不变，绝对公正；日神的	诸神可变，甚至不公；酒神的
人格特质	主动的，坚固的，普遍的 譬如磐石	被动的，柔弱的，多样的 譬如芦苇
政治实践	先定的，个体的，自主的 依靠个体"盔甲"抵御风险	协商的，关系的，相互的 依靠社会"围篱"抵御风险
哲学论述	柏拉图，康德，罗尔斯，麦金太尔	亚里士多德，纳斯鲍姆

资料来源：笔者整理。

① 〔美〕玛莎·C.纳斯鲍姆：《善的脆弱性：古希腊悲剧与哲学中的运气与伦理》（第2版），徐向东、陆萌译，译林出版社，2018，第633~634页。

② 在古希腊语中，nomos起初指的是音乐中的音调。这一律法和音律之间的通感认识，在中西方文化源头十分相似，但在古希腊及其后的思辨传统中，nomos具有更多强调外部时空及主观意志的分离互动、可测量、表现为数字规律等特性。类似的，缪斯（muse，"音乐"一词的词根）女神既司管文艺，也司管科学。

直面现代社会的巨大价值分歧和莫测人生风险，社群主义者麦金太尔认为，善目的之间的冲突，有其历史生成的内在于社会共同体的原因。这是古希腊悲剧以至于现代社会德性沦丧"悲剧"的共同启示。[1]另外，他主张人的多重认同，回归上述历史延续的德性传统，并仍然相信，"德性不仅维持实践，使我们获得实践的内在利益，而且也将使我们能够克服我们所遭遇的伤害、危险、诱惑和涣散"，从而支撑人们对善的追求，增长、充实人们对自我和善的认识。[2]德性在根本上属于内在利益（旨趣），只会令人强大，克服行善的脆弱性。残障人诉诸司法、主张正当的诉求，似乎不必陷入对人的脆弱性的顾虑。然而，如本章第二节所述，残障人在实现司法正义的过程中体现出人性能力构成的多样性，也意味着一种难以通过内在善而克服的脆弱性及制度风险。

暂且将社群主义者以人类悲剧理解社会风险、以德性传统化解价值冲突的思路放在一旁，一种现代共识或启发仍在于：在全球风险社会，人们增加了对不可抗力（无能为力）的悲悯理解。"难以预料、难以克服"的风险范围在扩大，世界更加复杂，人物深刻互联，偶然事件更具破坏性。行动者只具备有限理性，难免作出错误判断。每个人的生活都更加富足，然而也更加难以"自足"。伯林、罗尔斯等自由主义者主张的"消极自由"，对此有自己的解释。人并不仅靠与灾害、风险等"邪恶"战斗而生存，他们更靠个体或群体的一些积极目标而生活。这些目标因人而异，变化多端，很少能充分预见或计划，有时也是不相容或不可公度的。这些目标不依赖外部认可，不保证都能成功，甚至也缺少适当的实现手段。[3]但阿马蒂亚·森和纳斯鲍姆这样的"非传统"自由主义者也提出了重要批评。他们认为，既然人人都具备某种脆弱性，面临动态的、重大的生活风

---

① 〔美〕阿拉斯代尔·麦金太尔：《德性之后》，龚群、戴杨毅等译，中国社会科学出版社，2020，第184页。

② 〔美〕阿拉斯代尔·麦金太尔：《德性之后》，龚群、戴杨毅等译，中国社会科学出版社，2020，第279页。

③ 〔英〕以赛亚·伯林：《自由论》，胡传胜译，凤凰出版传媒集团、译林出版社，2011，第92页。

险，这就抽空了许多个体选择的实质意义，例如贫弱者、残障人正缺乏将法定自由转化为实质自由的可行能力。这种变局或困局，动摇了人之为人所希求的好生活，也生发了同情、悲悯乃至恐惧。行动者关注和回应自己的这些感受或反应，可以发展出一种丰富的自我理解，进而认识到同情、悲悯情感的价值，[①] 愿意作出承诺并开展行动。此外，技术进步、物质条件和社会制度发展，意味着人们克服脆弱性，可以主张外部社会对其可行能力的支持；克服通过法律总体控制风险的局限，还意味着对个体及社群自发性和差异性的包容。

在此背景下，人们应该反思通过法律的社会控制来应对风险的限度，努力增强多元主体在复杂社会网络机制中参与治理的自适应性。[②]法治社会的人权保障，需要有针对性地提升特定群体应对危机的抵抗力、适应力和在困境中的复原力，这是人类社会的"外在善"对人之个体内在善的脆弱性的必要应对。

如前所述，风险是理性经济人在现代市场和其他广泛空间积极探索的副产品。纳入法律经济学视角的总体控制模式，包括产权配置、侵权规则以及风险刑法、行政法，都有一种相通的功利主义思路。功利主义路径是必要的，可以兼顾市场规律、集体行动乃至公共选择的逻辑，但对于风险分配正义还不足够。例如依据法律经济学分析，现代社会的老年人对于自己衰老所致的脆弱和风险负有主要责任。因为随着人类医学知识增加，衰老的速度看来可由人有意控制，老人的虚弱应可避免。老人过于衰老，可归咎于他没有按照医生和营养学家提倡的健康生活方式去做。[③]孕妇也面临类似的技术与知识的规训，要以最合理的形式规避风险、保持健康，否则就是自我照顾的失败，面临理性和道德的批判。[④]

---

① 〔美〕玛莎·C.纳斯鲍姆：《善的脆弱性：古希腊悲剧与哲学中的运气与伦理》（第2版），徐向东、陆萌译，译林出版社，2018，第611页。
② 范如国：《"全球风险社会"治理：复杂性范式与中国参与》，《中国社会科学》2017年第2期。
③ 〔美〕理查德·A.波斯纳：《衰老与老龄》，周云译，中国政法大学出版社，2002，第267页。
④ 〔澳〕狄波拉·勒普顿：《风险》，雷云飞译，南京大学出版社，2016，第74页。

法律经济学还假定了比较单一的主体能力，对于特定群体而言，这种法律之治，反而会造成制度性的再生风险，不利于自我认同的建立。而社会学研究已经表明，安全与自我评价有关，缺少自尊的人更难以恰当地照顾自己，面对风险更加脆弱。[1]重申人之为人的多样身心能力，需要批评工具理性，增强实践理性（也包括哈贝马斯意义上的商谈理性）。现代社会的福利模式和总体风险控制模式，过于参考医学、经济学、统计学话语，设定了单一的抵御或缓解风险的能力标准。各类福利供给和制度管控对人的基本需要进行裁割，一律转化为某种依据专业技术可以概括解决的问题。人面对风险的脆弱性，被理解为人的不成熟、不理性、不自足也不自主，以及社会制度的介入和管控不足。这可能导致对固有人格的贬低，也削去了与人交往、认可尊严、激发能动、培育韧性的连接点。在此逻辑下，出于个人的"常态"能力假定来控制风险，高估了各领域行动者的可行能力。

概言之，资本主义社会积累制度韧性及通过法治应对风险的经验包括：提供社会福利，兜底人道主义风险；维护市场竞争秩序，释放科技生产力的潜能；推崇个体自负其责的精明理性，规训社会的权责认识与分配模式；构建身份政治的秀场，吸纳社会运动的动能；借助工商业活动将风险及不平等的内在矛盾扩散、转移到全球。但是，欧美形式主义法治的固有矛盾在于，其虚构了法治主体的个人自主及充分参与，以致政治、法律运行机制日趋僵化，道德、政治纷争相互牵扯，文化认同分化，身份政治多极化。社会团结、融合以共同应对风险的根基因此岌岌可危。形式主义法治经受了法治信念与意义的失落——在一个意义竞争的世界，看起来什么都行，实际上却什么都不行（没意义）。在这个风险社会，法律允诺了优胜的契机，个体却只有退缩到孤独的城堡，自求多福。

---

[1] 〔美〕迈克尔·沃尔泽:《正义诸领域：为多元主义与平等一辩》，褚松燕译，译林出版社，2009，第207页。

由此反思，法律应认可特定群体平等参与社会生活全领域全过程的多样需求、独特风险—脆弱和正当主张。司法确保其实现个案的公平正义，则需批判既有的风险防控模式与分类对待路径，强化个案审查，落实制度调整，提供合理便利，提升权利主体的可行能力。制度调整既来自《残疾人权利公约》中程序便利、适龄措施、合理便利等概念的启发，也来自内生的法律变革要求。个案或个性化审查，不只是司法意义上的法院审判或调解仲裁等多元纠纷解决，还包括行政中的个案裁量，指向最广义的当事人的个性及能力多样性。

正是由于全球风险社会的出现，以及法治社会人权理念的高扬，通过个案审查，检讨风险—脆弱之成因，确保边缘人群的实质平等才有必要。而只有在工业化、智能化高度发展的当今时代，这种关于人权保障的普遍个案审查在技术上才成为可能。本书第六章、第七章将进一步批判自由主义、社群主义正义理论的不足，探索超越可行能力路径、走向实质平等、构建韧性法治、实现社会融合的实践唯物主义框架。

第二节　残障认同的多样性、脆弱性及实现
司法正义的困境

本章第一节从"风险—脆弱"视角分析人与制度的互动，揭示出残障人实现司法正义所面临的独特挑战，植根于深刻的物质现实、文化结构、制度以及观念层面的障碍。在个体层面，人性能力构成的多样性与脆弱性，以及外部善的重要性，都没有得到充分认可。福利国家虽然为个人提供了广泛的均等的社会保障，但在有限的机会平等、程序包容之外，作出实质选择，克服脆弱及应对风险的责任，都留给了"理性自主""内在自强"的个体。仁爱、同情、柔软、开放、悲悯的品质在法律经济学的帝国一再贬值，个体"内在善"的神话经久不息，社会成员相互依赖、相互照顾的伦理凋敝，促进社群赋能与多群认同的行动空间萎缩。公民德性

不彰，公共论证乏力，差异政治和古典自由精神退潮。^①凡此种种，导致在全球风险社会，残障人诉诸司法救济权利的一般制度结构，只有空洞的"正当优先"或抽象的教义规范，而缺乏实现权利的可行路径，不仅难以处理结构性的原生风险与脆弱，甚或加剧了次生的制度风险与持续脆弱。

本章第二节由此进入多样的残障认同，结合具体案例揭示出特定的身心障碍脆弱性对司法保护制度的特别要求，以及通过司法救济残障权利可能面临的深刻困境——赢了官司却输了平等与融合的契机。已有研究指出，残障人的自我认同与社会建构共同形成了一种刻板印象：残障人是"可怜""依赖他人""需要照顾"的"脆弱"人群。由此，对残障人权利的保护被替代为对残障人的"不分正当与否"的过度保护。^②国家制度假定经受精神、智力障碍（乃至一部分感官障碍）的人没有能力自主参与全部社会生活，其缺乏行使权利的法律能力。残障人因而是悲悯的客体，而非有自尊的主体；其需要的是保护，而不是权利。^③这种对残障（人）与脆弱的"混同"，落入了主流大众的能力主义偏见，以医学模式或慈善模式中的"缺陷—风险—脆弱"话语消解了权利主体的人格尊严，遮蔽了残障人实现司法正义的独特挑战，也给残障权利研究带来了诸多误导。例如有研究虽然引用了前述反思视角，但仍然认为：

> 残疾人因心理上的封闭、身体上的不便，对社会容易产生偏激的看法，与律师难以沟通……其生理上的缺陷有时还会影响到案件的进展。比如，对于盲聋哑人，在搜集证据和沟通上具有较大困难；

---

① 这里的"内在善"主要回应麦金太尔的《德性之后》，同情柔软品质、相互依赖的伦理主要援引纳斯鲍姆的《善的脆弱性》，公民德性主要援引桑德尔的《自由主义与正义的局限》，公共论证主要援引哈贝马斯的《在事实与规范之间》，差异政治援引艾丽斯·杨的《正义与差异政治》，古典自由精神引自伯林的《自由论》以及施特劳斯的《古今自由主义》；社群赋能将在本书第五章第二节展开论述，多群认同将在第七章展开论述。

② 赵树坤：《残障者法律保护问题及研究走向》，《学术交流》2015 年第 7 期。

③ Robert D. Dinerstein：《实施〈残疾人权利公约〉第 12 条中的"法律能力"》，陈博译，刘小楠主编《反歧视评论》（第 1 辑），法律出版社，2014。

对于智力残疾者，在解释相关事实时也会出现障碍；对于肢体残疾者，因身体的缺陷行动不便，也往往更容易有情绪上的波动。[①]

还有早先的研究，对司法审理程序无障碍的理解也存在局限，其要求为听力言语残障人提供手语翻译，但为精神、智力残障人安排监护人陪护。[②] 由于这种歧视态度的存在及其深远影响，联合国残疾人权利委员会在 2012 年就中国的履约报告相关内容提出了关切：

> 残疾人无法和其他人平等使用《刑事诉讼法》和《民事诉讼法》，政府转而采取了施惠（patronizing）[③] 于残疾人的措施，例如指定公共辩护人，把相关人员当作不具备法律权利能力的人对待。
>
> 委员会建议缔约国重新审议其《刑事诉讼法》和《民事诉讼法》，以便为参与司法制度的残疾人制定强制性的程序照顾（procedural accommodation），使其作为权利主体而不是被保护的对象参与司法制度。[④]

中国政府在 2018 年提交的新一轮履约报告回应指出：

> 关于上次结论性意见第 23、24 段，中国进一步完善残疾人法律援助制度：第一，中国拓宽残疾人法律援助事项范围，将残疾人劳

[①] 陶杨、项琲、陈小乐、张佳妮：《残疾人法律援助制度研究》，《海南大学学报》（人文社会科学版）2016 年第 3 期。

[②] 王治江：《司法无障碍理念的提出与适用》，《法律适用》2013 年第 3 期。

[③] 这里的 "施惠"（patronize，或译 "恩赐"）一词，除了指历史上的有权势者庇护艺术家、思想家，还指市场领域的客人惠顾商家，在残疾人权利委员会使用的语境中具有贬义。英文词典对这一贬义的解释为：某人对待他人的言行看起来友善，但实际上自以为高人一等，认为对方是愚蠢的、不重要的（speak or behave towards you in a way seems friendly, but which shows that they think they are superior to you in some way, or you are stupid or unimportant）。

[④] 联合国残疾人权利委员会第八届会议（2012 年 9 月 17 日至 28 日）《就中国初次报告通过的结论性意见》，CRPD/C/CHN/CO/1，第 23、24 段。

动保障、婚姻家庭等事项纳入法律援助补充事项范围；第二，中国放宽申请法律援助的经济困难标准，更多低收入残疾人被法律援助覆盖；第三，中国多个省市开通法律援助远程视频咨询服务，为残疾人提供便利。①

本节将重申残障人实现司法正义的平等权利，认可残障导致的多种脆弱性及其在现行司法中面临的风险，批评前述将司法中的困难或风险归结于个人"缺陷"的视角，并探索通过"外部善"激发或维系"内部善"的正当制度。

一 精神、智力障碍与"辨认和控制自己的行为"

基于前一节所述的"风险—脆弱"框架，精神、智力障碍者在实现司法正义的过程中，面临诸多困难，其中一个共同挑战在于如何经由司法裁量当事人能否"辨认和控制自己的行为"。"辨认和控制自己的行为"是一个法律建构的概念，在不同部门法中，其或许与"精神病"诊断挂钩，或许没有。但是，在司法实践中，一些典型案例已经表明，现行司法体系难以"公正地"适用这个测试标准，从而在报案、立案、侦查、庭审、定罪量刑等诸多环节给精神、智力障碍者制造了更多风险与脆弱。这些风险涉及《残疾人权利公约》规定的诸多实体权利，包括生命（第10条），自由和人身安全（第14条），免于酷刑（第15条），免于剥削、暴力和凌虐（第16条），保护人身完整性（第17条），在法律面前获得平等承认（第12条）以及获得有效司法保护（第13条）。另据笔者统计，截至2021年底，在中国刑事司法中涉及精神能力鉴定的司法解释有4部，在民事、刑事案件中关于证人证言的有效和特定案件涉及残障当事人证据规

---

① 中国政府在2018年向联合国残疾人权利委员会提交的《〈残疾人权利公约〉的实施情况：缔约国第二次和第三次合并定期报告》，第47段。中国政府在该报告第44段提到了保障残疾人在法律程序各阶段获得保护，为残疾人提供司法便民服务，为残疾人参加庭审活动提供无障碍设施；在第45段提到了进一步完善残疾人司法救助制度。

则的司法解释有 3 部。

概言之，为保障精神或智力障碍者的平等权利，不能将其视为一个病人、麻烦制造者、社会不安全因素、令人头疼的问题或者同情怜悯的对象，而是首先要视其为一个权利主体，享有生命、自由和追求幸福的权利，[①] 并有权获得公正审判。由此鉴照现实，剖析在司法程序中识别、裁量、处置精神或智力障碍者"辨认和控制自己行为"的能力，包括以下挑战。

其一，在审前阶段，律师、办案人员难以识别当事人的精神或智力障碍，并提供恰当的支持与处置。有案例表明，精神障碍人士由于其隐蔽性，自己持有残疾证或长期服药，但不见得为办案部门所知，或者办案部门知道了也不一定及时通知辩护，而需要家属聘请律师或申请法律援助律师发现这个事实。[②] 实践中，还有办案人员反馈，被调查人员担心自己因患有精神疾病而服药的事实被别人知道，导致事后丢掉工作或受到歧视，故而在接受羁押调查期间，隐瞒服药事实而忍受停药复发的风险。尽早识别智力障碍者，办案人员和律师才可以最大程度地识别其脆弱性：智力障碍者较易受他人利用而成为共犯；可能对于自己行为的可罚性存在错误判断，或使他人误解其行为意图；可能在控制冲动能力方面较常人薄弱；容易在刑事司法过程中遭受外部影响而作出错误供述。[③]

此外，在审前阶段，办案人员通过其他替代方案处置精神或智力障碍者，还有很大提升空间。例如在一起治安案件中，某孤独症谱系障碍青年于地铁站尾随女性乘客，被当事人报警问责。警方先联系该青年的姐姐（不是监护人）陪同接受讯问调查；后由姐姐协助青年说明情况，出具道歉信，取得对方当事人谅解，公安机关进行了撤案处理。该青年随后还

---

① 曲相霏：《从主体尊严出发保障精神障碍者人权》，《中国社会科学报》2010 年 4 月 6 日，第 3 版。

② 《故意杀人被刑事拘留 依据事实获强制医疗》，盐城市法律援助专题网站，https://www.yancheng.gov.cn/art/2014/4/22/art_846_1455534.html。

③ 王珮儒：《从 CRPD 公约看我国智能障碍被告刑事辩护权平等保护之落实》，《法律扶助与社会》2018 年 3 月号，https://www.laf.org.tw/upload/user/files/ 議題四子題一 _ 王珮儒檢察官報告.pdf。

得到一份支持性就业的工作。①本案中，警方的残障新理念、公众（包括对方当事人）的谅解、有效支持者的在场、沟通协商的渠道以及支持性就业的出口，这些因素合在一起，才带来了比较好的处置结果。在其他情形下，实施"侵权"行为的心智障碍者获得公正处置、有效解决纠纷、修复人际关系、自主融入社区的概率就会降低很多。

其二，在庭审中，通过"直接言词原则"来确定精神、智力障碍者的能力遇到挑战。在英格兰和威尔士，传统的刑事诉讼程序规定了直接言词原则，亦即被告人有权亲自或由其律师对控方或其他同案被告人的证人进行交叉询问。这一原则也包含在《欧洲人权公约》第6条规定的公正审判要求中。不过，随着20世纪晚期的刑事司法发展，对于脆弱（vulnerable）的证人，包括未成年人、因身心疾病或精神障碍而在作证能力方面受到削弱的人，以及因作证而遭受恐惧或压抑的人，可以采取一些特别措施。这些特别调整措施包括：屏蔽证人，使被告人看不到证人，或者通过视频直播作证，对主要证据事先录像等。②考虑到在英格兰，20%~30%的被告人可能存在心智障碍，③这一庭审规则的调整可谓影响深远。2012年中国《刑事诉讼法》修订，对于采取视频方式审理案件是否与直接言词原则冲突，有关方面存在不同认识。2018年再次修订《刑事诉讼法》时，有意见建议进一步扩大视频审理方式的适用范围，包括适用于速裁程序乃至所有案件。2021年最高人民法院《关于适用刑事诉讼法的解释》第650条部分采纳该意见，给司法实践留有更多裁量空间。④

其三，在策略的取舍上，律师及当事人如何论辩残障人"没有辨认

---

① 来自笔者2021年11月在T市的访谈。

② 例如1999年青少年司法与刑事证据法案（Youth Justice and Criminal Act 1999）第33A、33B条。参见〔英〕Ed Cape等主编《欧洲四国有效刑事辩护研究——人权的视角》，丁鹏等编译，法律出版社，2012，第83页。

③ Nancy Loucks, "No One Knows: Offenders with Learning Difficulties and Learning Disabilities: The Prevalence and Associated Needs," Prison Reform Trust, 2007.

④ 《刑事诉讼法解释》起草小组：《〈关于适用刑事诉讼法的解释〉的理解与适用》，《人民司法》2021年第7期。

或控制自己行为的能力"面临困境。例如在一起精神障碍女性遭受家暴且"被离婚"的案件中，法援律师认为自己的当事人显然存在沟通障碍，应当被认定为无民事行为能力，并且质疑法院拿到的鉴定其有民事行为能力的结论。[①] 律师最后"成功"说服法院，当事人没法照顾自己，应该留在婚姻关系中，由男方继续承担照顾义务。仅从案件结果来看，律师似乎成功防御了男方"甩包袱"的离婚之诉，但从残障平等、性别平等、反家暴等人权视角来看，这实在是糟糕的法律服务和诉讼结果。"被告人"的胜诉还加深了男方及社会对"精神障碍女性"的偏见——她们是生育机器和抚养包袱。

再比如在一起智力障碍者"被离职"的案件中，律师主张当事人"对于签订劳动合同、签署离职申请等涉及个人重大权益的行为缺乏判断能力和自我保护能力，且不能预见其行为后果，故应由其法定代理人代理，或者征得其法定代理人的同意"。法院支持了这个理由。此案入选2016年最高人民法院发布的"残疾人权益保障典型案例"。[②] 问题在于，当事人起初是跟物业公司自主签的劳动合同，并履行了一年多。经此诉讼，当事人赢得了劳动合同解除的补偿金，却失掉了行为能力，可谓"得不偿失"。[③]

此外，还有律师错误假定成年心智障碍者的家长才是自己的当事人，或认为自己的视力、听力障碍的当事人无法理解案件法律关系。[④] 在一些案件中，精神障碍被告人赢了辩护（或免了刑责），却可能加深了公众对"武疯子"的偏见；心智障碍原告赢了培训机构的赔偿，却输掉了社会组织对家长和自闭孩子的信心。类似困境，残障人打了官司（乃至赢了官

①　来自笔者 2017 年调研湖北省法律援助卷宗时发现的 2016 年的案例。

②　《最高法公布 10 起残疾人权益保障典型案例》，中国政府网，http://www.gov.cn/xinwen/2016-05/13/content_5073192.htm。

③　在一些涉及该案例的研讨中，笔者收到律师反馈，说该案的另一个解决思路是坚持继续履行劳动合同。存此作为参考。

④　Arlene S. Kanter, *The Development of Disability Rights under International Law: From Charity to Human Rights*, Routledge, 2015, p.227.

司），却输掉了独立自主、社会认同与融合的结果，在许多法域的刑事、民事程序中都可见到。[①]

其四，在法庭辩论以及法官的自由裁量中，难以公正地适用"精神鉴定""性防卫能力鉴定"相关结论。如福柯所言，随着国家规训技术的发展，现代司法中渗入了法律之外的评估，包含对被告人是否"正常"及其"正常化（矫正）"前景的技术预测。精神病和心理分析专家、刑罚执行人员乃至感化教育工作者都成了变相的"法官"；刑罚的传统报应理念与理性昌明时代的治疗话语交织在一起，让人的灵魂成为权力解剖学意义上的有效工具以及肉体的新型监狱。[②]人们需要反思这种现代统治术（governmentality）如何过于自信，以为可以凭借知识与权力的合伙垄断，正当且有效地裁判和驯化人的心灵，从而通过政治、法律、经济手段建立道德文化秩序。这种统治术也十分偏狭，依附于工具理性的测量计算水平，轻易放弃并隐藏了对"不正常"心灵的包容与支持。

另外，现代医学的发展并不是只有精密测量、固定诊断的维度，也带入了本乎自然、发乎人文的反思维度。依据世界卫生组织《疾病和有关健康问题的国际统计分类》第11次修订版（通常称为《国际疾病分类》或ICD-11），可以发现医疗专业人士对智力障碍的评定已经很接近《残疾人权利公约》的新理念：不再仅以智力测验作为定义智力障碍的依据，还结合观察自适应行为能力，在功能上进行定义及描述。这一评定视角旨在通过功能描述，使参考诊断之人（如法官）能够明确了解智力障碍者需要何种协助及介入，以适应社会生活，并使其智力局限对其生活的负面影响能于获得协助及介入后得到适度消弭。与此类似，美国智力和发育障碍

---

① Anna Lawson, "Disabled People and Access to Justice, From Disablement to Enablement?" in Peter Blanck, Eilionóir Flynn, eds., *Routledge Handbook of Disability Law and Human Rights*, Routledge, 2017, pp.96~97; T. Minkowitz, "Rethinking Criminal Responsibility from a Critical Disability Perspective: The Abolition of Insanity/Incapacity Acquittals and Unfitness to Plead, and Beyond," 23 *Griffith Law Review* 3（2015）:434.

② 〔法〕福柯:《规训与惩罚》（第5版），刘北成、杨远婴译，生活·读书·新知三联书店，2019，第20~22、31页。

协会（AAIDD）在其人类功能模型中延续了世界卫生组织的《国际功能、残障和健康分类》（ICF），而尤其突出了"支持"体系的意义。[1]

这一新的医学诊断路径，在一定程度上反而是在为残障的"医学模式"正名。其对法院（以我国台湾地区为例）认定的影响包括：智力障碍与一般精神疾病不同，多系自幼发生或因疾病后脑部受损而减损智力，并非可以药物控制或治愈，且无发病期或非发病期之分。由于智力障碍者之能力减损难以一概而论，在评估其各项事实面或法律面能力时，需在日常生活的功能描述基础上加以综合判断。此外，一个人的智力障碍状态也是变动的。一个人可能通过学习特定技能或概念，增强某方面包括工作或性防卫方面的能力，也可能在经评估具备该能力后，出于某些原因（例如亲密照顾者、有效支持者的临时或永远离去）而再度丧失该能力。这一能力浮动的概念，适用于诸多种类的障碍，包括精神障碍、智力障碍、心理社交障碍、脑部受损等。[2]

对于精神障碍而言，法官收到医疗专业人士依据《精神障碍者刑事责任能力评定指南》作出的鉴定报告，如果频繁援引其具有"完全刑事责任能力"的结论，而在定罪量刑时，不再考虑从轻或减轻，[3]那就过于严苛。对非精神障碍者在一般刑事案件中尚可以主张过往品格、悔罪表现，请求从轻发落，对精神障碍者反而不予考虑，有失公允。生命历程犯罪学相关研究将具体人类行为及微观生命事件看作个人能动力（personal agency）和社会结构约束（structural constraint）共同作用的动态结果，在这个方向提出了更多有启发的洞见。[4]这里的困难在于，在"严重"到强制医疗的临界点和不考虑精神障碍作为从轻或减轻因素的起点之间，司

① 李聪、田宝：《智力残疾研究的回顾与展望》，《社会科学论坛》2020年第5期。
② 王珮儒：《从 CRPD 公约看我国智能障碍被告刑事辩护权平等保护之落实》，《法律扶助与社会》2018年3月号，https://www.laf.org.tw/upload/user/files/ 議題四子題一 _ 王珮儒檢察官報告 .pdf。
③ 部分鉴定结论来自笔者2019年访谈律师所得，另外相关案例可见马玉栀《刑事诉讼中残障人权益保障问题研究》，张万洪主编《残障权利研究》（第9辑），社会科学文献出版社，2021，第154页。
④ 张小虎：《生命历程犯罪学的本土探究：典型罪案与核心原则》，《社会学研究》2021年第4期。

法人员应充分考虑外部支持体系、个体"受审能力"以及社会关于报应和矫正的公正观，适当调整审判程序，撑开自由裁量和判决说理的空间，真正实现包容精神障碍者的公正审判[①]与司法正义。

其五，在诉讼之后或之外，司法体系难以为精神或智力障碍者提供综合有效的支持。例如在一起盗窃案件的法律援助[②]中，律师发现被告人有智力障碍，考虑到情节轻微，拟请办案机关变更强制措施，后期以缓刑处理。但是被告家里没人管，取保候审以及缓刑，都面临巨大的监管困难。监禁反而成了"仅余的"选择。此外，日本一位家暴受害人的出院经历[③]，揭示了可能的"坎坷"出路。这位 30 多岁的智障女性，幼年经历精神障碍母亲的长期家暴，后经解救，安置到照护机构。一名公益律师接受委托，作为诉讼监护人，试图帮她离开机构，回到主流社会。这一努力遭到安置机构、司法官员的质疑。律师与社会工作者、医务人员、残障社会组织合作，带当事人去咖啡馆、超市、温泉，给她过生日，陪她做饭，逐渐培育她的自立生活能力。2017 年，当事人终于离开机构，自主生活在社区之中。司法提供了"纸面上的"解决方案，向精神或智力障碍者允诺了平等自由，然而其真正实现，反而在于这种庭审之外、判决之后的综合持续的保护与支持体系。法律人寄望于通过司法实现残障权利的有效救济，应当认识到这一点。本书第五章第二节讨论社群法律赋能将进一步展开这方面的论述。

二 听力、语言障碍与"有效沟通"

听力、语言障碍者在实现司法正义的过程中，面临的一个独特挑战

---

① 公正评价精神或智力障碍者的受审能力，不可仅仅以残障为依据，而应当综合考虑各种支持和协助体系，特别是司法中的程序调整与便利（appropriate accommodations），以促使精神或智力障碍者获得公正且包容（fair and inclusive）的审判，实现其正当程序权利（due process rights）。相关讨论参见 The Arc's National Center on Criminal Justice and Disability, "Competency of Individuals with Intellectual and Developmental Disabilities in the Criminal Justice System: A Call to Action for the Criminal Justice Community," 2017。

② 来自笔者 2019 年在武汉市对律师的访谈。

③ 案例来自 2019 年 3 月一次研讨会上日本律师 Sato 女士的分享。

是难以实现"有效沟通",进而影响其重大司法利益。考虑到听力、语言障碍者在刑事被告人中的"过高"比例,这种影响尤其值得重视。例如分析重庆市 375 份有关残障被告人的刑事判决书,其中 183 个案件被告人为"聋哑人",另外有 8 个案件涉及听力残障被告、5 个案件涉及语言残障被告。① 再比如在美国监狱的人类学调查发现,听力障碍囚犯对于佩戴助听器的需求也常常遭到系统性的忽视和拒绝;监狱振振有词,听力障碍囚犯"只需一只好耳"就足以用来"听话"和遵守监规。② 本小节将从刑事司法中手语翻译的缺失问题出发,③ 聚焦分析听力、语言障碍者实现有效沟通、参与认罪认罚程序面临的挑战。

中国《刑事诉讼法》第 34、119、120 条对聋人在刑事司法的全部阶段获得指定辩护、手语翻译等提出了明确要求。2010 年最高人民法院、最高人民检察院等 5 部门《关于办理死刑案件审查判断证据若干问题的规定》第 13 条即规定"询问聋哑人或者不通晓当地通用语言、文字的少数民族人员、外国人,应当提供翻译而未提供的",相关证人证言、被告人供述不能作为定案的根据。2013 年最高人民法院、最高人民检察院、公安部、司法部《关于刑事诉讼法律援助工作的规定》第 16、24 条也为检察院依职权或申请启动法律监督设定了依据。但公检法等办案部门在实践中不予执行,仍然缺乏相应的法律后果。回到现实,公检法等办案部门、看守所等羁押场所管理部门、司法行政部门(法律援助提供者)各有各的立场与缘由,如影响办案、不是工作重点、缺乏人员经费等,终究在残障

① 这些残障类别主要以被告人持有的残疾证为划分依据。此外,涉及视力残障(盲人)被告的案件 10 个、精神残障 25 个、智力残障 23 个、肢体残障 43 个、其他残障 78 个。参见马玉栀《刑事诉讼中残障人权益保障问题研究》,张万洪主编《残障权利研究》(第 9 辑),社会科学文献出版社,2021,第 154~155 页。

② Michele Friedner, "Deaf and Incarcerated in the U.S.," https://www.sapiens.org/culture/deaf-incarcerated/, 2021-06-15.

③ 关于刑事司法中的手语翻译问题,包括手语翻译员供给严重不足、手语翻译的服务满意度欠佳、手语翻译职业准入规范欠缺等,参见赵树坤《司法实践中手语翻译服务问题探析》,《人民法院报》2021 年 12 月 23 日,第 5 版;马玉栀《刑事诉讼中残障人权益保障问题研究》,张万洪主编《残障权利研究》(第 9 辑),社会科学文献出版社,2021,第 157~158 页。

人"不在场"或"沉默"的情况下,严重忽视了其平等实现司法正义的权利。[①]2021年最高人民法院《关于刑事诉讼法的解释》第89、94条重申,对于所有刑事案件,"询问聋、哑人,应当提供通晓聋、哑手势的人员而未提供的",由此取得的证人证言、被告人供述不得作为定案的根据。第317条第1款还规定了对听力、语言障碍自诉人的司法保护:"(对于人民法院直接受理的自诉案件)如果被害人死亡、丧失行为能力或者因受强制、威吓等无法告诉,或者是限制行为能力人以及因年老、患病、盲、聋、哑等不能亲自告诉,其法定代理人、近亲属告诉或者代为告诉的,人民法院应当依法受理。"

残联组织在确保司法中的手语翻译方面的作用也得到重视。2015年最高人民检察院、中国残疾人联合会《关于在检察工作中切实维护残疾人合法权益的意见》第7条要求:"对于盲、聋、哑犯罪嫌疑人,人民检察院应当采取适宜方式进行权利告知,确保其准确理解相关规定。"2018年最高人民法院、中国残疾人联合会《关于在审判执行工作中切实维护残疾人合法权益的意见》第22条明确:"残疾人联合会应当积极配合人民法院联系、聘请辅助人员为残疾当事人提供手语、盲文等诉讼辅助服务,方便残疾人参加诉讼活动。"2024年最高人民法院、中国残疾人联合会《关于为残疾人提供更加优质诉讼服务的十条意见》进一步强调:"地方残疾人联合会应当协助人民法院建立诉讼辅助服务人员名册,方便人民法院联系预约专业人士提供盲文、手语翻译等诉讼辅助服务。"

另外,2018年《刑事诉讼法》修正案正式确立了认罪认罚制度,其中涉及残障人的条文有两条。第174条第2款规定,犯罪嫌疑人是盲、聋、哑人和精神病人的不需要签署认罪认罚具结书。与此相关,修订后的《刑事诉讼法》第223条规定,被告人是盲、聋、哑人和精神病人的,不适用速裁程序(第215条还排除了简易程序)。

在认罪认罚从宽制度试点期间，最高人民法院在 2016 年曾指出，从保障人权和确保司法公正角度，对几类案件不适用试点，其中包括犯罪嫌疑人、被告人属于尚未完全丧失辨认或者控制自己行为能力的精神病人。[①]该试点意见并未直接排除对盲、聋、哑犯罪嫌疑人或被告人适用认罪认罚从宽制度。2018 年 12 月，最高人民法院刑事审判第一庭指出：认罪认罚从宽制度没有限定适用的对象。犯罪嫌疑人、被告人是盲、聋、哑人，尚未完全丧失辨认或者控制自己行为能力的精神病人的，不排除适用认罪认罚从宽制度。前述人员认罪认罚，不需要签署认罪认罚具结书，但明确对此类人员不适用速裁程序或者简易程序审理，以保障其诉讼权利。[②]2019 年最高人民法院、最高人民检察院、公安部、国家安全部、司法部《关于适用认罪认罚从宽制度的指导意见》第 31 条规定，犯罪嫌疑人是精神病人的，不需要签署认罪认罚具结书，但不影响认罪认罚从宽制度的适用。[③]

2021 年《最高人民法院关于适用〈中华人民共和国刑事诉讼法〉的解释》第 360、370 条分别指出"被告人是盲、聋、哑人的"不适用简易程序和速裁程序。但实际上，这里的"不适用"或被办案部门理解为"可以"不适用，而非"不得适用"，亦即在充分保障盲、聋、哑及精神障碍被告人诉权的框架下，可以适用。例如在一项对重庆市 375 份刑事判决书的研究中，涉及盲、聋、哑及精神障碍被告人的，有多个案件仍然适用了简易程序。[④]笔者于 2020—2021 年对律师的访谈也发现，在涉及盲、聋、哑人及精神障碍者的案件中，也有签署认罪认罚具结书后适用速裁程

---

① 《最高法刑一庭庭长：三类被告人不适用认罪认罚从宽程序》，人大新闻网，http://npc.people.com.cn/n1/2016/0903/c14576-28688862.html。

② 最高人民法院刑事审判第一庭编《认罪认罚从宽制度的理解与适用》，人民法院出版社，2018，第 33~34 页。

③ 丁鹏、张万洪：《残疾人权利保障的新进展》，樊崇义、施汉生主编《中国法律援助制度发展报告 No.1（2019）》，社会科学文献出版社，2019，第 98~99 页。

④ 马玉桅：《刑事诉讼中残障人权益保障问题研究》，张万洪主编《残障权利研究》（第 9 辑），社会科学文献出版社，2021，第 151~152 页。

序的情况。

还应该指出，2018年《刑事诉讼法》修正案相关法条将盲、聋、哑人与精神障碍者、未成年人并列在一起，仍然欠妥。[①]依照中国法律，经司法判决，精神病人可能属于限制民事行为能力人，无法独立表达自己的认罪认罚意思。但是，成年的盲、聋、哑人，无论在《民法总则》还是在《民法典》中，均属于完全民事行为能力人，可以独立表示认罪认罚。仅仅因为需要阅读辅助、手语翻译等无障碍服务，而将盲、聋、哑人排除在平等的诉讼权利以及重大的司法利益（迅速审判）之外，有违中国批准的《残疾人权利公约》第13条"平等获得司法保护"之规定。该条立法及其后续实践在中国政府未来接受公约审议和参与其他国际人权机制时可能招致批评。

从另一方面看，既然使用手语的被羁押人（包括犯罪嫌疑人和被告人）同样有权选择认罪认罚程序，获得值班律师的法律帮助，那么，以手语视频形式开展这方面的权利告知就很有必要。例如在湖北省十堰市，作为司法部"法援惠民生·关爱残疾人"法律援助品牌建设工作的一部分，当地法援机构委托相关社会组织制作了面向看守所被羁押人的法律援助告知手语视频，值得借鉴。[②]

2021年，人民检察院进一步完善认罪认罚程序中的相关工作制度，为残障人无障碍参与刑事司法提供了一些制度阐释及适用上的新依据。2021年12月2日，最高人民检察院发布《人民检察院办理认罪认罚案件听取意见同步录音录像规定》，其第2条第3款要求：对依法不需要签署具结书的案件，应当对能够反映量刑建议形成的环节同步录音录像。最高人民检察院同月发布的《人民检察院办理认罪认罚案件开展量刑建议工作

---

① 即便是未成年人认罪认罚案件，虽然不适用速裁程序，以充分开展关护帮教和法庭教育，但为避免"任何不必要的拖延"，应通过简易程序或普通程序从快从宽处理。参见最高人民法院刑事审判第一庭编《认罪认罚从宽制度的理解与适用》，人民法院出版社，2018，第34页。

② 资料来自该市法援中心负责人2018年12月11—12日在武汉市2018年残障政策研讨会上的分享。

的指导意见》相应指出：有《刑事诉讼法》第 174 条第 2 款不需要签署具结书情形的，不影响对其提出从宽量刑建议（第 27 条）；审查酌定量刑情节，应结合犯罪嫌疑人的家庭状况、成长环境、心理健康、个人品格等因素（第 8 条）。

落实这些最新要求，首先应当深入贯彻前述已有的在检察、审判等司法工作中维护残障人权益的标准；其次应当考虑到《法律援助法》的相关规定①，对于"不需要"签署认罪认罚具结书的盲、聋人或精神病人，仍应确保值班律师帮助，通过无障碍交流——特别是盲人的口头表示和聋人的手语表示——参与速裁程序，并由录音录像确认其认罪认罚的真实性、记录其个人身心的脆弱性或可宽宥事由，进而获得从宽量刑的考虑。

三　视力、肢体障碍与"更高注意义务"

视力、肢体障碍涉及非常不同的身心损伤、无障碍需求与生命体验，但是，在视力障碍者、肢体障碍者实现司法正义的过程中，都面临无障碍设施②与信息交流方面的若干共同挑战。本小节合并阐述其中特别突出的一个问题：法院在裁判视力、肢体障碍者经历的合同或侵权纠纷时，常常认定其应承担"更高注意义务"或更高行动成本。

在 2017 年一起"违反安全保障义务责任纠纷"③中，视力障碍原告在某医院的无障碍通道摔倒。法院确认，原告主张其因医院无障碍通道顶端有油而打滑摔倒受伤，具有高度盖然性。法院认定，被告作为公共场所管理人，应确保公共场合安全，包括地面干燥、公共行走区域通行安全等，

---

① 《法律援助法》第 30 条规定："值班律师应当依法为没有辩护人的犯罪嫌疑人、被告人提供法律咨询、程序选择建议、申请变更强制措施、对案件处理提出意见等法律帮助。"第 45 条第 1 款规定："法律援助机构……应当根据实际情况提供无障碍设施设备和服务。"

② 关于视力、肢体障碍者使用法院无障碍设施的一个调研可见徐艳霞《中国法院无障碍环境建设之困境与完善路径——基于 30 个样本的实证分析》，张万洪主编《残障权利研究》（第 5 卷第 1 期），社会科学文献出版社，2019。

③ （2017）沪 0106 民初 4151 号。

若未尽到安全保障义务,造成他人损害的,应当承担侵权责任。"但原告作为成年人,对自身安全负有注意义务,尤其自身有视力残疾,在通行过程中更应慎于观察,因此原告对损害结果的发生亦负有一定责任。"综合上述双方行为对损害后果发生的原因力,法院酌定由被告承担 70% 的赔偿责任。

与上述判决说理类似,在 2020 年一起"生命权纠纷"中,轮椅使用者在某酒店地下车库入口坠亡。法院认定:被告酒店在水平落差高达 2.25 米的通行路面未设置任何警示标志及安全防护措施,存在安全隐患,亦未提示非酒店工作人员或消费者不得通行,具有未尽到安全保障义务的过错,承担 55% 的责任。但是,"受害人作为需依赖轮椅辅助出行的截瘫患者,其外出活动时应当负有较之常人更高的自我安全注意义务",[①] 承担 40% 的责任(另有 5% 责任由违停司机承担)。

这类说理反映出法院依照现行侵权责任法框架,并顾及社会大众的"公平"责任观念,在评判无障碍设施缺乏或存在隐患导致人身损害的法律责任时,难以直接在民事主体之间"激进"地分配责任。本书第五章第二节将结合公益诉讼的新发展进一步分析司法机关推进无障碍环境建设的可行路径。

此外,在航空公司拒载轮椅使用者[②],出租车、公交车、地铁拒载导

[①] 一审法院说理认为:事发前,受害人独自一人从北京到大理远途出行,事发当晚,在通行遇阻的情况下,其未核实通行路线,误入事发通道。公安机关调取的监控录像显示,事发通道光线昏暗,但受害人在未确认事发通道安全性的情况下,驾驶轮椅贸然前行,坠入被告酒店地下停车场出入口身亡,受害人对自身坠亡损害后果的发生具有一定过错,应自行承担与其过错相一致的责任。参见一审法院判决:(2019)云 2901 民初 3413 号;二审法院判决:(2020)云 29 民终 713 号。

[②] 本案一审原告败诉,二审期间,双方达成调解协议,由航空公司向两位上诉人当庭赔礼道歉,并支付数额可观的经济补偿。法院据此制作调解书,并向航空公司及民航局发出司法建议,要求其切实保障残障人平等出行的权利,提出在网络购票系统中设置便利残障旅客申请特殊服务的相应通道等具体建议。事后,航空公司也及时回应了法院的司法建议,承诺积极改进公司内部承运规程。详见金希《办案手记:轮椅使用者平等出行路在何方——吉祥航空拒载案述评》,张万洪主编《残障权利研究》(第 4 卷第 2 期),社会科学文献出版社,2019。

盲犬①，银行拒绝为视力障碍者办理信用卡、借记卡②等违约与侵权并行的案例中，视力、肢体障碍者诉诸司法救济权利，通常承担了更大的举证责任，以证明被告实施了基于残障的歧视。即便如此，法院（及其所不能忽视的公众意见）仍然倾向于认为，被告方没有歧视残障人的恶意，或仅是人性化服务程度不够，而残障人也应当为自己的"缺陷""不足""不便"尽到更高注意义务，承担更多成本。

在认定残障人承担"更高注意义务"方面，法院也可能走得过远，通过司法判决确立残障人的某种"特权"，加深了公众关于残障人的"谁弱谁有理（权）"的偏见。这里再次出现了本节前文提到的残障人"赢了官司输了认同"的困境。例如在2021年最高人民法院、中国残疾人联合会发布的残疾人权益保护十大典型案例中，法院认为某公交客运公司拒绝肢体障碍者持证免费乘坐，侵害了"残疾人的免费乘车权"，应承担相应的法律责任（包括赔偿原告2528元）。③《残疾人保障法》第50条规定，"县级以上人民政府对残疾人搭乘公共交通工具，应当根据实际情况给予便利和优惠"。司法裁判由此推论出残障人的"免费乘车权"，用语太强烈，有违《残疾人权利公约》反复申述的残障人"在与其他人平等的基础上"实现各项权利，容易引起误解，可谓过犹不及。给予残障人"乘车优惠"，只是考虑到其历史积累的劣势、现实融合的不足而设立的"临时"补偿和支持措施。随着无障碍环境与社会融合更加完善，残障人在与所有人平等的基础上实现康复、教育、就业，共享富裕、体面生活，由此"根据实际情况"减少其乘车优惠，是更值得期待的趋势。司法裁判大可不必

---

① 喻琰：《"带导盲犬坐公交被拒绝"当事人：希望社会关注盲人出行困难》，2020年4月27日，澎湃新闻网，https://www.thepaper.cn/newsDetail_forward_7164480；苏亚江：《拒载导盲犬：知法不够，守法不足》，《检察日报》2021年4月29日，第6版。

② 相关案例评述可见王菁《银行业对视障人士服务情况的调查报告》，张万洪主编《残障权利研究》（第4卷第2期），社会科学文献出版社，2019，第68~69页；吴光于、张海磊《屡遇"隐形门"视障人士享受便捷金融服务有多远？》，新华网，http://www.xinhuanet.com/politics/2018-12/03/c_1123801989.htm。

③ 最高人民法院、中国残疾人联合会：《残疾人权益保护十大典型案例》，《人民法院报》2021年12月3日，第3版。

确立"免费乘车权"这个看起来坚固、实际上脆弱的概念。

四 残障与其他脆弱性的交叉导致的挑战

本书通过"风险—脆弱"视角探索残障认同的多样性，进一步打开思路，批评关于"主体—身体"的主流偏见，批判不平等的话语建构，以及阐述人性丰富构成及其固有尊严。关于风险与脆弱的文化人类学研究指出，西方社会倾向于认为资产阶级、男性、异性恋、健全者、白人的身体最符合节制、文明的理念，相比之下，工人阶级、女性、性少数、残障者、非白人的身体是易于情绪化的、过度欲望的、暴力的或混乱的，难以实现理性自主控制。[①]

在残障人主张平等权利的场域中批判这种话语建构，同时需要揭示出个体身心经受能力损伤或障碍的多重可能。例如，视力、听力障碍者可能遭遇人身损害事故，再经历肢体障碍；老年人可能同时经历肢体、智力方面的障碍；一些罕见病导致的身心损害同时体现在肢体、言语等方面。此外，在精神障碍的诊断和评估过程中，研究者强调要同时考虑其他形式的障碍，例如《精神疾病诊断与统计手册》（第五版）强调这一类障碍通常会伴随智力障碍发生。[②]现有的残障平权运动中，老年残障人占比较高，但其诉求较少得到表达；精神病患者、聋人社群还有可能拒绝残障身份导致的"污名"，不认为自己是残障人。[③]这些认同的交叉与"撕扯"，进一步增加了残障认同及其相关社会批判的复杂性。还有域外研究指出，少数民族残障人[④]、原住民中的残障人在平等享有实体权利以及获得司法保护方面面临更多的挑战。[⑤]

---

① 〔澳〕狄波拉·勒普顿：《风险》，雷云飞译，南京大学出版社，2016，第105页。
② 转引自李聪、田宝《智力残疾研究的回顾与展望》，《社会科学论坛》2020年第5期。
③ Tom Shakespeare, *Disability Rights and Wrongs Revisited*, Second edition, Routledge, 2014, pp. 99-100.
④ 杨晓琳：《少数民族残障人平等获得司法保护研究——以S县为例》，张万洪主编《残障权利研究》（第9辑），社会科学文献出版社，2021。
⑤ ziska Felder, Laura Davy, Rosemary Kayess, eds., *Disability Law and Human Rights: Theory and Policy*, Palgrave Macmillan, 2022, p.224.

　　在残障人个体身心能力与外部社会环境的互动中，残障认同与其他认同的交叉，可能进一步加剧其在社会生活各领域面临的歧视。一般认为，人权研究中的交叉性（intersectionality）视角起源于黑人女权主义者金伯利·克伦肖（Kimberle Crenshaw）对种族和性别交叉歧视的批判。[①]在比较晚近的研究中，交叉性的矩阵视角（matrix thinking）强调指出，个体亲身经历的多种身份认同，与结构性的林立体系、边缘化的诸多位置、权力的不同形式、抵抗的不同模式，在动态的、变动的路径上"交叉"起来。[②]

　　残障身份与其他脆弱身份的交叉，包括但不限于女性、未成年人、老年人、少数民族，以及同性恋、双性恋、跨性别者及酷儿等性少数群体（LGBTQ+）。[③]残障人可能同时具备多重身份而经历多重压迫，但不同身份之间的交互作用让他们的需求更容易被忽略。残障人进而遭受到"结构性脆弱"，面临更加不利的处境。联合国开发计划署在其 2014 年《人类发展报告》中指出，这些人由于经历或遭受社会不平等待遇而比其他人更加脆弱：

　　　　这种脆弱性的形成历时漫长，与性别、种族、原住民身份和地理位置等因素息息相关，且一旦形成会持续很长时间。许多弱势人群在应对挫折时常常会面临纷繁复杂的制约。例如，经济拮据的少数民族人群或身患残疾的女性在生活中会面临多重障碍，而这些障碍之间的相互叠加会使本已处于劣势的状况雪上加霜。[④]

----

① Kimberle Crenshaw, "Demarginalizing the Intersection of Race and Sex: A Black Feminist Critique of Antidiscrimination Doctrine, Feminist Theory and Antiracist Politics," 1 *Chicago Legal Forum* 1（1989）.

② Vivian M. May, *Pursuing Intersectionality, Unsettling Dominant Imaginaries*, Routledge, 2015, p.21.

③ Gauthier de Beco, "Intersectionality and Disability in International Human Rights Law," 24 *The International Journal of Human Rights* 5（2020）.

④ 联合国开发计划署：《2014 年人类发展报告——促进人类持续进步：降低脆弱性，增强抗逆力》，"前言"第 iv 页。

结构性脆弱群体可能与其他人一样有能力，但要战胜不利条件则可能面临更多障碍。例如，公共交通设施、政府机关和医院等公共场所往往缺乏方便残疾人进出的通道，这便增加了残疾人参与经济、社会和政治生活的难度，或者当身体健康面临威胁时寻求帮助的难度。[①]

残障平等属于社会正义的议题，被压迫的少数人要发声、聚集，检视自己的历史，集体对抗不公平。残障人的多重身份认同，加上与其他社会运动团体之间的联结，可能形成不同社群之间在权利倡导中的伙伴关系，[②] 这些权利倡导策略包括本书第五章第二节分析的影响力诉讼、同侪支持和社群赋能。

国际人权法在多年来的发展中，逐渐认可和强调多重身份导致的多重或交叉歧视，这体现在：扩大了身份认同及其交叉的范围，以及将反歧视的视角深入个体生命历程和社会生活的广泛领域。《残疾人权利公约》在序言第 16 段呼吁 "关注因种族、肤色、性别、语言、宗教、政治或其他见解、民族本源、族裔、土著身份或社会出身、财产、出生、年龄或其他身份而受到多重或加重形式歧视的残疾人所面临的困难处境"，并专门通过第 6 条、第 7 条强调缔约国要重视残障妇女、残障儿童遭受的多重歧视，以及采取一切适当措施，确保其实现平等权利。

《残疾人权利公约》第 13 条第 1 款明确提到了缔约国要采取 "适龄措施"，将残障儿童作为参与司法的主体，以有效救济权利，实现社会融合。[③]联合国人权理事会 2014 年的一项决议指出，残障儿童在诉诸司法

---

① 联合国开发计划署：《2014 年人类发展报告——促进人类持续进步：降低脆弱性，增强抗逆力》，第 3 页。

② 参见张恒豪《我不需要被修补：障碍、文化与普世人权》，作者为台北大学社会学系主任、教授，该文为其在 2016 年 "从障碍者参与文化，到看见障碍文化" 研讨会上的发言，全文可见巷仔口社会学网站，https://twstreetcorner.org/2016/09/10/changhenghao-2/。另可见丁鹏《影像中的残障与平等》，张万洪主编《残障权利研究》（第 3 卷第 2 期），社会科学文献出版社，2017。

③ Franziska Felder, Laura Davy, Rosemary Kayess, eds., *Disability Law and Human Rights: Theory and Policy*, Palgrave Macmillan, 2022, p.160.

方面可能面临更严重的障碍，并吁请缔约国采取积极措施，包括确保平等提供资讯和支持，并在必要时根据残障儿童的需要加以调整。① 联合国残疾人权利委员会 2014 年关于无障碍的一般性意见指出，要考虑到遭受家暴的残障女性进入庇护所的多重需求。② 联合国残疾人权利委员会 2016 年关于包容教育权的一般性意见界定了残障儿童面临教育歧视的多种形式，包括间接歧视和拒绝提供合理便利。③ 联合国残疾人权利委员会将《公约》第 6 条与第 13 条结合起来，在给阿根廷、萨尔瓦多等国家的结论性建议中指出，尤其要在司法体系中为残障妇女和女孩提供合理便利，她们的证言常被认为不够可靠，因而面临更高风险成为虐待或忽视的受害者。④ 这些权威意见为缔约国改革国内法律、确立相应的人权司法保障机制提供了重要指引。

此外，联合国消除对妇女歧视委员会 1991 年发布关于残障妇女的第 18 号一般性意见，"对残疾妇女因其特殊生活条件而遭受的双重歧视状况表示关注"。在 2014 年关于女性难民的第 32 号一般性意见中，提到女性难民遭受歧视的事由（grounds）可能与其他事由存在交叉，包括"年龄、种族、族裔/国籍、宗教、健康状况、阶级、种姓、是女同性恋、双性恋或跨性别者或其他身份"。⑤ 在社会主义女权主义者看来，残障女性遭受了资本主义、父权制、能力主义的多重宰制。⑥ 中国本土的调查也揭示

---

① 联合国人权理事会第 25 届会议第 6 号决议《儿童权利：儿童诉诸司法问题》（A/HRC/RES/25/6），第 5、13 段。

② 联合国残疾人权利委员会《关于无障碍的第 2 号一般性意见》，第 37 段。关于家暴受害人进入庇护所的无障碍需求，联合国消除对妇女歧视委员会在 2008 年关于瑞典等国的结论性建议中也有强调。

③ 联合国残疾人权利委员会《关于包容性教育权的第 4 号一般性意见》，第 18 段。

④ Valentina Della Fina, Rachele Cera, Giuseppe Palmisano, eds., *The United Nations Convention on the Rights of Persons with Disabilities: A Commentary*, Springer, 2017, pp. 286–287.

⑤ 联合国消除对妇女歧视委员会《关于妇女的难民地位、庇护、国籍和无国籍状态与性别相关方面的第 32 号一般性建议》，第 16 段。

⑥ 李勇：《中国残障女性双重压迫理论及其价值——基于社会主义女权主义的分析》，张万洪主编《残障权利研究》（第 9 辑），社会科学文献出版社，2021。

出，残障女性遭受的歧视和不公正待遇比残障男性更为严重。[①]

在国际人权法发展脉络中，残障认同作为结果，关系到反歧视的事由与依据，而残障认同的由来则直接涉及残障人的文化权利。《残疾人权利公约》第 30 条全面规定了残障人在与其他人平等的基础上参与文化生活、娱乐、休闲和体育活动的权利，并特别提到了手语和聋文化得到承认与支持。残障人平等享有文化权利与其增强自信自主、获得社群支持及自我实现密不可分，也与提高社会认识、消除外部偏见息息相关，同时也是本书讨论的平等实现司法正义不可分割的一部分。《公约》第 30 条来自《残疾人机会均等标准规则》第 10、11 条以及《关于残疾人的世界行动纲领》，二者又可以溯源到《世界人权宣言》第 27 条第 1 款和第 24 条，分别涉及参与文化的权利以及休闲和休息的权利。随后，《经济、社会及文化权利国际公约》第 15 条第 1 款 a 项赋予每个人参加文化生活的权利，《消除一切形式种族歧视国际公约》第 5 条第 5 款第 vi 项、《消除对妇女一切形式歧视公约》第 13 条 c 项、《儿童权利公约》第 31 条都有类似规定。[②] 此外，联合国经济社会文化权利委员会在 2009 年发布的一般性意见中强调指出，"缔约国在任何文化领域所采取的战略、政策、方案和措施的灵活性和相关性，必须尊重个人和社群的文化多样性"，为老年人和残障人参与（access）文化生活提供支持和便利，包括确保文化艺术产品、服务和场所的无障碍，承认手语和聋文化等。[③] 尽管文化权利在《经济、社会及文化权利国际公约》框架下的可诉性还有争议，[④] 但就残障人平等参与文化生活，进而享有平等人格尊严而言，本节前文讨论的相关

---

① 《残障与性别：残障妇女生存发展考察报告》，《中国妇女报》2013 年 8 月 6 日，第 B01 版。
② Ilias Bantekas, Michael Ashley Stein, and Dimitris Anastasiou, eds., *The UN Convention on the Rights of Persons with Disabilities: A Commentary*, Oxford University Press, 2018, pp.866 – 867.
③ 联合国经济社会文化权利委员会第 21 号一般性意见《人人有权参加文化生活》第 16、30~31 段。另可参见联合国经济社会文化权利委员会第 5 号一般性意见，第 36~38 段。
④ 关于参加文化生活权利的政治判断或法律裁决及其背后的人权普遍主义和文化相对主义之争，简要讨论可见〔澳〕本·索尔、〔澳〕戴维·金利、〔澳〕杰奎琳·莫布雷《〈经济社会文化权利公约〉评注、案例与资料》，孙世彦译，法律出版社，2019，第 1028~1029、1045~1046 页。

人权司法保障制度显然有较大完善空间。本书第七章探索超越可行能力路径、实现平等自由的司法保护框架，也将在资源分配、法律调整、公共参与的维度之外，纳入"文化认识"的维度。

近年来，中国制定《反家庭暴力法》，修订《未成年人保护法》《妇女权益保障法》等法律，对残障儿童、残障妇女的平等权利也有所强调。例如2020年修订的《未成年人保护法》第29条第1款新增规定："学校应当关心、爱护未成年学生，不得因家庭、身体、心理、学习能力等情况歧视学生。对家庭困难、身心有障碍的学生，应当提供关爱；对行为异常、学习有困难的学生，应当耐心帮助。"[①]这款规定直接使用"身体、心理……情况""身心有障碍"来描述残障，在理念上有重大进展。在中国政府发布的《国家人权行动计划》中，也有对残障妇女、儿童、老年人权利的特别关注。例如第四期《国家人权行动计划（2021—2025年）》在"完善特殊教育保障机制"部分明确要求推动融合教育发展，有效推进孤独症儿童教育，以及禁止任何基于残障的教育歧视。结合2017年修订后的《残疾人教育条例》新增的"残疾人教育专家委员会"职能，[②]这些禁止对残障儿童实施教育歧视的规定，可能为相关行政诉讼和公益诉讼打开了新的渠道。2019年最高人民法院和中华全国妇女联合会发布的《关于进一步加强合作建立健全妇女儿童权益保护工作机制的通知》指出，"当事人如系无民事行为能力人、限制民事行为能力人或者因受到强制、威吓等原因，无法自行申请人身安全保护的，妇联组织收到求助后，可代为向人民法院申请"。在2021年最高人民法院、中国残疾人联合会发布的残疾人权益保护十大典型案例中，有一起是区残联受法院邀请，对智力障碍女性遭受家暴诉请离婚的情况进行走访评

---

① 此外第83、86条还延续规定了政府保护残疾未成年人接受义务教育，在普通学校和特殊学校接受教育的义务。

② 《残疾人教育条例》第20条第2款规定："残疾人教育专家委员会可以接受教育行政部门的委托，对适龄残疾儿童、少年的身体状况、接受教育的能力和适应学校学习生活的能力进行评估，提出入学、转学建议；对残疾人义务教育问题提供咨询，提出建议。"

估，并代为提起申请人身安全保护令。[①]

小　结

本章采取的"残障研究"视角不同于第三章运用的"司法研究"视角。本章着重分析了残障人获得司法保护面临的独特挑战，指出了现代福利国家在全球风险社会建立一种权利法治保障体系的努力，还不能公正解决残障相关的风险—脆弱问题。应对现代社会风险的制度反而给特定群体造成了不成比例的影响，加剧了其不利处境。残障人经受现实的风险—脆弱，也就意味着韧性的缺失。加强人权法治保障，促进残障人平等获得司法保护，由此初步开启了探索韧性法治的空间。

本书论述残障人权利的人性论根据，在本章第一节得到深化。其一，人性有坚韧的一面，也有脆弱的一面。人性尊严、人格平等以及人间诸善，都是二者的自然交织。人之为人，表现出丰富多样、动态多变的特点。其二，人性坚韧及其多样体现，根底在个人自主和自由，但离不开社会交往和外部支持。人性脆弱及其公正诉求，源于人的身心能力的限度，并受到现代风险社会的严重影响。其三，现代法治体系构成了应对风险、保障尊严的关键措施，从人权视角来看，就必须纳入公正的视角。在当今时代，残障人权利尤其可能受到不成比例的影响，而更加诉求公平正义的司法救济。应对这一挑战，当代自由主义、社群主义脉络中的正义理论，在论证残障人实现司法正义的平等权利方面，都有可取及不足之处。

[①] "卢某某（女）系二级智力残疾，王某某与卢某某为夫妻关系。因婚前缺乏了解，婚后感情基础差，王某某在婚姻生活中稍有不满，即对卢某某及其父母拳脚相加，实施家庭暴力。卢某某为此提起离婚诉讼，并提交了公安机关的报警回执、受案回执、询问笔录、家庭暴力告诫书等证据。案件受理后，法院邀请区残联共同走访卢某某及其家人，向当事人及其单位了解具体情况，委托区残联对卢某某遭受家庭暴力的程度以及存在家庭暴力的现实危险等进行综合评估。经调查评估后，区残联以卢某某遭受家庭暴力且受到威胁不敢申请人身安全保护令为由，代卢某某向法院申请人身安全保护令。"最高人民法院、中国残疾人联合会：《残疾人权益保护十大典型案例》，《人民法院报》2021年12月3日，第3版。

本章第二节挑选三个具体难点问题，以说明与残障认同的多样性、脆弱性相关联的实现司法正义的制度风险，包括：（1）精神、智力障碍者在司法中如何表明自己可以"辨认和控制自己的行为"；（2）听力、语言障碍者在司法中如何实现"有效沟通"；（3）视力、肢体障碍者如何在司法中论辩自己不应承担"更高注意义务"。

本章第三节阐述残障认同与其他脆弱性的交叉，包括性别、年龄、性取向等，进一步凸显出特定群体主张平等对待、应对风险—脆弱的紧迫性，以及在救济权利的行动中构建多群认同、提升可行能力的必要性。《残疾人权利公约》所代表的人权法前沿，探索以包容性的平等来解决交织性和多重歧视的问题。这要求人们反思既有的正当／权利话语，探索一种可行能力路径，阐释国家在人权法上的积极义务，并通过跨部门的协调措施实现法律赋能与韧性，以综合应对特定群体的独特脆弱与风险。

第五章将依据《残疾人权利公约》的制度创新，来阐释国家的相关义务，概括司法实务中应对前述挑战的良好经验。第六章、第七章将转回第一章设定的论证人权的人性论层面，批评自由主义正义理论中夹杂的能力主义，确立"不同能力者"的实践主体性，探索诉诸司法主张实质平等与自由的可行路径，继续求解本章给出的难题。

第五章　残障人实现司法正义的制度创新

若不交谈，许多友爱都会枯萎。[1]

好学近乎知，力行近乎仁，知耻近乎勇。[2]

　　为确保残障人实现司法正义，形式主义法治提供了一部分现实路径，包括第三章描述的司法系统各环节存在的制度。但残障人仍面临第四章阐述的独特风险、多样脆弱及深层困境。本章着重分析《残疾人权利公约》为国家设定新的积极义务，其要求确保司法环节的无障碍、程序便利与合理便利，以此制度创新解决前述挑战。本章还指出，法院之外的行动者在开展参与式培训、公益诉讼、社群赋能方面，也积累了丰富经验。

第一节　《残疾人权利公约》对国家积极义务的更新阐释

　　《残疾人权利公约》没有为残障人创造任何"特权"或新的权利，但是，在追求"实质平等"的道路上，《公约》间接确立了"特别保护"[3]的原则，相应扩展了国家在国际人权法上的积极义务。[4]《公约》第11条规

---

[1]　〔古希腊〕亚里士多德:《尼各马可伦理学》，廖申白译注，商务印书馆，2003，第259页。

[2]　《中庸》第二十章之四。

[3]　与此相联系的是，中国《国家人权行动计划（2021—2025年）》确立了对残障人、妇女、儿童、老年人等特定群体"平等保护和特殊扶助"的目标。

[4]　Gauthier de Beco, *Disability in International Human Rights Law*, Oxford University Press, 2021, p.27.

定在"危难情况"下确保残障人的保护和安全，第16条"免于剥削、暴力和凌虐"、第20条"个人行动能力"、第26条"适应训练和康复"都没有"在与其他人平等的基础上"或"不受基于残疾的歧视"这一限定语。或是因为在这些情境中，残障导致的脆弱或风险如此严重，必须采取独特的保护措施；① 这种积极保护措施在最大程度上生效，也不会导致残障人"超过"非残障人的优势，而只能勉强补救其遭受的创伤。

在《残疾人权利公约》通过之后，国家的人权义务进一步强化。人权在消极意义上，具有启蒙时代"天赋人权"以抵抗国家专断权力的内涵；② 在积极意义上，要求国家承担积极职责（positive duties），在司法和政治领域采取适当措施，确保每个人的切实参与和有意义的选择，以及培育公民德性，促进社会团结。③ 在司法领域，相关人权内容既包括约束公权力的程序保障，还包括公益诉讼、公共法律服务（法律援助）以及程序便利等，体现出国家权力的介入、公共资源的投入以及积极采取措施。国家尊重、保障和实现残障人获得司法保护的权利（出发点是《公约》第13条），就有义务采取各种措施，包括建设无障碍环境，提供程序便利、合理便利，消除实现司法正义各环节的歧视。其中，程序便利的义务比合理便利更加严格，更注重司法体系本身付出更多努力，确保公平正义。此外，《公约》第9条关于无障碍、第21条关于获得信息的机会而为缔约

---

① 《残疾人权利公约》序言第10段强调必须促进和保护所有残障人的人权，包括"需要加强支助的"（who require more intensive support）残障人人权，这里的"require more intensive support"意味着克服独特的残障脆弱性所需要的格外支持。这种对残障的格外支持可能是长期的，所以相关举措不同于《消除对妇女一切形式歧视公约》中的"临时措施"。就现实而言，这种格外支持，也很难"拉平"重度残障人与其他残障人在司法和其他领域的功能发挥结果，而主要是在权利禀赋、主张、论辩的过程中，最大限度地贯彻平等原则。

② 人权概念在五四时期传入中国，就像陈独秀所言，"个人之自由权利，载诸宪章，国法不得而剥夺之，所谓人权是也"。陈独秀：《东西民族根本思想之差异》，《青年杂志》第1卷第4号，转引自夏勇《论女士及其与德、赛先生之关系》，《人权概念起源——权利的历史哲学》，中国社会科学出版社，2007，第217页。

③ Sandra Fredman, *Human Rights Transformed: Positive Rights and Positive Duties*, Oxford University Press, 2008, pp. 85, 134.

国设定的积极义务，也与此权利的实现密切相关。[①]

一 确保司法各环节的无障碍、程序便利与合理便利

联合国残疾人权利委员会在 2014 年发布《关于"第九条：无障碍"的第 2 号一般性意见》[②]，其第 37 段指出，"如果执法机构和司法机构所在的建筑物没有实行无障碍，如果它们提供的服务、信息和通信没有对残疾人实行无障碍，那么就不可能有效地获得公正"（《公约》第 13 条）。

此外，《公约》第 2 条把合理便利放到了一个非常高的位置。"合理便利"是指：根据具体需要，在不造成过度或不当负担的情况下，进行必要和适当的调整，以确保残障人在与其他人平等的基础上，享有或行使一切人权和基本自由。合理便利的英文是"reasonable accommodation"，将其翻译为"合理调整"可能更有助于揭示其包含的国家积极义务。便利，不是一般意义上的"与人方便"，更不是"随自己的便"，而是采取措施（take measures）、进行调整或修改（adjust, adapt），以实现接纳或包容（accommodate）。合理调整通常意味着公共部门如司法机关采取措施，调整一些既定的对所有人同等适用的工作场所、设施、诉讼程序、证据规则、执行方法等，[③]以便利（facilitate）和确保残障人的充分参与及融合。此外，"合理"作为限定语，指的是这些调整措施对于需求方来说有实质必要性，而对提供者并没有造成过度或不当负担（disproportionate or undue burden），或者并没有实质上改变原来的工作性质。[④]

[①] Anna Lawson, "Disabled People and Access to Justice, From Disablement to Enablement?" in Peter Blanck, Eilionóir Flynn, eds., *Routledge Handbook of Disability Law and Human Rights*, Routledge, 2017, pp.100 – 101.

[②] CRPD/C/GC/2.

[③] "便利"或"修改、调整"的形式包括物质和非物质层面，对此相关讨论可见曲相霏《残疾人权利公约中的合理便利——考量基准与保障手段》，《政法论坛》2016 年第 2 期。

[④] 就调整措施之"合理"限度的协商与衡量，包括"合法可行"、"合比例"标准以及举证责任分配等，相关讨论可见崔凤鸣《平等参与原则下的无障碍和合理便利——以中国的实施现况为例》，《台湾人权学刊》第 5 卷第 4 期，2020 年 12 月。

（一）合理便利进入平权领域的发展脉络

合理便利概念进入残障平权领域，有其国内司法实践及国际人权法上的发展脉络。在加拿大、美国等地，合理便利概念最早出现在残障之外的领域。1966 年美国修订《民权法》，增加要求雇主在职场中包容雇员或求职者基于宗教信仰的特殊需求，并在不造成过度负担的前提下为其宗教活动提供"合理便利"。1985 年加拿大联邦最高法院在 *Ont. Human Rights Comm.v. Simpsons Sears* 案中也确立了类似原则：企业雇主有义务为员工的信仰实践进行灵活调整，只要这个调整没有给企业造成过度困难（undue hardship）。[①]美国、加拿大从宗教领域开始，把这种合理调整的范围扩展到对残障[②]、怀孕、种族、性别等因素的考虑，目的在于实现实质平等。此后，不少国家和国际组织（如欧盟[③]）也在消除间接歧视的运动中，界定了相关主体提供合理便利的义务。提供合理便利起初发生在资本主义社会的雇佣或劳动合同领域，这个背景有助于理解合理便利为什么会有"计算成本"的要求。

在国际人权法领域，1993 年《残疾人机会均等标准规则》中的规则 7 指出，"各国应鼓励企业雇主为安排残疾人工作做出合理的调整"。1994 年联合国经济社会文化权利委员会发布的《关于公约的第 5 号一般性意见：残疾人》[④]第 15 段指出：基于残障的歧视可界定为以残障为理由的任何区分、排斥、限制或偏向或合理的便利的剥夺，结果取消或损害了对经济、社会、文化权利的承认、享受或行使。2009 年联合国经济社会文化权利委员会发布的《关于公约第 2 条第 2 款"经济、社会和文化权利方面不歧视"的第 20 号一般性意见》[⑤]第 9 段指出："这种积极措施在某些特殊情

---

①　曲相霏：《"合理便利"概念的起源和发展》，《人权》2015 年第 6 期。

②　例如 1990 年《美国残疾人法案》（Americans with Disabilities Act, ADA）。

③　例如 2000 年欧盟《关于禁止工作场所宗教信仰、年龄、残障和性倾向歧视的指令》（EU Directive 2000/78/EC）。

④　文件可见联合国人权高专办网站，https://tbinternet.ohchr.org/_layouts/15/treatybodyexternal/Download.aspx?symbolno=INT%2fCESCR%2fGEC%2f4760&Lang=zh。

⑤　E/C.12/GC/20，文件可见联合国人权高专办网站，https://tbinternet.ohchr.org/_layouts/15/treatybodyexternal/Download.aspx?symbolno=E%2fC.12%2fGC%2f20&Lang=zh。

况下可能必须是持久性的，例如，为语言少数提供翻译服务，为在进入医疗保健设施方面有感觉障碍的人提供合理住宿。"这里的"合理住宿"（reasonable accommodation）是"合理便利"的错误翻译。

《残疾人权利公约》明确认定，拒绝提供合理便利构成一种歧视。根据全国人大常委会法制工作委员会编写的《中华人民共和国残疾人保障法释义》，中国《残疾人保障法》第3条中"基于残疾的歧视"包括一切形式的歧视——也包括拒绝提供合理便利，并且该书对合理便利的定义与《公约》中的定义完全一致。[①]在人权法脉络中，从《联合国宪章》《世界人权宣言》到核心人权条约，关于平等对待以及特定群体免受歧视的概念不断丰富。[②]最早界定也最好识别的歧视是直接歧视，亦即直接适用对某种认同/身份的分类标准，并给特定人群造成了不公平的不利后果，比如规定残障人一律不能打官司。随后禁止的是间接歧视，亦即看起来平等适用的标准实际上不合理地排除了某类无法适格的人，对其造成了不公平的不利后果，比如所有当事人都要自行阅读并抄写权利义务告知书，这个标准看起来对所有人同等适用，但其实排除了特定类型的残障人。在间接歧视之后，人们又引入了合理便利的概念，作为一种更深入的、个性化的干预措施，以认可人性能力的多样性、回应个体经受的脆弱及风险，从而更好地实现所有人平等的权利与自由。

在《残疾人权利公约》中，以下三个条文非常典型地规定了合理便利的"用途"。第14条关于残障人自由和人身安全，要求绝对不可基于残障而剥夺残障人的自由，并应当确保残障人在与其他人平等的基础上，参与司法程序，为影响剥夺自由的相关裁量而有所作为。在此过程中，要确保提供合理便利。在第24条"教育"和第27条"就业"领域，要求

[①] 信春鹰主编《中华人民共和国残疾人保障法释义》，法律出版社，2008，第15页。但中国法律条文中并未明确纳入和界定合理便利；相关评述另可见曲相霏《"合理便利"概念的起源和发展》，《人权》2015年第6期。

[②] 相关条文梳理可见林建军、靳世静《"歧视"的规范内涵——基于国际人权文书的体系化考察》，《中华女子学院学报》2021年第6期。

提供合理便利，目的还是确保残障人在与其他人平等的基础上实现教育和就业权。在《公约》框架下，合理便利与无障碍密切联系，[①]其不是独立的实体权利，而是残障人平等参与社会生活各领域的必要可行路径。

《公约》其他条文对合理便利也提出了要求，但在具体阐释中不无争议。例如第 16 条规定的是免于剥削、暴力和凌虐，并没有直接提及合理便利，甚至都没有加上"在与其他人平等的基础上"这句话。这一条旨在特别突出残障人比非残障人遭受了更多的经济剥削、身心暴力，尤其是机构内部或者各种照护场所中的虐待。为此要有一个专门的识别、保护和预防机制。联合国残疾人权利委员会指出，第 16 条要求国家在采取保护和预防暴力的措施的时候，要考虑到年龄、性别和残障的因素——确保无障碍并进行合理调整。[②]这些识别、保护和预防机制，需要一个包容的、有效的司法保护制度作为兜底。例如联合国残疾人权利委员会在给加蓬、意大利等国的建议中，关注保护残障人免受虐待的设施，比如庇护所，是否提供无障碍信息以便社群了解相关救济渠道，这些设施在物理上是否符合无障碍标准，以及能否"容纳"残障人，特别是残障妇女和儿童。联合国残疾人权利委员会还要求培训"警察、司法工作者、健康工作者和其他代理人员，以便通过保护和预防措施，包括有效的报案渠道……确保残障人免受剥削、虐待和暴力"。[③]

截至 2023 年底，联合国残疾人权利委员会一共发布了 8 个一般性意见。这些意见从不同角度进一步阐释了国际社会比较通行的对合理便利的认识。

---

① 关于合理便利与无障碍的概念辨析，另可参见崔凤鸣《平等参与原则下的无障碍和合理便利——以中国的实施现况为例》，《台湾人权学刊》第 5 卷第 4 期，2020 年 12 月；曲相霏《残疾人权利公约中的合理便利——考量基准与保障手段》，《政法论坛》2016 年第 2 期；黄裔《合理便利概念的浅析》，刘小楠、王理万主编《反歧视评论》（第 1 辑），法律出版社，2014。

② Ilias Bantekas, Michael Ashley Stein, and Dimitris Anastasiou, eds., *The UN Convention on the Rights of Persons with Disabilities: A Commentary*, Oxford University Press, 2018, pp.481－482, 486－487.

③ 联合国残疾人权利委员会关于培训司法人员的建议，与《公约》第 13 条第 2 款的内容发生了交叉。CRPD Committee, Concluding Observations on the Initial Report of Gabon, para 39; 另可参见 Concluding Observation on the Initial Report of Italy, para 44。

（1）联合国残疾人权利委员会2014年《关于"第十二条：在法律面前获得平等承认"的第1号一般性意见》[1]，有4处提到合理便利。其指出，合理便利要求的修改或调整，包括但并不局限于无障碍进出如法庭、银行、社会福利机构、选举场所等重要建筑物，同时方便地获得关于具有法律效力的各项决定的信息以及获得个人协助。

（2）联合国残疾人权利委员会2014年《关于"第九条：无障碍"的第2号一般性意见》，有9处提到合理便利。其区分了无障碍与合理便利，并强调二者的互补。特别是有一些残障个人不会使用为实现无障碍而提供的模式、方法或手段（如不会盲文、手语），因此，即使实行了无障碍标准，也可能不足以确保他们能无障碍地利用设施或服务。此外，经受不常见障碍的人可以要求提供无障碍标准范围以外的便利。

（3）联合国残疾人权利委员会2016年《关于残疾妇女和女童的第3号一般性意见》，有10处提到合理便利。委员会尤其援引了另外一个人权条约机构的意见，亦即联合国消除对妇女歧视委员会在最近的判例中，提到残障妇女在获得就业机会方面的合理便利。一个例子是，在工作场所提供便于残障妇女哺乳的无障碍设施。

（4）联合国残疾人权利委员会2016年《关于包容性教育权的第4号一般性意见》，有31处提到合理便利。其据此强调"整个人"（whole person）方针，承认人人具有学习能力，对所有学生，包括残障学生都应抱有较高期望。这一方针意味着提供支助、合理便利和早期干预，使所有学生都能发挥潜力。在教育中提供合理便利的具体目标（或收益）在于，学生的能力和信心得到加强，在评估和考核程序中得到平等对待，他们的能力和成绩在与他人平等的基础上得到认证。不得以紧急情况下疏散困难为由，拒绝让残障学生入学，相反，必须提供合理便利。提供合理便利不

---

[1] 此处及下文引用的联合国残疾人权利委员会发布的第1~8号一般性意见，都可见联合国人权高专办网站（英文版，部分一般性意见中文版尚未发布），https://www.ohchr.org/EN/HRBodies/CRPD/Pages/GC.aspx。

得取决于关于残障状况的医疗诊断书，而是应当基于对受教育者的社会障碍的评估。"合理"应该是情境测试的结果，该测试要分析提供便利的相关性和有效性，以及消除歧视的预期目标。在评估负担是否过度时，可以考虑现有资源和所涉经费。但应该认识到，需要基于人权标准，而不是资源的有效利用，提供合理便利以支持包容教育。对没有提供合理便利的情况应加以处罚。

（5）联合国残疾人权利委员会2017年《关于独立生活和融入社区的第5号一般性意见》，有1处提到合理便利。其强调提供合理便利的义务（依照《公约》第5条第3款）不属于逐步实现的义务。

（6）联合国残疾人权利委员会2018年《关于平等和不歧视的第6号一般性意见》，有46处提到合理便利。其指出，基于残障的歧视涵盖一切形式的歧视，包括拒绝提供合理便利。该定义的依据是国际人权条约对歧视的法律定义，如《消除一切形式种族歧视国际公约》第1条和《消除对妇女一切形式歧视公约》第1条。《残疾人权利公约》在两个方面超越了这些定义：其一，它将"拒绝提供合理便利"作为基于残障的歧视的一种形式；其二，"在与其他人平等的基础上"这一短语是新加的内容。此外，合理便利必须与申请人协商提供。在某些情况下，提供的合理便利成了一种公益物。在其他情况下，提供的合理便利只对申请人有益。不应将合理便利与独立生活和融入社区权利下提供私人助理等协助相混淆，也不应与提供行使法律能力方面的协助相混淆。获得司法保护的"程序便利"不应与合理便利相混淆；后者受到过度概念的限制，程序便利则不然。

（7）联合国残疾人权利委员会2018年《关于残疾人包括残疾儿童通过其代表组织参与公约的执行和监测的第7号一般性意见》，有13处提到合理便利。其指出，要为获取所有相关信息，包括为访问公共机构的网站提供无障碍的数字格式，必要时提供合理便利，如手语翻译、"易读"文本和浅白语言、盲文和触觉交流等。在所有对话和协商过程中，应始终提供合理便利，必须与残障人组织密切协商并让这些组织积极参与制定关于合理便利的法律和政策。

（8）联合国残疾人权利委员会 2022 年《关于残疾人工作和就业权的第 8 号一般性意见》，有 24 处提到合理便利。其重申，在就业领域中拒绝提供合理便利构成歧视。就业中提供合理便利的例子包括改装设备、允许在家办公、确保在会议中提供口译、重新组织活动形式、重新安排工作或提供支助人员。提供合理便利的义务起始于相关责任人收到权利人的请求或权利人的此项需求变得明显（如残障人进入或尝试进入有障碍的环境）。缔约国应提供关于残障人权利的职业培训以及为合理便利提供资金，并应确保通过向公共和私营雇主提供技术和财政援助的措施和方案，促进提供合理便利。雇主应采取措施，建立程序，确保权利人可以与其就合理便利进行沟通协商。

（二）《残疾人权利公约》第 13 条中的程序便利与合理便利的关系

在梳理残障人实体权利保护的"无障碍"与"合理便利"之后，由此对照，可以进一步理解《公约》第 13 条中规定的残障人获得司法保护中的程序便利。[①] 当残障人打官司或接受审判时，国家有义务提供程序便利，这个概念与上文介绍的合理便利应有区别。直接看文本，"程序便利"去掉了"合理便利"中的"合理"，意味着提供这样一种司法程序中的便利或调整，应当不那么在乎成本。联合国残疾人权利委员会在 2018 年发布的《关于平等和不歧视的第 6 号一般性意见》中指出，"这些便利有别于合理便利，因为程序便利不受不得过度的限制。程序便利的一个例子是承认残疾人在法院和法庭的多种沟通方式"。[②] 到了司法环节，涉及残障人非常重大的人身财产权利以及重要社会利益，有必要为他们提供便利比如手语翻译，或者是进行制度调整，包括证据规则、庭审规则上的调整。

由此回溯到联合国残疾人权利委员会 2014 年发布的《关于"第十二条：在法律面前获得平等承认"的第 1 号一般性意见》第 34 段，其强调

---

① 《残疾人权利公约》第 13 条第 1 款规定："缔约国应当确保残疾人在与其他人平等的基础上有效获得司法保护，包括通过提供程序便利和适龄措施，以便利他们在所有法律诉讼程序中，包括在调查和其他初步阶段中，切实发挥其作为直接和间接参与方，包括其作为证人的作用。"

② 联合国残疾人权利委员会《关于平等和不歧视的第 6 号一般性意见》第 51 段。

残障人为了行使平等法律能力，既需要"合理便利"，也需要外部"协助 /
支持"，二者互补，且后者不受"过度负担"的局限：

> 不歧视包括在行使法律能力方面有权获得合理便利（第五条
> 第三款）。……在行使法律能力方面获得合理便利的权利（right to
> reasonable accommodation）与有权获得协助（right to support）以
> 行使法律能力是不同的，但这两点也是相辅相成的。要求缔约国作
> 出必要的修改或调整，使残疾人行使其法律能力，除非这样做造成
> 过度或不当负担。这种修改或调整包括但并不局限于无障碍进出如
> 法庭、银行、社会福利机构、选举场所等重要建筑物，同时方便地
> 获得关于具有法律效力的各项决定的信息以及获得个人协助。不得
> 以存在过度或不当负担为由限制在法律能力方面获得协助（right to
> support）的权利。各国绝对有义务为行使法律能力提供协助。

《公约》第12条对残障人平等法律能力的前瞻规定，加上联合国残
疾人权利委员会对《公约》第12条的以上进一步阐释，已经让诸多缔约
国有些"抵触"和"不知所措"了。这种激进立场及其与《公约》其他条
文之间的张力如何在司法领域得到"调和"，仍然是个难题。本书第六章
将进一步阐释，在残障人获得司法保护领域的这种调整，可以视作对罗尔
斯的"正当"优先原则的一种回应，但仍然需要第七章探索的实践唯物主
义加以承载，以及来自实质平等维度的批判。

联合国残疾人权利委员会在关于哥斯达黎加的结论性意见中，认为
国家要保证在法院里面提供手语翻译，在法院的言辞辩论环节，或者是其
他交流环节中，要使用替代性的办法。当然还包括整个法院的物理环境、
沟通交流的无障碍。[①]联合国残疾人权利委员会界定的"程序便利"，既

① *CRPD Committee, Concluding Observations on Costa Rica, UN Doc CRPD/C/CRI/CO/1（2014）para 26.

包括无障碍，也包括一些个性化的调整。联合国残疾人权利委员会在给厄瓜多尔的结论性建议中还指出，需要一些立法上的变革，比如建立专门的法律援助制度，让贫困残障人可以获得免费律师帮助，并且在刑法、民法、劳动法、行政程序法中，纳入为残障人提供程序便利的要求。[①]这些"程序调整"可以理解为开庭程序、证据证人规则等方面的调整，以确保残障人在与其他人平等的基础上获得司法保护。

此外，缺乏无障碍或拒绝提供合理便利导致歧视，当事人诉诸司法救济人格尊严权利，其所承担的举证责任不同于一般侵权法责任。联合国残疾人权利委员会指出，在合理便利的案件中，"确保声称负担过度或不当的义务承担方负有举证责任"；在残障人遭受歧视的案件中，"如果有事实可以推定存在歧视，则程序规则应将民事程序中的举证责任从原告转向被告"。[②]

概言之，国家在司法程序中为残障人提供无障碍与各种"便利"的义务，体现出以下两个向度。第一，国家在司法中提供"程序便利"比起"合理便利"而言，确实不应那么看重所谓的成本限制。联合国残疾人权利委员会尤其鼓励国家超越成本顾虑，更多提供司法程序中的调整，以实现公平正义这个重大社会利益。第二，计算正义的成本还是必要的。从全世界来看，人权的实现都离不开国家投入充分资源。《公约》要求国家为残障人提供无障碍环境，也允许其依照有具体进度安排的时间表来逐步改进落实。[③]联合国残疾人权利委员会在建议、说服缔约国投入资源的时候，也会犹豫和妥协。当国家确实没有资源、缺乏能力去保障某一种司法程序上的便利时，其可以主张"过于困难"。于是，对程序便利的要求"降级"为合理便利，受到成本的约束。例如《公约》第14条关于自由权就提供了非常不同的阐释合理便利的依据。当残障人可能被司法程序剥夺自由时，《公约》只是要求国家确保残障人"在与其他人平等的基础

---

① CRPD Committee, Concluding Observations on Ecuador, UN Doc CRPD/C/ECU/CO/1（2014）para 27.

② 联合国残疾人权利委员会《关于平等和不歧视的第6号一般性意见》第27段、第73段。

③ 联合国残疾人权利委员会《关于无障碍的第2号一般性意见》第24段。

上……享有符合本公约宗旨和原则的待遇，包括提供合理便利的待遇"。把第 14 条和第 13 条合起来理解，说明《公约》规定有时候会理想、激进一点，希望义务承担者不计成本提供更好的程序便利，有时候也会妥协一点，允许义务承担者提供一种考虑成本的合理便利。

（三）国内实践中的司法无障碍与便利支持

依据《残疾人权利公约》和相关国内法律体系，中国法院应采取积极措施完善相应设施设备和诉讼服务规则，为残障人平等参与诉讼提供无障碍与程序便利支持。无障碍环境建设彰显人性关怀，惠及广泛人群，蕴含人类共同价值，[①]是一项系统工程。早在 2007 年，《北京市高级人民法院关于在审判工作中依法维护残疾当事人合法权益的意见》即提出，法院应当平等保护残障人的合法权益，不得歧视残障人，包括：逐步健全无障碍设施；对符合条件的残障当事人实行诉讼费的缓、减、免；对需要用手语、字幕、翻译等方式交流的残障人，在诉讼中应帮助联系、聘请援助人员，解决交流障碍；对确需辅助、陪护人员的残障人参加诉讼，可允许 1~2 名辅助、陪护人员到庭，帮助残障人办理必要事宜。[②]

2017 年，最高人民法院首次发布行政审判十大典型案例，其中包括：最高人民法院在山东省济南市市中区人民法院开庭审理残障退休工人林某某诉山东省济南市某部门房屋行政管理再审案。这是最高人民法院行政审判庭首次就残障人权益保障赴当事人住所地的基层法院开庭，便利残障人参加诉讼，彰显了人民法院司法为民的宗旨。[③]2018 年最高人民法院、中国残疾人联合会《关于在审判执行工作中切实维护残疾人合法权益的意见》第 18 条指出，要"完善诉讼无障碍设施及服务。大力推进法院接待场所、审判场所的无障碍设施建设，方便残疾人参加诉讼。积极推进信息

---

① 丁鹏：《青年有大爱　促行无障碍》，《光明日报》2022 年 2 月 22 日，第 12 版。
② 李健：《残疾人诉讼不得受歧视》，《北京社会报》2007 年 5 月 12 日，第 4 版。
③ 参见《最高人民法院行政审判十大典型案例（第一批）》，最高人民法院网站，https://www.court.gov.cn/zixun/xiangqing/47862.html；田禾、吕艳滨主编《中国人权法治（2002~2016）》第 13 章 "2016 年中国执法司法改革与人权保障"，社会科学文献出版社，2018，第 155 页。

交而无障碍环境建设，根据案件情况，允许相关辅助、陪护人员陪同残疾当事人出庭"。

2018 年，一项小样本研究对 30 个法院的无障碍环境建设进行了评估，结果表明，这些法院在无障碍坡道、电梯、洗手间、停车位以及轮椅席位等方面尚存在不足。①此外，2020 年，一些地方法院遇到了新技术使用过程中的无障碍问题，包括视力障碍者参加网上开庭难以通过面部识别登录系统，也无法在线浏览庭审中的图片资料。确保残障人在与其他人平等的基础上获得司法保护，既需要法律部门改造旧的设施环境，强化数字化工作模式中的技术支持，也需要其探索对庭审工作制度乃至证据规则的合理调整。②

在此背景下，2021 年最高人民法院发布《人民法院在线诉讼规则》，其第 4 个原则提出便民利民原则，要求对未成年人、老年人、残障人士等特殊群体加强诉讼引导，提供相应司法便利。无障碍建设新标准、便民利民的新要求进入了司法改革的总体规划。2022 年 3 月，最高人民法院、最高人民检察院、公安部、司法部、中国残疾人联合会共同发布《关于深入学习贯彻习近平法治思想 切实加强残疾人司法保护的意见》，要求不断完善司法为民服务体系，切实将无障碍服务贯穿诉讼全流程。近年来，各地法院采取一系列促进无障碍与程序便利的举措③，取得以下成效。

首先，在完善物理环境无障碍建设方面，浙江、贵州、上海、陕西

---

① 徐艳霞：《中国法院无障碍环境建设之困境与完善路径——基于 30 个样本的实证分析》，张万洪主编《残障权利研究》（第 5 卷第 1 期），社会科学文献出版社，2019。

② 张万洪：《以无障碍为抓手，为残疾人提供更强有力的法律保障》，《人民法院报》2021 年 11 月 11 日，第 5 版。

③ 关于云南法院系统的无障碍建设，可见王晓娟《残疾人平等获得司法保护的实践进展》，《人民法院报》2021 年 11 月 11 日，第 5 版；关于浙江，可见柴鑫《保障残疾人平等获得司法保护的浙江实践》，《人民法院报》2021 年 11 月 11 日，第 5 版；关于西安，可见姚荣军《让残疾人感受司法的温度和力量》，《人民法院报》2021 年 11 月 25 日，第 5 版；关于贵州，可见韩德洋《依法保护残疾人的公民权利和人格尊严》，《人民法院报》2021 年 11 月 25 日，第 5 版；关于上海，可见郭伟清《落实对残疾人法律援助 推动司法改革成果共享》，《人民法院报》2021 年 11 月 25 日，第 5 版。

等地法院采取的措施包括：建设无障碍的出入通道和使用环境，包括无障碍停车位、坡道盲道电梯、盲文标识、法庭和休息室中的无障碍席位、无障碍洗手间等。完善从立案、送达到开庭、执行等环节的无障碍支持，设立服务专线，提供便利支持，包括安检中的便利，提供辅具等。

其次，在提升诉讼服务制度的无障碍及程序便利方面，各地法院在立案、案件审判和执行全过程考虑到残疾人的实际需求，通过个案中的程序便利与合理调整来保障残疾人切实有效参与司法程序，充分表达意思，主张权利，平等获得司法保护。例如云南、海南、浙江等地法院完善一站式多元纠纷解决和诉讼服务体系，简化优化办案流程，确保司法信息和服务对残疾人更加方便可及。上海法院辅导残疾人使用手机端设备参与在线诉讼，聘请手语翻译参与审判，确保无障碍交流，并在先予执行、判决执行、司法救助等环节重点考虑残疾人的需求。西安等地的智慧法院建设也考虑到残疾人的无障碍需求，让残疾人在与其他人平等的基础上享受到技术进步带来的好处，包括降低诉讼成本，提升权利救济效果。

在确保诉讼制度对残障人"可接近""可通达"方面，尤其值得称赞的是，上海法院审慎审查残障人代理人的代理权限，尊重残障（特别是心智、精神障碍）当事人的自主决定和真实意愿。这涉及对《残疾人权利公约》第 12 条规定的残障人平等"法律能力"的深刻理解运用，使其成为残障人权利司法保护的坚实基础。

第四期《国家人权行动计划（2021—2025 年）》在"公正审判"部分要求人民法院推进智慧诉讼服务建设。结合 2021 年《人民法院在线诉讼规则》第 2 条中的司法便民利民原则，这要求人民法院从在线诉讼服务、诉讼规则、设施设备和技术支持等方面消除信息鸿沟和数字歧视，确保无障碍和平等获得司法保护。其中涉及对未成年人、老年人、残障人等特定群体加强诉讼引导，提供相应司法便利。司法便利应当包括《残疾人权利公约》第 13 条中的程序便利，例如为聋人当事人提供手语翻译，为在线阅读图片材料有困难的当事人提供人工朗读，以及确保残障人在司法中的其他多种信息交流和沟通方式。司法便利也应该包括《公约》第 2 条、第 14 条等界定的合理便利，在无障碍设施设备尚不能符合需求的情况下，为残障当事人提供不构成过度负担的个性化调整，如上门服务、以录制视频代替直接言词等。

在法院体系的努力之外，中国政府重视依照《残疾人权利公约》以及 2012 年《无障碍环境建设条例》、2021 年《法律援助法》、2023 年《无障碍环境建设法》等规范来推进公共服务部门的无障碍建设。近年来，全国法律援助机构在无障碍建设方面已经积累了丰富经验，比如强化硬件设施建设，确保残障人无障碍设施全天畅通，方便行动不便人群出行，以及杭州市 15 家法律援助机构均建立了无障碍设施等。①

2018 年，司法部发布《关于深入推进公共法律服务平台建设的指导意见》，要求整合各项服务平台，简化服务手续，完善服务功能，应用技术手段实现音频、视频、文字信息无障碍快速转换，适应不同受众服务需求。②为此，湖北省以及该省十堰市法律援助中心积极开展公共法律服务平台无障碍改造，主动咨询当地公益服务机构，参照《无障碍环境建设条例》、《银行无障碍环境建设标准》（2018）、《湖北省无障碍环境建设和服务管理办法》（2018 年审查修改稿）、《北京 2022 年冬奥会和冬残奥会无障碍指南》（2018）等标准，拟采纳低位柜台、无障碍卫生间、声光一体报警设备、无障碍标识等设计，以充分便利残疾人获得各项公共法律服务。③

此外，在刑事案件中，由于刑事诉讼法的直接规定，公检法等办案部门都会提供费用确保聋人获得手语翻译。但法律援助律师的手语翻译如何安排，各地做法不一，常常导致律师放弃请手语翻译，影响与当事人沟通的质量。民事案件中聋人手语翻译也一直未有明确规定。对此，2018

---

① 《我市法律援助机构"四个注重"扎实开展助残服务月活动》，杭州市法律援助中心网站，http://hzfy.hzsf.gov.cn/flyzout/risen/tzgz/indexdetails.action?TZGZ_ID=1843。
② 《司法部关于深入推进公共法律服务平台建设的指导意见》，司法部网站，http://www.moj.gov.cn/government_public/content/2018-09/18/fggz_39976.html。
③ W 市公益服务中心：《公共法律服务平台无障碍建设指引》，2018 年 12 月。

年 12 月，武汉市法律援助中心颁布《办理法律援助案件补贴（差别化）
发放办法》，其第 17 条规定：根据案情需要聘请翻译人员的，在发放案件
补贴的同时，按照每件 600 元支付翻译费；小语种翻译的，按每件 1500
元支付。当地从事法援的律师认为，聘请手语翻译以后也可以参照小语种
翻译执行，或至少有 600 元的翻译费可以主张。[①]该先进做法值得全国其
他地区借鉴。

二　通过司法审查无障碍与合理便利的经验比较

依据国际人权法和国内法，通过司法保护机制实现和促进残障人的
权利公平、机会公平、规则公平，有成功案例，也有可复制推广的经验做
法。比较不同法域中通过司法审查无障碍与合理便利、保护残障人权利的
策略和效果，有助于人们认识到，人权的司法保护机制本身存在一些前提
条件、可能路径和功能限度。在中国特色社会主义法治体系中，司法扮演
了独特作用，也与其他法治实施、保障、监督机制存在密切联系。为此，
本书拟通过法律社会学的研究，批判借鉴西方法治模式下的司法审查和维
权、平权行动，探索适合中国社会的残障权利司法保护模式。

2018 年 12 月最高人民法院《关于增加民事案件案由的通知》第 1 条
规定，在《民事案件案由规定》第一部分"人格权纠纷"的第三级案由
"一般人格权纠纷"项下增加一类第四级案由"平等就业权纠纷"。该规
定为残障人平等就业相关权利提供了更强有力的司法保障，也为其诉诸司
法反对歧视、救济权利的案件范围确立了新的参照。[②]

法院可以通过有影响的个案救济来反对基于残障的歧视，促进道路
交通、考试教育等领域的无障碍建设。2019 年 7 月，截瘫之家创始人文
某为组织第十二届"感受阳光、享受快乐"脊髓损伤云南行活动，到大理

[①] 来自陈律师 2018 年 12 月 13 日与笔者的分享。

[②] 丁鹏、张万洪：《残疾人权利保障的新进展》，樊崇义、施汉生主编《中国法律援助制度发展报告
No.1（2019）》，社会科学文献出版社，2019。

考察无障碍设施情况。晚上返回途中，因为通行道路被违章停放的私家车阻塞，在绕行被告酒店地下停车场出入口处因高差跌落身亡。2020 年 9 月 28 日，云南省大理白族自治州中级人民法院对"文某案"作出二审判决：被告酒店在水平落差高达 2.25 米的通行路面未设置任何警示标志及安全防护措施，存在安全隐患，亦未提示非酒店工作人员或消费者不得通行，具有未尽到安全保障义务的过错，承担 55% 的责任；违章停车的车主承担 5% 的责任；原告方承担 40% 的责任。该案中，一二审法院均认可，在无障碍通行方面，设施管理者对工程安全隐患具有警示、防范和消除义务。二审法院还将案由确定为生命权纠纷，而不仅仅是违反安全保障义务责任纠纷，凸显出对法院对残障人生命健康权益的保护。不过，一二审法院认为，"受害人作为需依赖轮椅辅助出行的截瘫患者，其外出活动时应当负有较之常人更高的自我安全注意义务"。这部分说理受到一些批评（另见第四章第二节的分析），同时也反映出法院依照现行侵权责任法框架，在评判无障碍设施缺乏或存在隐患导致人身损害的法律责任时，难以直接在民事主体之间"激进"地分配责任。推进无障碍建设是一个系统工程，还需要本章第二节所述的由检察院推动无障碍公益诉讼的模式，以协调多个部门一起改善无障碍环境。

法院在行政诉讼中促进合理便利作为无障碍的重要补充，发挥着不可替代的作用。例如在肢体障碍者乔某申请中考合理便利、起诉教育局并胜诉的案例中，法院认为，评估程序的缺失，致使被告作出的复核意见以及第三人作出的审查决定在程序方面有明显瑕疵，在事实依据方面亦有不足，足以影响涉案决定的合法性。"至于延长考试时间、提供电子工具答题以及专人协助画图等便利请求是否超过《残疾人教育条例》以及《管理规定》所规定的合理便利范畴，在缺少对原告个人的综合评估意见的情况下，本院亦不宜径行实质审查、评判。"[①] 法院判定教育局

---

① 《脑瘫考生申请多项便利未获批起诉教育局，法院：应有更多关怀》，2019 年 2 月 28 日，澎湃新闻网，https://www.thepaper.cn/newsDetail_forward_3052582。

程序违法，其没有基于个案考虑对申请人进行综合评估。这个要求很接近《残疾人权利公约》关于合理便利的概念。此外，法院不对教育局的裁量做实质审查，将特定领域的专业审查和裁量留给行政部门，并不过度干预行政。

相比之下，美国联邦最高法院在职业高尔夫球协会诉凯西·马丁案①中的多数派意见值得反思。该案中，因血循环紊乱致右腿变形的职业高尔夫球员凯西·马丁起诉职业高尔夫球协会，主张该协会禁止他在一些联赛中使用高尔夫球车，违反了《美国残疾人法案》。一审法院颁布要求协会允许球员使用高尔夫球车的永久令，协会一路上诉到联邦最高法院。联邦最高法院多数意见认为，高尔夫球步行规则的目的在于，将体力消耗纳入击球技能的考量之中。一般情况下，在高尔夫球场上步行导致的体力消耗不应该被视作主要考量因素。即便使用高尔夫球车，马丁因应对其残障而产生的体能消耗也远大于那些身体健全的（able-bodied）竞争对手在球场上步行的体能消耗，允许马丁使用高尔夫球车并不会根本上改变球赛的性质。因此，应该为肢体障碍的球员平等参与竞技提供合理调整。依照《美国残疾人法案》，运营"公共场所"应当为残障人提供便利条件，使其得以和非残障人同样方便地使用各类设施。但是，斯卡利亚大法官强烈反对，他认为：由一群大法官来比较高尔夫球员坐电动车和走路消耗的体力，这是很荒唐的事情。该案根本就不应该由法院来做实质审查。

此外，就合理便利的广泛落实而言，"计算成本"还是很重要的。易言之，有必要把推行激进法律理念后的社会"成本"纳入考虑。司法判决要高尔夫球协会作出改变，好像没有承担什么不合理的成本，无非就是提供电动车。但长远来看，这个社会可能会承担更大的成本。会有更多的高

---

① PGA TOUR, INC., Petitioner, v. Casey MARTIN, 532 U.S. 661, 149 L.Ed.2d 904. 本案判决中文翻译和简要评述可见后萍译《职业高尔夫球协会巡回赛公司诉凯西·马丁》，张万洪主编《残障权利研究》（第4卷第1期），社会科学文献出版社，2018。

尔夫球协会和运动场通过别的更加隐蔽的手段去排除有残障的球员来报名参加比赛。因为他们觉得麻烦，也害怕这样一个允许球员"搞特殊"的比赛安排会降低游戏的趣味性和吸引力。在特定社会环境，一味追求让眼下这个残障选手平等参加比赛，他可能赢了官司，获得了合理便利，但是潜在的社会成本其实由所有的观众、更多未来的球员承担了。问题症结就在于高尔夫球协会以及社会大众还没有完全接受合理便利及其背后的残障平等融合理念。

如同其他社会，美国社会对残障人权利的平等保护也存在不同意见。通过法律途径处理这种分歧，常常比理解和传播胜诉案件中的多数方意见更为重要。仅仅重复政治上正确的原则，还不足以让平等保护的理念深入人心。只有真正体会反对派立场，才能更有效地在理论上指出残障群体主张"公平优先，兼顾效率"的正当价值，在策略上与平权社会运动、司法审查以及制度变迁的节奏相互契合，创造出残障人平权的"宪法时刻"①。本章第二节将结合社群赋能、公益诉讼策略进一步探索通过司法渠道审查残障歧视的影响及其可能边界。

两相比较和借鉴，中国法院探索确立的前述典型案例和积极经验，有助于通过司法保护深入落实无障碍相关法律制度和标准，并构成了公共法律教育的关键内容，在更广泛的社会层面形成关于无障碍与合理便利的先进认识。这些裁判案例可以明确和协调义务承担者渐进的无障碍建设义务和即刻的合理便利义务，在无障碍环境建设未达到国家标准或者未能满足个性化需求时，以合理便利作为有效补充。②新的地方立法如2021年《北京市无障碍环境建设条例》将"通用设计、合理便利"确定为无障碍环境建设的基本原则，不仅强化了平等保护和广泛受益理念，还强调对有需求者的个性化服务和实质保障。这些新的立法进展为各地法院通过司法

---

① 此处"宪法时刻"的含义可参见〔美〕布鲁斯·阿克曼《我们人民：转型》，田雷译，中国政法大学出版社，2014，第16~19页。

② 张万洪：《用法治推进无障碍环境建设》，《光明日报》2021年12月18日，第7版。

促进无障碍与合理便利提供了更多有力支撑。

综上，虽然在合理便利领域，《残疾人权利公约》似乎存在"犹豫"之处：是为了平等不惜代价，还是总得考虑"正义的成本"。但是，公约也明确告诉世人：首先，为了实质平等和自由，提供合理便利，不（只）是由金钱量化的成本收益分析的结果；其次，人们可以有策略地、坚持不懈地通过诉诸司法提升抗辩"合理负担"的门槛，包括要求计算人的潜能得以发挥的收益，找更多方面的资源，持续倡导，提升社群和全社会对残障人权利的认识。直面"分类"处理的效率追求，人们坚持在个案审查、反归类原则铺就的平等之路上，追求合理便利的不断落实。

第二节　中国促进残障人权利司法保护的良好实践

本章阐述残障人实现司法正义的制度创新，第一节主要分析了在法院和公共法律服务环节如何履行人权法上的积极义务，确保无障碍、程序便利与合理便利，促进残障人平等诉诸司法、救济权利。本节转向法院审判工作之外的其他环节，例如对司法领域工作人员的培训，以及法院之外的其他利益相关方，包括检察院和残障社群，阐述中国政府及社会各界促进残障人获得司法保护的良好实践。本节将从基于人权的法律赋能视角出发，提炼其中的理论意义。

一　社群赋能：在司法之中和之外提升各参与方的权利意识和技能

司法参与塑造了残障人的"法律世界"和"伦理世界"。获得司法保护、实现司法正义，不仅是一项法定权利，还是一种赋能培力（enabling and empowering）的过程。个体权利由此得到实现，基本权利从理论变为现实。[①]推进司法改革和人权司法保障是一个"整体性法律赋能"

[①]　"Access to Justice: An Overview of Challenges and Opportunities," EU Agency for Fundamental Rights, 2011.

（comprehensive legal empowerment）过程，涉及国家、政府与社会在司法公权与人权领域的权能交互与制度均衡。①法律赋能可谓非传统法律援助理念的进一步提升。赋能（empower）意味着作出选择、自由行动的能力增强。法律赋能即是指弱势群体实际运用权利和法律提升自己掌控生活的能力——包括残障人在内的各种处于不利地位的人，以自身为主导，通过正式和非正式的法律途径、个别或集体的行动，实现基于权利的发展，摆脱贫弱，更大程度地掌控自己的生活。②与此同时，如果法律本身有缺陷，那么就通过公益诉讼、社区联合倡导等形式，追求社会制度、结构层面的变革。这种针对社会结构之不公的法律援助，还可称为"结构性的法律援助"。

通过司法实现残障人的赋能，涉及政府、全球机构、社会组织、本地社区及家庭的共同努力。本节从社群视角及经验来探索这种赋能以提升司法体系可用性（usage）的可能性。在确保残障人平等诉诸司法、接近正义的过程中，培育社群的韧性（resilience，或称"抗逆力"），需要这种经由外部支持而实现自主掌控、享有实质自由的赋能策略（关于风险—脆弱、韧性的分析另可见本书第四章第一节）。正如联合国开发计划署在2014年的人类发展报告中所言：

> 抗逆力意味着让弱势群体和受到排斥群体能够认识到他们的权
> 利，公开表达出他们的担忧，得到他人的聆听，并在塑造自身命运
> 的过程中掌握主动。还意味着拥有选择自己喜欢的某种生活和掌控

---

① 廖奕：《转型中国司法改革顶层设计的均衡模型》，《法制与社会发展》2014年第4期。

② 张万洪、丁鹏：《当代中国宪政建设中的乡村调解与治理——一个法律人类学的分析》，《江苏社会科学》2012年第6期。这些关于法律赋能的观点得益于2014年6月在印度尼西亚一次研讨会上斯蒂芬·戈卢布（Stephen Golub）的发言。他将法律赋能概括为：弱势群体实际运用权利和法律提升自己掌控生活的能力（the capability of disadvantaged population to use rights and laws specifically to increase control over their lives）。对法律赋能的有关解释，另请参见联合国贫困人口法律赋能委员会《让法律为每一个人服务》，联合国官网，www.undp.org/legalempowerment/report/VolI_CN.pdf。

自己的事情的自由。[①]

在后小康时代，为了残障人共享社会富裕及各项文明成果，需要进一步研究赋能策略。残障人走向共同富裕，意味着不断消除其面临的贫困问题。贫困理论由最初的绝对收入贫困理论发展到相对收入理论，再发展到以阿马蒂亚·森为代表的能力贫困理论以及雷纳尔的社会排斥与权利贫困理论，贫困概念经历了由收入贫困到多维贫困发展的过程。进一步完善基于权利的发展路径，实施法律和社会多层面的赋能，构建社会支持网络，可以增加残障人作为社会成员的韧性，包括应对危机的抵抗力和复原力，以有效解决相对贫困、能力贫困和社会排斥，实现包容、可持续发展。[②]

探索残障人赋能策略，综合了社会机制研究中的主体认知、合作关系和行动事件维度。[③]在社会服务层面，残障人社会组织开展赋能，意味着提升残障人自身能力、促进残障人社会角色转变和协调残障群体的社会互动关系，这是激活残障人社会支持网络的内生动力。相应的，构建多元协同的社会福利制度供给、培育残障自助组织和推广助残志愿服务则构成了残障人社会支持网络的外部保障。[④]赋能策略还意味着，以构建社会成员的"韧性"为核心，完善社会组织参与治理层面的相关策略。以政党全面领导为特色的举国模式需要各级政府的积极动员，离不开普通民众的配合、基层社区的应对和社会组织的参与。构建有韧性的人权治理[⑤]共同

[①] 联合国开发计划署：《2014 年人类发展报告——促进人类持续进步：降低脆弱性，增强抗逆力》，第 5 页。

[②] 张万洪、丁鹏：《全面建成小康社会与残疾人权利的实现》，《残疾人研究》2020 年第 4 期。

[③] 李钧鹏：《社会机制：社会科学研究的新理路》，《中南大学学报》（社会科学版）2011 年第 6 期；李钧鹏：《何谓社会机制？》，《科学技术哲学研究》2012 年第 1 期。

[④] 张承蒙、周林刚、牛原：《内涵式增权与外生性赋能：社会资本视角下的残疾人社会支持网络构建》，《残疾人研究》2020 年第 1 期。

[⑤] 关于人权治理的相关讨论，参见侯健《试论人权治理》，《学术界》2020 年第 10 期；侯健《国家治理的人权思维和方式》，《法学》2017 年第 6 期；叶传星《论人权的国家治理功能》，《人权》2015 年第 3 期。

体，激发和培育脆弱人群的力量，残障人同样能为大国抗疫和经济社会复苏作出重要贡献。①社会治理模式进一步从单极管理走向多元共治。多元社会行动主体协调发挥作用，可以动员和吸纳更多社会慈善资源，补足残障人公共服务的短板，培育特定群体的抵抗力和复原力，最终在"个人能动性的实施中"②实现善治和所有人的全面可持续发展。

基于人权的赋能视角一以贯之，前述司法保护制度的实施，应当与残障人实现幸福生活的全生命周期、参与社会事务的全过程密切契合起来，亦即：在权利保障的起点，确立对残障人不同身心能力构成的平等认可；在权利保障的过程中，实现对残障人可行能力平等的积极支持；在权利保障的结果上，促进社会对残障人身心机能多样发挥状态的包容乃至欣赏。③残障人积极参与和促进无障碍环境建设，包括下文提到的发起影响力诉讼，有的是为了平等就业，有的是出于服务社会的公益心，这些努力都是确立自身主体性并实现自我赋能的过程。④

在司法实践中，中国法院对残障人的赋能也有一些积极探索。例如各地法院坚持司法便民、司法为民，确保残疾人通过平等参与司法，有效救济权利，实现权利保障与个人发展的良性循环。法院注意运用上门调解、就地服务等举措为残障当事人和家庭解决实际困难。⑤这是残障人通过司法兜底、平等实现各项权利保障的精义所在；其超出了一般的司法救济，进入法律赋能层面。经由司法保护及赋能，残障人法定的权利转化为实有的权利，尤其是提升了实现各项权利的可行能力，有助于残障人充分参与社会生活，实现个人的自由全面发展。这种由司法便民及无障碍升华为司法为民、司法赋能的模式，体现出中国式人权道路和社会主义司法体

① 朱健刚：《疫情催生韧性的社会治理共同体》，《探索与争鸣》2020年第4期。
② 〔美〕J.C.亚历山大：《新功能主义及其后》，彭牧、史建华、杨渝东译，译林出版社，2003，第266页。
③ 丁鹏：《依法促进对残疾人权利的平等保护》，《人民法院报》2021年11月18日，第5版。
④ 丁鹏：《青年有大爱 促行无障碍》，《光明日报》2022年2月22日，第12版。
⑤ 韩德洋：《依法保护残疾人的公民权利和人格尊严》，《人民法院报》2021年11月25日，第5版。

系的优越性。

本书在这个赋能框架下理解《残疾人权利公约》第 13 条第 2 款关于适当培训的规定："为了协助确保残疾人有效获得司法保护，缔约国应当促进对司法领域工作人员，包括警察和监狱工作人员进行适当的培训。"为确保残障人真正获得司法保护，平等享有社会正义，除了前述覆盖广泛的服务体系、不断完善的无障碍环境，同样关键的是服务提供者的平等态度和扎实技能。通过适当培训，既可以提高司法领域工作人员的残障平等意识、服务技能和支持水平，更能够倡导一种新的司法路径，其更加开放、包容，为不同能力者平等实现司法正义而赋能。

在这方面，公共法律服务机构的有益做法包括通过培训，确保由了解残障议题、善于沟通、维权经验丰富的律师承办残障人法律援助案件。[①] 司法行政部门和地方残联举办各种专门培训班。例如 2017 年，在司法部法律援助中心指导下，湖北省法律援助中心与武汉大学法学院合作开展残障法律援助实务技能培训示范班。2018 年，该培训模式被成功复制到湖北省十堰市。培训根据当地律师开展残障法律援助业务的实际需求，全面运用参与式方法，通过小组讨论、角色扮演、参与式游戏、体验分享等方法，既提升了学员的残障平等意识，又强化了其接待残障当事人、解决相关法律问题的技能。[②] 有的法律援助机构在参加相关业务培训后认识到，结合 2017 年修订后的《残疾人教育条例》新增的"残疾人教育专家委员会"职能，这些禁止对残障儿童实施教育歧视的规定，可能为相关行政诉讼和公益诉讼打开了新的渠道。因此法援部门与地方残联和教育行政部门多次沟通，协商建立专家评估委员会，以落实《残疾人教育条例》第 20 条对残疾儿童受教育权的保障。[③] 司法行政部门探索确立

① 浙江省司法厅、浙江省残疾人联合会：《关于开展"法律援助阳光助残"专项活动的通知》，浙江省司法厅网站，http://www.zjsft.gov.cn/art/2015/6/8/art_9_41946.html。
② 《湖北省残障法律援助实务培训示范推广班在丹江口举行》，湖北省司法厅网站，http://www.hbsf.gov.cn/wzlm/tjgcs/sflhczx/fhxx/65718.htm。
③ 来自笔者 2018 年 11 月对湖北省某市法援律师的访谈。

和推广这一培训模式的良好经验，被写入了中国政府向联合国残疾人权利委员会提交的履约报告。①此外，2023年12月司法部、中国残疾人联合会《关于进一步加强残疾人法律服务工作的意见》要求"定期组织开展交流培训，各级残联及时安排专业人员为法律服务工作者讲解残疾人相关知识，提升残疾人法律服务能力和专业化水平"，扣住了残障平等意识与服务技能这一关键，促进了相关培训与赋能策略的进一步落实。

应该强调的是，参与式培训作为一种创新的人权教育模式，可以有效提升参与者的残障平等意识。其对组织方式的要求非常高，要考虑到每个参与者的需求回应、经验分享和平等融入，协作者（facilitator）也需要很大的情感与心力投入。参与式培训可以带来参与者（尤其是成年人）观念与生活方式的整体改变。②经由参与式工作，可以避免自上而下宣讲的局限，将平等参与、同伴赋能、社群联结的理念落在实处。

中国政府还对法官、警察开展了关于尊重残障人权利的培训。例如最高人民法院举办了针对地方法院刑事法官的人权培训班，公安部要求各级公安机关学习包括《残疾人保障法》在内的相关法律法规内容，监狱警察培训内容也包含对残障人的权利保护。③中国政府就国内残障人司法保护的相关良好实践向联合国人权高专办提交的经验总结指出：一些法律工作者得到手语方面的培训，而手语翻译人员得到法律方面的培训，④以促进其在司法程序中合力为聋人提供更有效的服务。

---

① 中国政府2018年向联合国残疾人权利委员会提交的《〈残疾人权利公约〉的实施情况：缔约国第二次和第三次合并定期报告》第46段："2017年，在司法部法律援助中心指导下，湖北省法律援助中心与武汉大学法学院合作开展残障法律援助实务技能培训示范班，并在全省以及全国推广该培训模式。"

② 方洪鑫：《边城瑞丽公益组织的国际理念与草根精神：一个道德人类学的探索》，《社会》2019年第3期。另可见笔者关于参与式法律援助培训模式包括相关协作技巧的经验总结，参见张万洪主编《刑事法律援助值班律师培训手册》，法律出版社，2019，第43~75页。

③ 中国政府2018年向联合国残疾人权利委员会提交的《〈残疾人权利公约〉的实施情况：缔约国第二次和第三次合并定期报告》，第46段。

④ 中国的经验总结可见联合国人权高专办网站，https://www.ohchr.org/EN/Issues/Disability/SRDisabilities/Pages/GoodPracticesEffectiveAccessJusticePersonsDisabilities.aspx。

此外，2018 年深圳精神障碍者协会获得独立注册，在年度工作计划中拟向地方政府提议制定专门培训方案，对公检法部门进行精神障碍者平等法律能力、权利保障方面的培训。中国人民公安大学编写的警察培训系列教材中，也有《精神卫生法》方面的实务专家参与。[①]这些都是在具体身心障碍议题下，中国政府与民间社会合力促进法律服务提供者及司法人员残障平等培训的良好经验。

本节讨论的与获得司法保护相关的参与式培训，经由司法本身的公共教育功能，还有助于提升更广泛的社会认识，与《残疾人权利公约》第 8 条的规定联系起来。例如普通公众与智障者接触渠道较少，其交流模式也局限于既定的没有充分支持的制度框架，由此倾向于低估智障者的能力，并在接触过程中产生焦虑、厌恶等不适感。这种歧视倾向也表现在智障者的服务人群中。[②]对服务提供者（专业人群）包括律师、手语翻译、司法社工的参与式残障权利培训，直接处理这种公众或服务提供者与残障人之间"不了解—不接触／交流"的封闭圈子，代之以从参与（participate）、交流到深度互动（engage）的过程。

这种参与式的人权培训模式，启发了更多样的社群（区）法律赋能策略。例如十堰市法律援助中心制作和传播手语版法律援助宣传视频；[③]武汉东湖公益服务中心举办听聋共融社区普法剧场，[④]该中心还制作了《聋人平等获得司法保护工具包》，并由人民网"美丽中国——中国政务信息无障碍公益行动"项目全文转载发布；[⑤]北京百行宜众助残法律服务与

---

① 比如深圳衡平机构的创始人黄雪涛律师。这方面资料来自 2018 年 12 月 11—12 日黄律师在武汉市 2018 年残障政策研讨会上的分享。

② 马婷、徐钟庚、张锋：《健全人群对智障人群的态度研究：现状与展望》，《应用心理学》2012 年第 3 期。

③ 2019 年 5 月，十堰市法律援助中心还向市聋协赠送了手语版法律援助宣传光碟。相关报道可见《十堰市举办第二十九次全国助残日主题活动》，十堰市残疾人联合会网站，http://cl.shiyan.gov.cn/xxgk/ldjj/201905/t20190522_1734428.shtml

④ 参见《武汉东湖社会发展研究院第 33 期简报》，武汉大学公益与发展法律研究中心网站，http://www.pidli.org/xwysj/2017-11-04/198.html。

⑤ 发布于人民网，http://wza.people.com.cn/gyxd/zhuanjiaguandian/2019/0906/289.html。

研究中心制作发布"小百无障碍（手语）普法视频"系列；[①] 中国第一位手语律师唐帅及其团队制作了一系列手语普法宣传片及短视频；[②] 等等。

这些参与式培训及公共法律教育活动，通过生动方法提升了参与者对人性能力多样性、脆弱性以及韧性的深刻认知，激发人之为人的同理心，建立生命之间的联结，并激发了一种赋能意愿（will to empower）和行动力。在基于人权的法律赋能语境中，朋友可谓是最大的外在善。朋辈支持，可以来自私交好友、社群同伴、自组织伙伴（fellowship）以及社工服务机构。这些支持对于残障人在司法中实现赋能，特别是在女性反家暴（以及其他基于残障或性别的暴力）、精神障碍者争取人身自由、心智障碍者争取自立生活的案件中，意义重大。

二　权力制衡：通过公益诉讼促进公共参与和正当优先

赋能主要意味着在司法以及法律教育活动中提升残障社群的权能，亦即知晓并自主行使权利的能力，以及个体向公共部门主张人权的影响力。这是一种通过个体权利制约公共权力的路径。但是，个体主张之间，个体主张与公共部门的意志之间，都有可能面临"善"之冲突。对此，需要各利益相关方在诉诸司法的过程中，论证何为正当（权利）公益，进而应予优先支持，例如向司法机关论证公共部门对文物保护单位的无障碍改造义务及其与"文物保护"原则的相容程度。在中国语境下，司法改革以及人权司法保障的宗旨，在于国家司法权的分工制衡方式应当满足特定群体平等实现诉权的基本要求。[③] 经由公益诉讼，促进社会平等与融合，进而促进国家的长治久安、社会总体及个体的繁荣兴盛，这是"正当"优先的另一种体现。

[①] 百行宜众的前身为北京残障事务律师志愿团，后于 2016 年注册为民办非企业单位，相关手语普法视频可见微信公众号"百行宜众"。

[②] 相关报道可见《直播间里，这位手语律师上演"无声之辩"》，华龙网，http://cq.cqnews.net/html/2021-12/03/content_51811193.html。

[③] 蒋银华：《司法改革的人权之维——以"诉讼爆炸"为视角的分析》，《法学评论》2015 年第 6 期。

另外，检视日常生活中公民基本权利的司法保障，会发现司法（特别是法院）在面对刚性的社会政治任务、强势的行政权力机关和其他国家权力部门时所表现出的缺位、疲软、退缩甚至是异化和不被信任。[1]在此情形下，公益诉讼可以凝聚民心、提振民气，以人民参与司法的"正确性""正当性"来制约自上而下行政任务的束缚，经由影响力诉讼，推动人权司法保障。促进残障权利的公益诉讼，在中国还具有公共参与的功能。此外，公益诉讼呼应人性能力中的公共理性、道德能力，与构建多群认同也有密切关系。本书第七章将回到这一点进行阐述。

（一）残障社群发起影响力诉讼和参与司法的探索

因个案而起，有一些残障人，愿意为了残障社群以及整个社会的公共利益做一名勇敢的公益诉讼"原告"，而促进广泛的观念提升、制度落实与完善。残障人平等实现司法正义，由此超越个案诉求，推动不平等社会结构、落后文化观念的变革。例如2009年有肢体障碍者因为缺乏无障碍设施诉银行及规划局[2]，同年有肢体障碍者因为火车未设置"残障人专座"起诉铁道部[3]，2010~2011年，视力障碍者因为外地户籍被拒绝给予乘车优惠而诉公交、地铁公司[4]，以及2018年前后，视力障碍者诉银行拒绝办理信用卡、借记卡[5]。

在这些残障人积极参与的公益诉讼中，一方面，传统的"律师—当事人"伦理可能因为双方的同舟共济而取得突破。特别是找到坚定的原告，为了重大社会公益，不顾对手妥协后许诺的高额赔偿，抑或是恼羞成怒后的胁迫，坚持告到底。不论立案与否，胜或者败，公益诉讼这样为正

---

① 刘红臻：《司法如何堪当人权保障的重任》，《法制与社会发展》2014年第6期。

② 李东阳：《残疾人起诉：银行门口咋没专用道？》，《华西都市报》2009年7月29日，第18版。

③ 《残疾人致信铁道部盼无障碍出行》，法制网，http://www.legaldaily.com.cn/society/content/2011-08/11/content_2857115.htm?node=28808。

④ 《深圳地铁禁止外地残疾人免费乘坐被起诉》，央视网，http://news.cntv.cn/map/20101014/102884.shtml。

⑤ 《屡遇"隐形门"视障人士享受便捷金融服务有多远？》，新华网，http://www.xinhuanet.com/politics/2018-12/03/c_1123801989.htm。

义而起的积极行动，总是有助于开风气之先、启效法于后，克服重重障碍，突破制度窠臼，令人皆有平等尊严，使司法正义来到人间。

另一方面，法律人也需要超越传统个案援助的角色，进入"非传统法律援助"（alternative legal aid）领域。在当前法治体系还不健全的情况下，法律人跟残障人一起实现平等的司法正义，这一路径尤为关键。非传统法律援助首先意味着对当事人掌控自己生活能力的关注，而不只是就事论事，局限于案件本身的法律问题。[①]要为贫弱当事人摆脱权利困境找到出路，必须依靠他们自己（个人或社群组织起来）去申说和争取自己的基本权利。这是真正的为权利而斗争。非传统法律援助律师跟当事人一起工作（lawyering with），而不只是单向度地提供服务（lawyering for）。他们力图让当事人在行动过程中认识自己所面临问题的社会根源、获取法律知识并拥有运用法律的信心和资源（或真正实现"理直气壮"）。[②]律师与当事人的双向互动也意味着，律师从残障社群那里了解残障资历（disability expertise）并一起探析构成残障当事人之风险—脆弱的交织根源。就此而言，法律援助作为实现基本权利的动态过程，同时也是法律赋能的重要渠道。

此外，应该注意到社区残障人组织（DPO）以及"助残社会组织"[③]在促进残障人实现司法正义过程中的重要功能，这一点也十分契合国际社会倡导的残障人获得社区支持、实现自主发展的最新理念。残障人组织扎根社区，参与法律援助与赋能工作，其策略和影响力在于：（1）了解社区内残障人的法律需求，特别是运用参与式社区需求评估方法，让残障

---

① Carlos P. Medina, Jr.：《通过非传统法律服务帮助穷人》，杨睿等主编《菲律宾的公益法实践》，法律出版社，2010。

② 张万洪：《菲律宾公益诉讼考察报告》，肖永平主编《珞珈法学论坛》（第10卷），武汉大学出版社，2011。

③ 助残社会组织，是指在民政部门依法登记，以为残障人提供服务、增进残障人福利、促进残障人平等参与社会生活和共享社会发展成果为宗旨，以开展残障人所需的各项服务为主要业务的社会团体、民办非企业单位和基金会。参见《中国残疾人联合会 民政部关于促进助残社会组织发展的指导意见》，民政部网站，http://www.mca.gov.cn/article/zwgk/fvfg/mjzzgl/201411/20141100732650.shtml。

人的声音（主张）被更多人听到，影响本地的"决策者"和服务提供者；（2）开展社区人权教育活动，提升残障人及其他利益相关方的权利意识；（3）传播无障碍形式的法律援助信息，鼓励更多残障人主张其获得政府提供的免费法律服务的权利，积极运用法律开展维权行动；（4）当"法律不足够"的时候，协调动员社区资源，采取非传统法律援助的策略，如集体协商、信息公开、公益诉讼等，弥补正式法律体系乃至社会结构中的缺陷，以及协助残障当事人重建自立生活、在"结案"之后融入社区。

下文通过两个具体案例，来介绍残障社群推动影响力诉讼的最新探索经验。[①] 其中，视力障碍者诉银行办理信用卡的基本案情经过 [②] 如下：

> 2016 年，二十岁的视力障碍者（视力障碍一级）李先生到南京从事推拿按摩工作。几年下来李先生通过努力工作积累了一些财富，对消费要求也变高了，于是想办一张信用卡。事实上，在 2018 年这次办信用卡引发的诉讼之前，李先生已经成功办过一张信用卡。李先生说："一开始是看店里客人用信用卡结账觉得特别方便，于是我自己也萌生了办一张信用卡的念头。我的第一张信用卡是中信银行的。当时去办信用卡，银行工作人员耐心指导我如何操作，替我书写，并且通过录像等手段帮我完成了手续。"这次成功的办卡经历让李先生感到很舒心。
>
> 然而李先生第一张信用卡额度较低，只有 2000 元，很快就无法满足李先生的需求。在朋友说"额度高、服务好"的推荐下，李先生决定申请办理某银行信用卡。这次办卡却遇到了阻碍。李先生说：

[①] 在这些残障人发起的影响力诉讼中，常常有社群自倡导者、残障人组织以及其他民间机构的大力支持。限于篇幅，本书对此不作展开分析。笔者对此案例的评述，另收录于李锦顺等编著《残疾人服务概论》，东方出版中心，2022，第 377 页。

[②] 相关新闻报道可见《国内首例！盲人激活信用卡遭拒　状告银行胜诉》，搜狐网，https://www.sohu.com/a/362200483_362042。

"2018 年 8 月 20 日,我通过电话申请了信用卡,随后在网上操作都很顺利。直到 9 月 18 日,我去银行办理激活,银行工作人员发现我是视力障碍,先是以不能手写签名为由推诿。我坚持要办卡,银行工作人员三番五次以给领导打电话为由离开座位,几个回合下来,银行让我回去等结果。"从银行出来,李先生心里不免有些失落,因为他知道,办成信用卡希望不大了。果然,第二天,李先生发现他的该银行信用卡已经被冻结,银行也没有告诉他任何理由。

李先生对这样的结果并不服气,通过法律咨询,他得知该银行的做法已经构成侵权。为了讨回公道,他决定利用法律途径。2018 年 10 月 8 日,李先生在律师帮助下向南京市玄武区人民法院对该银行提起诉讼。一审败诉后,李先生提起上诉,南京市中级人民法院于 2019 年 11 月 15 日作出二审判决。法院认为:"视力残障人士无法阅读、签名系受其身体残疾所致,系身体不能为,而非意思不作为。"判决要求银行在 10 个工作日内协助李先生激活信用卡,该判决为终审判决。12 月 3 日,在银行工作人员的协助以及视频佐证下,李先生顺利激活了信用卡。

该案在一审中以人格权侵权立案,对于"保障残疾人平等权益、促进残疾人融合发展"[1]具有积极意义。该案给类似视力障碍者申办银行卡的案例开辟了一个新思路,亦即法院认定,视力障碍不影响意思表示,办卡合同已经成立,开卡只是附随义务,银行依照诚信义务必须办理。考虑到近年来国内有很多歧视视力障碍者,认为其没有行为能力从而拒绝提供服务的案例,这一裁判说理的积极意义在于,通过司法再次确认了视力障碍者依法享有的平等行为能力。

但是,这一思路的局限在于:仍然以残障人个体的行为能力(意思

---

[1]《习近平向 2013—2022 年亚太残疾人十年中期审查高级别政府间会议致贺信》,《人民日报》2017 年 12 月 1 日,第 1 版。

表示能力）为前提，没有考虑到支持决策的作用，也就可能忽视了心智障碍者的平等权利。此外，目前国内司法实践一般要求人格权侵权中的主观恶意要件。银行工作人员如果坚持自己只是照章办事，没有歧视故意，就能回避这种侵权的认定。这是残障人通过人格权侵权来状告银行的歧视行为可能碰到的抗辩理由。

例如，在 2018 年 4 月成都的视力障碍者李 ×× 申办借记卡案例中，银行仍以用卡安全为由拒绝办卡，并辩称没有歧视的故意。在二审中，被告银行放弃原先的"用卡安全"立场，试图和解并提供上门开卡服务。但最后法院还是以银行没有歧视故意为由，不予认定银行拒绝服务构成人格权侵权。该案同样经历了一审、二审，可惜视力障碍者均败诉了。据悉，涉案银行事后接到法院的司法建议，并积极整改，包括修订视力障碍者办卡流程、配发盲文设备等，以切实为视力障碍者提供无障碍的服务。该案基本案情和法律主张 [1] 如下：

> 在二审中，上诉人（一审原告）主张，李 ×× 在某银行办卡过程中，银行未查看李 ×× 的身份证就拒绝办卡，后在电话道歉时明确称是因为李 ×× 看不见所以不办卡。银行在拒绝办卡过程中存在隐性歧视，伤害了李 ×× 作为有完全民事行为能力的劳动者将收入存入银行的权利，漠视其人格尊严，对其造成了精神损害。依据《最高人民法院关于适用〈中华人民共和国侵权责任法〉若干问题的解释》第 9 条的规定 [2]，行为人的行为违反保护他人的法律，构成侵权责任法上的过错。《残疾人保障法》第 3 条、第 67 条规定，残疾人的公民权利和人格尊严受法律保护，侵害残疾人合法权益造成财产损失或者其他损害的，依法应承担民事责任。《残疾人保障法》中

---

① 该案一审相关报道可见《屡遇"隐形门" 视障人士享受便捷金融服务有多远？》，新华网，http://www.xinhuanet.com/politics/2018-12/03/c_1123801989.htm；二审上诉状、判决书（2019 川 01 民终 794 号）及相关审理经过由当事人在判决后的访谈中向笔者提供。

② 这里上诉人援引的司法解释似有错误。

"禁止基于残疾的歧视"参照了联合国《残疾人权利公约》第2条规定。"基于残疾的歧视"是指基于残疾而作出的任何区别、排斥和限制，包括一切形式的歧视，以及拒绝提供合理便利。依据《消费者权益保护法》第14条、第27条、第50条的规定，消费者接受服务时，享有人格尊严得到尊重的权利。银行工作人员拒绝向李××提供金融服务，理由是李××因视力障碍而是天然的电信诈骗受害者，违反了《残疾人保障法》《消费者权益保护法》的强制性法律规范，构成基于残疾的歧视，属于法律意义上的过错，应当承担侵权民事责任。银行抹杀李××的独立民事行为能力，给李××造成了精神上的持续痛苦，银行的所谓主观善意不能成为歧视残障消费者人格尊严的理由；一审判决既认定银行存在侵犯残疾人合法权益的行为，又驳回李××要求银行承担民事侵权责任的全部诉讼请求错误。

被上诉人该银行答辩称，该银行是执行中国人民银行关于银行卡风险防范的相关规定，主观上没有歧视李××的恶意，客观上是以保障用卡安全为前提，采取更好方式为出发点，并非拒绝为李××办卡；一审判决认定事实清楚，适用法律正确，请求二审法院予以维持。

二审审理中，该银行提出愿意上门为李××提供开卡服务，二审法院再次征询李××的意见，是否接受银行上门服务或者自行到银行办理开卡业务。李××表示不接受银行上门服务，也不愿意自行到银行办理开卡业务，请求法院依法判决。

2019年4月3日，二审法院判决认为：李××在本案中提交的证据尚不能证明银行及其工作人员主观上存在歧视残疾人的过错。李××在银行未能办理开卡业务的原因是银行未能考虑到残疾人客户的特殊情况和实际需求，未为残疾人客户提供更加细致和人性化的服务，而非基于银行存在侵权民事法律意义上的过错，并实施了侵权行为导致。……综上，李××不能提供证据证明银行在其办理银行卡业务的过程中存在过错，李××关于损害后果的事实主张亦明显不能成立，故对其关于银行应当承担相应侵权责任的上诉请求，本院不予支持。

在这两个典型案例中，法院都没有参照《残疾人保障法》以及《无障碍环境建设条例》等法律法规，认定银行构成基于残障的歧视，从而没有在最强有力的层面保护残障人平等获得金融服务的权利。

依照《残疾人权利公约》，银行拒绝为视力障碍者提供服务有可能构成两种基于残障的歧视。第一，间接歧视。中国银行业监督管理委员会发布的《商业信用卡业务监督管理办法》第 37 条第 3 款要求所有客户抄录并签名"本人已阅读全部申请材料，充分了解并清楚知晓该信用卡产品的相关信息，愿意遵守领用合同（协议）的各项规则"。这个"抄录"条款看起来平等适用于所有人，实际上不公平地排除了视力障碍者和其他无法阅读、书写的人群，构成间接歧视，也违反了《无障碍环境建设条例》第 24 条关于公共服务机构信息无障碍的规定。

第二，拒绝提供合理便利的歧视。南京李先生案的判决书已经指出，被告银行应该采取其他措施向原告履行明确说明义务，而非简单拒绝，不考虑其视力残障的特殊情况。这个认定非常接近国际通行的"合理便利"要求，亦即为了有效提供服务，实现残障人的平等权利，银行应该考虑到残障客户的个性化需求，提供必要的恰当的协助或调整。其例外仅仅在于这一调整措施带来了巨大成本或不合理的负担。在前面两个案例中，银行采取口头告知加录音录像的替代方式，显然不构成不合理的负担。银行拒绝提供替代办法作为合理便利，就构成基于残障的歧视。

此外，在成都李××案中，上诉人尝试论证一种比较前沿的人格权侵权构成思路：依据《残疾人权利公约》和《残疾人保障法》第 3 条的歧视解释，拒绝提供合理便利构成歧视；① 银行的行为属于拒绝提供合理便利，具有违法性；由此推定其属于《侵权责任法》第 6 条上的"过错"，而无须再将银行工作人员的主观故意作为归责要素。不过法院似乎采取了对这一条的主流解释，"过错推定责任原则在适用上要严格根据法律规定"，限于《侵权责任法》明确列举的教育、医疗机构侵权，动物园侵权，建筑物脱落等情形。②

应该注意到，中国《残疾人教育条例》已经确立了考试中的合理便利，即将修订的《残疾人就业条例》很可能会确立就业中的合理便利规则，各地的无障碍环境建设管理条例或办法也陆续确立了银行这类公共服务机构提供合理便利的义务。可以预期，以拒绝提供合理便利为对象的反歧视诉讼会越来越多、越来越有影响，将成为推动残障人平等权利的重要发力点。

在诉讼策略上，这两个案例还揭示出：受到歧视的残障当事人在起诉时，可以同时提出侵害人格权之诉与违反合同义务之诉，这样二审法院有可能择一支持，增加胜诉可能性。此外，与下一小节中的检察建议类似，公益诉讼中的司法建议也很重要，③ 比如肢体障碍者诉航空公司、视力障碍者诉银行办理工资卡等案最后也是通过司法建议解决。

在建设融合社会的过程中，视力障碍者面临各种外部设施和服务中的障碍，比如银行服务网点没有增设"导盲犬"标识、盲文版业务指南、助盲卡等辅助设施，不给盲人开通网银服务，ATM 机没有语音导航导致大部分盲人不敢轻易操作，且有些障碍还是应用新技术未考虑通用无障碍设计而导致的鸿沟，比如银行柜台上的密码输入器由原来的按键升级成触摸屏导致盲人无法输入密码，登录手机银行时难以输入图片验证码等。对

---

① 另可参见本章第一节讨论合理便利的法律规定时，引用的全国人大常委会法制工作委员会的解释，参见信春鹰主编《中华人民共和国残疾人保障法释义》，法律出版社，2008，第 15 页。

② 例如可见史文静、申玮《浅析我国侵权责任法的归责原则》，中国法院网，https://www.chinacourt.org/article/detail/2012/11/id/789683.shtml。

③ 赵树坤：《通过司法助益社会整合》，《中国社会科学报》2014 年 9 月 10 日，第 7 版。

于这些影响残障人平等参与社会生活的权利议题，社会应当鼓励并期待这类视力障碍者诉银行构成歧视的典型维权案例，其对于银行服务业、社会公众以及司法专业人员都有重要教育意义，可以提升人们对残障平等、合理便利的认识。逐案努力（case by case），每次进步一点，终究能够确保残障人的所有基本权利都平等获得司法保护，所有残障人都得以实现融合发展，共享社会文明成果。

（二）检察机关推进无障碍公益诉讼的新发展

检察机关提起公益诉讼是中国人权司法保障制度的特色之一。通过公益诉讼促进对残障人权利的司法保护，已经成为第四期《国家人权行动计划（2021—2025年）》的重要内容。该期行动计划在"获得公正审判的权利"部分明确要完善公益诉讼法律制度，促进人权保障，还在"特定群体权益保障"部分，直接提到了借助修订《妇女权益保障法》契机，由检察机关积极探索开展妇女权利领域公益诉讼。同时考虑到，第三期《国家人权行动计划（2016—2020年）》明确提到对残障人的法律援助和司法救助，第四期行动计划则是在妇女、老年人、儿童领域明确提到了司法保护。已经建立的残障人司法保护制度继续发展，与对其他群体的司法保护一起，形成一个新的完善体系。2022年3月，最高人民法院、最高人民检察院、公安部、司法部、中国残疾人联合会共同发布《关于深入学习贯彻习近平法治思想 切实加强残疾人司法保护的意见》，将持续深入推进无障碍环境建设等公益诉讼作为重要工作内容。

在此背景下，最高人民检察院在全国推动无障碍公益诉讼，构成了无障碍与残障人权利司法保护的另一个重要支柱。截至2021年4月，全国已有25个省级人大常委会出台关于加强检察公益诉讼工作的专项决定，其中有7个省份对探索开展残障人、老年人等特殊群体权益保护公益诉讼工作予以明确。2019年至2021年3月，全国检察机关共立案办理无障碍环境建设公益诉讼案件803件，其中行政公益诉讼案件801件，民事公益诉讼案件 2 件；发出诉前检察建议 643 件，诉前磋商结案 29 件。①
这些工作在地方上取得了扎实成效，例如 2020 年 7 月至 2021 年 6 月，
浙江全省检察机关共办理无障碍环境建设公益诉讼案件 319 件，制发检
察建议 285 件，②有力地推动了高铁站、客运码头、廊道、电梯、停车位、
图书馆等重点场所和区域的无障碍环境建设。再比如 2021 年，北京市检
察机关在无障碍环境建设检察公益诉讼专项监督活动中共排查无障碍设施
点位 2000 余处，立案办理案件 65 件，发出检察建议 53 件，督促相关部
门改造、完善无障碍设施 400 余处，保障特殊群体权益成效显著。③通过
基层探索和试点推广的方式，浙江、广东、北京、江苏、福建等地检察机
关持续推进无障碍环境建设工作转化为实际效能。④

此外，2021 年 5 月 14 日，最高人民检察院会同中国残疾人联合会举
办"有爱无碍，检察公益诉讼助推无障碍环境建设"新闻发布会，发布了
无障碍环境建设检察公益诉讼典型案例。这批案例主要涉及《无障碍环境
建设条例》规定的信息交流、交通运输、文化旅游、商业金融、养老服务
等领域。其中一起交通无障碍案例，在当地职能部门和全国残障社群中都
产生了深远影响：2021 年 1 月，残障公益人士陈 × × 乘坐电动轮椅车经
过深圳市宝安区某路口时，因人行道无障碍设施破损而从轮椅摔落，经抢
救无效死亡。后调查发现，宝安区存在多处无障碍设施破损和不符合建设
标准的问题，给残障人士造成生活不便及安全隐患，严重损害社会公共利
益。宝安区人民检察院对事发地快速勘查和调研后，决定立案调查，督促
行政机关立即整改。为彻底消除隐患，该院在全区部署开展专项监督行动，
向 14 家相关职能部门制发诉前检察建议，督促各职能部门依法对辖区内的

① 《最高检举行"有爱无碍，检察公益诉讼助推无障碍环境建设"新闻发布会》，2021 年 5 月 14
日，最高人民检察院网站，https://www.spp.gov.cn/spp/yzwaxwfbh/xwfbh.shtml。
② 《全省公益诉讼检察工作情况报告白皮书发布》，《浙江法制报》2021 年 8 月 19 日，第 2 版。
③ 《检察公益诉讼助力"有爱无碍"，公开听证现场体验整改实效》，2021 年 12 月 21 日，最高人民
检察院网站，https://www.spp.gov.cn/spp/zdgz/202112/t20211221_539277.shtml。
④ 吕世明：《以检察公益诉讼推进无障碍环境建设》，《人民论坛》2021 年第 13 期。

无障碍设施进行排查、整改。2月25日，深圳市人民检察院在全市范围内开展"无障碍出行设施专项检察监督"，重点关注无障碍出行设施的规划、建设、管理是否符合国家安全标准，是否影响残障人士安全通行等问题。①

2022年5月，最高人民检察院再次发布10个"残疾人权益保障检察公益诉讼典型案例"，涉及就业招录、按摩挂靠、驾照体检、入学、康复、个人信息、交通无障碍、急救服务无障碍等领域的残障平等保护。②这些新领域的公益诉讼，为残障权利的司法保护提供了有力支撑。

地方残联与检察院在无障碍公益诉讼领域的合作也取得了新进展。例如浙江发布2021年公益诉讼检察工作情况报告白皮书，称检察机关与残联等群团组织的公益协作是一大亮点。地方残联与检察机关以2022年杭州举办亚残运会为契机，在线索移送、办案协作、宣传联动等方面加强协作，共同推进无障碍环境建设。③此外，辽宁省检察院与省残联在2021年11月联合印发《关于在残疾人权益保障公益诉讼中加强协作配合的意见》，指出双方要在无障碍环境等新领域加强联动，包括商请残联组织出具专家意见，对办案工作予以协助。④

小　结

本章阐释了《残疾人权利公约》创新设定的国家积极义务，并着重分析在获得司法保护领域，这些积极义务应当指向：消除司法全过程的外部障碍，提供程序支持，提高残障当事人知法用法、在与其他人平等的基础上诉诸司法的可行能力。

---

① 《最高检发布无障碍环境建设公益诉讼典型案例》，2021年5月14日，最高人民检察院网站，https://www.spp.gov.cn/spp/xwfbh/wsfbh/202105/t20210514_518136.shtml。

② 《残疾人权益保障检察公益诉讼典型案例》，2022年5月13日，最高人民检察院网站，https://www.spp.gov.cn/spp/xwfbh/wsfbt/202205/t20220513_556792.shtml#2。

③ 《全省公益诉讼检察工作情况报告白皮书发布》，《浙江法制报》2021年8月19日，第2版。

④ 辽宁残联：《关于印发〈关于在残疾人权益保障公益诉讼中加强协作配合的意见〉的通知》，2021年12月26日，"无障碍智库"微信公众号，https://mp.weixin.qq.com/s/xve64oQtD0SfkLWYgQ1K7Q。

本章首先分析了《公约》规定的司法各环节的无障碍、程序便利与合理便利的内涵。合理便利的积极义务贯穿于《公约》诸多条款，令《公约》成为国际人权法中的道义制高点，其将残障人真正当作"不同能力者"，是"反归类原则"的激进应用，将回应个性需求的区别对待推到了极致。中国政府要求不断完善司法为民服务体系，切实将无障碍服务贯穿诉讼全流程，在此领域积累了丰富经验。本章第一节还比较了不同法域中通过司法审查无障碍与合理便利、保护残障人权利的策略和效果，以揭示人权的司法保护机制本身的一些前提条件、可能路径和功能限度。

本章第二节关注法院审判工作之外的其他环节，结合《残疾人权利公约》第13条第2款，指出加强司法领域工作人员的人权培训，特别是运用参与式培训方法，对于提升司法工作人员的残障平等意识和服务技能成效显著。中国残障社群近年来发起的影响力诉讼，在赋能司法参与者（包括律师）、提高社会认识、推动残障政策完善方面都发挥了积极作用。在公益诉讼领域，中国司法部门，包括法院、检察院、司法行政部门以及中国残联维权部门共同探索确立了一些典型案例和良好经验。

行文至此，读者或许会发现，第三章概述的残障人实现司法正义的要素，在主题上可以涵盖第四、五章的内容，以致这三章中重复分析了一些法条、案例。但是，将第四、五章并入第三章，首先体量就过于庞大了。其次，这里也有一种"建筑术"的考虑。第四章第一节从经验数据、案例中暂时脱开，引入省视人性的风险—脆弱理论，是为了揭示残障人获得司法保护的深层挑战——如何克服司法正统中夹杂的能力主义，进而超越形式主义法治与程序正义的想象。以此分界，前后的层次很不一样。例如第三章第二节讨论司法如何保障精神障碍者的人身自由，虽然引用了福柯等人对现代体制规训"疯癫"的批评，但落脚到司法实践，还是在比较正统的（自启蒙时代以来）保护人身自由、审查羁押合法性的范围内。第四章第二节则从"支持自主""社会融合"的角度解构现行法律中认定"辨认和控制自己行为"的能力标准。类似的，关于司法中的无障碍、程序便利、合理便利，第三章偏向于描述法律人比较熟悉的经验，如何让残障人知法用法，其中无障碍与司法便民、认可权利与提供保护的话语并存；第四章明确主张无障碍属于残障人获得支持的权利（right to support），司法不应当让残障人在缺乏无障碍的环境中承担过高注意义务，也不应当在无障碍支持之外过度保护残障人；第五章则从残障运动、人权法的发展脉络，解析为何无障碍与合理便利构成了残障人获得司法保护的关键一环，以及国家承担的积极义务如何超过了第三章已经描述的那些司法实务内容，指向社群赋能与权力制衡的新路径。

《残疾人权利公约》要求司法全过程的程序支持，包括无障碍、程序便利与合理便利，这是一种程序上的"正当"诉求，但实质上又涉及残障人平等参与社会生活各领域的"诸善"内容。第五章在此方面的经验分析，为第六章的正义论批判奠定了基础——其揭示出"正当"（底线、公德、社会伦理）与"诸善"（上限、私德、个人福祉）在人权法中的权衡关系，尤其凸显了经由司法实现个案审查中的公共论证、审慎合度和自由裁量的意义。本书第七章继续阐述基于人权的法律赋能策略，补充第六章引入的残障人诉诸司法的可行能力路径。残障人实现司法正义自此汇入构建韧性法治体系的努力，以应对人的风险—脆弱，促进社会融合发展，实现所有人的实质平等自由。

第六章 "不同能力者"诉诸司法的正义理论批判

既然我们凭自己理性的一切努力都只有对未来的一种极为模糊不清的展望，世界的"主宰"只让我们对其存在和威严加以猜测，不允许亲眼观察或清晰证明，而我们的内在的道德律却相反，并不向我们肯定地应许或威胁什么，而要求我们无私的敬重……允许对超感性事物的王国加以展望，只是凭借微弱的眼光：那么，真正的道德的、被直接奉献于法则的意向是能够发生的，而有理性的创造物是能够配得至善的份额的，这是与他的人格的道德价值而不是单纯与他的行动相称的。①

本书所称不同身心能力者（persons with diverse abilities，简称"不同能力者"），与第一章的残障界定呼应，可理解为人性能力不同构成的存在者（person with diverse human faculties）。人性能力是人权主体的根本特质，以人的自然生命为本原，包括身体、心灵两部分。本书大部分情况下所说人性能力偏向于人的知意情能力，在专门指出的时候，也包括身体或肢体机能，比如劳动能力、行动能力。人的身心灵肉合一，身心损伤导致的痛苦、自我怀疑等感受，也构成了人性能力的基本内容，并塑造了

---

① 〔德〕康德：《实践理性批判》，《康德三大批判合集》（下），邓晓芒译，人民出版社，2009，第158页；另参考〔德〕康德《实践理性批判》，关文运译，广西师范大学出版社，2002，第149~150页。

自我认同和群体认同的边界。不同身心能力者，意味着人固然是理性的、政治的、社会的、实践的、审美的动物，但在这一长串重要的限定之后，个体的身心能力表现为多样、差异、动态的连续谱。不同身心能力的呈现样态与情境有关，既涉及身心损伤的个别体验，个人的知识、信心和技能，也受外部环境、制度影响，并应当考虑到人世间的不幸事件，包括恶疾、疫病、事故、灾难（洪水、地震、火灾）、战争，以及所爱之人的死去，重要支持者的离开或老病等。

此外，在平等与反歧视的语境中，不同身心能力这个判断，也可能意味着某人被（错误地）认为是属于某方面的不同能力者，而该看法与个体实际所处的能力状态不一致。这种认识上的错误可能出于认知水平或文化偏见的局限，并固化在制度当中。受歧视的对象，似乎就是人性能力较为"缺乏""卑劣"的人。比如古希腊时代人们对外邦人、女人、儿童、奴隶的人性能力的判断，中世纪对性少数群体（LGBTIQ+）的人性能力的判断。再比如认定心智障碍者的身心能力存在"缺陷"。这个概念还可以扩展用于健康领域的歧视。

承接前章所言，残障人在法治社会中通过"程序法治"的重要一环"司法"来追求实质自由，需要超越传统的正义观念。一方面，需要探索人权标准与法治框架特别是司法程序的结合，克服传统治理模式中过分强调天理人情从而造成对法治权威的忽视。在残障人实现司法正义的过程中，司法的谦抑（正当程序）和能动（合理调整、为民便民）得到统一。另一方面，传统文化中的审美或情本体，以及良心论，仍然有助于司法场域中的人超越"理性计算"与形式主义法治的局限，回到仁之发端，认可并欣赏人的多样性，在尊严（人可以期待什么）上平等，在行动中相互认同，在审美中自由。

第一节 以残障新理念拓展平等自由的人性根基

《残疾人权利公约》已经给出了残障与包容平等的新概念，由此可以借助人性能力构成方式的分析框架反思与残障平等相关的制度，并检视相关理论中如何阐述人所固有的"自我、自尊以及平等的自由"，进而在制度上确保人之为人的"自立、自律、自负其责"。

中国《残疾人保障法》将残疾人界定为在心理、生理、人体结构上，某种组织、功能丧失或者不正常，全部或者部分丧失以正常方式从事某种活动能力的人。这与《残疾人权利公约》的界定不同。在《公约》第1条中，残障人包括肢体、精神、智力或感官有长期损伤的人，这些损伤与各种障碍相互作用，可能阻碍残障人在与他人平等的基础上充分和切实地参与社会。《公约》对于残障及残障人的界定不仅仅强调个人在肢体、精神、智力和感官上的"损伤"，还强调其与外界障碍的"相互作用"，而障碍又包括环境和态度的障碍。

在2018年向联合国残疾人权利委员会提交的政府履约报告中，中国政府回应联合国残疾人权利委员会上一次审议的结论性意见，表示充分注意到医学模式的不足，深刻认识到在《公约》框架下保障残障人人权的重要性，在立法、发展规划、社会政策等方面积极贯彻权利为本的原则。例如，《残疾人航空运输管理办法》（2015）参照《公约》作出如下定义："残疾人包括肢体、精神、智力或感官有长期损伤的人，这些损伤与各种障碍相互作用，可能阻碍残疾人在与他人平等的基础上充分和切实地参加社会活动。"①

依据残障新理念，个体身心损伤与外部环境相互作用。那么，残障人的"自我"所本的人性能力，由此会受到哪些局限？残障人主张平等的自由，包括诉诸司法救济这种自由的自由，能否在人性论的层面得到证立？本节将首先检视西方思想史及政治哲学中对个体自由之渊源或依据的界定，初步探索"不同能力者"主张实质平等的人性能力根基。

"能力"（ability）作为"残障"（disability，失能）一词的词根，指

---

① 中国政府2018年向联合国残疾人权利委员会提交的《〈残疾人权利公约〉的实施情况：缔约国第二次和第三次合并定期报告》，第8段。

生来或后天获得的身心层面做某事的体能或智能，偏向于客观上能够完成某事的评价。名词 ability 的形容词 able 源于拉丁语 habilis，意思是 skillful，指技能熟练的、擅长的；进一步源自希伯来语 to have/handle，包含可以掌握、操控和处置事物的意思，这里再次直接涉及人使用双手（及工具）的意象。able 可以引申为主体具有自由、时间、精力、金钱去完成某事。在本书语境下，ability 也包括使用工具（辅具）之后的身心能力。这些理解，与第六章第二节阐述可行能力、第七章构建包容平等的赋能框架形成呼应关系。

与此类似的词是 faculty，更偏向于主体内在固有的或心智层面的力量或能力，有时也包括视力、听力等感官机能。本书主要是在讨论人性能力中的知意情机能时，沿用康德、德勒兹的用词。faculty 进而可以引申为高等教育机构中传递和培育心智能力的教员或专业机构中有专门才学的人。下文中多次出现的人性能力，对应 human ability 或 human faculties。

在法律语境中，法律能力（legal capacity）包括法律上得到承认、享有权利的资格，也包括采取行动的可行能力，但一般文献中指的是客观呈现出来的资格或能力，接近 ability 的"能力"意义。民事权利/行为能力（capacity for civil rights/conduct）、诉讼行为能力（capacity for litigation）、刑事责任能力（criminal capacity/capacity for criminal responsibility/ability of taking criminal responsibility）的用词都具有与此相似的含义。与此相近，胜任资格（competence）是指特定水平、层次或范围的能力，足以胜任具体职位或完成某事，如受审能力（competency to stand trial），又如残障人就业歧视案例中的真实资格审查；competence 也指公共部门承担的法定权限或职责。

此外，功能发挥（function）是与可行能力（capability）对照的概念，亦即主体实际上选择了某条路径而享有权利的结果。例如在平等融合的环境中，主体有参与社会生活的可行能力，但可以选择离群索居、隐遁世外；主体有植入人工耳蜗、训练口语的可行渠道，但实际选择了保持聋性、使用手语。后面两种选择都是一种功能发挥的结果。世界卫生组织发布的《国际功能、残障和健康分类》（ICF）作为医学标准，关注和衡量特定情境中个体身心功能发挥的结果，有其合理性。本书研究残障人诉诸司法、实现正义的过程中可行能力的平等，第三、四章可谓从发挥功能之结果意义上的（不）平等出发反思现状，但其他大部分内容更强调通过外部支持拓展主体的有意义选择，进而借鉴桑德拉·弗里德曼（Sandra Fredman）关于实质平等的多维框架，探索一种实践人权的可行能力路径。

一　从康德到罗尔斯：自我、自由与平等人格的初步统一

人之为人，自然有我。自我的呈现和再现，在个体成长与社会培养的联合进程中，表明了人性能力的不同构成方式。该过程同时受到生理自然和社会环境的偶然影响。例如人的语言能力的实现，包括使用手语的能力，似乎是孩子长大就会了，却也跟家庭、教育环境息息相关。聋人父母是否扮演语言教学的角色，学校及社区是否包容，都影响到孩子理解手语、认同聋人文化乃至实现个体潜能的契机。从历史唯物主义的视角批判从康德到罗尔斯的人权主体理论，有助于阐发残障平等的新理念，阐释《残疾人权利公约》第12、13条的深刻内涵，解放残障人作为不同能力者的主体性，探索其平等实现司法正义的必要和可能。

直面人类总体在历史长河中的浩瀚实践历程，个体在具体时空下出生时，天然具有种种人性能力，呈现为诸多不同的构成方式，又具备在人生偶然际遇中实现的潜能——这一切如何可能，如何应当或"非此不可"？如果不诉诸永恒的灵魂、超验的神灵或上天，就人本身而言，这种人性能力的丰富、人格尊严的平等、人生选择的自由意味着什么，允诺了什么？此为大哉之问，而答案"或许在风中"。幸好，关于人性能力的经典著作具有不朽的生命力。这些经典不仅以独特方式处理了常论常新的主题，还带出了先贤"立言"经过多种文化时留下的痕迹，并设定了宇宙般坚实广

阔的论证框架。人们在重读经典并与之对话的过程中确立自己。①在人性能力多样性的主题下，辨析经典著作中有关自我、自尊、自由的概念，可以为不同能力者主张基本权利与平等自由提供启发。

康德就这些问题给出了一种经典解答：人是先验的理性存在者，具有先验的社会性。人产生自我意识，自尊自律，从而自由，并在尊严、人格和法权上平等。人的知意情机能的协调，保证了人的自由与超越。"自我"成了认识、德性和审美的源头：认识对象恰好在人（类）的先天认识能力中构造为人可以认识的样子；人的知性、理性和想象力，又恰好在自我意识中协调一致，自由无碍。这就好像是超感性自然的一种狡计。②自我的先验自由，成了人的自尊自律和要求普遍敬重的人格的源头。如本章引语所言，依据"普遍立法"原则，人必须无私地服从道德法则，由此产生一种敬畏感；而这种法则又是自我立法的结果，契合于"意志自律"原则，所以人产生一种自重自爱的感觉。对人格的敬重混合了敬畏和自重。这一敬重是法则作用于主体的结果，而不是法则的原因。③自由而生的道德自律是无条件的、在先的，只能是原因。再追根究底，就只能诉诸人类历史实践来理解这一先验的自由、自律如何可能。

由人的"内在／固有"自由推导出平等人格和人权，在此具备了厚实的道德哲学根基。譬如"平等不过是译成了法语亦即政治语言的德国公式'自我＝自我'"。④但是还有一个阻碍。人只是凭借理性的微光，一瞥

---

① 〔意〕伊塔洛·卡尔维诺：《为什么读经典》，黄灿然、李桂蜜译，译林出版社，2012，第3~10页。
② 〔法〕吉尔·德勒兹：《康德的批判哲学》，夏莹、牛子牛译，西北大学出版社，2018，第32~35、103页。关于自我意识的能动性之于康德认识论的重要性，先验的自我意识与对象意识的相互依存，以及对象意识中的对象，通过主体意识的内部机能（faculty）之间的和谐才能建立，另可见李泽厚《批判哲学的批判：康德述评》（修订第六版），生活·读书·新知三联书店，2007，第189页。
③ 〔德〕伊曼努尔·康德：《道德形而上学原理》，苗力田译，世纪出版集团、上海人民出版社，2005，第22页；李泽厚：《回应桑德尔及其他》，生活·读书·新知三联书店，2014，第67~73页。
④ 〔德〕马克思：《1844年经济学—哲学手稿》，刘丕坤译，中国出版集团、研究出版社，2021，第131页。

遥远彼岸的自由王国，启发了自由意志和道德律，而终究生活在实证法的此岸世界。法权哲学上的行为合乎道义责任，是不论人之动机的，其符合事实的强制标准即可；伦理学上的正当，要求人的行为动机也是"出于责任"，符合意志的自由。做个由内而外、始终如一的好人太难了。尽管在康德那里，愚鲁之人同样可以做好人——谁都可以也只能瞥见自由王国的微光。哈贝马斯正是从这里继续实践理性的事业，弥合"事实与规范"，探索人的公共自主路径以及正当/权利的商谈论证模式。这一商谈情境的理想条件及其程序合理性，进而成为批判"不正当的"司法论证、探索实质平等的有用指引。① 相比之下，波兰尼则重新阐释理论理性与感性的关系，经由科学宇宙观的意会认知（tacit knowing）和直觉理解（understand），强调指出个人的自由抉择：我们向他人表达尊重，以此承认他的心智健全；借由这种赞赏的行动，我们进入了与他人的伙伴关系（fellowship），承认我们与他人共享一方良知和道义的天空。就这样，我们终于理解并承认他人是有能力作出负责任的选择的人。②

罗尔斯的正义理论可谓对康德主体哲学、霍布斯以降政治哲学的集大成。他再次论证，从人的自尊、自由可以推出平等。自尊也许是最重要的基本善，包括一个人对自我价值的感觉，对自我实现的能力的自信。而自我价值感，又受到共同生活的环境因素的影响，亦即他人尊重并欢迎我的人格、行为以及合理的生活计划。③ 正是在这种相互尊重的关系当中，基本权利和自由的分配应当平等，否则就有人处于一种不平等或受歧视的状态，受到两方面的损失：（1）个人利益受损，公民地位削弱，政治平衡丧失，基本自由没了保障；（2）主体由社会基本结构赋予的弱点被公开确定下来，进而可被人随意贬低，基本人格和自由岌岌可危。默认接受一种

---

① 〔荷兰〕伊芙琳·T.菲特丽丝:《法律论证原理——司法裁决之证立理论概览》，张其山等译，商务印书馆，2005，第67~69页。

② 〔英〕迈克尔·波兰尼:《科学、信仰与社会》，王靖华译，南京大学出版社，2020，第126页。

③ 〔美〕约翰·罗尔斯:《正义论》（修订版），何怀宏、何包钢、廖申白译，中国社会科学出版社，2009，第347~348页。

低于平等的较小自由，就落入受到羞辱、损伤自尊的状态。①

回到起初，为了尽可能与他人订立平等自由的社会契约，一个人不能太"自我"，太执着于个体偏好的善，而需要变得愿意接受基本善的平等分配。这即是要求公平的"正当（right）优先于善"。在亚里士多德那里，每个普通人，在城邦良好立法的影响下，都可以向善行善。做个好公民，不必成为哲学家、英雄，而是由自然本性中的情感发动、认知理解、德性指引自成一体，可谓良知良能。这是先贤对城邦自由民作为不同能力者实现个体德性和总体的公正（法治）②的殷切期许。到了罗尔斯所处的时代，惜乎物欲横流、世风日下、人心不古，这个人皆良知良能的门槛，对于正义原则的订约者而言还是高了点。同时为了避免至善论引发良心强制的争议，罗尔斯只要求订约者具备比较"薄弱的"道德能力，认同基本善的分配即可。看起来，这种降低门槛的人性能力设定，扩大了订约主体的普遍范围，强调正义是人为（订约）的结果，③从而鼓励人人发挥主体性、保留多样性，去参与选择、构造人世间的正义原则。如此平易而又阐发大义，高妙动人。但这种"一退再退"的人性能力设定，也暗示了当今社会"做人的底线"：必须有一定的精明理性、实践理性、程序直觉和道德直觉，然后才有资格参与订约，并达到"反思的平衡"。很可惜，残障人看起来达不到这个订约主体的资格。

罗尔斯论述人之平等自由的思路，可谓先验制度主义的"现代解法"。其动用了西方社会传承至20世纪的全部伦理学、道德哲学、政治哲学、经济学、法学等领域的知识资源，将人之为人的正当配得，在个人和制度层面，反复挑选，提炼为明晰的正义原则。这个论述过程的第一部分

---

① 〔美〕约翰·罗尔斯：《正义论》（修订版），何怀宏、何包钢、廖申白译，中国社会科学出版社，2009，第431页。

② 〔古希腊〕亚里士多德：《尼各马可伦理学》，廖申白译注，商务印书馆，2003，第142~143页。

③ 关于罗尔斯强调正义的人为性，通过对等和互惠的概念，论证"契约"或合作在社会中的可能性，另可参见张国清《罗尔斯难题：正义原则的误读与批评》，《中国社会科学》2013年第10期。

界定了订约主体的"常理常情",人性能力在原初状态只露出冰山一角,随着制宪、立法、司法而显现更多,但始终坚固深沉、相互冷淡(mutual disinterest)。第二部分运用分析哲学的严密论证方法,构造"合理而完整",[①]则表现为正义原则的抽象框架,并通过引入公平,凸显"左翼"自由主义的民生平等关怀。第三部分指向具体生活和行为实现的内容,则留待个体在社会契约开始后的自主行动,以彰显多元论自由主义的气派。罗尔斯回答"正义原则如何可能",一如康德回答"认识如何可能",因为主体和对象的关系恰好就在先验自我的人性机能中协调一致。在此,正义函数的定义域(第一部分)至少与对应法则(第二部分)同样重要。因为"我"是这样的"我",所以共同体选择的正义就是这样的正义。甚至如果罗尔斯始终贯彻其康德式的对人的知意情本性的崇高界定,恐怕第二部分的契约论推导都会变得多余。[②]

在理论层面,罗尔斯推导正义原则的"无知之幕"假设,看起来只是某种思想实验,缺乏历史实践基础,但这一思辨体系扣住了人性能力中的基本向度诸如自我保存、理性、意志、共情、合作等,并在逻辑上论证了现代民主社会的宪制起源,进而重申了主体自由、自尊以及平等的道德根基。上述第二部分的契约论框架仍然可以看作在西方社会的民法契约及宗教契约传统[③]中,对主体人性能力的实际展开,强调选择的能动性,并有助于后来者揆诸具体司法制度,检视残障人等不同能力者如何成为平等的订约者、当事人。

从罗尔斯回溯到康德、卢梭、洛克、霍布斯,如有论者所言,这

---

① 〔美〕约翰·罗尔斯:《正义论》(修订版),何怀宏、何包钢、廖申白译,中国社会科学出版社,2009,第249页。

② 周保松:《自由人的平等政治》,生活·读书·新知三联书店,2017,第42页。

③ 相应的,摒弃契约论阐述框架的理由在于:人过得好,不一定要订约。日常经验中,甲乙双方的契约,常常变成了甲方对乙方任性的甚至不公正的要求。在前沿探索中,心智障碍者"就业",并不是要订立一份劳动合同,也不是日复一日地打工履职,而是个性能力实现的众多可能的途径之一。在非资本主义的、非基督教传统的文化中,人们对劳资合同、上帝与选民之间的契约,也存在隔膜。

一脉理论[①]对于自然法学思想的贡献在于："从自然状态概念出发，阐述以社会性为核心的人性学说，从而为自由平等的现代个体建构人为的政治制度开创了一个道德空间。"[②]这种人为自己立法和相互约法的社会契约论凸显了人之为人的固有理性、自由意志及主体性。回顾人类社会中战争的惨痛、种族屠杀的黑暗、歧视的恶劣，以及并不鲜见的灾难、危机，康德关于人的这种道德主体性的阐述仍然闪耀着人性的灵明，鼓舞人心：我们知道这是对的，就一定能够做到（"我欲仁斯仁至矣"）。[③]

人因为这种自我立法、相互约法的过程，显现出理性（rational）自立、德性自律的人性能力，从而应当计划和选择自己的生活，为此自负其责，在法律资格、行为能力、责任能力方面一律平等。在罗尔斯那里，自律行为，就是人们按照正义原则而行动——人们在最好地表达着他们作为自由平等的理性存在者之本性的条件下，将会承认这些原则。[④]自责（自觉应负责任）这样的道德情操来源于自然本性的道德态度，不过，人们又"诉诸合理的正当和正义原则"来理解这些态度。自责、义愤、负罪感，这样对于人的自然本性显得恰当的道德情操，就符合正义原则的阐释，而弗洛伊德指出的那些惩罚性的、"盲目的"、粗暴的道德情感，则属于不合理的、任性的自然态度。[⑤]这里已经包含了一种"司法判断"的裁量标准，亦即可以由"合格中立无偏的（理性的）法庭"对人性能力中的道德

[①] 这里是在最广义的近现代自然法流派范围内，将这些学者接续为一脉；其中，康德对霍布斯、罗尔斯对康德都有不少直接的批判、扬弃。

[②] 李猛：《自然社会：自然法与现代道德世界的形成》，生活·读书·新知三联书店，2015，封二简介；另可见该书第342~351页对"社会性作为根本自然法"的论述。

[③] 〔德〕康德：《论通常的说法：这在理论上可能是正确的，但在实践上是行不通的》，《历史理性批判文集》，何兆武译，商务印书馆，1990，第164~210页；另可见邓晓芒《康德〈论俗语〉从实践理性向历史理性的过渡》，《天津社会科学》2014年第3期。

[④] 〔美〕约翰·罗尔斯：《正义论》（修订版），何怀宏、何包钢、廖申白译，中国社会科学出版社，2009，第408页。

[⑤] 〔美〕约翰·罗尔斯：《正义论》（修订版），何怀宏、何包钢、廖申白译，中国社会科学出版社，2009，第385~387页。

情感的构成形式予以归责、定罪，有的应当自责、义愤、产生负罪感，还有的大可不必，则归入"丧失理性的辩护"。人们固然可以认为，这符合良序社会的法治逻辑，但是，罗尔斯的正义原则对理性自持、自负其责的人性能力构成方式的单一假定，以及对立法、执法、司法之构成的英美模式（更强的司法审查权力）的倚重，可见一斑。

二 批评自由主义：自我的非理性渊源与自由的外部因素

康德及罗尔斯确立的个人自由，从彼岸到此岸，从自然状态到社会契约，由内而外，看起来预设了绝对无条件的自我与自由。但自我并非一种原子式的、与世隔绝的、千篇一律的存在。当启蒙时代的理性成为新的无所不包的终极神话时，主体和客体就会相隔遥远，自然变成了纯粹的客观性，而自我异化为抽象的同一性；自我看起来"无所不能"，但处于孤立状态和单纯的占有状态。由此需要思想的批评和自我反思，以及大众亲身（动用身体感官）参与的（革命）实践。[1]

我思故我在，这样的理性建构似乎太严格齐整。自我是他者，这一思辨的先验命题可以提供补充说明。人皆有超拔之志，通过理性趋近超感性事物的永恒王国，属于确定无疑的"我思"。但"我思"只能表明我"在"，还不能表明有"我"。"我"不能还原为"思"或"在"。"我思固然是一个行动；但却是这样一个行动，即我只能自我表象为我是一个被动的存在者。"我成为自我的他者，必须借助对具体时空的内在感性直观，以及想象力的自由运动，才能突破我思我在的极限。[2]这一感性直观必然也是身体性的，"我思"与"我能"交织在一起。[3]后结构主义对康德主

① 〔德〕马克斯·霍克海默、〔德〕西奥多·阿多诺：《启蒙辩证法：哲学断片》，渠敬东、曹卫东译，上海人民出版社，2020，第7、11、33、37页。
② 〔法〕吉尔·德勒兹：《康德的批判哲学》，夏莹、牛子牛译，西北大学出版社，2018，第163、209~210页。
③ 〔法〕莫里斯·梅洛-庞蒂：《知觉现象学》，姜志辉译，商务印书馆，2005，第183~188页。关于"体知"（身体知觉/直觉）在中国传统哲学、身体哲学中的讨论，另可参见张再林《作为身体哲学的中国古代哲学》，中国书籍出版社，2018，第200~236页。

体哲学所推崇的"理性—道德人格"的这种解构，仍然不是全盘否定，而是着重阐发人性中属于具体时空的、感性多样的、身体差异的一面。

罗尔斯政治哲学中的自我，继承康德传统，原本应是先验的、自由的、多样的，在达成共同体合作的统一性之先，也在给定的目的或旨趣（利益）之先。然而，罗尔斯用盎格鲁－撒克逊的经验传统替换了人的先验本性，又意味着自我要选择并"持有"某个目的或旨趣，形成一个生活计划。"我"与"有"（目的、旨趣、计划）之间，转变成即若若离的关系。世界流变不居，时空偶尔脱节（out of joint）。当自我离目的太远，就由人的意志能力通过自主选择将目的拉回来。正当优先，由外而内。如果某种目的、旨趣、抱负或欲求太过于迫切、强大，压制了自我，我所持有、欲求的事物让我迷失了，又需要一种人的反思能力解开这种"外来"属性对自我认同的束缚或遮蔽。在这样的若即若离关系中，自我仍可保持连续和独立[①]（后文第七章据此论述"获得支持的权利""关系中的自主"）。

此处，自由主义与社群主义的自我发生了联结。在上一部分的后结构主义分析中，我思与我在分离，意味着自我向他者的内在被动转化，进而向丰富的想象力和感性多样开放。到此，我是与我有、我欲、我能相分离，自我向外来的目的、旨趣等主动开放而又保持距离。我似乎作出了自由自主的选择，又需要再去理解这些选择，其可能已经渗入某些内在的他者、外来的属性。关于人性能力的知意情构成方式，自我发现了普遍的自然法则，发明了意志自律，同时还要阐释人是目的这个命题。如此灵光一点，折射万段，复杂迷人，曲折动人，最后或皈依于审美（感性）的自由。

人能够直接感知到自己，并且当着他人（在场）而找到自己。这是存在主义对后结构主义的启发，尽管其已经造成了自由主义自我的单薄、虚弱危机。人的意图和处境都有其普遍性，可以理解。人在成为自我的当

---

① 〔美〕迈克尔·J.桑德尔:《自由主义与正义的局限》，万俊人等译，译林出版社，2001，第63~74页。

下选择中，制造了这种人类的普遍性；人在理解他者、理解其他时空的人类意图时，也制造了这种普遍性。[①]在康德那里，是先验自我的普遍性保证了道德律令的普遍性；到了存在主义，人在死之前只是无法完成的目的，余下自我觉悟后一往无前的选择或徒劳而坚定的反抗。个体存在，如此孤独无依。社群主义转而通过共同体的生活价值，接续被认为是"脱节"的时间，让人的应得仍然有个来龙去脉作为参考，可以评估过去的经验，推定当下的自由，并相信未来的选择。个人主观性的林立导致的紧张难题，在社群理解和阐释中得到了缓解。

这些理论渊源多样，涉及西方政治哲学中的自由主义、社群主义、存在主义、后结构主义思想，丰富了对人性多样构成的理解，也为残障人在实现司法正义的道路上主张自主选择、自我决定、支持决策、自负其责的一整套可行能力理论提供了反思和讨论的框架。下一节将继续就人性能力、人权与公正（分配和救济）展开分析，这里只是先挑出关于"自我"的思辨进行简要说明：人们论述人之本性自由、克服社会不平等的努力，受到一种具体情境中"自然正当"观念的影响，也汇入了前述经典理论的不同启发。在《残疾人权利公约》之前的时代，残障这样的因素越是表现为生物遗传而非社会文化造成的特质，社会对它引发的不平等似乎就越"束手无策"。[②]幸而，区分"自然的"还是"社会的"不平等，这个标尺也可以通过人的主动努力包括个案审查、公共论证来审慎移动。

当今社会，法治、人权已经成为共识，以罗尔斯为代表的自由主义理论已经在很大程度上成为法治实践（尤其在西方法治国家）的现实。由（虚构但普遍适用的）自然状态下的人性自我出发，经由个体自主、自由，确立人格尊严和平等的固有价值，进而构建社会的正义制度。本书援引残障或不同能力者视角的批判，不是要驳倒自由主义的理论成果，而是

---

① 〔法〕让-保罗·萨特:《存在主义是一种人道主义》，周煦良、汤永宽译，上海译文出版社，2012，第24~26页。

② 〔美〕迈克尔·J.桑德尔:《自由主义与正义的局限》，万俊人等译，译林出版社，2001，第92页。

要进一步在理论和制度上"打开闸门",解放人性能力的多样性,坚持自我认同、群体认同的异质性,重视残障人等群体面临的风险—脆弱,将个体固有尊严、共同善(包括爱、照料、仁慈、悲悯等)的伦理与社会支持的正当等要素辩证结合起来,进而阐释其自主参与司法的正当性以及探寻实质平等/自由的独特需求。

第二节 以可行能力主张残障人的基本自由

依照自由主义的正义理论,残障人诉诸司法、实现正义,作为一项人权主张,如果其具体要求契合某种更高优先级的"正当"原则,则更有可能得到普遍支持,包括投入更多公共资源来保障平等自由的实现。本节参照罗尔斯的正义原则分析残障人实现司法正义相关主张的"正当"程度,引出对其中夹杂的能力主义的批判,而后回溯到更广泛的理论脉络中,阐述人性的自由能力的多样性及其平等依据,并主张一种获取正当配得与司法正义的可行能力路径。

一 主张不同能力,批判能力主义

从霍布斯、洛克、康德到罗尔斯的正义、法治理论,一方面具有理论及实践中的积极意义,奠定了现代西方法治体系的伦理和政治基础。另一方面,这套理论都暗含或假定了一个"能力主义"(ableism)的理性个体,作为运用自由意志、批判理性、实践正义的主体,而忽略了"弱而愚"的人及其相互依存(inter-dependence),无法有效回应20世纪70年代以来世界范围内残障权利运动的诉求。从国际到国内的人权法实践,尤其是《残疾人权利公约》第12、13条的实施,已经要求反思、重构自由主义的正义理论。当下的残障人实现司法正义所面临的挑战,如此真实,迫使人们从人性能力构成及其客观实现的角度重新阐释经典,令其在探索、论证平等实现司法正义的可行能力路径中向更多理论批判开放。

（一）残障人主张基本自由，适用的是颠倒的正义原则

对照罗尔斯的正义原则分析，可以发现，残障人诉诸司法主张基本自由的"正当性"及其得到尊重和实现的"可行性"，确实有赖于其具体内容所从属和适用的正义原则。残障人实现司法正义所面临的基本挑战，恰好构成罗尔斯按照"词典式顺序"排列的正义原则的颠倒。在理论上最为正当的第一原则，在理念上确实广受拥护，却成了残障人实现司法正义的终极挑战。第二顺序的平等机会的公平原则，接近主流的效率、绩效原则。一旦残障人的权利主张契合这个层面的论证，则比较容易成为法定的权利。第三顺序的差别原则，颇有争议，却也能够契合福利国家扶弱助残的公共政策，甚至在说明残障人与非残障人的差别处境是否正当时，最为契合能力主义、优绩论的评价标准。具体而言如下。

第一，残障人在司法中的一些主张可适用"差别原则"（原则 2-1），似乎显得正当，但容易落入能力主义窠臼。该原则意味着为了最少受惠者的最大利益，投入更多公共资源，进行某些合理调整——包括以"绿色通道""便民""保障民生"的形式。这些措施在自由放任主义看来，属于国家过度干预个人自由；在自由主义左派看来，分属恰当，有待细化完善；在残障权利运动的激进倡导者看来，则可能过于保守，还需要结构性的变革。已有研究指出，差别原则所蕴含的补偿和对等合作（reciprocity）价值，为残障人主张无障碍方面的权利提供了正当依据。[①]

在残障人实现司法正义的语境中，理论上可以诉诸"差别原则"而论证的主张包括：（1）为特别脆弱的当事人包括遭受家暴的残障人提供程序调整和其他积极保护措施；（2）在刑事程序中，设定盲、聋、哑人的特别程序，以及量刑方面的减轻理由，确保认罪认罚速裁的平等适用（另见第四章第二节）；（3）设立诉讼中的国家监护，并向"支持自主决策"改革。

---

① 刘雪斌、王志伟：《"差别原则"视域下的我国残疾人无障碍权利保障》，《人权》2018 年第 5 期。

　　然而，这些举措都要投入"额外的"社会资源。在功利主义的影响下，维持现状，反而容易由差别原则予以论证，亦即社会和经济的不平等安排——为残障人平等参与司法和其他公共生活分配较少的资源，增进了社会大众的福祉，并基于对等（reciprocity）要求，也在一定程度上改善了最不利成员（残障人）的处境，例如以前残障人不容易出门去法院，现在公共交通改善，可以去了。一种现实的妥协，还可见于《残疾人权利公约》第 13 条要求的程序便利与第 14 条允许的合理便利（另见第五章第一节）。如果这个论证成立，那么差别原则就成了"保守"现状的借口，再要推动改革，就得诉诸"平等机会的公平"（原则2-2）①，乃至修订"基本自由的平等原则"（原则 1）。据罗尔斯的观点，差别原则本来排在平等机会的公平原则之后。② 揆诸现实，差别原则固然论证了为弱势群体提供福利支持的必要性，但也在主体设定层面留下了"能力主义"和"效率至上"的隐患，其作为罗尔斯理论中最受争议的正义原则，由此可见一斑。

　　第二，残障人在司法中的一些主张可适用"平等机会的公平原则"（原则 2-2），其随着公正审判、民权运动、残障权利运动的发展，已经得到法律人的更多认可，包括：（1）提供司法中的程序便利比如朗读、手语翻译、指定辩护；（2）确保司法环境、设施的无障碍，其中，通用

---

① 本书翻译的罗尔斯正义二原则，另可参见第一章第三节。原则 1（基本自由的平等原则），每个人都对一整套最广泛的基本自由享有平等权利，这套自由与所有人享有的类似自由相容。原则 2，社会和经济不平等的安排，（1）应当适合于最少受惠者的最大利益，并且符合正当储存原则（差别原则）；（2）是在公平的机会平等的条件下，向所有人开放的职位和岗位所附随的结果（平等机会的公平原则）。

② 〔美〕约翰·罗尔斯：《正义论》（修订版），何怀宏、何包钢、廖申白译，中国社会科学出版社，2009，第 237 页；〔美〕约翰·罗尔斯：《作为公平的正义——正义新论》，姚大志译，上海三联书店，2002，第 70 页。这里对"效率"与"公正"的排序，存在一种有争议的解读。一方面，罗尔斯援引博弈论等经济学成果，希望差别原则鼓励人为可能有的最好前景作出努力，也将经济上的不平等视为对更有成效的努力的刺激。因此，"差别原则与效率原则是相容的"，第二个正义原则的两个部分之间"公平的机会优先于差别原则"。但是，如果境况较好的人的进一步改善不能使境况最差的人获益，甚至以损害其利益为代价，这就是差别原则所不许。民主的平等要求"正义优先于效率"。这似乎又意味着"差别原则优先于平等机会的公平"。参见杨伟民《罗尔斯的差别原则辨析》，《社会学评论》2017 年第 4 期。

设计的思路，诉诸更受认可的"正当"依据，主张平等机会的公平，其合理论证的被接受程度更高；（3）提升有效救济、正当程序、平等保护、公正审判的标准，从在法庭上的两造平衡延伸到更多环节的程序保障。与之相应，人们对司法中的平等机会的公平的理解也在不断深化，例如从自己辩护、可以请律师，到国家应当为请不起的人指派律师，再到指派律师应提供有效辩护。相关实例另可见本书第三章分析的残障人实现司法正义的要素。

第三，残障人相关主张应适用"基本自由的平等原则"（原则1）。该原则涉及对基本善品（basic goods）分配的反思。罗尔斯认为，由于理性多元论的事实，公共的正义观念只依据部分的善观念，亦即自由和平等的公民之客观需要，来判断公民对社会资源的要求是否正当，这就导出了基本善品。对于其他基本自由，其作为目的和所要求的实现手段，依据的是人们不同的、自成体系的、不可共度的善观念，所以作为公平的正义排除这样的要求。①公民原初的两种道德能力的不同，不影响纯粹程序性的正义原则之推导，原本也不会导致基本善品包括基本权利和自由的分配不同。②该原则直指人之为人的"薄"而普遍的人性根基，是故排在第一位，卓然独立、普化大千。

然而，在残障人实现司法正义领域，一些潜在的基本善品或有待形成共识的善观念，尚未被纳入残障人的"平等的自由"，其涉及以下"裁判的艰难"（burdens of judgment）。③（1）残障人个体自由与社会安全之间的衡量问题。例如关于精神障碍强制医疗以及精神障碍者刑责能力、智力障碍者性自主权的争议如何自主决定、自负其责。残障社群提出了激进主张，包括爱之权利（right to love），即要求精神或心智障碍者作为社会契约的订约者，主张基本善品中的一项基本自由。如果爱之权利的倡

---

① 〔美〕约翰·罗尔斯：《作为公平的正义——正义新论》，姚大志译，上海三联书店，2002，第251页。
② 〔美〕约翰·罗尔斯：《作为公平的正义——正义新论》，姚大志译，上海三联书店，2002，第171页。
③ 〔美〕约翰·罗尔斯：《作为公平的正义——正义新论》，姚大志译，上海三联书店，2002，第189页。

导者摆脱契约论的束缚，则要论证心智障碍者人性能力的不同构成，完全契合于"人化的自然"，呈现其情欲的可理解性、道德正当性，乃至可支持的路径。在司法中，这又涉及对"辨认和控制自己行为能力"这一基本自由之根基的反思。（2）对其他实体权利领域之合理调整的司法审查，涉及个体自由与社会成本的考量，亦即计算值不值当。例如第五章第一节讨论的中考合理便利、视力障碍者诉银行拒绝发卡、就业歧视案例等。（3）残障人自我认同与社会团结的张力。比如聋人文化认同及国家建设的不同旨趣。国家在刑事诉讼法中规定手语，确保公正审判，属于平等机会的公平（原则2-2）；在国家通用语言文字政策层面，提升手语地位，投入更多资源，接近差别原则（原则2-1）。但如果聋人主张残障骄傲意义上的自我认同，例如聋人父母拒绝为听力障碍婴幼儿植入人工耳蜗，则再次进入了对平等的基本自由的争议领域。

这些有关"平等的自由"的反思，在某些法域可能涉及违宪审查，在所有法域都涉及的问题是，通过司法审查这种基本善品分配纠纷的必要性、可能性和限度，包括可司法性（可诉性）的问题、司法与立法（乃至立宪）的分工制约问题。

此外，按司法程序或程序正义本身的要求，司法中的相关证据、庭审规则，未经立法程序，是不能改动的。那些非改动不可的情形，在传统上认为属于正当的，只能是极少数例外的衡平（equity）。衡平涉及实质的衡量、德性的争论。另外，刑法、刑事诉讼法又似乎明确给了盲、聋、哑人某种例外"优待"，其正当逻辑何在，没有现成答案，但可以确定，应该允许和鼓励公共讨论。对于一般案件如盗窃抢劫罪行的被告人，法律人都愿意考虑其过往经历，依据个体人性能力的起伏，而予以从轻或减轻处罚（原则2-1）。残障人获得公正审判（原则2-2），这一点也比较容易在法律人之间达成共识。对于精神、智力障碍者的平等刑责能力（原则1），精英主义的法律人最难接受——他们看起来"确实"不能辨认和控制自己的行为。如果人性能力是一个多样的连续谱，再坚持精神、智力障碍者没有这个"自负其责"的能力，就显得武断。司法不应该把鉴定问题全部丢给医疗专业人士。这不只是医生的判断——吃药是重要的，诊断也是重要的，但法律人从公平正义的角度，将某些基本原则一以贯之，"对人间事务"的自由裁量同样重要。

探寻这些正义原则发生颠倒的问题根源，需要重新阐释并批评罗尔斯"作为公平的正义"理论。

（二）以公平的方式批评"作为公平的正义"理论

在现代法治社会的塑造过程中，法律与道德的分离越发明显。人们对"法律面前一律平等"这个命题过分熟悉，而不再追溯其在道德或政治哲学中的证成。每个人享有形式平等的法定自由，似乎就是社会成员所共享的公平正义，理所当然。这种剥离法律与道德的习以为常，无法回应社会成员中"处于最不利地位的人"如何主张一种平等尊严，消除社会排斥、隔离、不平等，进而导致了现代法律的正当性危机。

罗尔斯的正义论尝试回应这个现代危机。其沿袭"先验制度主义"传统，[①]将基于公共理性分配基本善品的制度安排推进到一个新的思辨高度。环顾当今世界，这一套理论仍然是西方自由主义政治哲学的重要内容，进而广泛影响到诸多国家法律、制度的具体安排。罗尔斯基于"无知之幕"的社会契约推导，重申每个人固有的、平等的、相容的基本自由作为优先的第一个原则。道德上的可证成性决定了政治秩序以及随后的宪法法律秩序的正当性。假想的社会契约的约束力不在于订约者的真实意志、对主体心理的客观模拟，或实际上将会如何磋商、选择、达成一致，而在于该理论对订约环境和条件的描述（如上一节所述的罗尔斯对"第一部分"论证概念的反复挑选或对正义原则构造函数之"定义域"的琢磨）能够说服读者接受，[②]这些基本设定都可证成，并从符合公共理性的订约过程得出关于正义原则的反思平

---

① 〔印〕阿马蒂亚·森:《正义的理念》，王磊、李航译，中国人民大学出版社，2012，第7~10页。

② John Simmons, *Justification and Legitimacy*, Cambridge: Cambridge University Press, 2001, p.147. 转引自周保松《自由人的平等政治》，生活·读书·新知三联书店，2017，第167页。

衡，最后生成为具体生活中稳定的正义观和公正的社会秩序。这是一种符合人的认知和实践理性的政治哲学演绎。这其实也是二战之后《世界人权宣言》及后续一系列国际人权机制所奉行的实践理念。这一套国际人权标准，逐渐超越文化的差异，揭示出文明世界共享的基本自由的内涵。

此外，罗尔斯在第二个原则中，关于基本善品的分配，在"平等机会的公平"原则之后增加了一个重要"补丁"，亦即"最有益于最少受惠的社会成员"的"差别原则"。这一"补丁"的现实积极意义在于：确认西方国家在二战后迅速发展的各类社会福利政策的正当性；回应20世纪60年代以降民权运动对处于"少数""不利/最少受惠"地位的族群或社群平等权利的主张，说明在社会制度层面推行"积极干预行动"（affirmative action）的合理性。

在此脉络下，罗尔斯的正义论阐述基本善品的分配原则，虽然带有资源主义的局限，[1]但仍然通过"善的弱理论"有效回应了功利主义的挑战，夯实了政治哲学的道德根基。基本善品比如生命、自由、财产是重要的，不只是因为其带来某种愉悦或幸福效用，而主要是人皆有之的出于精明理性（rational）即可相互要求的道德德性上"恰如其分""应得如此"。"正当优先于善"的道义论，充分阐释了人权作为道德底线和法律（权利义务）兜底社会公德的意义。[2]罗尔斯的正义论在现代社会发扬了启蒙传统，接续了西方社会两千多年的伦理学命脉，重新确立自由的理性与德性根基，也为现代人权法确立了个体尊严的坚实核心。

有论者批评罗尔斯的自由主义立场用"正当"削弱了善的价值。古典时代的自然法传统，原本是以"诸善为本"（virtues-based），从启蒙到现代，却被改成了"正当/权利为本"，那就没有什么评价标准了，而且世界

---

[1] 李剑：《残疾与正义：一种基于能力的正义理论》，《国外理论动态》2018年第6期。

[2] 在罗尔斯的正义论语境中，正当、权利都是right；道义（deontology）的希腊语词根是deont，意为obligation，即义务；这种词汇语义上的重叠与理论阐述上的重叠相互映照。参见李石《〈正义论〉讲义》，中国社会科学出版社，2021，第138、144页。

根本无法支付和协调如此繁杂的权利。这就最终取消了人权的价值。①

　　另有观点针锋相对。首先，这种批评误读了罗尔斯，其"无知之幕"假设和订立契约只是第一步，暂时将其他因素括置起来；人对诸多"心事"（heart）、精神生活的追求，以及就特定处境依据可知信息选择具体之善，是在分配"基本善品"之后的事情。②在订立社会契约之后，正当优先和正义原则的现实展开，意味着：人生活在人人享有平等自由的社会，同时具有强烈正义感，追求自己计划的理想人生，则有可能实现德福合一。正当优先，也可以解读为"正义感"优先，其根源于民主社会的公共政治文化和共享的政治价值。③

　　其次，将现代自由社会尊重价值多元等于价值虚无的观点，未能认识到，自由主义珍视个人自主的人格观，并确立正义制度保障这种人人平等的自由自主的价值。对于自我认同，回答我是谁、为人处世如何正当这些基本问题，自由主义当然看重某种根本的人生观或人生理想的范导意义。但正因为看重，所以不轻言或轻许外部的干涉。④将自由主义的宽容视为软弱的妥协或迂腐的大度，是罔顾民主社会的政治现实，也隐含着至善论介入个人重大选择的僭妄。

　　最后，罗尔斯继承了康德的主体自由观，而康德从意志自主推出普遍正当的深刻在于，自由在彼岸，意志自律在此岸。自由，必须是无条件的。人们知道这个"理性的事实"。⑤尽管罗尔斯试图用盎格鲁－撒克逊传统中的经验主义来置换康德的先验论，但这种对个体自由的信念一以贯

①　赵汀阳：《"预付人权"：一种非西方的普遍人权理论》，《中国社会科学》2006年第4期。
②　张国清：《罗尔斯难题：正义原则的误读与批评》，《中国社会科学》2013年第10期。
③　周保松：《自由人的平等政治》，生活·读书·新知三联书店，2017，第229、310页。人们对罗尔斯《正义论》第三部分的忽视，导致了误读，即认为罗尔斯不重视个人形成正义感的社会条件。对此另可参见〔加〕贝淡宁《社群主义对自由主义之批判》，石鹏译，《求是学刊》2007年第1期。
④　周保松：《自由人的平等政治》，生活·读书·新知三联书店，2017，第122~151页。
⑤　〔德〕康德：《法的形而上学原理——权利的科学》，沈叔平译，商务印书馆，1991，第23~24页。另可参见邓晓芒《康德伦理学：解读、研究与启示》，北京出版集团、文津出版社，2020，第137~138页。

之；其证成正义原则过程中的"失败"，仍然不可以归结为价值虚无。任何人主张无条件的自由，对于不同人性能力构成，意味着何种保障主体能动性的可行能力（capability），以及与世界"支付"能力（capacity）或物质条件的紧张，这些是实践唯物主义才能解决的问题。不能仅仅因为"支付"成本或"应得"对价的考虑，就拒绝司法中对"无障碍""程序便利""合理调整"的正当考虑，进而取消人之为人的自由属性。详见本书第七章第一节对实践唯物主义的人权观的讨论。

值得注意的是，为了促进社会制度对弱势群体的实质平等保护，而批评或尝试修订罗尔斯的正义论中的差别原则，也有可能落入一种能力主义窠臼。例如，弱势群体依靠"自身的力量"无法挣得基本生活所需的物质财富和资源，处于困境，则需要为其提供类似于最低生活保障的国家福利。某些群体如精神障碍者和儿童，可能缺乏对自己所处困境的认知，没有"正常"交流的语言能力，但他们在困境中遭受的痛苦，无须自己表达出来，就应该得到各方的承认并予以援助。他们可以作为公共证成原则的"接受者"。[①] 这一修订思路的优点在于：其一，重视人的感性需求，正视由物质贫困、身心损伤等因素导致的个体痛苦，将其直接作为道德主张的基础；其二，重视直接提供物质的保障，而不是某种有待厘定的基本善品，简便易行。但是问题也在于：其一，把消除"人同此心"的痛苦作为道德主张的基础，看起来扩大了正当分配的受益人范围，但实际上是出于一种外部的"中立无偏的"第三方视角乃至道德怜悯的视角，这仍然将残障人视为缺乏"自身力量"，否认其平等参与公共证成的主体地位；其二，将物质财富作为平等自由的保障或救济手段，对于实现个人自尊以及人性能力的多样需求而言，显得过于单一。

还有一类修订罗尔斯正义论的思路，在于扩张解释人的基本理性及道德能力，并借助"非自利的契约论"，将残障人"补充"纳入订约主体

---

① 〔德〕威尔福莱德·亨氏:《被证明的不平等：社会主义的原则》，倪道钧译，中国社会科学出版社，2008，第 124、161~165 页。

范围。然而，不批判能力主义，直接用现有的理性及道德能力标准去生硬解释残障人的人性能力，缺乏说服力，也于事无补。所谓"非自利"的契约论，还是强调残障人能作出某种对等的非物质的贡献，比如带给他人心理上的信任、安抚等。残障人看起来成了订约者，但毫无主体能动性可言。①

对罗尔斯一脉的自由主义的重要批评，来自社群主义。概括而言，社群主义者比较重视家庭、私人情谊中的善，以及通过地域（邻里）、记忆、心理等纽带联结起来的社群价值。社群主义进而强调个人自主与共同体价值之间的一致性，主张让多元的善参与公共论证的合理性。社群（及其传统德性）仿佛是凝聚力、联系和叙述能力的源泉。但社群主义的"团结"观难以解释政治现实中的利益群体对抗、政党纷争和身份认同的混乱。社群主义无法取代自由主义的主导地位，而只为后者提供周期性的纠偏。② 例如，桑德尔批评罗尔斯的"无知之幕"或"正义的环境条件"排除了个体对"正当"之外的善的偏好。他看重和珍惜"友谊""慎思"这样的共同体德性或共同善，要求积极介入讨论，为道德和政治争论提供更广阔的公共理性和更激动人心的丰富可能。③

纳斯鲍姆同情社群主义对美德的重视。她评述布莱恩·巴里（Brian Barry）、托马斯·斯坎伦（Thomas Scanlon）等人引入伦理、善的考虑，重构契约论以纳入不均势的脆弱主体（如重度残障人）的努力，进而反问道："如果善真的重要，我们难道不能直接看到它的价值么？为什么我们需要通过（契约论的）一致同意理念到达那里呢？"④

---

① 对相关理论的评述可见侯千干《对罗尔斯契约论排除残疾人的批评与修正》，博士学位论文，吉林大学，2020，第98~102页。

② 〔美〕M. 华尔泽：《社群主义者对自由主义的批判》，孙晓莉译，《世界哲学》2002年第4期；曹晟旻：《为权利与善的优先性之争正名——兼及对"中间道路"的批判性反思》，《浙江社会科学》2020年第3期；姚大志：《何谓正义：自由主义、社群主义和其他》，《吉林大学社会科学学报》2008年第1期。

③ 〔美〕迈克尔·J. 桑德尔：《自由主义与正义的局限》，万俊人等译，译林出版社，2001，第36~50、222、253、265页。在桑德尔看来，对共同善的讨论，也有可能达到"反思平衡"。

④ 〔美〕玛莎·C. 努斯鲍姆：《正义的前沿》，陈文娟、谢惠媛、朱慧玲译，中国人民大学出版社，2016，第104~106页。

由此反观本土实践,有论者感慨于中国法治事业中建立程序正义的曲折,①进而认为,桑德尔混淆了"私德"(道德)与"公德"(伦理),其主张社群主义的共同善仍然偏向于个体美德或宗教道德,忽视了"历史与道德的紧张",于事无补甚或无益。正当是一种公德;正当优先,而衍生出依法治国、程序正义、人权体系,都是历史发展至今对现代政治生活的真实要求。宗教性道德的情感、信仰只能起范导和适度建构作用,而不能替代和决定社会性道德,以及现代法律、形式正义、权利优先于善的公共理性。②个体诉求,倘若符合私德却未被"正当/权利"认可,那或是由于历史与道德的紧张,属于人的"非社会的社会性"之呈现,可谓令人惋惜的牺牲。

还有论者从政治哲学、法理学角度批评传统西方社会契约论忽视残障人主体性的局限,并站在中性能力判断的立场,主张残障人的实质自由和能力平等,作为社会正义的基础。③罗尔斯的"无知之幕"假设及社会契约论虽然在一定程度上假定每个人的出生禀赋、成长机遇各有差异,命途难测,故而才会希求在基本善品的分配上要确保所有人平等享有各种基本自由,但是,这些在订立契约时可以对各种情况予以全盘考虑的主体,终究要兼具精明理性和道德能力。其中精明理性意味着行动者在"力所能及的"范围内考虑过所有可能性,合理控制欲望,并就最能实现自己生活目标的可行选择有明确排序和一贯偏好。④道德能力,意味着人基于自主的道德判断形成正义感———一种按照正义原则去行动的有效欲求;此外,

① 梁治平近年的文章仍强调了在中国推动依法治国和以德治国,需要与"实质化"的法治概念和正义理论保持距离,重视"程序性"的法治概念,让"每一个个人成为他们自己……拥有自主和尊严的个人"。本书认为罗尔斯讲求"正当"程序的正义理论及其影响下的人权司法保障制度,与社群主义的"诸善"实体保持距离,也有类似理据。参见梁治平《论法治与德治:对中国法律现代化运动的内在观察》,九州出版社,2020,第95~100页。
② 李泽厚:《回应桑德尔及其他》,生活·读书·新知三联书店,2014,第26~32、57、95、108~113页。李泽厚试图通过审美为个体面临的德福两难处境找到出路。本书第六章第二节延续这个思路,讨论了公正的审美问题。
③ 李剑:《残疾与正义:一种基于能力的正义理论》,《国外理论动态》2018年第6期。
④ 〔美〕约翰·罗尔斯:《正义论》(修订版),何怀宏、何包钢、廖申白译,中国社会科学出版社,2009,第110~111、321~323页。

还意味着具有一种形成自己人生观的能力——运用善观念（conception of the good）合理安排、调整自己的人生计划。① 这些假定基本上符合"能力主义"（ableism）对人的知意情机能构成的"标准模式"或"主流设想"。订约者总是能够凭一己之力"充分参与"合作、论证以及主张差别对待：

> （订约者知道自己）既不是身体有残障也不是心智有缺损因而无法参与社会实践和制度的人。……所有公民都被看作是身体上、心智上健全的，并因此都能够充分参与合作（充分参与假设）……仅有身体健全者和心智正常者才是差别原则的适用对象②（所以出现本节开头分析的残障人经历的正义原则之颠倒）。

（三）回到亚里士多德，阐释人的丰富自然本性

为了探究人权的人性能力理论，本书沿着时光长河回溯、探寻，力图收获一些可以形成前后呼应、对话、琢磨的珍贵论断。下文将尝试从罗尔斯、康德回到亚里士多德，效法其在《尼各马可伦理学》中的"往复徘徊"，来拓展人性能力构成的开放性和对人之为人的平等自由的现实承诺。

本书借鉴罗尔斯的思路，继续阐述康德来理解人性中的道德机能。在"无知之幕"后面的订约者，不只是自利的行动者和社会契约推演的载体，③ 还是发乎自然的敬重契约所有参与方人格平等、人性多样的道德主

---

① 〔美〕约翰·罗尔斯：《正义论》（修订版），何怀宏、何包钢、廖申白译，中国社会科学出版社，2009，第399页；另可参见周保松《自由人的平等政治》，生活·读书·新知三联书店，2017，第187页。

② Cnythia A. Stark, "How to Include the Severely Disabled in a Contraction Theory of Justice," 15 *The Journal of Political Philosophy* 2（2007）:217. 转引自李剑《残疾与正义：一种基于能力的正义理论》，《国外理论动态》2018年第6期。

③ 关于罗尔斯道德证成中契约论的意义存在争论，相关评述可见周保松《自由人的平等政治》，生活·读书·新知三联书店，2017，第322~329页。本书所持观点，是在各方争论之外的另一种尝试，亦即再次阐发进而调和罗尔斯人论中的两种理性：受到经济学影响的精明理性（rationality）和传统伦理学中的实践理性（reason）。这一努力也为下文引入人性能力中的感性/审美（aesthetics）和想象力，从审美的公正批判司法的公正留下余地。

体。如本章引言指出的，康德二元论哲学中的物自体属于不可知世界。因此，人的理性固然高妙，却只有对超感性自然的"一种极为模糊不清的展望"，并且不需要精明算计出来的许诺奖励或惩罚威胁，道德意向都能够发生。这种人格的道德价值，要求普遍的敬重。其对于人性能力的实现过程，理性上不可尽知，但伦理上确属必要。

罗尔斯用政治哲学的正义论接续康德的伦理学，用良序社会的正义原则解答"德福两难"的问题。人只有生活在人人享有平等自由的社会，并同时具有强烈正义感，德福合一才有可能实现。①罗尔斯在后期转向更多元的政治自由主义，放弃整全式的人性观——康德先验人性论中那种知意情机能的协调一致，主张一种共享的政治价值，来自公共理性或公共证成的交叠共识。他在一定程度上接纳霍布斯的"利维坦"国家作为必要的恶，以及康德人性论中"非社会的社会性"，历史的行程有时候表现为一种善恶的冲突、个体的牺牲。这已经有了历史辩证法的味道。

本书进而借助亚里士多德来补充前述兼具精明理性与实践理性的主体形象，以求对人的丰富自然本性再包容一些。为此有必要接续第一章第一节中的介绍（特别是图 1-1），深入阐述亚里士多德的人性能力构成方案，借鉴其对人之内在善、外在善的界定，乃至他在德善与智善、真知与心智、情欲和理智之间往复徘徊的宽宏大量。这些启发包括如下方面。

其一，逻各斯之光遍照人性，但理性并不宰制感性。人自觉人性能力的尊贵，为了个人充分实现而进入世界，可谓踌躇满志，意气风发。然而来自生活本身的操心、冲突、猜疑、焦虑、躁动、抑郁，也冲刷着现代人的敏感心灵；压力下的认知失调、创伤后的记忆错乱、义愤中的过激举动，仍是属于人的惊心动魄或本来心事。

其二，人是主体，自由自主，但无法自足。人性能力具有多样性、异质性，同时具有一种脆弱性。在现代风险社会尤其如此，另见第四

---

① 周保松:《自由人的平等政治》，生活·读书·新知三联书店，2017，第 310 页。

章第一节。为此需要朋辈的友爱，以及好运。朋友是最大的外在善。友爱（philia）是德性品质中包含最多感情的一种品质——品质可理解为自然感情的理智表达。[①]人生而不同，但对作为人的奴隶也可能发生友爱。因为"一个人同每个能够参与法律与契约过程的人的关系中都似乎有某种公正"。这个人和每个人都可能发生友爱，只要他是一个人，但实际上人的好友又不会太多。[②]"奴隶"能够参与法律和契约过程，显然依据的是人之为人的最低限度的人性能力，不论其知、意、情的具体构成形式如何。这种"应得"属于自然的公正。共同体的团结类似于友爱，而立法者重视友爱胜过公正。[③]

其三，只有公正的制度，才最能够保存和支持这些内外交织的善。这是一种古典的自然目的论，其正当与善、道德与幸福合一的模式高贵典雅，为处于多元歧异世界的现代人提供了宝贵启示。

概言之，从亚里士多德、康德、罗尔斯的经典理论中开掘出人性的自由能力的多样性及其平等依据，不仅必要，而且可能。这种反思与批判的必要性在于，生而为人，对本性能力的自觉与坚持，以及对此时此刻的我和重要他人（significant other）所正当欲求的自由平等，亦有自觉与坚持。这种开掘与解放的可能性在于人（类）的"生生不息"，而经典理论有时显得会"自己反对自己"，因为其以一种历史偶然的方式[④]处理持存于世界的两难问题："人是万物的尺度"（普罗泰戈拉）、"快乐是幸福的根本源泉"（伊壁鸠鲁）与"万物皆知识，德善不可教"（苏格拉底）、"理性沉思是幸福的最终归宿"（柏拉图），经验论（休谟）与唯理论（笛卡尔），功利主义（边沁、密尔）与目的论（康德），等等。"这些意见之

[①] 不过亚里士多德也指出，友爱不能开出政治；其伦理学只是政治学的先导。城邦/国家的起源和统治另有其复杂性。〔古希腊〕亚里士多德：《尼各马可伦理学》，廖申白译注，商务印书馆，2003，第260页。

[②] 〔古希腊〕亚里士多德：《尼各马可伦理学》，廖申白译注，商务印书馆，2003，第273页。

[③] 〔古希腊〕亚里士多德：《尼各马可伦理学》，廖申白译注，商务印书馆，2003，第250页。

[④] 例如文化人类学研究倾向于认为，"思维的模式具有历史偶然性，它们最好被理解为——可以按照很多方式（包括一些彼此对立的方式）——被利用或再利用的资源"。参见〔美〕保罗·卡恩《法律的文化研究：重构法学》，康向宇译，中国政法大学出版社，2018，第188~189页。

中，有的是许多人的和过去的人们的意见，有的是少数贤达的意见。每一种意见都不大可能全错。它们大概至少部分地或甚至在主要方面是对的。"① 而且，先贤圣德，最伟大的心智通常只是独白，其传于后世的经典，却会在最重要的事务上互相矛盾。后世读者只能迫使他们对话，虽然难以给出最终的评判，② 但期待在这样的"两造辩论"中，揭示出不同能力者通向司法正义的隐约路径。

天行有常，③ 人道有为。"改善法律，是人为的；改善法律的原动力，是自然的。"④ 就此而言，亚里士多德和罗尔斯从不同但交叠的角度阐述了个体选择与外部环境（包括身体）的密切互动联系。亚里士多德的伦理学以行动为中心，在实践理性的日常判断中，承认并揭示人的行动与意图的复杂甚至是不连贯。⑤ 罗尔斯偏向于强调个人的自主和个体生活计划的多元，希望为个体行动留下更多免受干预的空间，同时又假定个体选择与自然禀赋、外部环境的深刻交互关系。因此既不能忽视个人固有的对身心完整（包括天赋）的正当权利，又不能将个人选择作为评判道德应得、在分配正义中执行差别原则的单薄依据，而只能尝试一种糅合了功利说服与平等博爱精神的妥协方案。⑥ 对于这种自由主义左派所面临的人性论困难，本书第七章基于实践唯物主义的探索将给出新的方案。

重新阐释和回归亚里士多德传统，主张人性能力的多样性和人所"固有的"尊严、自由和平等，除了借鉴上述罗尔斯（以及康德、霍布斯、密尔）的尝试——以道德批判政治，推动政治哲学关于正义原则的公共论证，还可以参考社群主义者的伦理学努力。例如，同情理解麦金太尔的

---

① 〔古希腊〕亚里士多德：《尼各马可伦理学》，廖申白译注，商务印书馆，2003，第22页。

② 〔美〕列奥·施特劳斯：《古今自由主义》，叶然等译，华东师范大学出版社，2019，第8页。

③ 《荀子·天论》。

④ 邓文正：《细读〈尼各马可伦理学〉》，生活·读书·新知三联书店，2011，第132页。

⑤ Michael Lambek, ed., *Ordinary Ethics: Anthropology, Language, and Action*, Fordham University Prsss, 2010, pp. 1-36. 转引自肖索未《欲望与尊严：转型期中国的阶层、性别与亲密关系》，社会科学文献出版社，2018，第11页。

⑥ 周保松：《自由人的平等政治》，生活·读书·新知三联书店，2017，第54~82页。

"追寻"，在现代社会的多元价值实践中，人可以主动接续德性传统（自然目的论），观照并开启今生今世的好生活。这比"善的弱理论"多了一些历史的社会的厚重感，也为不同能力者倡导多群认同的差异政治提供了道德心理学的论证。①或可共鸣于查尔斯·泰勒对普遍人性潜能的强调，其包容不同能力者的平等尊严：人类由于某些内在特质（what in human beings）而要求尊重平等尊严——尽管在后结构主义时代，人们似乎"羞于"提到这个形而上学的理论背景。康德运用"尊严"一词来阐述这个人性特质，亦即人作为理性主体，能够通过原则来指引自己的生活。更进一步理解，是人的普遍潜能（universal human potential），一种全人类皆有的能力，确保人应得到尊重。人们如此看重这一人性潜能，以至于当一些同类无法"正常"发挥相关潜能时，包括经受身心障碍、陷入昏迷，仍然要保护其平等尊严。②

在伦理学之外，还可以诉诸人类学的资源来论证人的可行能力的重要性。例如格尔茨认为，要理解人的多样性，才能脱离原始的梦想与统计学的阴影，建构一个人性的概念。定义人既不靠他的天生的能力（启蒙运动），也不单靠他的实际行为（当代社会科学），而是在于把二者联结起来，将天生能力转化为实际行为的能力。③人类学家对社会理论中道德维度的关注，推进了道德人类学的研究及其"伦理学转向"。人在社会行动中不仅仅表现为遵守特定的道德规范，还表现为个体的有意识选择、自由采取的慎思形式。由此人成为作出判断的伦理主体。④每个人在伦理生活中，不论存身于边缘社群、草根公益机构还是跨文化交流

---

① 〔美〕阿拉斯代尔·麦金太尔：《德性之后》，龚群、戴杨毅等译，中国社会科学出版社，2020，第43、279~281页。

② Charles Taylor, "The Politics of Recognition," in Amy Gutmann, ed., *Multiculturalism*, Princeton University Press, 1994, pp. 41–42. 相关翻译参考了周保松《自由人的平等政治》，生活·读书·新知三联书店，2017，第47页。

③ 〔美〕克利福德·格尔茨：《文化的解释》，韩莉译，译林出版社，2014，第65页。

④ 肖索未：《欲望与尊严：转型期中国的阶层、性别与亲密关系》，社会科学文献出版社，2018，第9~11页。

语境，都可以内化、践行以及倡导道德责任的规范体系，并且呈现出个体具身化（embodied）德性、实现生命潜能的情动力。① 尽管这些行动只能依据属于人的人性能力，从而要面临不确定性，承受爱与善的脆弱性。在人类学之外，社会学探索现代性与人性的努力，也可以为本书所探求的更包容的人性能力框架提供支持。例如吉登斯努力超越左右之争的"反思知识"、"抽象信任"和"第三条道路"，以及布迪厄尝试弥合主客观鸿沟的"惯习"与"场域"。

从各种立场阐释不同能力者所探寻的正义原则，都意味着要摒弃那些任意裁剪人性多样性从而损害自由的能力主义。例如罗尔斯属于自由主义左派，桑德尔属于社群主义的自由派，二者对个人道德能力的重视程度不同，但都反对优绩的（meritocratic，或译"英才的"）社会制度导致的歧视和不平等。当优绩至上时，每个人都按照"自身的"才能参与竞争，获取社会资源，将导致身心障碍者始终被排斥在社会之外，失落于能力主义和资本主义的合流。

二　平衡正当与诸善的可行能力路径

在当代政治哲学中，阿玛蒂亚·森关注人的实质自由与真实机会，以可行能力平等批判和取代罗尔斯的基本善品平等——一种偏向于客观资源平等的取向。② 森主张的可行能力（capabilities，或译"实行能力"）是指：在不同生活方式之间进行选择的实质自由，③ 比如"去做这个"或"成为那个"的自由。这些能力或功能向量的集合，才是一个人幸福生活的关键。④ 每个人将罗尔斯正义原则所分配的善品转化为可行能力的情

---

① 情动力（affect）指的是从个体情绪/情感（emotions）到主体感知、行动力的流变。参见方洪鑫《边城瑞丽公益组织的国际理念与草根精神：一个道德人类学的探索》，《社会》2019年第3期。

② 李剑：《残疾与正义：一种基于能力的正义理论》，《国外理论动态》2018年第6期。

③ 〔印〕阿马蒂亚·森：《正义的理念》，王磊、李航译，中国人民大学出版社，2012，第5页。

④ Amartya Sen, "Well-being, Agency and Freedom: The Dewey Lectures 1984," 82 *The Journal of Philosophy* 4（1985）:200-201. 转引自李剑《残疾与正义：一种基于能力的正义理论》，《国外理论动态》2018年第6期。

况，有实质性的不同；基本善品的平等分配与可行能力的平等运用实有霄壤之别。① 桑德拉·弗里德曼认可森的批评，并主张更广泛而深入的实质平等，为此强调个人自由和成就的社会属性；个人实现与社会贡献密不可分，个人需要在社会和政治参与中实现卓越德性。②

罗尔斯在后期著作中回应了阿马蒂亚·森的批评，认为其基本善品的指标具有灵活性，且考虑了基本能力（basic capabilities）；这些基本能力就是平等自由的公民依据其两种道德能力（moral powers）亦即正义感和善观念所拥有的能力，从而包括这些道德能力的全面发展和充分运用所需要的平等政治自由、言论及良心自由、职业选择自由等。订约者秉持一种核心观念，即将每个人都视为社会之终身的、正式的、完全的合作成员，③进而在立法阶段，从"应该度过所有人生阶段的人"（to live through all phases of life）的角度，来看待暂时降到最低必要能力水平之下的人的照顾需求，据此分配资源，以恢复人们的能力或通过适当方式予以改善。④

罗尔斯的理论重述，加大了平等保障的力度，拉近了个体自由与共同善的距离。尽管如此，可行能力路径仍不同于罗尔斯的正义理论中基丁资源（基本善品）的分析框架和康德式的主体观念，更强调通过对一个人做他/她有理由珍视的事情的可行能力来评价其实现正义的程度。⑤从基本善品到功能发挥，涉及个体身心、社会制度、自然环境等层面的转

---

① Amartya Sen, "Equality of What?" in S. Darwall, ed., *Equal Freedom: Selected Tanner Lectures on Human Values*, University of Michigan Press, 1995, p.329.

② Sandra Fredman, *Human Rights Transformed: Positive Rights and Positive Duties*, Oxford University Press, 2008, pp. 81–82.

③ 罗尔斯仍然假定，重度残障人始终无法成为正常作出贡献的社会合作成员（persons with such grave disabilities that they can never be normal contributing members of social cooperation）。参见 John Rawls, *Justice as Fairness: A Restatement*, Harvard University Press, 2001, p.170。

④ 〔美〕约翰·罗尔斯：《作为公平的正义——正义新论》，姚大志译，上海三联书店，2002，第277~279、287页。

⑤ 〔印〕阿马蒂亚·森：《正义的理念》，王磊、李航译，中国人民大学出版社，2012，第214页。

化。^①这些转化提供了人类多样性的一个来源，其受到个体"自然"差异及其"客观"处境的影响，也受到性别意识、能力定见、社会角色期待等文化因素，^②以及公正制度等人为因素的影响。

在纳斯鲍姆看来，这种转化意味着能力的实行、实质的自由不只是个人内在能力，还是个人能力和政治、社会、经济环境结合后创造的自由或选择——可称之为"联合可行能力"（combined capabilities，或译"融汇能""结合的可行能力""综合的实行能力"）。^③可行能力与人权、人类发展路径密切相连，弥合了第一代人权（公民与政治自由）、第二代人权（经济社会权利）的区分，诉诸人的基本能力和固有尊严，批判"权利是政治（或法律、制度）的产物"这一狭隘观点，并超越"消极自由"的保护范围，要求国家履行积极义务。^④人们关于可行能力的共识，亦即核心的可行能力清单，^⑤在批判政治及法律制度的过程中可以保持开放和增长；其中，包含审慎裁量（judicial reasoning）与裁判实施（judicial implementation）的司法程序是这类渐进增长得以实现的关键平台。^⑥特别是考虑到，可行能力的复数内容交织在一起，如同人权的各项内容相互依存不可分割。而在司法程序中，经由公共论证和法官慎思，可以纳入宪

---

① Ingrid Robeyns, "The Capability Approach: A Theoretical Survey," 6 *Journal of Human Development* 1（2005）:93-117.

② 李剑:《从能力理论到能力主义——当代西方政治哲学中能力理论的出现与发展》,《中国哲学年鉴》2017年第1期。

③ 〔美〕玛莎·C.努斯鲍姆:《寻求有尊严的生活：正义的能力理论》,田雷译,中国人民大学出版社,2017,第15页。这本书的英文标题为"Creating Capabilities: The Human Development Approach"，直接含义就是：创造可行能力：人类发展之路径。关于人的基本可行能力（basic capabilities）、内部可行能力（internal capabilities）以及联合可行能力，另可参见〔美〕玛莎·C.努斯鲍姆《女性与人类发展——能力进路的研究》,左稀译,中国人民大学出版社,2020,第67~68页。

④ 〔美〕玛莎·C.努斯鲍姆:《寻求有尊严的生活：正义的能力理论》,田雷译,中国人民大学出版社,2017,第199~201页。

⑤ 〔美〕玛莎·C.努斯鲍姆:《寻求有尊严的生活：正义的能力理论》,田雷译,中国人民大学出版社,2017,第53~55页。

⑥ 纳斯鲍姆认为，罗尔斯得出正义原则的论证过程也类似于自己阐述可行能力的路径，亦即都不是严格的三段论演绎，而是往复衡量的司法慎思（judicial reasoning）。参见〔美〕玛莎·C.努斯鲍姆《正义的前沿》,陈文娟、谢惠媛、朱慧玲译,中国人民大学出版社,2016,第122页。

法权利的实然内容，克服形式逻辑的僵硬，并超越直觉主义的不确定性。

因此，诉诸司法主张残障人等脆弱人群的可行能力或平等权利的独特意义在于：（1）就个案情境，权衡取舍（trade-off）具体的权利／可行能力，作出生效裁判，推动具体议题如性别平等、残障平等与时俱进；（2）坚守人性尊严之底线，强调某些基本自由或可行能力（比如信仰、良心自由）无论如何也不能被"出卖"以"换取"其他功能（比如安全）的实现；①（3）在可行空间内，从总体上解释基本权利，以包容、连贯的视角批判现实的不平等或揭示抉择的困境，推动更广泛领域的社会变革或宪法修正，彰显人权价值、生成法治权威。

纳斯鲍姆的可行能力理论，作为一种正义理论的阐述路径，部分借鉴或延续了罗尔斯的策略，包括：起始于弱假定的理论前提（区别于社群主义），在论证中不排除对程序正当或对尊严、可行能力的某种直觉，落脚于重叠共识（某种"契约论的"合意）。二者都纳入了一种政治心理学、一类对个人的政治阐释、一派关于善的政治理论以及一脉对正当化论证的阐释。②但纳斯鲍姆强化了康德的"人是目的"及人格尊严观念，并溯源分析了亚里士多德的善的"外在条件"（城邦生活、友谊），进而强调爱、关怀、情感依赖的重要性。可行能力路径与《残疾人权利公约》的理念和制度安排有许多重叠之处。③这些分析思路同样启发本书，从罗尔斯回溯到亚里士多德，阐释人的自由本性的丰富性及脆弱性。

依据可行能力路径，人权与道德、公正的话语再次相通，这是否会

---

① 可以发现，从《女性与人类发展》（英文出版于 2000 年），经由《正义的前沿》（英文出版于 2006 年），到《寻求有尊严的生活》（英文出版于 2011 年），在后来的著作中，纳斯鲍姆进一步阐释了通过司法裁判来推进可行能力路径的独特意义。参见〔美〕玛莎·C. 努斯鲍姆《寻求有尊严的生活：正义的能力理论》，田雷译，中国人民大学出版社，2017，第 121~123 页。

② 〔美〕玛莎·C. 努斯鲍姆：《正义的前沿》，陈文娟、谢惠媛、朱慧玲译，中国人民大学出版社，2016，第 106 页；部分翻译参考了英文原文第 153 页。

③ Caroline Harnacke, "Disability and Capability: Exploring the Usefulness of Martha Nussbaum's Capabilities Approach for the UN Disability Rights Convention," 41 *Journal of Law, Medicine and Ethics* 1（2013）:769, 744~745.

导致人权概念过分膨胀？格里芬对此提出批评，他同情伯林等人的消极自由观，强调人的自主性、能动性，尝试为人权界定一个实质的规范的内容，进而认为人权不应扩展到婴儿、植物人、高度痴呆者、重度精神障碍者。[①]但是，他将人权界定为人依据人格（person-hood）自主选择自己的生活途径，采取行动获得最低限度的资源和能力（capabilities），并免受他人干预的自由。其中蕴含着一种"规范能动性"（normative agency），亦即人在过一种值得过的生活中所涉及的能动性。[②]这仍然为本书界定人权内涵、探索可行能力路径提供了强有力的论述依据。本书在第一章中界定的人权是指：人之为人（主体）所享有的主张正当利益、为或不为的平等资格，并能够如此的自由。与格里芬的界定相比，这里相通的是强调采取行动所需的资源、可行能力和外部支持，不同之处在于多了"正当"的要素。格里芬仅仅强调对于"规范/正常"主体的"最低限度"需求的外部支持，排除了更多的道德论证空间，也忽视了残障人的主体性（人性多样和潜能）。而本书结合可行能力正义论视角，强调残障人实现司法正义所主张权利内容的正当性，为此提供道德上的论证，以充实人权的内涵。

也有批评者认为，当前的可行能力理论过于看重理论思辨，而忽视了残障人实际上的主体需求、独特处境与多样生活经验。其寄希望于一套完备的可行能力理论，就能自动扩及并带动残障人享有平等自由。这其实是"将马车放在了马的前面"。[③]对具体可行能力的比较、挑选、取舍或许是专断的（例如列出十项核心能力的清单），会导致家长主义滋生；实际保障某种能力所需要的巨量资源调配，仍然是个疑难问题。[④]应该借鉴弗里德曼的实质平等维度，将可行能力路径与重视残障人平等社会地位的

---

① 〔英〕詹姆斯·格里芬：《论人权》，徐向东、刘明译，译林出版社，2015，第114~115页。

② 〔英〕詹姆斯·格里芬：《论人权》，徐向东、刘明译，译林出版社，2015，第39~45、54页。

③ Christopher A. Riddle, *Disability and Justice, The Capabilities Approach in Practice*, Lexington Books, 2014, pp. 2~5.

④ 李石：《当代政治哲学处理"残障"问题的三种路径》，《伦理学研究》2022年第2期。

认可理论（recognition theory）结合起来，综合理解《残疾人权利公约》的理念，推进对残障人平等自由的保护。[①]

可行能力路径揭示出罗尔斯正义论中的差别原则以及平等机会的公平原则都不足以解决残障人在诉诸司法时面临的实际问题。其批判指出，残障司法正义面临的挑战涉及人的基本自由和可行能力被否定的问题。由此检视罗尔斯理论的第一部分，其关于订约者的人性能力假定过于狭隘，因而需要开掘更丰富的实践人权的人性论。可行能力路径不再拘泥于残障发生的个体或社会因素，其对残障人实质选择的论述，既是描述的也是规范的。[②] 这一路径考虑到残障人的实际生活机遇，亦即残障人由于身心损伤和外部障碍的相互作用，无法在与其他人平等的基础上参与社会乃至实现司法正义。那么，形式上公平的（法定的）基本善品分配，就只是纸面上的权利。其真正得以转化和"实行"，还需要消除外部环境中的障碍，提供合理便利支持，这样才有可能实现残障人的实质公平与自由。

据此，可行能力路径解开抽象正义原则对人性能力多样构成的束缚，充分论证在具体司法制度中为何以及如何向残障人提供程序便利以及合理调整（另见第五章第一节）。一方面，正当优先于善，残障人平等参与司法，属于"公正审判"这一正当程序的普遍要求。另一方面，司法程序的"便利""调整"，必须回应残障个体的个性化需求，考虑更具体的善的目的，并通过司法的自由裁量予以评判。这样才会如罗尔斯所愿，让"一个人能够达到其生命的繁荣，只要环境可能，尽可能地去运用他已经获得的能力"。[③] 如果依据可行能力路径，对"环境允许"与"获得的能力"做更加辩证的理解，亦即人生成长中外在善（比如友爱、好运）的滋养、法

---

① Gauthier de Beco, *Disability in International Human Rights Law*, Oxford University Press, 2021, pp. 61–63.

② 于莲：《以可行能力视角看待障碍：对现有残障模式的反思与探索》，《社会》2018 年第 4 期。

③ 〔美〕约翰·罗尔斯：《正义论》（修订版），何怀宏、何包钢、廖申白译，中国社会科学出版社，2009，第 338 页。

律制度的赋能，都可以促进人所"固有"的人性能力的充分实现，那么罗尔斯的批评者如阿马蒂亚·森和纳斯鲍姆，也会赞同这个实现了个案公正、实质自由的结果。

此外，德沃金在《至上的美德：平等的理论与实践》(Sovereign Virtue:The Theory and Practice of Equality)中讨论了从福利（偏好）平等发展到资源（人的能力也是一种资源）平等的理由。①由此对照、反思罗尔斯、德沃金、阿马蒂亚·森等人的正义与公平理论，并着重考虑残障人作为不同能力者平等参与社会生活、实现社会融合的基本自由，本书尝试确立"基本自由+可行能力平等"的正义新论。基本自由（以核心人权公约为例）是对个人偏好及可用资源的共识，包括生命、人格、健康、人身自由、教育、就业、家庭、财产、自立生活等权利，而可行能力是借鉴残障的社会模式、立足《残疾人权利公约》的人权模式，对政治哲学上的个人自由（罗尔斯）、个人自主（诺齐克）、个人责任（德沃金）模式的重大修订。二者的对比如下：

　　基本自由=偏好+资源=平等机会的公平+有限度的结果公平

　　实质自由=基本自由+可行能力平等（需要一个包容平等的赋能框架）

依据可行能力模式②，残障人实现司法正义的可能性包括以下方面。

---

① 〔美〕罗纳德·德沃金：《至上的美德：平等的理论与实践》，冯克利译，江苏人民出版社，2008，第76~79页。左派自由主义者如希尔·斯泰纳（Hillel Steiner）认为，德沃金的"资源平等"与伯林的"消极自由"是相容的，尽管斯泰纳要为消极自由而主张一种平等的不受现实阻碍的"行动空间"（action-space）。参见李石《源自个人选择的正义——访谈左派自由至上主义代表人物希尔·斯泰纳教授》，《国外理论动态》2018年第12期。左派自由主义者对"平等自由"及其"现实性"的考虑，在残障司法领域碰到了"现实"困难，这是本书借鉴可行能力理论予以批判的逻辑起点。

② 应该注意，可行能力与胜任能力（competence）不同。后者更契合能力主义标准下对"优良"个人能力（ability）的认定，比如行为能力、劳动能力、出庭作证的能力、胜任岗位的能力，引申为法院等公部门的合格权限、国家的管辖权限等。

在出发点上，不再将身心损伤归结为理性丧失（insanity）或身心能力的缺失（disability），而是社会观念与制度都认可残障人作为人权主体的人性能力（faculties）的多样性及其自我认同和群体认同的差异性、动态性。在外部环境上，强调基于人权的法律赋能（empower）措施需要一个包容平等的框架（详见第七章），包括但不限于司法全过程的无障碍环境建设、提供合理便利、采取其他积极措施。在功能发挥（function）的结果上，扬弃了残障（persons with disabilities）概念——克服个体身心损伤与外部障碍相互作用的动态结果，实现法治社会允诺给残障人的司法正义，令其享有实质自由与平等，进而实现了全社会的团结与融合。

罗尔斯和艾丽斯·杨都看重群体认同对个体自尊以及争取平等的意义。群体认同，让个体觉得自己的人格、行动有了价值，并通过外在的友善，减少个体行动（实现合理生活计划）的失败可能性，抵御风险，在遭遇不幸后提供抚慰、缓解自我贬低或怀疑。[1] 罗尔斯比较看重个体能够"安于"所属团体的调适，群体之间出于多元主义的自由立场相安无事；艾丽斯·杨则更主张多重的群体认同和积极"争取"平权。相比之下，对于残障人实现司法正义而言，艾丽斯·杨的"差异政治"可能启发的策略，[2] 包括采取公益诉讼、社群法律赋能等行动，显得比罗尔斯的"包容"的正义原则更有说服力和号召力。

国际人权法的实际发展，已经回应了可行能力与基于权利的人类发展路径——后者在联合国层面也较早占据了主流地位。[3]《消除对妇女一切形式歧视公约》第 15 条第 2 款指出："缔约各国应在公民事务上，给予妇

---

① 〔美〕约翰·罗尔斯：《正义论》（修订版），何怀宏、何包钢、廖申白译，中国社会科学出版社，2009，第 348~349 页。

② 〔美〕艾丽斯·M. 杨：《正义与差异政治》，李诚予、刘靖子译，中国政法大学出版社，2017。特别是关于"重申差异的意义"、"通过差异获得政治解放"以及通过异质性公共空间讨论和制定尊重差异的政策等论点，参见第 198~231 页。关于差异政治与残障研究的介绍，另可参见苏峰山《正义理论、差异政治与障碍研究》，张万洪主编《残障权利研究》（第 9 辑），社会科学文献出版社，2021。

③ 王若磊：《基于人权的发展观：一种新的发展范式》，《人权》2015 年第 3 期。

女与男子同等的法律行为能力，以及行使这种行为能力的相同机会。"①其中，"行使法律行为能力的相同机会"这个概念为人权法上阐释"可行能力"提供了初步依据。

沿着这个脉络前行，《残疾人权利公约》正是为了增进残障人的实质自由，而从残障人的平等、自主、参与、社会团结（solidarity，或译"共同体"）等基本维度设定了残障人的基本权利和政府、社会的相应义务。②从可行能力来看，《公约》确立的实现残障平等与融合的人权模式，不同于传统上优先考虑"平等机会的公平"，而后从结果上考虑对特别弱势群体的福利予以"特别保护"的立法保障模式。《公约》声称自己没有创设新的权利，以避免激进，确保既有法律和人权体系的稳定性，不对各国的国内法造成太大冲击。但是，《公约》真正的革新创举在于，其增设了国家、社会的积极义务，以切实确保残障人的自主、参与及享有共同体的互助支持。由此，残障人已经确立的法定基本自由（基本善品或资源的初次分配），在诉诸司法救济权利的过程中，进一步得到了"实行"中的协助和支持。

在残障与人权领域，基于《残疾人权利公约》而构建的经由可行能力路径的正义新论，与传统模式下，在主体人性能力判定、社会参与过程或可行能力支持以及实现司法正义的结果层面的区别如表6-1所示。

表6-1　在残障领域的可行能力正义论的运作模式比较

	主体的人性能力判定	社会参与过程／可行能力支持	实现司法正义的结果
传统模式	将残疾视为理性丧失、身心能力缺失、个体缺陷	慈善救助　医疗康复	社会排斥和歧视　难以获得司法救济

---

① 本条英文为：States Parties shall accord to women, in civil matters, a legal capacity identical to that of men and the same opportunities to exercise that capacity。

② Eilionoir Flynn, *From Rhetoric to Action: Implementing the UN Convention on the Rights of Persons With Disabilities*, Cambridge University Press, 2012, pp.13-18.

	主体的人性能力判定	社会参与过程 / 可行能力支持	实现司法正义的结果
福利国家模式（罗尔斯）	自由主义的充分参与假设 社会契约	法定自由、客观资源 基本善品的分配，比如收入、财富、权力、职权	平等机会的公平 & 差别原则 对特殊需求的调整（补丁）
可行能力模式（阿马蒂亚·森、纳斯鲍姆）	认可残障人是人的多样性及脆弱性的一种 尊重残障人自我和群体认同的差异性	基于人权的法律赋能 全过程的无障碍、程序便利、合理便利 采取积极措施	构建制度韧性 实现司法正义 社会融合

资料来源：笔者自制。

第三节　从不同能力视角论述身心合一的正当

本章批判能力主义，聚焦"不同能力者"的多样人性能力，而后多方求索其诉诸司法、主张可行能力平等的正当性，为此还可以借鉴后现代视角，解构残障、疾病、衰老概念背后相通的能力主义假定，加深理解可行能力及其公正向度。此外，不同能力者超越启蒙迷思，应考虑到身体美学、体知哲学的新发展，强调人的知意情身的自由活动，反思司法正义的审美视角，为论证残障人诉诸司法的实践主体性奠定感触可及的、感性相通的基础。

一　多样而平等：对残障、疾病和衰老的"不同能力"解构

探索可行能力路径，应当重视人们（包括残障人）关于健康康复的差异体验和多样需求。[①]其中，基本健康方面的不利影响，可能影响到个体其他可行能力的实现，如生命、感知、玩耍娱乐。这种侵蚀性的不利处

---

① Christopher A. Riddle, *Disability and Justice, The Capabilities Approach in Practice*, Lexington Books, 2014, p.77.

境（corrosive disadvantage）尤其威胁到人的整个可行能力体系，值得重视，并应作为论述正当主张的首要依据。①此外，人的脆弱性和不利处境也存在不可通约的层面，不应该假定均质的健常（able-bodied）个人作为正义论的订约者或可行能力的主体。难以复原的损伤、起伏持续的疼痛、无法言说的病识感……这些个人体验同样构成了特定的自我认同，且这种体验的差异始终存在——哪怕消除了外部障碍，建立了更广泛的、包容的社会认同，其仍会存在。

另外，在残障的社会模式看来，残障不是疾病。因为在许多情况下，比如先天障碍或不少聋、盲、肢体障碍，残障不是可以治愈的疾病，或不需要治愈。残障和疾病都是人的"正常"状态或不是"不正常"。但人们拒绝"残疾"一词的隐喻，要将残障和疾病区分开来，为此付出的代价或许在于承认：疾病似乎是更可怕、要不得的。残障人跟所有人一样，但跟病人不一样。病人成了跟所有人不一样的他者。这将有损《残疾人权利公约》及整个人权体系中所确认的人的平等尊严，而减弱残障权利运动中对"多元能力"或"不同能力"的论述。

关于残障的病态隐喻，如"黑暗的世界""无声的世界"，作为一种过度阐释的修辞，让人们的生活世界变得贫瘠、枯竭，缺乏想象，无法看见/感受"他者"的平等主体地位和丰富人性。②与此同时，在关于残障、疾病乃至衰老的隐喻背后，有相通的能力主义假定。其认为：人的本质就在于拥有某些能力，否则人就是无能、失能的，低人一等，其法律行为能力、责任能力都受到限制。后现代批判正是要解构这种狭隘对立，强调人的多样性，以"不同能力者"的多元但平等共通的自由，取代能力主义的同质标准。

在《残疾人权利公约》界定残障的新理念背后，是对"正常"的反

① Christopher A. Riddle, *Human Rights, Disability, and Capabilities*, Palgrave Macmillan, 2017, pp. 38-41.

② 〔美〕苏珊·桑塔格:《反对阐释》，程巍译，上海译文出版社，2003，第9~14页。

思。在西方观念中，正常人理所当然地被认为是健康、独立和理性的。很多政治学、哲学和医学理论都建构于这种假设之上。正常被定义为健全，但这很可能是一种迷思。"正常"毋宁是一种文化和历史的概念，对于不同个体而言，身体"常态"也不同。"正常"（normal）这个词，作为"标准的、普通的、平常的"意思，最初出现于19世纪中期，而后又出现了描述身心的"常态"（normality/normalcy）等词。统计学在19世纪诞生，进一步推动了"正常"概念的广泛使用。在此之前，人们追求的是完美状态而非常态。例如，柏拉图用"形式"（the forms）的概念描绘了一种人们毕生追求而不可企及的理想状态。[1]

出于这些反思，在残障的社会模式取代医疗模式的过程中，人们要求以"残障"取代"残疾"一词，如同20世纪80年代中国社会以建立"中国残疾人联合会"为契机，推动"残疾"取代"残废"，是认可残障人尊严的巨大进步。特别是2008年中国修订《残疾人保障法》，虽未直接引用《残疾人权利公约》对"残障"的定义，但在法律中第一次引入"禁止基于残疾的歧视"概念，[2] 增设"无障碍环境"一章，并在随后的行政规章中制定《无障碍环境建设条例》（2012），也体现出从"残疾"到"残障"的演进。

再考虑到，当前许多残障人急于摆脱身体功能损伤（疾病）的身份。中国政府长期将"康复"作为残障人事业的重点。许多残障人认可或依赖于政府的"康复"服务。这些观念与政策，实际上又增加了各方对"残疾"一词认识的复杂性。比如在一些民间倡导机构看来，"残疾和残障没有本质区别，在中国人们习惯称为残疾，在西方一些国家，称为残障"，或者质疑："残障人就一定比残疾人好听吗？"[3] 因此，回到中文语境以及在

---

① Tom Shakespeare, "Disability, Normality, and Difference," in Jayne Cockburn and Michael E. Pawson ,eds., *Psychological Challenges in Obstetrics and Gynecology*, Springer, 2007, pp. 51–53.

② 柳华文：《中国残疾人权利保障事业的基本特点》，《残疾人研究》2017年第2期。

③ 如《"残障还是残疾?"——给家长的一封信》，新浪博客，http://blog.sina.com.cn/s/blog_72c88fcb0102x44u. html;《残障人就一定比残疾人好听吗?》，新浪博客，http://blog.sina.com.cn/s/blog_4a0bc6a30102em7w. html。

中国残障政策发展过程中，论证和倡导以"残障"取代"残疾"，是一个逐步澄清《残疾人权利公约》理念，在看起来莫衷一是的争议中凝聚共识的努力过程。

但是，如果人们习惯了19世纪以来这种现代化的科技、医疗、法律维度的"线性进步"逻辑，以"残疾"取代"残废"概念，进而以"残障"取代"残疾"，就会有一种建构疾病与残障对立的风险。例如社会工作者认为，从19世纪到20世纪，随着科学和医学的进步，人们逐渐认识到"残疾"的生物和医学原因，涉及身体功能和结构的损伤。这种"医学模式"的认识产生了"康复"理论，其认为"残疾"是一种个人的病，通过用药和手术可以康复。但将医学"康复"用于身心障碍人士几乎是一种讥讽，在此使用"病""患者"等词也很不妥，相比之下，"复健"一词更适宜，而"障碍"这个词近乎中性，有积极意义，强调人和环境互动的障碍。这种障碍可能因功能或其他限制而产生，不仅仅限于"残疾人"这个群体。障碍视角还强调了"参与"和"支持"这两个维度。①

据此，残障不是疾病。残障是个人与社会环境互动的结果，而疾病是个人的、糟糕的、不幸的。苏珊·桑塔格在《疾病的隐喻》中告诫人们，"要居住在由阴森恐怖的隐喻构成道道风景的疾病王国而不受隐喻之偏见，几乎是不可能的"。②揭示、摆脱这些关于疾病（以肺结核、癌症、艾滋病为例）的隐喻，消除其带有贬低人格意味的道德联想或暗示，才能让人重回理性的、有尊严的生活。即便如此，疾病（或损伤）如今成了"残障"概念中"较次要"或"被摒弃"的一面。疾病本身是归属于个人的、丑陋的、令人嫌弃的身心问题。

人们已经开始反思残障的社会模式，指出应该重视损伤或疾病带给残障人的生命体验，而不只是消除外部障碍。如果不谈身体功能损伤，障

---

① 何乃柱、李淑云：《从"残废"到"障碍"：称谓的演变对残疾人社会工作的影响》，《社会工作》2013年第4期。

② 〔美〕苏珊·桑塔格：《疾病的隐喻》，程巍译，上海译文出版社，2003，第5页。

碍就变成一种模糊的无法定义的概念。[①] 例如，性别、衰老、职业分工等也可以被认为是社会建构的压迫概念。对身体功能损伤的定义本身是一种独特的社会判断，[②] 生物医学标准受到社会文化因素的影响。身心损伤凸显出残障人参与社会、实现正义所面临的独特风险与脆弱性。在后现代视角下，解构"残障"与"疾病（损伤）"的二元割裂，意义还在于，回到人的多样性，包括残障群体内部的异质性，反对以能力主义、本质主义来界定人，最终重新确立人的人性能力与主体能动性。对残障与疾病概念的比较分析，包括二者在身心能力、自我认同、外部工具、因果分析、歧视表现、人权批判等领域的不同表现，以及相互交叠，可参见表 6-2。

表 6-2　残障与疾病概念的比较

	残障	疾病	二者的交叠
身体 Body, somatic, flesh, corporeal, physical	（1）五官、肢体、脏器等身体损伤，相关功能长期处于较弱状态；加上（2）外部环境中的障碍；最终（3）构成与外界互动的残障结果，比如功能发挥的限制	发烧，上吐下泻，牙疼，脏器、神经、躯体损伤，骨折 短期的感知弱化	假定了能体常态（able-bodied normalcy）
心灵 Mind, mental, soul, spirit, psyche	（1）精神、心智等机能损伤，长期处于较弱状态；加上（2）外部环境中的障碍；最终（3）构成与外界互动的残障结果，比如功能发挥的限制	社会心理因素会影响个体的健康状态	脑科学研究模糊了身心界限，语言能力是一种重要的媒介 由于科技的进步希望和治愈的复杂性，人们对阿尔茨海默病、罕见病（如渐冻症）的界定处于二者的交叉地带

[①] 张恒豪、苏峰山:《残障权利及其误用》，张万洪主编《残障权利研究》(第 3 卷第 1 期)，社会科学文献出版社，2016。关于社会文化因素的影响，比如中国的苗族社会里不存在"残疾"这个概念，另可见葛忠明、李锦绣《不同视角下的残疾预防及其组织体系建设》，《残疾人研究》2011年第 3 期。

[②] Tom Shakespeare, *Disability Rights and Wrongs*, New York: Routledge, 2006, p.35; Tom Shakespeare, *Disability Rights and Wrongs Revisited*, Second edition, Routledge, 2014, p.22.

续表

	残障	疾病	二者的交叠
自我认同	残障骄傲 聋人文化 多群认同的歧异和联结	法律建构的赋予或限制某种资格的病人,比如能否收监、出庭、享受医保、立遗嘱乃至安乐死	都离不开社会建构,也需要反思这种建构
使用工具	助听、助视设备 轮椅、拐杖……	服药;呼吸器,起搏器,胰岛素注射器,其他穿戴设备	脑机接口 AI辅助
外部环境	无障碍环境	卫生的环境(比如清洁空气、禁烟、降低噪声)	贫困、歧视 卫生条件(清洁用水、厕所)、食物和营养
康复或治愈	康复 长期服药,比如精神障碍 重度残障人长期依赖照顾	治愈 长期服药,比如高血压 结合临床,个别诊断	残障人康复之后,有其他治愈需求,比如拔牙、阑尾炎等 受到科技水平和资源条件的限制 动态的评判标准,受到统计学、人口结构、工业化程度的影响 不同文化有不同的认知、界定
诱因或成因	人为的、意外的、环境的,衰老 基因的、先天的、未知的	病理学的 未知的	个体知识或能力不足导致的不利后果
迷思	归于个人的能力缺失 个体悲剧	有关癌症村、长寿村的传说	脾气性格不好容易致病(癌) 心病难医/心残难助 命不好导致的 不合理的欲望导致了问题,所以理性应该将身心控制起来
歧视表现	残障人被认为是危险的、无用的、无能的	被认为是传染的,比如乙肝病毒携带者、HIV携带者 被认为是有缺陷的,不能胜任工作的,比如携带地中海贫血基因	疾病和残障的道德隐喻,对能力、品质、人格的贬损 共同的敌人:能力主义、资本主义的绩效观,或优绩暴政

续表

	残障	疾病	二者的交叠
文化多样性	前工业时代对残障人劳动和创造能力的某种认可 某些文化通过家庭、社区对残障人的包容	前工业时代对某些疾病的浪漫化标签 不同文化对艾滋病等疾病的态度不同	文化认同影响了对残障/疾病的认知，以及相关社会支持、资源分配的机制
基于人权的反思和批判	医学帮助解释道德，比如脑科学、自制力的神经化学机制，但对正当、法律责任的认识，来自公共证成 归结于司法裁量	医生、律师是倾向于垄断专业知识、囤积（hoarding）私利机会的群体 医患信任关系的抽象依据	科学是首要的，科普是关键的，但不是科技决定论、医学决定论 涉及健康政策、社会保障，基于人权的正当制度

资料来源：笔者自制。

与对"疾病"（损伤）的摒弃形成有趣对照的是，残障也不是衰老，而人们愿意将老、残联系起来，用以说明对当下无障碍环境建设及相关社会保险政策的成本收益分析，符合经济人的理性预期。不是所有人都愿意设身处地想象自己遭遇残障的可能风险，但所有人都不得不考虑自己年老后的生命体验。

统计学不仅在过去催生了关于"正常"的可计量标准，也在如今的福利政策制定中发挥着显著作用。老龄化及残障交叉领域的实证数据，常常会显得特别有说服力。例如在我国台湾地区，从 1992 年至 2015 年，残障人口从 6.8% 上升到 13.2%，同时老年人占比从 1.1% 上升到 5.0%。两类人交叠，2001 年残障人口中老年人占比 35%，到 2015 年这个数字是 39%。在 2016 年所有的老年残障人口中，有一半是肢体障碍。这导致了巨大的照顾（尤其是长期照顾）需求，并实际影响到"老人福利法""精神卫生法""身心障碍者权益保障法""长期照护服务法""全民健康保险法"等对残障老人的关注。①

---

① 薛承泰：《从残障福利到身障权益：台湾面对老龄化的挑战》，发表于"第二届两岸人权研讨会"，2017 年 6 月 22 日，天津。

　　研究者于是可以据此"危言耸听"：全球老龄化趋势日益严峻，老年残障人口也越来越多，这已是不争的事实。同时，随着医疗水平、康复技术、公共健康知识水平的提高，越来越多中重度残障人能够进入老年阶段。[①] 再比如我国对老年残障人身份认同的研究似乎"揭示"了一个愁云惨淡的现实：残疾症状对老年残障人的晚年生活产生了显著影响，破坏了他们的日常生活自理能力，对其日常交流与沟通产生了阻碍，使他们无时无刻不认识到自己作为"残疾人"存在。因此，"残疾"属性为老年残障人所认同与接纳，并逐渐成为其本质属性。例如，"起先右耳还能听到一点声音……后来完全听不到，过了一段时间，就完全适应耳聋的生活了"。[②] 在这个脆弱性交织的认同过程中，疾病的视角也寻隙而入。

　　诚然，衰老导致残障的概率很高，老年人在残障人口中占比越来越高，但过于强调"老残一体"，会混淆两种不同类型生命形态的体验，并且将人们关于老年人失能的话语重新引入残障领域。残障不是衰老，理由在于：其一，残障人中的年龄段分布多样，从婴儿到老年人，有许多不同的生命体验；其二，残障类别多样，其发生、演变，并不总是与衰老相关。

　　与此同时，这个社会对于"衰老"仍然有根深蒂固的能力主义判定。[③] 人们见识到，人在"变老"的时候，身心机能衰退，严重影响到人的自信以及体面生活。电影《依然爱丽丝》(*Still Alice*)、美剧《实习医生格蕾》(*Grey's Anatomy*)中关于（女性、母亲）"老年痴呆"的探讨，都是生动的例子。这个社会对于"衰老"绝没有人们预计的那么宽容，例如娱乐大众

---

① 罗遐：《残疾社会模式及其对我国残疾人养老保障体系建构的启示》，《安徽农业大学学报》（社会科学版）2016年第1期。

② 姚远、陈昫：《老年残疾人身份认同问题研究》，《人口研究》2011年第6期。

③ 例如美国医学研究所（The Institute of Medicine）提出的"增能和失能过程模型"（enabling-disabling process model），https://www.ncbi.nlm.nih.gov/books/NBK233576/。该模型指出了外部文化心理以及物理环境和个人损伤相互作用的动态过程：具有一定程度的损伤或功能限制（即潜在的残障）的人，如果处在缺少支持的环境中，将经历更严重的残障。残障程度受到环境支持程度的影响。环境主要有两大类：社会心理环境和物理环境。尽管如此，评估"功能"（function）、"能力"（ability）的标准，仍然以统计学上的"常人"为基础。

狂热于"少女脸""冻龄美人",① 以及知识精英嘲讽逼婚老人落后于时代的偏狭经验和视野。② 于是有对"老人"作为"他者"的恐惧。

但这种恐惧不应该成为论证残障平等议题的现成(given)思路——为了免于衰老带来的那种"恶果",如今人们应该早做准备。残障与衰老的这一并置,也应该得到解构,以彻底显现出人性能力的多样性与平等尊严。

在解构关于疾病、衰老的能力主义假定之后,本小节再回来探讨健康与残障的"正当"关系。在《残疾人权利公约》制定过程中,国际社会逐渐形成关于科技、医学进步如何影响健康标准、残障状态的新共识。③ 新技术不大会消除乃至大幅度减少残障人的数量。④ 一方面,随着医学进步,许多身心损伤可以治愈或预防,但人的多样性仍然存在。在统计学上,仍然会存在"弱于"主流标准的少数。为了社会正义,人们仍然需要界定"残障"或"身心障碍",依据某种"差别原则"采取积极行动。另一方面,人是"有死的"存在者。这一终极的脆弱性,界定了人性。科技、医学不可能改变这一点,而必须容许人性能力的波动、衰退。

所有人平等享有的健康或康复的权利,当然与残障人享有各项权利的可行能力存在重叠,这也意味着"健康的正当性"(just health),⑤ 并重

---

① 对于女性,基于衰老的歧视更为严重。参见李小丢《少女脸横行的时代,中国女人为什么不"敢"变老?》,豆瓣网,https://www.douban.com/note/569776472/?_i=9215965wfCfSpp。

② 肖牧:《你妈催你结婚了吗》,凤凰网,https://finance.ifeng.com/a/20170630/15499618_0.shtml。这篇文章原于 2017 年 6 月 29 日发表在微信公众号"大象公会",有 10 万次以上的阅读量,算是比较"理性"地从社会结构、父母经济资源、女性个人成长机会等方面来解读老人"逼婚"现象。

③ 1948 年通过的《世界人权宣言》第 25 条第 1 款明确提到了确保残障人的基本生活和社会安全:"人人有权享受为维持他本人和家属的健康和福利所需的生活水准,包括食物、衣着、住房、医疗和必要的社会服务;在遭到失业、疾病、残废、守寡、衰老或在其他不能控制的情况下丧失谋生能力时,有权享受保障。"

④ 黎建飞:《〈残疾人权利公约〉的背景回顾与再解读》,《人权》2018 年第 6 期。

⑤ 本书借鉴可行能力路径来论证健康对于人之尊严和体面生活的正当性和重要性。参见 Christopher A. Riddle, *Human Rights, Disability, and Capabilities*, Palgrave Macmillan, 2017, pp. 33-35。依据罗尔斯的正义论框架,也可推出类似结论,其思路如下:首先,平等机会的公平原则是正义原则的一部分;其次,健康是一个人获得公平机会的重要前提。所以,重视和满足个人的基本健康需求具有正当性。参见 Norman Daniels, *Just Health: Meeting Health Needs Fairly*, Cambridge University Press, 2007, p.30。

申：个体对身心损伤的真切体验，同样是人性能力脆弱性、多样性的根本内容。

从多元能力角度来看：能力本身是流动的，每个人都有不同的特质和不同形式的能力。每个人也都有需要获得支持的时候。人本来就生活在一种互相支持的关系当中，并没有"全能"的人，也没有那种理想的能够"始终如一""打完全场"的成年人、健全人、正常人。此外，单一个体的人性能力状态，以及外部实现的功能，也不是静止不变的。随着年龄的增长、偶发的伤病以及环境的变动，个体消除障碍、认同新的能力状态、实现平等参与所需要的支持也会不同。

每个人都正在或潜在享受社会发展对个人能力的延伸，例如人造光源（灯）和人工光学设备（眼镜）为人们减少了视觉的障碍，义肢、坡道、电梯为人们消除了移动障碍，脑机接口减少了身体神经控制、人际语言交流的障碍。这也是人的自然化（更好地制造和使用辅助工具来把握自然）与自然的人化（无障碍环境、对多样性更加友善包容的环境）在超智能时代的辩证体现。

在对残、病、老的隐喻进行解构之后，本书尝试为"健康"下一个定义，作为这段插叙的小结，并为讨论残障人诉诸司法救济权利的"正当"需求补充更多参考内容。"健康"，是对人的身心状态及其功能发挥的可得完满水平的综合评判。就人的本质属性而言，健康不是永生，不是百病不侵，也不是悉具自足。[①] 人生活于社会，由具体时空承载，呼吸饮食，需要外界营养、卫生、医疗乃至健身锻炼的条件。身心健康成了个体的"第二自然"或超感性的自然，属于人的自然化的阶段成果。人的身心是复杂动态的组合，脆弱、精密而敏感，真如自在，直到宇宙尽头也不可

---

① "大健康"是另外一种公共政策的界定，强调国家的卫生健康政策，在目标层面，健康不只是疾病的治愈或防控，而更关注个人生活的完好。在具体实施层面，大健康政策延伸出医院诊疗环节，连接、整合多个阶段的产业，注重从居家、社区干预到愈后融入社会的全部过程。参见唐钧、李军《健康社会学视角下的整体健康观和健康管理》，《中国社会科学》2019年第8期；另可参见联合国可持续发展目标（SDGs）第3个目标和相关具体目标。

为人所尽知。通过各种科技形式干预人的身心，需要保持对这一灵明造物的敬畏。人皆有死，今生今世极为有限，却也是可贵、可期许的。人向往超越，这也本乎自然，值得人文典章的努力托举。人的身心状态偏向于静观，而功能发挥是动态实现过程。人活着，离不开实践，需要使用工具、获得健康及其他服务、依赖照顾、消耗资源；这个过程当然也维系尊严、创造价值、延续文明。

此外，上述"健康"定义中的"可得"，意味着特定时代的科技水平、共同体具备的资源条件和确立的公正分配制度构成了健康的上限，也与本章讨论的可行能力相通。"完满"，来自人权公约中的"最高可得"标准，受到特定宗教、文化和时局（比如战争、地震、洪水、山火、海啸、疫情）对人们认知的影响。"评判"，意味着个案诊断，既参考统计学的均值、中位数和方差等指标，考虑到专业知识和经验的积淀，[1]也对个体当下的实际功能发挥作出恰当合度的自由裁量。这种医学人士的自由裁量，在涉及基本自由的处置如强制医疗、刑责能力鉴定时，还需要与法律人的司法裁量恰当衔接起来。

二 感遂相通：人性能力的自由活动与自由裁量

司法论证以及法律解释的一个挑战在于，通常只有当听众和解释者拥有相同生活方式（forms of life）或处于同一场域（field）时，相关裁判的形式、程序、立场及其内容的可接受性，才能与特定共同体的共识建立联系，解释者才能"理性地"说服听众。[2]为了应对这个挑战，探索残障人实现司法正义的可行路径，有必要强调司法中的审美及其对应的人性能力中的想象力。这也是倡导正义感的新形式，在反思司法正义的审美

---

① 健康诊断的专业性允许医生的某种直觉判断，作为自由裁量的专业基础。这也是医疗鉴定中分歧的由来，进而凸显出专家证人的意义和限度，牵连出法官对相关纠纷作出司法终局判决的必要性和正当性。

② 〔荷兰〕伊芙琳·T.菲特丽丝：《法律论证原理——司法裁决之证立理论概览》，张其山等译，商务印书馆，2005，第134~135页。

过程中，达到人同此心的效果：从差异出发，变易、转化或跳跃（leap）①到"诧于异"或惊异。这是一个诉诸感性直观、超越语言局限、包容潜意识、唤起信念、激发共鸣的过程，从而是一个充分调动人性丰富潜能的过程。在中国传统思想中，这也是"由异生感""感遂相通"②的"身体间性"和情（审美）本体之所在。

人之为人所本的人性能力，亦即知意情的心理机能和身心合一的生活样态，包括：（1）为自然科学倚重也为经济学所阐述的认知理性（rationality）；（2）传统伦理学看重的实践理性（reason）；（3）知意情的自由运动和想象力的自由发挥，亦即感性和审美（aesthetics）。"人是什么"以及"人的自由本质"的古典答案来自美学。在人性能力中，审美意味着"非功利而生愉快的判断"、"无概念而具有普遍性的喜欢"、"无目的而合目的性的形式"以及"审美判断的共同感"。在康德那里，审美被称为"判断"，其依据的不是概念，而是协调诸心理机能之自由活动（游戏）的情感。这一论述，既是美学史上的独特发展，③也意味着对人之判断力的深化认识。

此外，近年来，在身体美学（Somaesthetics）领域的研究也为本书提供了有益借鉴。身体美学摒弃那种身体与心灵相对（或屈从于心灵）的观点，强调身体（soma）是活生生的，能感觉、有活力、有洞察力和目

---

① 在疑难案件中，对法律规则的解释或新创制的规则不是可靠的或普遍被接受的，所以裁判不能从前提中合乎逻辑地推出；在事实描述、法律规则和最终裁判之间，存在跨越与转化，并需要深度证立（deep justification）。参见〔荷兰〕伊芙琳·T.菲特丽丝《法律论证原理——司法裁决之证立理论概览》，张其山等译，商务印书馆，2005，第165~167页。

② 《易经》下经之首的"咸"卦，"咸"通"感"，也指"皆"，意味着"感而遂通天下"（系辞上传），"观其所感，而天地万物之情可见也"。所以"感通之道，存乎情者也"（戴东原《原善》）。参见张再林《作为身体哲学的中国古代哲学》，中国书籍出版社，2018，第13~15页。当然，中国古代思想中这种朴素天真的"道的交谈"，与西方哲学中的逻各斯及其判分的主客体世界的辩证很不一样。关于中西世界观、人性观的重大歧异，另可参见本书第一章中的表1-1、第一章第一节第二小节"道成肉身"的脚注，以及〔加〕德斯蒙德·曼德森《谛听法之旋律》（丁鹏译，河北出版传媒集团、河北教育出版社，2016，第2、357页）。

③ 〔德〕康德：《判断力批判》，《康德三大批判合集》（下），邓晓芒译，人民出版社，2009，第249~281页；李泽厚：《批判哲学的批判：康德述评》（修订第六版），生活·读书·新知三联书店，2007，第388~398页。

的性，进而让美学重新回到知觉、意识、情感等核心问题。^①回到古典源头，希腊语的 soma（身体）既指身体（body）、肉体（flesh），又指自我（self）、气息（breath）和精神（spirit）。拉丁文 corpus（身体）也意味着把心（cor）放入身体。人身保护令（habeas corpus）就是"对自己的身体自主"（you should have the body）。在此脉络下，当代哲学中的具身心智（embodied mind）范式，吸收了身体现象学、认知科学的发展成果，批判身心二元、理性宰制和计算主义，^②也为倡导身心合一，揭示身心能力的动态多样、情境生成及其自由本质提供了坚实依据。人们只有摒弃将人格奠基于理性、抽象的认知本质的狭隘观念，才会认可残障人尤其是重度精神或心智障碍者的平等法律能力，推广《残疾人权利公约》确立的"支持（自主决策的）范式"，保留诉诸司法、拯救"民权死亡"的一线生机。^③

在丰富的人性能力中，前述罗尔斯的正义论强调并融合了人的精明理性（知）与实践理性（意），看起来削弱了欲望和情感的根基。放纵私欲的心理失常或宗教式非理性的集体征候，都不会出现在"无知之幕"后面。"无知之幕"，让人联想到欧美法院的正义女神像的蒙眼布，^④看起来摒弃了情感、欲望的"不正当"干扰。尽管如此，罗尔斯强调道德情感特别是正义感对于维持正义社会之稳定的关键作用。在订立社会契约之后，正当优先和正义原则的现实展开意味着：人生活在人人享有平等自由的社会，同时具有强烈的正义感，追求自己计划的理想人生。正当优先，其实还蕴含着"正义感"优先，其根源于民主社会的公共政治文化和共享的政

---

① 〔美〕理查德·舒斯特曼：《通过身体来思考：身体美学文集》，张宝贵译，北京大学出版社，2020，第 3、48 页。
② 胡万年：《身体和体知：具身心智范式哲学基础研究》，北京师范大学出版社，2020，第 14~19 页。
③ 这里的"一线生机"是特别相对于"民权死亡"（civil death）而言；历史上，黑人、女性等群体都或多或少经历过这种民权屈从和人格死亡。Gerard Quinn, Anna Arstein-Kerslake , "Restoring the 'Human' in 'Human Rights'," in Conor Gearty and Costas Douzinas, eds., *The Cambridge Companion to Human Rights Law*, Cambridge University Press, 2012, pp. 43~49.
④ 〔美〕保罗·卡恩：《法律的文化研究：重构法学》，康向宇译，中国政法大学出版社，2018，第 58 页。

治价值①（另见第六章第二节对罗尔斯正义论的分析）。

　　践行法治社会的人权保障，对于残障人等特定群体而言，意味着法院有特殊责任去保护无权者（powerless）的权利，保护被社会排斥和抛弃的人不因纯粹"便利"的借口而受到侵害。依据关于正当权利和平等保护的法律框架，同情地关注特殊困境中的人们，需要想象和恰当的情感，考虑其"处境的不平等"，这对于获得公正的司法裁判至关重要。②司法程序中的裁判者，不仅是明智的旁观者，也是批判的行动者。其也需要平衡一种与司法利益的若即若离的关系：一方面，充分运用想象，诉诸人性信念，代入和参与当事人的处境，对其个性（包括脆弱性和韧性）的诸多方面仿佛亲密无间、感同身受；另一方面，依据法律的公正规则和司法的制度约束，与自身的利益或成见拉开距离，反思人类成员中边缘群体的真实权利处境，考虑如何通过司法保护带来改变，让这个人具备生活得好的可行能力。司法的慎思德性，由此衔接上司法的美学，亦即对发生在具体时空中的司法活动或事件的感性认知。是故，形成法律文化的时空有相对稳定的边界，③而司法行动的具体时空构成可能是杂多的、偶然的。

　　美作为有意味的形式，会触发一种满溢时刻，让人摆脱现有感知对象与视野的束缚。相较于认知和道德决断，美有更多的自由可能。面对有关残障之隐喻的不同阐释，人们新奇、惊异，甚至不知所措。如此方有跳脱既有视野之可能，也才能包容原本在视野之外的实践或论述。④

　　在残障人实现司法正义的制度创新领域，积极探索从审美的角度反

---

① 周保松：《自由人的平等政治》，生活·读书·新知三联书店，2017，第229、310页；〔加〕贝淡宁：《社群主义对自由主义之批判》，石鹏译，《求是学刊》2007年第1期。

② 〔美〕玛莎·努斯鲍姆：《诗性正义：文学想象与公共生活》，丁晓东译，北京大学出版社，2010，第133、146、155~157页（作者引用了波斯纳在一起通用汽车修理厂性骚扰案件中的裁判）。

③ 〔美〕保罗·卡恩：《法律的文化研究：重构法学》，康向宇译，中国政法大学出版社，2018，第91~134页。

④ 参见 Alan Norrie, *Law and the Beautiful Soul*, Routledge-Cavendish, 2005; Theodor Ardorno, *Aesthetic Theory*, University of Minnesota Press, 1998; Adam Gearey, *Law and Aesthetics*, Hard Publishing, 1998, pp. 1-23 等，转引自林聪贤《流刑地——（后）现代·法·漂泊》，《刑事法杂志》第5卷第1期，2011年2月，原文可见 http://lawdata.com.tw/tw/journal.aspx?no=215&pno=20860。

思司法，造成认识、伦理、情感上的震动，进而指向审美与正义融合的后现代法学的批判维度，这绝非易事。现代法律以简化世界复杂现象的方法处理事件，因为这种过度简化，人们批判法律是否能妥善认知人类、生活与世界。法律只看到其想要看到之事物，法律从不问："你究竟是谁？我该怎么对待你？"现代法律建构了一个中立的法律主体，其似乎是超越了性别、种族、年龄、社会出身、性倾向与性表达等身份之别，也出离于身体的局限（disembodied），① 由此落入能体常态（able-bodied normalcy）之普遍假定的窠臼，遮蔽了人权概念和制度中的人性能力的多样性。此外，关于残障与平等议题，法律乃至主流话语所宣告或试图展现出来的理性、客观、中立——或得到社会科学支持——的判断，可能掺杂了一些不那么理性甚或陈腐的隐喻。为此本书引入了人性能力（以及人文、文化）的维度，强调寻求美（隐喻）的启发。

现代性之审美——不论是在法律与政治理论中还是在科学、音乐中——念念不忘的是秩序和一致性。后现代多元主义之审美，与新时代的审美精神一致，断然否弃了法律之连贯、秩序和控制的三位一体，而乐见其多重性。连利奥塔这样的后现代主义者及其批评者都倾向于认为，审美不过是基于一种"超验的"直觉，如同人的身体一般，完全是预先给定的：这是一种积习难改的感觉，对于其指令，人们别无选择，只能屈从。② 尽管如此，后现代法律理论仍被人们评论为对审美兴趣的复归。③ 至少，"审美的公正"（Just Aesthetics）要求审美包含公正属性，让人无

---

① Gauthier de Beco, *Disability in International Human Rights Law*, Oxford University Press, 2021, p.67.

② Martin Jay, "The Aesthetic Ideology as Ideology," *Cultural Critique* 21（1992）：41; Josef Chytry, *The Aesthetic State*, University of California Press, 1989.

③ 对后现代法律理论的一般介绍可见 Alan Hunt, "The Big Fear: Law Confronts Postmodernism," *McGill Law Journal* 35（1990）：507; Anthony Cook, "Reflections on Postmodernism," *New England Law Review* 26（1992）：751; "Postmodernism and Law: A Symposium," *Colorado Law Review* 62（1991）：433-598; Gary Minda, *Postmodern Legal Movements: Law and Jurisprudence at Century's End*, New York University Press, 1995; Costas Douzinas and Ronnie Warrington, *Postmodern Jurisprudence*, Routlege, 1991; Costas Douzinas, Peter Goodrich and Yifat Hachamovitch, eds., *Politics, Postmodernity, and Critical Legal Studies: The Legality of the Contingent*,Routledge, 1994。

意间感受到尊严、崇高乃至道德律令的威严。审美之愉悦固然令人神往，而其中蕴藉之"善"亦有潜移默化之功。"审美本身是一个解放的过程，旨在寻回人格的完整与和谐。"①

探索残障人实现正义的可行能力路径，需要严肃地讨论人类情感，对人类不同生活样态的体验，对各种人类困境的广泛"阅历"，以及洞察人之苦乐、由衷悲悯的人性能力。②由此指向了残障权利与文学、音乐、电影、绘画以及各种艺术审美的深入交叉。这些审美有助于人们反思跟法律相关，但法律单凭自身无法解决的一些社会秩序与价值方面的争论，尤其是在本书第四章呈现的残障人诉诸司法的疑难案件中，应对各种风险——脆弱所致的困境，需要司法自由裁量中的真正自由的心灵感发与情志相通。

和而不同，美美与共。审美判断启发社会成员在司法判断领域同样认可人性能力的多样性和脆弱性，并且摒弃残障与健全的二分③。残障的对立面，不是健全，而是狭隘的人性论与人权观。残障概念的外延包括广泛而异质的人性能力构成形式；残障与健全只是人之可行能力连续谱上的两个并非终结的标点。残障人的固有尊严和权利，与所有人（包括健全人）的平等尊严和自由，因此有了一线相通的契机。不同能力者经由多群认同的自我成长以及参与不同社群的联合行动，都可能因为微小的感性扰动而引发难以预测的后果。这些后果如此鲜活，值得期待，不只是因为其出乎意料，还在于人们不知道其将止于何处。昂格尔和桑托斯都曾描绘一种乌托邦——在边缘和前沿处生活，不断创新，飘摇不定，但富有创意和心灵启迪。④审美指向未来，残障权利的倡导者可以据之启发公共讨论、

① 〔加〕德斯蒙德·曼德森:《谛听法之旋律》，丁鹏译，河北出版传媒集团、河北教育出版社，2016，第366页。
② 〔美〕玛莎·C.努斯鲍姆:《寻求有尊严的生活：正义的能力理论》，田雷译，中国人民大学出版社，2017，第127页。
③ Gauthier de Beco, *Disability in International Human Rights Law*, Oxford University Press, 2021, p.83.
④ Roberto Mangabeira Unger, *False Necessity*, New York: Cambridge University Press, 1987, pp.531–532; Milovanovic, *Postmodern Law and Disorder*, pp.234–236; Santos, *Toward a New Common Sense*, pp.491–498. 转引自〔加〕德斯蒙德·曼德森《谛听法之旋律》，丁鹏译，河北出版传媒集团、河北教育出版社，2016，第242~245页。

推动社会变革，为一个更美好的世界而努力。

从残障权利运动扩展到更广泛的平权社会运动，不断解构关于人性能力、人生处境的"他者"隐喻，才能建立最有包容力的反歧视同盟。残障是一个动态标准，是人的多样性的一个维度。而人本身构成审美的维度。残障人追求个人自由和平等参与社会生活的努力与最多样的人群（包括老人、病人）追求个性独立发展应该联结起来，由此避免对残障权利的某种司法保护，反而对其他边缘人群造成了消极影响。①

更进一步，如果在现代化的单线演变坐标里面，社会不能"自然地"发展出"融合"的、尊重多样性的制度与观念，那么，残障人就与其他所有人一样，要相互显现、共同在场，叙事不已、"众声喧哗"②，超越狭隘的障别或利益群体的限制，破除造成偏见或歧视的结构成因。这正是残障运动作为人权运动最新发展所取得的成就，也是后现代批判中审美与（司法）正义相融所带来的深刻启发。中国司法实践中常常提到的情理法交融，或将由此展开为具体生动的法律、道德、政治、经济乃至审美的论辩，进而促成人权司法保障实践中人格理想与权利实现的协调一致。

小　结

本章接续第四章阐释的残障人面临的独特风险—脆弱、第五章概括的积极义务和赋能策略，进一步强调人性的丰富潜能。残障人是不同能力者以及平等的社会成员（订约者）、法律主体，由此批判自由主义同

---

① 例如通过个案保障心智障碍者平等的婚姻家庭权利，可能强化了异性恋的话语，排斥了性少数群体；支持残障人的某个教育、就业机会，可能就忽视了低收入者或其他少数人群的同等机会。此外，对重度残障人的某项长期照护政策，可能挤占了养老的可用资源（尽管这个更偏向于立法领域，而非司法）。

② 此处"众声喧哗"意在表明：其一，这是一个复数的、复杂的并不总是那么秩序井然、严谨有效的开放对话过程；其二，小说（文学）与中国现代化过程中的历史、政治有密切关联，进而可以作为中国法律与文学以及法律与美学研究的丰富材料，以及创新残障叙事的借鉴对象。参见王德威《想象中国的方法：历史、小说、叙事》，生活·读书·新知三联书店，1998，第12~13页。

时也是能力主义的正义论的局限，探索通过制度设计，包括程序调整和支持、社群赋能、朋辈支持等外部善，完善残障人实现司法正义的可行能力路径。

本章第一节从人之为人的多样人性能力构成出发，阐释残障平等的新理念，并以"自我"为线索，梳理西方思想史、政治哲学脉络中对人之为人的平等自由的论证。自由主义的法权、正义理论，以康德、罗尔斯为代表，其构造人的自由的理性与德性根基，以个人自主论证固有尊严和平等对待，为现代人权法确立了个体尊严的坚实核心。但是，对于残障人而言，这个思路会排除那些缺乏"基本理性或道德能力"的社会成员。社群主义对此的批评，有助于加深理解自我与他者、个体自主与社群诸善的密切关系，但无法有效回应依据法治社会的程序正义，在个案中主张和论证正当权利的要求，也尚未确立残障人的主体能动性。

本章第二节指出，从各种立场阐释不同能力者主张的正义原则，意味着要摒弃那些任意裁剪人性多样性从而损害自由的能力主义。从亚里士多德、康德、罗尔斯的经典理论中开掘出人性的自由能力的多样性及其平等依据，不仅必要，而且可能。西方政治哲学中的自由主义、社群主义、存在主义、后结构主义思想丰富了对人性多样构成的理解，也为残障人在实现司法正义的道路上，主张自主选择、自我决定、支持决策、自负其责的一整套可行能力理论提供了反思和讨论的框架。在政治哲学和伦理学之外，还可以诉诸人类学的资源来论证人的可行能力的重要性。

以阿马蒂亚·森、纳斯鲍姆为代表的可行能力路径，通过可行能力平等批判和取代罗尔斯的基本善品平等。从基本善品到人的功能发挥，涉及个体身心、社会制度、自然环境等层面的转化。这些转化提供了人类多样性的一个来源，其受到个体"自然"差异及其"客观"处境的影响，也受到性别意识、能力定见、社会角色期待等文化因素，以及公正制度等人为因素的影响。这种转化意味着能力的实行、实质的自由不只是个人内在能力，还是个人能力和政治、社会、经济环境结合后创造的自由或选择。

构建残障人实现司法正义的可行能力理论，有助于：（1）就个案情境，权衡取舍具体的权利／可行能力，作出生效裁判，推动残障平等具体议题与时俱进；（2）坚守人性尊严之底线，强调某些基本自由或可行能力（比如信仰、良心自由）无论如何也不能被"出卖"以"换取"其他功能（比如安全）的实现；（3）在可行空间内，从总体上解释基本权利，以包容、连贯的视角批判现实的不平等或揭示抉择的困境，推动更广泛领域的社会变革或宪法修正，彰显人权价值、生成法治权威。

本章聚焦"不同能力者"的多样人性能力，在第三节还借鉴后现代法学视角，解构残障、疾病、衰老概念背后相通的能力主义假定，作为加深理解可行能力及其公正向度的"插叙"，并借鉴身体美学、体知哲学的新发展，从审美角度，强调人的知意情身的自由活动，"补论"反思司法正义的审美视角，为下一章论证残障人诉诸司法的实践主体性奠定感触可及的、感性相通的基础。

第七章 实践人权的可行能力路径 及实质平等维度

　　我们是想要这样一门思想和写作的艺术,它产生或者体现了固定性和稳定性,还是想要另外一门思想和写作的艺术,它鼓励我们的灵魂仍然像植物那样脆弱,需要明媚的阳光和潺潺的流水才能茁壮成长?……通过用新的艺术来取代拯救的故事,取代猎人的计谋和像神那样的哲学家的孤独喜悦,我们就得到了关于慎思和写作的新图景,尽管这个图景其实也很古老。①

　　"天有显道,显之于声色,而视听丽焉。"②"含德之至,莫逾于道;亲己之切,无重于身。"③"即身而道在。"④

　　第六章初步分析了几种流行的正义理论及其在人权法和残障权利研究前沿的"激荡"回音,特别是可行能力路径,为批判主流的能力主义话语、主张残障人的实质自由提供了有力依据。但是,在理论贯通和实务指引层面,这些尝试仍未有效回应第四章中提出的残障人实现司法正义面临的独特风险—脆弱和制度变革挑战。

---

① 〔美〕玛莎·C.纳斯鲍姆:《善的脆弱性:古希腊悲剧与哲学中的运气与伦理》(第2版),徐向东、陆萌译,译林出版社,2018,第667~668页。
② 王夫之:《尚书引义·泰誓中》。
③ 萧统:《陶渊明集序》。
④ 王夫之:《尚书引义·洪范三》。

本章回到中国法治语境，基于实践唯物主义原理，综合可行能力路径与"实质平等/包容平等"框架，阐释残障人（及其他不同能力者）实现司法正义的独特路径。为此需要批评人权话语中的西方中心主义，包括其工具理性、个人本位的色彩，克服自由主义、社群主义、存在主义、后结构主义等理论的人性论局限，以实践唯物主义承载人性能力的多样性及其诉诸司法、论证制度变革的正当主张。而后还需要构建融合社会的韧性法治体系，揭示司法全过程的制度支持和人权赋能路径，以及在支持自主决策等困难案例中，依据新的框架协调个体身心能力与外部支持维度，证成残障人的人格平等与实质自由。

第一节 残障人实现司法正义的主体实践框架

本节尝试论述指出，人权的人性能力根基需要实践唯物主义的综合承载，而"历史不会终结"于某种既定的民主自由法治的模式。超越可行能力路径，探索残障人实现司法正义的科学理论依据，关键在于确立残障人的主体地位，充分认可人性能力的多样构成与感性实践本质，经由历史发展的视角，确立实质平等的多维行动框架。

一 以实践承载人性能力的多样及其正当主张

界定个体"本质"人性能力和基本人权内涵，殊非易事。在不同的历史文化传统和社会环境，人类个体包括残障人的身心能力呈现出多样形态。人性如此丰富而深刻，混合了理性与感性，有坚硬人格框架，也有脆弱人性内容。然而，人是人权实践的主体。人通过实践认识和改造世界，同时也改变了自己的主体性。[①] 人权的客体如给定的正义原则或权利，不

---

① 这一实践唯物主义观点的前身，可以回溯到黑格尔客观唯心主义的判断，例如他认为，"由于奴隶的劳动，奴隶能改变自己的原来身分，也就是说——最终——不再是奴隶。劳动是双重意义上的教育：一方面，劳动改变和改造世界，使之人性化，使之适合于人；另一方面，劳动改造、培养和教育人，使之人性化，使之符合人对自己形成的观念"。〔法〕亚历山大·科耶夫：《黑格尔导读》，姜志辉译，凤凰出版传媒集团、译林出版社，2005，第211页。

会决定人权的实践。相反，正当权利的意义产生于主体的人权实践，以及支撑这一实践的信仰。[①]

（一）再论自我、他者与正当

有研究者尝试从"人格"概念入手，将自主（autonomy）、自由和福祉（well-being）确立为高层次人权，以此回应历史文化多样性导致的相互歧异的人性论，概括人权的普遍内容，捍卫罗尔斯的"现实主义乌托邦"理想和自由主义正义观。[②]

如果罗尔斯沿着康德的设定走到底，人的自由作为物自体仍属于彼岸，那么在此岸生活中维系前述若即若离的关系，平衡意志论的选择和认识论的理解，仍然有理论上的可能。但是，罗尔斯还需要让正义理论贴近经验的论证，吸取经济学、社会学、人类学的诸多成果，诉诸人之精明理性和道德（感）能力的结合，让正当的证成更加平易近人、得到广泛接受。由此，自我有了更复杂的牵挂，被锚定在无所承载的（unencumbered）自由与共同生活环境给定的个人计划之间。自我向内在的多样他者开放，又向外来的目的和旨趣开放，如何还能避免某种共同体价值、共同善的渗入？到最后，自我的自由还是无条件的吗？人之为人的应得呢？天分、运气对自我实现的能力和品质都影响巨大。如何看待这类外在善的任意分配导致的个体间差异？每个人的知意情机能的构成，以及身心状态、生活际遇的差异，固然是自己人生的起承转合，又何尝不是上天随机安排的结果？对于人人固有或应有的平等自由，以及某种"弥补"作用的差别对待，任何人是值得，还是不值得？

罗尔斯试图将个人的自然禀赋（natural endowment）视为社会的共同财产，个人天赋不再是经验论的实有或先验论的神秘，从而无法影响初始状态下的选择偏好以及所选择的正义原则。在进入自由主义

[①]〔美〕保罗·卡恩：《法律的文化研究：重构法学》，康向宇译，中国政法大学出版社，2018，第151页。

[②] 徐向东：《权利、正义与责任》，浙江大学出版社，2021，第121、217页。

的共同体的大门口，人们都摒弃了身心能力、出身条件和生平运气的差异。在一种平均主义的博爱氛围中，人们相互间的距离似乎无限拉近。社会制度因此摒弃了绝对的绩效优先、单一的能者多得以及极端的贫富分化。然而，为了形式上容易接受前述"大同"图景，而过分摒除个人身心能力的丰富实质，这又似乎背离了罗尔斯要坚持的康德式的人是自立自足主体的立场，①也难以支撑人作为主体所必定要求的知意情机能的协调一致。

桑德尔从社群主义角度出发作出了建设性批判：那些在分配结果上似乎是分享了我们自然禀赋的人，并非与我们完全不相干的他者。放弃资本主义社会奉行的自私自利的个人本位，接受一个交互主体性的自我观（an inter-subjective conception of the self）。社群中的其他人构成了我的一部分。②这个论述呼应了"我是他者"的后结构主义立场，也契合于艾丽斯·杨主张的自我认同的异质多样性及其批判的"等级化"分工导致的绩效迷思和分配宰制。③

这些论述普遍人性及其一致选择的问题，仍然类似于康德面临的主体性问题。通过契约而获得的普遍概念，如法权、正当、正义，只有通过先验的推论，才能消除具体时空中主体先后相继的订约行为导致的困难，而归于契约开始时包含的一齐发生的公共意志。④自然和经验都不提供何谓正当的知识，只能是在先的原则，⑤或者是历史实践的启示。罗尔斯及其追随者重构契约论的努力，指向调和先验与经验、自我与他者、个体与社会、平等与自由之间的矛盾。本书认为，要回到唯物史观

---

① 周保松：《自由人的平等政治》，生活·读书·新知三联书店，2017，第42、75页。

② Michael Sandel, *Liberalism and the Limits of Justice*, Cambridge: Cambridge University Press, 1982, pp. 79~81. 转引自周保松《自由人的平等政治》，生活·读书·新知三联书店，2017，第76~77页。

③ 〔美〕艾丽斯·M.杨：《正义与差异政治》，李诚予、刘靖子译，中国政法大学出版社，2017，第261~269页。

④ 〔德〕康德：《法的形而上学原理——权利的科学》，沈叔平译，商务印书馆，1991，第90页。

⑤ 〔德〕康德：《论通常的说法：这在理论上可能是正确的，但在实践上是行不通的》，《历史理性批判文集》，何兆武译，商务印书馆，1990，第164~210页。

（historical materialism）的实践过程，区分公德与私德，注重历史具体的行动者的人性能力构成。自我在社会实践中对象化了。人性能力的多样性、异质性在社会合作的实践中，表现出比罗尔斯的单薄的善理论更丰富的前景。

在确立和强化人的主体性层面，一种激进的后结构主义批判现代社会中人为建构的、给定的、抽象的"自我—他者"认同，宣称人是直接认识世界并行动的主体。存在主义、后现代主义思想流风所及，再有"后殖民"时空的研究者主张平等的思潮兴起，人类学新兴学派试图用"本体政治"（the politics of ontology）批判西方传统的理性表征论带来的等级划分，主张认识论上的不可通约与本体论上的客观差异。相比之下，弗雷泽在启蒙时代的尾声，主张对人类的自然状态的经验认识，显得何其遥远（另见第一章第一节）。处于不利地位的人们，如今应当与其所熟悉的对象重建没有中介的联系。他者之间，只有通过"激进的／彻底的解释"（radical interpretation）才能达成相互理解。受到福柯和马克思主义影响，"积极行动人类学"（activist anthropology）关注一种新的直接行动和抗争政治。本体政治诉诸常识和直觉，提供了一种使那些被无视的政治事实被"看见"和"言说"的方式。[①] 相比之下，温和一些的做法，是将人权及其平等自由价值作为本土文化，在建构政治共同体、人权国家的过程中，重新阐释关于人类天性、自然特性的政治选择。[②]

此外，对于"他者"，人们还可以指望人之间的友善与温情，以及共生于文化观念与法律制度中的演变。这里再次回到亚里士多德。依照人之常情，一个人只能有为数不多的知己好友。而城邦团结所要求的人口规模显然超出了个体相互直接认同的上限。对此，麦金太尔给出的解决方案是：城邦或国族认同来自诸多朋友小群体认同的联结之网。自我需要在各

---

① 朱晓阳：《中国的人类学本体论转向及本体政治指向》，《社会学研究》2021年第1期。
② 〔美〕本杰明·格雷格：《作为社会建构的人权——从乌托邦到人类解放》，李仙飞译，中国人民大学出版社，2020，第189页。

类共同体的成员资格中找到自己道德身份的开端，^①由此涉及本章第二节探讨的基于人权的社群赋能与"多群认同"。

归根结底，"我是他者"这个伦理学命题，需要完成从先验论到实践唯物主义的转换，才能容纳本书提出的不同能力者的主体性及其对司法正义的主张。马克思就人的身心能力的多样性与实质平等问题发表过精辟论述，揭示出唯物史观的洞见：

> 虽然有这种进步，但这个平等的权利还仍然被限制在一个资产阶级的框框里。生产者的权利是和他们提供的劳动成比例的；平等就在于以同一的尺度——劳动——来计量。

> 但是，一个人在**体力或智力**上胜过另一个人，因此在同一时间内提供较多的劳动，或者能够劳动较长的时间；而劳动，为了要使它能够成为一种尺度，就必须按照它的时间或强度来确定，不然它就不成其为尺度了。这种平等的权利，对不同等的劳动来说是不平等的权利。它不承认任何阶级差别，因为每个人都像其他人一样只是劳动者；但是它默认不同等的**个人天赋**，因而也就默认不同等的**工作能力**是**天然特权**。所以就它的内容来讲，它像一切权利一样是一种不平等的权利。权利，就它的本性来讲，只在于使用同一的尺度；但是不同等的个人（而如果他们不是不同等的，他们就不成其为不同的个人）要用同一的尺度去计量，就只有从同一个角度去看待他们，从一个特定的方面去对待他们，例如在现在所讲的这个场合，把他们只当做劳动者；再不把他们看做别的什么，把其他一切都撇开了。其次，一个劳动者已经结婚，另一个则没有；一个劳动者的子女较多，另一个的子女较少，如此等等。在劳动成果相同、

---

① 〔美〕阿拉斯代尔·麦金太尔：《德性之后》，龚群、戴杨毅等译，中国社会科学出版社，2020，第198、281页。麦金太尔分析欧洲中世纪律法与德性关系后指出，基督教的"慈爱"或"博爱"德性，如爱有罪之人，在当时的社会结构中起到了超越个人友爱的联结作用。这构成了西方社会德性传承的重要补充。另可见前引著作第220~221页。

从而由社会消费品中分得的份额相同的条件下，某一个人事实上所得到的比另一个人多些，也就比另一个人富些，如此等等。要避免所有这些弊病，权利就不应当是平等的，而应当是不平等的。①（表示强调的黑体为引者所加）

　　劳动时表现出个人活动的全部自然的、精神的和社会的差别，因此所得报酬也各不相同，而死资本则总是迈着同样的步子，根本不管个人活动的实际特点如何。②

马克思在这里讨论的主要涉及劳动收入层面的不平等，与公民权利包括获得公正审判、司法保护的权利还有差异。不过，他已经指出了资产阶级法权体系的张力：如果用正当/权利的"同一的尺度"去计量劳动中蕴含的丰富人性和密切社会关系，就不应当是形式上的平等，而应当是"不平等"或指向实质平等。本节第二部分将据此探索超越可行能力路径的实质平等维度。

（二）以实践唯物主义理解人之为人的善与正当

马克思和恩格斯在《德意志意识形态》中阐述了"实践唯物主义"（Practical Materialism），其指出"对实践的唯物主义者，即共产主义者说来，全部问题都在于使现存世界革命化，实际地反对和改变事物的现状"。③实践唯物主义、辩证唯物主义、历史唯物主义是马克思新唯物主义的三个不同称谓，从三个维度反映了马克思主义世界观的特征。其中，实践维度强调人的能动性在于认识和改变世界，经由主客体的辩证统一而实现人的自由全面发展；辩证维度表明这一思想的批判和革命力量；历史

---

① 〔德〕马克思：《哥达纲领批判》，《马克思恩格斯全集》第19卷，人民出版社，1963，第21~22页。

② 〔德〕马克思：《1844年经济学—哲学手稿》，刘丕坤译，中国出版集团、研究出版社，2021，第3页。

③ 〔德〕马克思、恩格斯：《德意志意识形态》，《马克思恩格斯全集》第3卷，人民出版社，1960，第48页。

维度则凸显其彻底和完备特性。^①实践唯物主义,是对马克思主义哲学理论与实践相统一这个最基本原则的自觉意识,^②其开辟了一条超越抽象直观而把握人自身的"对象、现实、感性"^③或"本质力量对象化的主体性"^④的辩证道路。

由此回到实践唯物主义对人性论的承载,残障人的人性能力的动态发展及其主张平等对待、实现善好生活的正当诉求,转化或生成为法定权利,也辩证地呈现在历史具体的实践过程当中。

首先,个体只能出生、成长于群体之中。人生而为人类的一员,先天赋有多样能力,但人的自我及心灵具有一种产生于社会行动过程的结构性。^⑤共同善参与构成个人认同,包括异质的残障认同,成为必要和必由之路。共同善看起来像是"先验""给定""客我"的,而实际上来自人类历史的积淀与文明演进。人正因为是类的存在物,才是有意识的存在物;他通过能动的、类的生活活动,亦即改造对象世界的生产活动,实现人的对象化,并在所创作的世界中直观自身。^⑥从人的相互交织、相互依存的关系中,产生了一种比个人意志与理性更有强制性、更加坚实的秩序,其成为历史变迁、文明进程的基础。^⑦在本书语境中,司法中的正当程序及其要求为残障人提供的程序便利,也来自这种共同善的类本质。这是对第六章第二节中社群主义的正义理论的实践唯物主义阐释,也是对自

---

① 杨耕:《论辩证唯物主义、历史唯物主义、实践唯物主义的内涵——基于概念史的考察与审视》,《南京大学学报》(哲学·人文科学·社会科学)2016年第2期。关于实践唯物主义的实践性、历史性、人文性,另可参见俞吾金《马克思的实践唯物主义及其当代发展趋向》,《江苏社会科学》2000年第6期。

② 冯颜利:《实践唯物主义研究述评》,《哲学研究》2003年第9期。

③ 林剑:《论马克思实践唯物主义人学理论的深刻革命》,《哲学研究》2006年第9期。

④ 〔德〕马克思:《1844年经济学—哲学手稿》,刘丕坤译,中国出版集团、研究出版社,2021,第112、169页。

⑤ 〔美〕乔治·H.米德:《心灵、自我与社会》,赵月瑟译,上海译文出版社,2018,第163、189页。

⑥ 〔德〕马克思:《1844年经济学—哲学手稿》,刘丕坤译,中国出版集团、研究出版社,2021,第73~74页。

⑦ 〔德〕诺贝特·埃利亚斯:《文明的进程——文明的社会发生和心理发生的研究》,王佩莉、袁志英译,上海译文出版社,2018,第470页。

由主义的人性观的深刻批判。

其次，成（长）为人，就是成为个体。[①] 近现代以来，人权制度的根基始终在于"整体为个体""国家为人民"提供支持和保障的动人理念。个人自主、人格平等，看起来又是"先验""给定"的，但实际上人是在特定法权制度及文化模式的影响下主张的抽象普遍的正当利益。在具体法治时空中，个体权利的正当诉求，通常优先于尚未"具身化"的共同善（罗尔斯），间接排除了"非正常"的残障人的正当／权利。这依稀是人民在历史进程中的选择：从文艺复兴到启蒙运动，从法国大革命到独立宣言，从十月革命到社会主义中国，人之为人的基本权利和平等自由，呈现出一个扩大的趋势。因此，人们珍惜这来之不易的自由信念，反思威权体制对个体的压迫；坚守现代政治的正义性，[②] 将共同善奠基于公共自主（哈贝马斯）的商谈论证层面，成为法治社会的基本要求。这是对现代世界的法治及人权共同价值的辩护，揭示出诉诸司法论证个体权利的程序正义功能，并与至善论、文化相对主义和历史虚无主义等保持距离。

最后，寓居当今世界的人权文明之中，成（长）为人，就是成为平等自由的个体。在经验层面，现行司法体系的正当程序尚未认可残障人的一些平等自由的主张，例如第四章第二节揭示的独特挑战。捍卫罗尔斯、回应纳斯鲍姆批评的研究者认为，如果某些社会成员承受的不利条件是由不公正的社会制度造成的，社会就有正义的责任进行补偿；制度要对背景正义负责，完善残障人充分参与公平合作的基本条件。[③] 这里需要再次引入一个看起来"先验"但不脱离实践唯物主义的期待：成为人，就是要依据自我固有的多样人性能力，在与他人平等的基础上，结合具体情境将（作为社会／共同体／社群成员的）可行能力转化为有意义的人生选择。

---

① 〔美〕克利福德·格尔茨：《文化的解释》，韩莉译，译林出版社，2014，第65页。
② 〔德〕奥特弗利德·赫费：《政治的正义性——法和国家的批判哲学之基础》，庞学铨、李张林译，上海世纪出版集团，2005，第281页。
③ 徐向东：《权利、正义与责任》，浙江大学出版社，2021，第641~642页。

这个过程的每个关键节点，都指向人成为平等自由的个体。回到当下，建设法治国家、实现所有人的各项人权的历史远未终结。残障人主张基本权利，诉诸司法实现正义，就不得不在历史必然与道德应然的紧张演进中，通过逐案努力（case by case），推动私人道德或社群认同中的多元"善"向公共道德中的"正当"权利转化。

现代社会中一种关于人之理性自足的迷思，导致了能力主义与优绩论的阴暗面。人生处境在结果上的差异，特别是"机会公平""能者多劳、多劳多得"导致的高下之别，是否属于正当？分析这个问题时，人们尝试区分某人目前遭遇的原因，是来自"天生"的局限，属于个人的悲剧，还是"咎由自取"。在基督教传统中，"好人受苦"的困境，经久地凸显出个体虔信与神恩难测之间的张力。① 这个两难一度让人放弃"以德配福"的优绩论。在因信得救、普遍拯救的宗教信条中，预设了"好人受苦"的现实，这不是一条能广为人接受的摆脱优绩论支配的出路。于是教会在宗教管理中为了平头百姓的"指望"又纳入了以优称尊（great because good）的教条。等到新教伦理和资本主义社会兴起，自由主义和市场竞争合流，讲求机会公平、人尽其才，起初是一种解放和进步。后来优绩论就占据全面主导地位，成了意识形态，所谓自助者天助之，成功由我，失败者咎由自取。于是终于走向优绩的暴政。资本主义社会的优绩制根本无法兑现其许诺的个人自主、公平竞争与社会流动。② 多元的善丧失了作为评价标准的地位，只留下最贴合精明算计理性的竞争—胜出机制。货币成了衡量丰富人性能力的唯一尺度。人们关于共同善的想象、理解，似乎也被局限为特定的正当理念，③ 比如平等机会的公平，再比如社会福利政策将"淘汰

---

① 冯象：《信与忘：约伯福音及其他》，生活·读书·新知三联书店，2012，第3~45页。

② Daniel Markovits, *The Meritocracy Trap: How America's Foundational Myth Feeds Inequality, Dismantles the Middle Class, and Devours the Elite*, Penguin Press, 2019. 转引自刘擎《2019 西方思想年度述评》（下篇），《学海》2020年第3期。

③ Michael Sandel, *The Tyranny of Merit, What's Become of Common Good*, Penguin Books, 2020, pp.37–40.

出来的"劳动力任意揉捏，作为"去商品化""再商品化"的对象。[①]只有重申实践唯物主义，将人作为实践主体，充实人性能力的不同构成，才能摆脱资本主义效率观、基督教个人信奉传统、原子论的工具主义政治学[②]的束缚。

人作为历史的实践主体，在经历现代性的艰难与批判之后，仍可以追寻德性，重构契约、交往、商谈，区分公德、私德，乃至解构关于人性能力构成的各种假定，异彩纷呈。激进现代、超现代或后现代社会的人权理念，仍然扎根于源远流长的人性论传统。遍览世间万象，"人类是一种能用策略取胜和能进行自我论证的动物，并且人类还能够通过组织和各种强制手段来达到目的"。[③]人建立了主导社会发展的正反馈机制，比如讲求平等自由和公正的法律制度，这个机制可以积淀、进步，却不能实现自稳定。[④]生物世界不同于物理世界，决定生物个体存活和行为的是许多没有紧密关联的因果关系机制，而不是一个整全的功能结构或科学理论[⑤]；人类世界的许多机制在没有外部干预的自然状态下往往不能成立。人类社会的复杂性还在于，不同于一般生物界，人类讲求策略和自我论证的能力使社会机制和现象获得了许多生物机制所没有的特性。人类设计机制，还有意无意地改变某些社会机制的重要性。人类叙述和理解某些机制、规

---

① 房莉杰：《平等与繁荣能否共存——从福利国家变迁看社会政策的工具性作用》，《社会学研究》2019年第5期。
② 原子论的工具主义政治学，继承了笛卡尔、洛克对理性自主个体的原子式设定，主体控制万物如工具，进而体现为霍布斯以降的政治学和社会契约论，其认为：人民开始于政治原子，契约有赖于个体在先的同意。参见〔加〕查尔斯·泰勒《自我的根源：现代认同的形成》，韩震等译，译林出版社，2012，第277~281、308页；〔美〕列奥·施特劳斯《霍布斯的政治哲学》，申彤译，译林出版社，2012，第188~189页。
③ 赵鼎新：《什么是社会学》，生活·读书·新知三联书店，2021，第16页。
④ 例如人会声称"小孩子才做选择，我都要""又快又好又实惠""尽善尽美"等。参见赵鼎新《什么是社会学》，生活·读书·新知三联书店，2021，第43~45页。
⑤ 依据波兰尼的看法，人在自然科学和人文科学的探索中，都必须作出对根本认知前提和关键线索的抉择，从而在意识（意会知识）或直觉（潜意识）层面，个人参与到塑造了科学知识、定律的样态。参见〔英〕迈克尔·波兰尼《科学、信仰与社会》，王靖华译，南京大学出版社，2020，第27~34、96~105页。

律，而这些机制和规律在社会上的重要性已经或即将发生改变。①

人这种会制造工具、会笑、会撒谎的动物，并不完善，面临固有的脆弱性与外部的风险。但人作为自我实现的主体，在社会生活中建章立制，建构符号模式和文化传承，从自己的一般能力中创造出定义和反思自身的能力。人在历史具体的实践中，在知意情身多样运行的策略选择中，使自己成为难以预料或不被局限的政治动物。②人不仅有策略地作出选择，也通过各种形式在社会交往中给出理由，③包括统治者、抗争者、困难案件当事人及裁判者、政策倡导者、日常生活行动者等角色诉诸感通故事、俗成惯例、理性知觉、公正规则而给出理由，由此形塑值得期待的社会关系。

本书阐述人权的人性能力构成理论，分析残障人实现司法正义过程中面临的问题，反思能力主义的偏见，试图逾越某种阐释或理解的限制，也是谋求这种"自反性"的理论效果——如若给人启发，实乃善莫大焉。不同能力者期待某种更好的人化的自然，正当依据也在于此。

（三）在感性实践中认可人之为人的多样性

依据马克思主义，人之为人的主体性是"主观能动性与历史客观性、革命性与科学性、奋发有为与求实精神的统一"。④人是理性的、政治的、社会的、实践的、审美的动物。人性能力看起来是天生就有的，具备"先验的"构成形式，但这种主观能动性实质上来自历史积淀、人文化成的实践过程。

---

① 赵鼎新：《什么是社会学》，生活·读书·新知三联书店，2021，第84、92、97~98页。
② 〔美〕克利福德·格尔茨：《文化的解释》，韩莉译，译林出版社，2014，第260~261页。关于反思能力，参考〔英〕吉登斯的《现代性的后果》，田禾译，译林出版社，2011；关于人的策略选择及其与结构/机制的互动，参见赵鼎新《什么是社会学》，生活·读书·新知三联书店，2021；关于历史具体的实践，参考〔法〕皮埃尔·布迪厄、〔美〕华康德《实践与反思——反思社会学导引》，李猛、李康译，中央编译出版社，2004。
③ 〔美〕查尔斯·蒂利：《为什么？社会生活中的理由》，李钧鹏译，上海文化出版社，2020，第17页。
④ 李泽厚：《批判哲学的批判：康德述评》（修订第六版），生活·读书·新知三联书店，2007，第313、380页。

实践唯物主义认为，人的社会本质源于感性实践。人作为实践主体，本质上呈现出感性层面的主体间性，这是一种在感性中直接给予的明证性或本体性。人的感性（感觉）的生动流转和丰富创造，来自生命个体的眼睛、耳朵等社会化的器官和人的本质力量的对象化过程，而直接证明的是人作为社会的、类的存在。①人在以制造和使用工具为基础的社会实践中，创造了自己的全部历史，同时也在感性直观的社会实践中创造了全部世界历史。

因此，人的多样性的本质在于感性实践的多样性。人的身心一体，其人性能力的多样存在和自由实现，以及个体生存发展的际遇，并非一成不变，而是受到社会经济结构和物质条件的影响，最终决定于制造和使用工具的人类实践。人作为能动的自然存在物，通过历史具体的生命存在的正当性，批判剥削社会中的生产劳动和各类制度对人的异化。②换言之，人作为实践主体能动作用于社会结构的变化和社会制度的完善。这为阐释中国传统哲学中的"天有显道""即身而道在"等身体哲学，③发扬马克思主义的人学现象学提供了新的契机。

依据实践唯物主义，提炼中国人权话语对人性内容的基本认识，可以包括以下方面。首先，人要吃饱穿暖，满足基本生存的感性需求，才能身心如一，开展各项实践活动。人靠自然界来生活，自然界是人的无机的身体。④其次，人的感官在历史实践中同时具备了更加社会化和个性化的机能。人制造和使用工具技艺的发展，包括各类辅具，显著延展了眼、耳、手、足、脑等器官的"自然"机能。个体身心能力的多样状

---

① 邓晓芒：《"自否定"哲学原理》，《江海学刊》1997年第4期；邓晓芒：《实践唯物论新解：开出现象学之维》（增订本），北京出版集团公司、文津出版社，2019，第24、77页。

② 邓晓芒：《马克思的人学现象学思想》，《江海学刊》1996年第3期。

③ "天有显道，显之于声色，而视听丽焉"（王夫之《尚书引义·泰誓中》），强调人对天道的"亲身"体知，宛如一种现象学还原，因此，"含德之至，莫逾于道；亲己之切，无重于身"（萧统《陶渊明集序》），"即身而道在"（王夫之《尚书引义·洪范三》）。参见张再林《作为身体哲学的中国古代哲学》，中国书籍出版社，2018，第100页。

④ 〔德〕马克思：《1844年经济学—哲学手稿》，刘丕坤译，中国出版集团、研究出版社，2021，第71页。

态，经由社会化的实现活动，呈现出个性化的丰富形式。最后，人在社会实践中的自觉意识和自由选择，充分体现出个体能动与社会制度的辩证关系，凸显出主体需求的丰富性与正当性。人在历史具体的感性实践中，开启群己互动，建设无障碍环境，追求社会正义和平等自由，探寻人与自然的和谐。确立不同能力者的主体性，把握时代精神，复兴传统文化，构建韧性法治，促进融合发展，实现共同富裕：这是中国人权话语中人学思想的大同之道。

由此回顾中国共产党领导中国人民将马克思主义中国化的百年实践历史，梳理其中保障残障人权利的理念和制度成果，可以获得重要启发。从建立之初，中国共产党就秉持马克思主义的人性光辉和人道关怀，坚持实践唯物主义，尊重和认可残障人作为人类社会大家庭成员和历史创造者的主体性。百年来，中国共产党领导中国人民在新民主主义革命时期探索保障残障人的人性尊严，在社会主义中国确立保障残障人人道待遇的制度，在改革开放中发展保障残障人基本权利的体系，以及在新时代全面保障残障人权利并实现美好生活。贯穿这个历史实践过程，一条主线在于建立公平正义的政治制度，推动经济社会协调发展，逐步完善残障人实质平等地享有各项权利的物质基础、制度体系和社会条件，最终实现每个残障人的自由全面发展。①

概言之，以实践唯物主义承载人性能力的多样性及其正当主张，对于残障人实现司法正义的意义在于：首先，有助于克服抽象建构法律主体的局限，强调历史发展的视角和物质工具的作用，推进人权司法保障，回应现代性给残障人造成的独特风险—脆弱；其次，有助于拓展通过个案审查论证残障人正当诉求的渠道，全面阐述融合社会建设中的法治及德治话语，反对间接歧视中的群体归类，走向更加个性化的平等主张。本书关于司法审查中的个性化的程序便利及合理便利的讨论，参见第五章第一节；本章第二节将通过支

---

① 张万洪：《平等享有人权，融合共创精彩——中国人权发展道路上的残疾人权益保障》，《光明日报》2022年3月4日，第2版。

持自主决策的案例分析，来说明这种个性化的平等主张如何实现司法正义。

二 超越可行能力路径，确立残障人主体性

上文所述的非实践唯物主义的人性论设定，否定或削弱了残障人实现司法正义的主体性：在契约论层面，尽管一再降低订约者的门槛，最后还是排除了（重度）身心障碍者，以致社会选择出来的正义原则（特别是差异原则）仍无法确保残障人实现司法正义；在主体性层面，这个假定已经付出的巨大代价在于，将身心障碍者人性能力构成的多样认同视为比较次要的"善"，令其失去了在公共议题设置上的"正当"位置。第四章指出的相关实务上的挑战，以及研究者、决策者关于《残疾人权利公约》第12~14条的保守立场，即是例证。

每个人都是完全的人，是寄在于物质载体中的有需求者（a needy enmattered being），其丰富的人性需求源于这种独特存在者的固有尊严和社会生活。在人的身心一体活动中，需求与能力、理性与动物性交织在一起。人之为人的基本可行能力应该得到发展，从而获得一种繁盛的而非受阻碍的生活。①正如同在亚里士多德那里，人的欲望、激情、感知、德性都离不开身体或具身化（embodied）的过程。在人的自我中，物理、生理与心理的要素不可分割地交织在一体；形式虽然是根本，却必然在于质料之中（enmattered）。②文化社会学的研究也指出，人类社会的意义和精神需要通过符像和物质感来呈现。③在残障研究中，起源并盛行于英国的社会模式（social model）批判传统的医疗模式将残障归因于个体缺陷

---

① 〔美〕玛莎·C.努斯鲍姆：《正义的前沿》，陈文娟、谢惠媛、朱慧玲译，中国人民大学出版社，2016，第195页；部分翻译参考了英文原文第278页。
② David Charles, *The Undivided Self: Aristotle and the "Mind–Body Problem"*, Oxford University Press, 2021, pp. 6, 24, 64, 68, 101. 尤其值得注意，在亚里士多德的人性论中，欲望也是一种寄在于物质/身体中的、引发身心协调行动的能力（a enmattered capacity for a psycho–physical type of activity），见第114页。
③ 〔美〕杰弗里·亚历山大：《符像意识：意义的物质感》，周怡主编《文化社会学：经典与前沿》，北京大学出版社，2022，第103页。

和不幸，转而强调社会对残障概念的外部建构，在批判社会压迫、改革公共服务、消除外部障碍方面取得重大成就。而北欧、北美的互动模式（interactional model）则强调身体损伤的体验与外部环境的交互作用。①在此语境下，《残疾人权利公约》被认为是确立了残障权利的人权模式，②运用主客一体的视角，强调个体身心损伤以及外部环境的交互作用。其中既包括个体对损伤、疼痛的主观体验，也包括医学诊断中可以测量的器质性病变，还包括外部环境带来的制约，如文化观念的偏见、社会制度的不公乃至自然环境的恶劣。循此脉络，本书探索的残障人实现司法正义的可行能力路径，可以呼应吉登斯的"第三条道路"以及布迪厄的"实践感"，正契合于这个主体选择与客观环境的辩证互动框架。

以实践唯物主义承载人性能力的多样性趋向最包容的人权法阐释路径，确立残障平等的制度框架，就要在个体与社会的辩证之间找到更有说服力的汇合点。这个汇合点不能来自形而上学、一套完整却封闭的自由观、某种人性的直觉或神秘超验的存在，而需要回应人类生活的丰富经验，运用社会阐释的内部视角。③罗尔斯（及其发扬的霍布斯、康德）代表的自由主义的正义理论，面临个体自主与社会平等的张力。第六章提出的可行能力路径，是对罗尔斯的积极批判，更强调残障个体作出实质选择的自由、"成为"或"实现"自主过程中的能动力。但其不足在于，对人的知意情身的自由活动所呈现的人性能力多样，尚缺乏坚实有力的综合承载，以及在社会机制层面的批判分析略显不足。

另外，桑德拉·弗里德曼的实质平等路径接续亚里士多德传统，强调个体在公共参与和政治生活中成就个人卓越的必要性，但对于现代社会的"多元异质"挑战缺乏回应，尚未指出这一（些）古典共和的德性如何引出

---

① Christopher A. Riddle, *Human Rights, Disability, and Capabilities*, Palgrave Macmillan, 2017, pp. 18–21.

② Theresia Degener:《残障的人权模式》，陈博译，张万洪主编《残障权利研究》（第 3 卷第 1 期），社会科学文献出版社，2016。

③ Franziska Felder, Laura Davy, Rosemary Kayess, eds., *Disability Law and Human Rights: Theory and Policy*, Palgrave Macmillan, 2022, p.62.

现代法治的正当共识。残障人为司法正义而起的公共行动与多群认同，由此可以从艾丽斯·杨的差异政治中得到一定启发。对这些不同人性论中的人性能力构成、相关的人权制度和实现司法正义的可行能力之比较分析，可见表7-1。对西方历史中的人性论与权利观的概览，另可见本书附表1。

表 7-1　人性论视角下实现司法正义的不同可行能力

	人性能力的构成	人权相关制度	实现司法正义的可行能力
亚里士多德	灵肉并行 逻各斯以高就下，贯通人性[1] 人有选择	自然公正的城邦宪制 生来不平等，自由可剥夺 奴隶可做朋友	各得其所，矫正正义 朋友是最大的外在善
康德	先验理性 意志自律 知意情的协调	资产阶级法权 固有理性和尊严	德福两难，正当优先 自负其责（丧失理性的辩护） 人具有先验的社会性
罗尔斯	基本理性 充分参与 理性参与及反思、道德和程序直觉、道德信念的协调	平等的自由，平等机会的公平 对弱者的基本福利	诉诸司法的平等机会，一定的程序保障，对弱者的司法救助（乃至监护） 人超出直觉、功利的合作本性
阿马蒂亚·森、艾丽斯·杨、纳斯鲍姆、弗里德曼[2]	混合的人性能力 人的脆弱性、差异性与多样性	反对剥削、宰制、压迫、不公正的制度 创造可行能力，要求实质平等	平等人格和权利能力 司法中的无障碍、程序便利、合理便利 衡平/公允（equity）
实践唯物主义	人的个性独立的不同历史阶段 人性能力在历史实践中的辩证统一	以人民为中心 生命、健康优先 通过发展促进人权 全面协调发展各项人权	韧性法治的司法途径 司法便民 德法兼备

注：1. 亚里士多德伦理学中人性能力构成的图示，请见第一章图1-1。
2. 这里援引的哲学家、法学家中，艾丽斯·杨、纳斯鲍姆、弗里德曼都是女性以及女权主义者。
资料来源：笔者整理。

对人性论的实践唯物主义阐释，以及中国社会的生动实践历程，为确立残障人主体性，发扬和超越第六章阐述的实现司法正义的可行能力路径奠定了良好基础，并指向批判和建构一个理论框架的新思路，包括主体性与外部制度两方面。

其一，在主体性方面，应当摒弃传统上划分人的能力为"自然""生来""习得""缺失"的视角，避免在评估（残障）需求、提供（福利）服务与（优待）调整的过程中加深对残障人"失能"或"低能"的偏见。本书强调人性能力的多样性、脆弱性及其总体运行的复数交织模式，并避免构造又一个不公正的能力等级。[①] 为此，本书尝试建立如图 7-1 所示的理解残障人可行能力的四个根基或极点（分布在中心多面体的端点），以说明人生在世的多样人性能力，包括认知、意志、情感、身体等机能的综合运用。

这个实质平等体系的内核仍然如上一部分（以及第一章第一节、第六章）所言，是人在感性实践中的身心合一以及知意情身能力（四极）的自由活动。其涉及知性的探索和计算、意志的选择及信念、情感的起兴和审美以及人学现象学的身心合一、"即身而道在"的社会实践。这个多面体浑然如一，但端点并未穷尽列举，仍为潜意识的涌动、一点灵明的生发留下余地。对于残障人及其他不同能力者而言，这些人性能力的充分发展与平等实现，是可行能力路径平衡程序正当与社群诸善的精要所在，但其需要更充分的外部善的支持，以及更深刻的对结构不平等的批判。

其二，在外部制度方面，超越可行能力，走向实质平等，也是走向一种"融合的平等"（inclusive equality）。[②] 本书概括了如图 7-1 所示的残障人实现司法正义的六个实质平等维度，包括科学技术、经济资源、政治参与、法律

[①] Christopher A. Riddle, *Disability and Justice, The Capabilities Approach in Practice*, Lexington Books, 2014, pp.8, 60–69.

[②] 论述"融合的平等"，主要依据的是联合国残疾人权利委员会 2018 年《关于平等和反歧视的第 6 号一般性意见》，第 11 段，官方中文版将其翻译为"包容性平等"，相关论述参见 Theresia Degener and María Gómez-Carrillo de Castro, "Toward Inclusive Equality: Ten Years of the Human Rights Model of Disability in the Work of the UN Committee on the Rights of Persons with Disabilities," In Franziska Felder, Laura Davy, Rosemary Kayess, eds., *Disability Law and Human Rights: Theory and Policy*, Palgrave Macmillan, 2022, pp. 27–46。

调整、文化惯习、社会环境。这一探索尝试，借鉴了弗里德曼的实质平等四个维度，[①] 以及受此影响，联合国残疾人权利委员会 2018 年在《关于平等和反歧视的第 6 号一般性意见》中界定的包容平等。以实践唯物主义阐述这一理论框架，更可以强调外部工具、社会制度和支持对人的身心能力的关键辅助作用，在人的自然化过程中，理解社会环境给人造成的独特风险与脆弱。

下文聚焦外部支持，分别阐述实质平等的六个维度与残障人实现司法正义的交叉点，继续求解上文提出的难题，并揭示超越可行能力的实践唯物主义路径——既认可主体的多样能力与脆弱，又促进人与社会机制的积极互动，进而指向个人自由与社会正义的双向生成、共生演变图景。

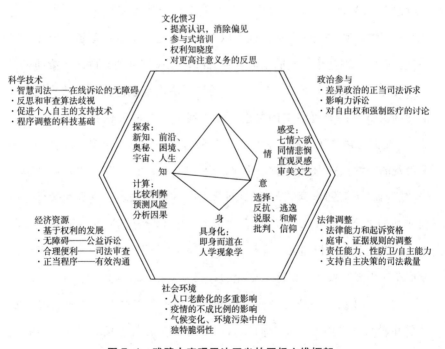

图 7-1 残障人实现司法正义的四极六维框架

资料来源：笔者自制。

---

① Sandra Fredman, "Substantive Equality Revisited," 14 *International Journal of Constitutional Law* 3（2016）：712–738. 弗里德曼在该文结论指出，实质平等的四个维度是复杂而动态的观念，其相互之间可能出现冲突，而且这个体系也是开放的，需要进一步发展和演进。

（1）科学技术维度，这是相对于弗里德曼的四个实质平等维度，基于人制造和使用工具的实践而新增的维度。其与残障人实现司法正义的交叉点在于：增进在线诉讼等智慧司法的无障碍措施；反思司法信息化可能潜藏的算法歧视，确立其人文"止境"[①]或人权指引；在司法鉴定和裁量中，重视和理解促进个人自主的支持技术，例如脑机接口对语言或行动能力的辅助；为司法程序的调整拓展科技基础，包括使用全息影像等方式，为身心障碍者平等参与司法的能力提供先进支持。

（2）在经济资源维度，弗里德曼的实质平等指的是为解决特定群体在经济社会方面的不利处境而对资源进行的公正再分配，包括利益相关者亲身参与并影响这个分配过程。本书将其与残障人实现司法正义结合起来，意味着：确立残障人主体性，以多样的可选择的救济渠道（第三章第一节）确保实现基于权利的发展；在无障碍领域推进公益诉讼，撬动更多公共资源的投入（第五章第二节）；通过司法审查经济社会领域提供合理便利的义务，引导更多主体尊重和保障残障人的平等权利（第五章第一节）；在完善司法正当程序和公正审判的过程中，投入更多资源，确保平等可及的公共法律服务特别是法律援助（第三章第一节），以及各环节的"有效沟通"（第四章第二节）。此外还包括在就业领域，纳入无障碍与合理便利的考虑，反思既有的"真实资格/胜任能力"标准，消除职业隔离；在工商业与人权领域，强化对残障权利的准司法的救济；因应新的就业形态，增强对残障人云客服就业的人权关切和司法审查。[②]

（3）在政治参与维度，弗里德曼的实质平等指的是具体的行动者通过公共参与发出声音，将人们"熟视无睹"或长期忽视的议题"再政治化"，促进社会融合，以及推动政策的倡导、变革与实施。其与残障人实现司法正义的交叉点在于：主张司法论证中的正当诉求，推动残障身份认

---

① 孙笑侠：《论司法信息化的人文"止境"》，《法学评论》2021年第1期。
② 笔者对残障人云客服就业的人权分析，可见《当残障遇上互联网就业，客服是一个好工作吗？》（亿方沙龙第四十八期实录），2022年3月2日，"亿方公益"微信公众号，https://mp.weixin.qq.com/s/ykmGPS83rc1rSK2kZx4ZaA。

同的差异政治，^①具体包括发起影响力诉讼，经由个案纠纷解决渠道包括涉诉信访，加入关于残障人困难案件（如强制医疗）的公共讨论，呼吁加强对残障人自由权的司法保护（第三章第二节）。残障人及其盟友关于"正当"与"诸善"、"公益"与"私利"的论辩，有助于形成司法领域的多群认同，汇入更广泛领域的努力，以避免身份政治的泥潭，消除人权司法保护的"差异困境"^②。

（4）在法律调整维度，弗里德曼的实质平等指的是克服形式平等与"反对归类"的局限，从侵权模式的两造抗辩转向提供合理调整过程中的协商合作，以个案审查促进对个体差异的调适包容，带来结构性的改变。其与残障人实现司法正义的交叉点在于：认可残障人的平等法律能力与起诉资格（第三章第一节）；为残障当事人提供庭审、证据规则方面的调整；慎思残障人的责任能力、性防卫/自主能力（第四章第二节）；倡导支持（重度精神或心智）残障人自主决策的司法裁量（第七章第二节）。

（5）在文化惯习维度，弗里德曼的实质平等指的是诉诸共通人性，提高认识，促进认可（recognition）人的固有尊严和相互依赖，消除对受歧视者的污名、刻板印象和羞辱。其与残障人实现司法正义的交叉点在于：提高社会认识，消除对残障的偏见；以无障碍形式提升残障人的权利知晓度（第三章第一节）；通过参与式方法开展人权教育（第五章第二节）；反思侵权法模式下归属给残障人的"更高注意义务"（第四章第二

---

① 〔美〕艾丽斯·M.杨：《正义与差异政治》，李诚予、刘靖子译，中国政法大学出版社，2017。艾丽斯·杨批评了福利资本主义社会的形式平等和程序主义价值，在此框架下，多元利益群体的诉求行动反而落入了公共领域的"去政治化"陷阱，其原因在于孤立的消费主体缺乏相互联结，以致未能区分自私自利的利益诉求和正当/权利的规范诉求（参见第84~87页）。她转而呼吁，人们超越自我中心、自我立法的孤独理性，走向与他人的相遇，在异质的公共空间展开行动（参见第127、141页）。艾丽斯·杨关于"重申差异的意义"、"通过差异获得政治解放"以及通过异质公共空间讨论和制定尊重差异的政策等论点，另见第198~231页。

② 联合国残疾人权利委员会2018年《关于平等和反歧视的第6号一般性意见》第10段指出，这种差异困境（Dilemma of Difference）在于，"既要忽略人与人之间的差异，又要承认这种差异"。或者可以将差异困境界定为：人人自由而不同，但平等享有各项人权，为此需要平衡对残障人的平等保障与特殊保护（扶助）。相关讨论另可参见 Franziska Felder, Laura Davy, Rosemary Kayess, eds., *Disability Law and Human Rights: Theory and Policy*, Palgrave Macmillan, 2022, p.88。

节）。此外，在文化惯习维度推动对残障人的平等保护，如下节讨论支持自主决策的司法裁量，还涉及关怀和照护的新伦理，在文化政治领域确立社会融合的原则，以及塑造社会主义法治文化的新认同。

（6）社会环境维度，这是相对于弗里德曼的四个实质平等维度而新增的一个维度，用来专门回应本书第四章提出的残障人面临的独特风险——脆弱。借鉴马克思对国民经济学的批评，本书认为，现代大工业及全球工商业体系下的劳动分工、职业分化乃至分离，作为一种社会现实，确实导致并加剧了人性能力之功能发挥的结果差异，表现为贫富两极化、阶层固化、能力歧视等。单个人的平均能力相对于现代社会的复杂风险，似乎显得退化了。另外，相对于基因、生理层面的局限，人在新工具的加持下，感官能力无疑得到了史无前例的强化（人的自然化）。由此考虑人之为人的正当配得，反思社会结构对人的异化，揭露私有财产、个人私利作为公正制度之根基的偏狭，就不能"借助于非社会的私人利益来论证社会"。①从实质平等的社会维度反思残障人实现司法正义的着力点在于：增强对残障人权利的司法救济，以应对残障与老龄的交叉脆弱，矫正风险防控制度带给残障人的不成比例的影响，以及回应气候变化、环境污染、自然灾害乃至战争等外部风险带给残障人的独特脆弱性。

第二节　残障人实现司法正义的赋能策略与支持自主

司法正义，可谓在宪法和法治框架下对分配正义的慎思和救济。司法有自身的程序公正要求，但依照《残疾人权利公约》第13条，考虑为残障人提供程序调整的必要性和可行方案，必然涉及实质的人性能力评判，以及残障人平等参与社会生活各领域一以贯之的主张。直面残障人平等获得司法保护的先进理念与社会现实之间的鸿沟，有必要构建韧性法治

---

① 〔德〕马克思：《1844 年经济学—哲学手稿》，刘丕坤译，中国出版集团、研究出版社，2021，第139~145 页。

框架，充分发挥前述可行能力路径与实质平等维度的潜力，推动中国人权司法保障的进一步发展。这一探索过程，不只是法教义学的适用，或对人权法相关标准的本地化／语境化的阐释，还涉及对反歧视理论的宪法学建构——残障歧视是对个人品质以及人性能力的误解或偏见，对主体能动性的否定、排斥与剥夺，以及对人人平等享有的基本权利的违反，造成了社会中最根深蒂固的不正义。

本节首先尝试构建融合社会的韧性法治体系，揭示司法全过程的制度支持，包括无障碍、程序便利与合理便利，以及指向多群认同的人权赋能策略，包括参与式培训、影响力诉讼等。然后聚焦支持自主决策这一困难案例，运用前述理论，证成残障人的人格平等与实质自由。这一思路，从内在抽象的人性能力和人权标准出发，经由可行能力及实质平等的正义论批判，扎根于中国人权的丰富实践和中华文明的优良传统，走向身心具体的残障人实现司法正义的中国模式，亦即韧性法治框架下的特定群体平等保护的司法路径。

一 从风险社会到融合社会的人权赋能策略

经由前述四极六维框架，亦即以实践唯物主义承载的四个可行能力极点加上实质平等的六个维度，阐释所有人作为实践主体的可行能力和基本权利；人权成为普遍权利与公正主张的交集，凸显出残障人实现平等、尊严与自主的价值。[①]将残障权利作为普遍人权与公正主张在特定时空交织的节点，在残障人实现司法正义的语境中应用这个框架，可以接续第四、五章的分析，进一步揭示应对风险—脆弱、促进社会融合的司法赋能路径。

其一，在主体性方面，赋能所要提升的残障人可行能力，意味着知

---

① Christopher A. Riddle, *Human Rights, Disability, and Capabilities*, Palgrave Macmillan, 2017, pp. 52-53. 该书作者本来指的是经过校正的可行能力路径具有促进残障人实现平等、尊严与自主的价值。本书用实践唯物主义承载的可行能力路径加上实质平等维度来作为另一种校正后的可行能力路径。

意情身机能在一个支持框架下的自由运用。其不是传统上理解的"自身能力"，也不只是残障社会模式中与个体身心损伤相区分的外部障碍环境的功能支持。可行能力的缺失，在直接后果上，意味着可能连带损害多个生活领域的真切不利处境；① 在深层原因上，也意味着韧性的缺失、风险的增加。其二，在外部制度方面分析权能缺失的成因以及探索倡导策略，需要结合本书第四章指出的残障人诉诸司法面临的风险—脆弱，更强调"公正"原则在残障人救济和实现权利过程中的评判意义，并以建设融合社会、实现包容平等作为更大图景。

提高残障人韧性，促进社会融合，总体上有赖于建立一种韧性法治体系。韧性法治关注现代社会中不同能力者面临的风险—脆弱，要求建立包容诸善的公正法律制度，综合平等保障与特别保护，提升个体可行能力，促成结构变革与实质平等，以充分发挥人的主体能动性和韧性——应对风险的抵抗力、适应力和复原力，最终在社会融合中确保每个人的平等自由。作为韧性法治的一部分，人权司法保护促进残障人享有真实有效的权利公平、机会公平和规则公平。

随着联合国《残疾人权利公约》和《2030 年可持续发展议程》的实施，保障残障人平等权益、促进残障人融合发展越来越成为国际社会和各国的普遍共识和共同行动。② 社会不同群体间的相互融合是一个复杂的动态过程，为促进残障人更好地融入社会、实现自我价值，需要完善新时代残障人社会融合多领域综合保障机制，推动残障人平等参与和全面融合。③ 中国倡导尊重人性能力的多样性和人类人权文明的参差多态，构建融合社会，探索出将残障人的法定权利转化为实有权利的一条有效路径——积极制定和实施国家人权行动计划，据此加强人权司法保护，兜底

① Christopher A. Riddle, *Disability and Justice, The Capabilities Approach in Practice*, Lexington Books, 2014, p.95.
② 《习近平向 2013—2022 年亚太残疾人十年中期审查高级别政府间会议致贺信》，《人民日报》2017 年 12 月 1 日，第 1 版。
③ 叶静漪、苏晖阳：《新时代我国残疾人社会融合问题研究》，《人口与发展》2021 年第 1 期。

残障权利救济，开展社群法律赋能，实现社会公平正义。[①]

从国际人权法转向国内部门法，尤其是民法，也可以发现残障人作为权利主体的意涵变化。例如星野英一指出，近代民法中的人向现代民法中的人转变，是"从抽象的法律人格到具体的人""从理性的意思表示强而智的人向弱而愚的人"转变。[②]现代法律、权利体系从形式上的平等赋权（entitlement）向前进步，开始纳入实质上的平等赋能（empowerment）。一般社会公众已经从这一民法变革中获益，其作为消费者、劳动者、污染受害者、道路交通参与者或其他现代社会风险的承担者的脆弱性，得到法律的认可及相关制度的有力保障。但更进一步，推动认可残障人的不同能力及其独特的脆弱性，还需要继续开掘在法治各个环节包括司法中的赋能策略。

从实现残障人权利的司法保护，到残障人权利视角下的司法赋能，同样指向个体可行能力与社会公正制度的辩证互动，体现在实质平等的诸多维度。限于研究精力和篇幅，此处仅结合上述分析框架，试举两例，说明该框架的应用前景。

其一，通过无障碍公益诉讼实现基于残障人权利的司法赋能。依据前述实质平等的政治、法律及文化维度，开展社群赋能，促进多群认同，积极参与公益诉讼，推动无障碍环境建设。促成残障多样认同的逻辑起点，可以是批判现实世界的异化劳动和私有财产，以及政治生活对残障人的异化，探索人性之美和制度之美。关于反思司法正义的审美视角，另可参见本书第六章第三节。在现实世界，人是社会关系的总和，离不开物质生活的创造与占有，受此局限，人们难以想象一个现实的人如何能够在感性实践活动中去创造和实现人性的完美——在自由联合中全面发展的自由

---

① 张万洪：《平等享有人权，融合共创精彩——中国人权发展道路上的残疾人权益保障》，《光明日报》2022年3月4日，第2版。

② 〔日〕星野英一：《私法中的人》，王闯译，中国法制出版社，2004，第50页。现代法律认识到，许多人是缺乏实践法律（特别是民法）的可行能力的弱者，其在认知、判断、选择等方面缺乏"能力"。另参见胡玉鸿《弱者权利保护基础理论研究》，商务印书馆，2021，第137页。

个性。但是，完美的人不是现实的人，而是对人的彻底理解，其能够包容对残障作为人的多样性的理解。这包括对人的感觉的彻底解放，亦即创造同人之本质的全部丰富性相适应的人的感觉，创造具有丰富、全面而深刻感觉的人作为这个社会的恒久现实。①

经由参与公益诉讼或影响力诉讼的感性实践，人在异质公共空间的相遇、冲突或协调行动中，摒弃对身心损伤所致不同能力状态的狭隘理解，进而在对象世界中肯定自己的超越本质和崇高光芒。对人的多样能力及其导致的不平等和剥削的批判，由此走向对人的实行能力和潜在完美人性的肯定，鼓舞人们理解融合社会的正义理念，展开对公正法律制度与无障碍社会环境的不懈追求。

残障社群对特定无障碍设施或支持服务的诉求，有其物质载体（有形或无形），也可能属于稀缺的善品，因而要在诸善的对话或论辩中证明自己的正当性。于此仍然是两造或多方相遇，从侵权法回溯到宪法，从残障、性别、儿童领域的特别法跳转到民法典，从物理设施到信息交流中的无障碍形式，从个别诉求到社会公益的权衡……司法的自由裁量终究将政治的正当、文化的圆融打成一片。这一诉诸司法的积极行动，还有助于克服公共物品供给中的搭便车问题，汇入多群认同的公正事业，增进公民德性、促进社会团结。

其二，通过司法个案"移风易俗"，促进残障融合的文化与正义观念。依据前述实质平等的科技、法律及文化维度，考虑到科学技术、法律制度与人文观念的共生演进特性，借助有影响的案件，促进有关残障人自主地位、责任能力的公共讨论，深入触及残障融合的正义理念内核。这一正义理念，要求残障权利的司法救济应当反映社会主义劳动观、历史唯物主义的工具／辅具认识、马克思主义人学观，批判资本主义效率观和世界观。该理念秉持人类命运共同体思想，发扬中国仁学传统和良知伦理，促

---

① 张盾：《政治美学与马克思的人学重构》，《哲学研究》2017 年第 2 期。

成建设法治社会及融合社会中的残障公平观。残障融合社会的实现，最终还要落脚到一般公众看法、态度、生活方式的改变，形成新的社会融合文化理念。这是推动社会融合的价值起点、重要媒介，也是最终要实现社会观念改变的核心内容。这一残障融合理念包括：全体社会成员认可残障平等新理念，接受残障是人的多样性的一种，其包括身心损伤和外部障碍两部分，并在社会各领域积极消除观念、制度、环境上的歧视，从而在社会融合的个体与社会要素之间、制度与理念要素之间、硬件与软体之间实现可持续的良性循环。

为此可以尝试的策略如下。（1）借鉴《残疾人权利公约》的人权模式，确定新时代残障观念的内涵及其与社会主义核心价值观的内在联系。借鉴从社会排斥到社会融合的理论发展，界定残障社会融合在全面建设法治社会、后小康社会中的基本内涵。（2）从实务出发，关注基本公共服务体系的完善，落实到普遍提升残障人的权利知晓度，确保其平等获得公共法律服务、享有正当程序保障、实现有效权利救济等。（3）基于中国化的马克思主义，辩证地融入仁学传统和实践理性传统，批评社会契约论传统下的正义体系，论证中国残障人实现社会融合的正当权利。（4）残障人实现社会融合的正当权利，对接残障人在无障碍建设、融合康复、教育、就业、文化领域的司法保护诉求，从理论再回到实践——将残障融合的正义理论创新、具体制度变革、底层行动策略和文化观念进步统一在中国特色社会主义的进程中。

二 从人格平等到支持自主的司法保护框架

从残障权利视角反思现代人权法的人性论，其蕴含着自主个体在法治社会中平等实现自由的张力。作为公正社会制度的恒久支柱，人权法极力宣扬人所固有的理性、良心、尊严，这个立场坚定而明确，其所描绘的人格形象也显得坚定而明确。但是，人权法从未预设"坚不可摧"的人性，而毋宁是其反面，确立了各种易受侵害、歧视或忽视的人，需要程度不一的外部支持。

由残障启发的不同能力者概念，是对普遍人性和人的境况最广泛的概括。这也触及人权法前沿，界定了人性尊严、人格平等的丰富内涵。人之为人，本乎自然，具有相通品质，在实践中对社会公正保障人格平等提出了底线要求。同时，人之为人的多样性，由爱而生、与善相伴的脆弱性，以及其面临偶然无常的侵袭，更凸显出人在世间所需的外部善，特别是关系性的善，以及对公正制度保障支持自主的依赖。残障人诉诸司法主张正当权利所要求的慎思判断，由此触及人格平等与支持自主的艰难议题。

（一）残障人获得支持的权利及其平等人格尊严

如第五章第一节所述，《残疾人权利公约》引起了人权法领域的深远变革，其确立了国家全面促进残障人权利保护包括司法保护的积极义务。《公约》在残障人平等法律能力、人身自由、教育、就业、言论表达自由、家庭生活、融入社区，以及全社会提高残障平等意识等诸多方面，不仅重申了残障人的固有权利（基本自由），还设定了国家和社会的积极义务，从而确保残障人可以"做这个决定"或"成为那个上学、就业、参与文体娱乐的人"，享有实质自由意义上的公平。

《公约》在重述平等的实体权利及其积极保障措施之外，还界定了（残障）歧视的新形式——拒绝提供合理便利。这一贯穿实体权利和正当程序的概念，揭示出人权平等保障的新路径，并将反歧视的司法裁量，从反归类、反屈从[1]推进到个体化、个性化保护[2]的前沿，也带出了个案裁量与社会共同善的辩证关系。《公约》吸纳了批判法学、女权主义法学以及残障运动的成果，挑战了传统上的个人自立、自主或自治的概

---

[1] 关于平权的宪法模式及其反归类、反屈从的原则，另可参见阎天《如山如河——中国劳动宪法》，北京大学出版社，2022，第一章。

[2] 关于残障权利的保护模式从群体保护（group protection）向个体化评判（individualized assessment）的变化，另可参见 Michael Stein, "Disability Human Rights," 95 *California Law Review* 75（2007）:116。

念，确立了一种"获得支持／支助"（right to support）后的自主决策概念。[①]推而广之，《公约》更新了人权概念的内涵，其核心关切远远超出了"残障"人的范围，极大深化了全世界对"人之为人"所享有权利的理解。《公约》毋宁是通过残障视角提出了新的"人类大同的"（cosmopolitan）正义观。[②]

在此脉络下，本书初步勾勒后疫情时代的韧性法治与社会融合，其所允诺的人格平等与实质自由，既是诸多实务案例的争议焦点，也是残障人实现司法保护的一大宗旨。本部分主要援引上一节概括的可行能力路径与实质平等维度，聚焦（重度精神或智力）残障人在司法程序中实现支持自主决策的议题，回应本书第三章第二节分析的"诉诸司法保障平等的人身自由"、第四章第二节分析的残障人"辨认和控制自己的行为""有效沟通"所面临的风险—脆弱，以期说明这一框架对于实现残障人平等人格与实质自由的启发意义。

在残障人自主和获得支持决策领域，2010 年巴赫和柯兹纳为加拿大安大略省法律委员会就该省法律是否符合《残疾人权利公约》第 12 条提交了一份有借鉴意义的研究报告。该研究以阿马蒂亚·森的可行能力为基础，结合伯林的消极自由理论，希望给《公约》第 12 条建立坚实可行的理论和实践基础。该研究认为，阿马蒂亚·森的可行能力学说赋予平等以实质含义，由此探索一种新的考虑到残疾人基本自由和法律主体性的理论视角，引入"残障人支持决策下的可行能力"这一新概念：

残障人支持决策下的可行能力 ＝ 残障人（个体）能力 ＋ 合理便

---

① 例如本书第四章第一节引用的玛萨·法曼（Martha A. Fineman）就是女权主义法学的领军人物，她强调人的脆弱性和相互依赖、相互照顾的本性，以及政府尊重和保障这类正当需求的义务。相关评述参见 Arlene S. Kanter, *The Development of Disability Rights under International Law: From Charity to Human Rights*, Routledge, 2015, pp. 266-267。

② Gerard Quinn, Anna Arstein-Kerslake , "Restoring the 'Human' in 'Human Rights' ," in Conor Gearty, and Costas Douzinas, eds., *The Cambridge Companion to Human Rights Law*, Cambridge University Press, 2012, pp. 36-38。

利 + 支持

这一组合可分为三种自主决策类型。其一，残障人在获得一些支持或合理便利后，自己能理解前因后果而自行进行决策（legally independent decision making）。其二，残障人获得实质支持后的自主决策（supported decision-making），即对表现出一定理解和交流能力的残障人，通过提供多种支持，实现其自主决策。其三，协助决策（facilitated decision-making），即残障人在表现出没有对接主流决策机制的表达、理解能力时，协助人基于对残障人的长期了解或其早先的指示，从自己理解的残障人意愿是什么的最佳解释出发，为残障人决策，但"权利"依旧属于残障人。在上述三种决策类型中，支持人或协助人并不像传统的监护人那样承担法律后果。^①与此类似，爱尔兰精神卫生康复体系中的同侪顾问（peer advocates）、瑞典的个人事务监察专员（Personal Ombuds）也为支持自主决策提供了有意义的示例。^②

由此出发，（重度精神或智力）残障人在获得司法保护（《公约》第13条）的过程中，特别是在刑事司法的公正审判中，主张和实现自主决策，有待论证、慎思及裁量的要点包括如下两方面。^③一方面，确立残障人的支持自主决策，也意味着确认其受审能力（而后还有部分的责任能

---

① Michael Bach and Lana Kerzner, "A New Paradigm for Protecting Autonomy and the Right to Legal Capacity," 196 *Law Commission of Ontario* 1 (2010), https://www.lco-cdo.org/wp-content/uploads/2010/11/disabilities-commissioned-paper-bach-kerzner.pdf. 相关评述另可见李敬、亓彩云《〈残疾人权利公约〉第 12 条：透过历史文本的解读》,《国际法研究》2019 年第 5 期。一本对《残疾人权利公约》的评注，也在关于支持自主决策的讨论中，援引了前面两位作者的三分法观点，将其作为一种"功能发挥的路径"（function approach），参见 Valentina Della Fina, Rachele Cera, Giuseppe Palmisano, eds., *The United Nations Convention on the Rights of Persons with Disabilities: A Commentary*, Springer, 2017, p. 276。

② Valentina Della Fina, Rachele Cera, Giuseppe Palmisano, eds., *The United Nations Convention on the Rights of Persons with Disabilities: A Commentary*, Springer, 2017, pp. 270–271.

③ The Arc's National Center on Criminal Justice and Disability, "Competency of Individuals with Intellectual and Developmental Disabilities in the Criminal Justice System: A Call to Action for the Criminal Justice Community," 2017, p.3.

力）。由此审判得以继续，残障被告人享有法律上的适当调整与支持。但风险在于，被告人主张的程序调整和支持不一定能得到医疗鉴定以及司法裁量的充分认可，即便有一些支持，被告人或许仍未能理解审判程序，因而更有可能失掉自由，承担更重的刑罚。

另一方面，现行司法体系尽最大努力，也无法依照现有的支持条件，确认残障人的受审能力。这样妥协的益处在于，如果医疗设施符合"去机构化"的要求，从法庭、监狱转到医疗设施，可以为残障人提供更多的医疗照顾和支持。法院也受到促动，要采取措施，更好地为残障人提供程序调整和支持。残障人的代理人或许也可以松一口气，暂且不必在庭审中经受更激烈的争议。但这样做也有消极影响，例如残障人可能要在羁押中等候较长时间，且面临被忽视的风险；落入"机构化"的困境，待遇还劣于监狱；由于缺乏替代措施，强制医疗程序只是让残障人"经过"了司法，却意味着残障人难以重返社区；否定司法中的支持自主决策（包括受审和责任能力），还会导致溢出伤害，贬损当事人在其他社会生活领域的自主决策能力。

这里的比较分析，远未得出答案，而只是尝试坚持前述的人格平等原则与可行能力路径，揭示这个议题的可能深度，考问司法程序的各参与方乃至社会公众对人性能力的认可程度，并要求司法者得出自由裁量的公正结果。

（二）关于消极自由、二阶意志与支持自主的反思判断

更进一步，这类案例还揭示出消极自由、积极自由、二阶意志与实质自由的复杂论辩关系。伯林在他生活的时代捍卫个体免受干涉的"消极自由"，批判以"积极自由""自我实现"为名的横暴极权，拒绝向内心的城堡一退再退、面临窒息而死的危险。①伯林认为，对于社会立法与计划、福利国家与社会主义，从消极自由的主张考虑也可以作出有效辩

---

① 〔英〕以赛亚·伯林:《自由论》，胡传胜译，凤凰出版传媒集团、译林出版社，2011，第188页。

护。①例如，某人因为残障而无法行动，这种无能力不必然属于缺乏（政治）自由，因为还没有证立他人的干涉。如果残障人因为缺乏身心能力没有某种物质手段——且这种匮乏，依据特定时空的社会经济理论，被认为是不公正的制度安排所致——这就涉及他人的干涉亦即经济的奴役或压迫。在此，"社会立法计划＝免受干涉的消极自由（自主自发的个人计划）＋特定的公正制度理论（难以精确计量的个体行动的可能性）"。②消极自由理论，对于本书研究的残障人实现司法正义而言，高扬个体自主的合理性和自发的行动力，却低估了特定经济社会理论阐释正当、社会制度实现公正对个体自由的深刻影响。

伯林的先行者密尔，经由"伤害原则"精辟阐述了古典自由主义和个人自主，激进地反对专制和家长主义。密尔所在的时代假定了一种"中年（男）人"的"成熟"世界观，作为支持个人自主的人性基础。这样的模范人格，愿望比较稳定而不易受到外界干扰，知道量力而行追求欲望的满足。但实际上，诸多因素削弱了那些看起来是自由自主的选择的意义：人们作出选择或达成同意，可能出于对后果缺乏足够省察或评估；或是追逐短暂易变的欲求；或限于诸多困境难以明断；或因为内在心理冲动；或由于他人的难以向法庭证明却真实存在的无形压力。③此外，现代犯罪学研究表明，毒品成瘾者的"自主"选择，与社会安全网的崩解有关。脑科学的发现指出，这种自制力的下降，也与脑部组织的病变有关。生理的、社会的脆弱性叠加，人的内在"自我"的选择空间十分有限、岌岌可危。

消极自由理论坚守人的尊严底线，深刻批判了干涉个人自由的错误做法。例如"存天理，灭人欲"，"狠斗私字一闪念"，批评自私，却取消了人格，代价惨痛。在现代社会，尊重个人自由、人格边界和隐私的公

---

① 〔英〕以赛亚·伯林：《自由论》，胡传胜译，凤凰出版传媒集团、译林出版社，2011，第39页。
② 〔英〕以赛亚·伯林：《自由论》，胡传胜译，凤凰出版传媒集团、译林出版社，2011，第171、179页。
③ 〔英〕H.L.A.哈特：《法律、自由与道德》，支振峰译，法律出版社，2006，第35页。

德、法治、司法程序是重要的，甚至是首要的。然而，消极自由摒弃了外部善的"干预"，塑造了过于单薄的孤独自我。这里的"单薄"，主要是就外部观测者（包括订约者、立法者、统治者）的结论而言，因为其不能深入窥探他人的隐私、干涉他人的心灵。人格面具的背后，是纯属于私人的无所羁绊的神圣空间或幽暗深渊。自由主义推崇个人免于外部干涉的自由的要义及其面临的多元主义困境也正在于此。

　　然而，现行法律，挑出来重度精神障碍或智力障碍者的法律能力和责任能力予以否定，一个依据就在于"单薄的自我"无法抗拒"共同体的正当"。罗尔斯坚守自由主义传统，为了解决个体平等的难题，将个人成长后的品格以及身心能力的动态呈现归为任意的天赋、运气、环境的作用。人的选择本来是先在自我的根本能力，现在变成了"没得选择"。每个选择指向的目的、属性、环境，都成了任意天赋的后果，无所谓道德上的"应得"。由此为"差异原则"打开方便之门。

　　自由主义批评功利主义的效益、效率标准，反对理性经济人的优绩论，也反对自然目的论的以德配位，取消了人性中自利的"应当"，却也消解了人的七情六欲、直觉的基础。人没有生命动力了。这无助于说服人们接受人性的丰富多样、异质、脆弱、动态、相互冲突、相互依赖，也无法回应优绩论、能力主义导致的问题。"无知之幕"已经揭开，在正义原则确立之后，具备精明理性和道德感能力的主体，依据现行正当的法律制度，纷纷选择一种阐释基本自由原则的共同路径：一般人都是充分自主的，应当自负其责；刑法上的报应，也出于"正常"人的责任能力。只有重度精神障碍或智力障碍者例外，他们曾经不是订约主体，如今也不是诠释自由原则的主体，勉强算是差别原则的福利对象。强制医疗或社会隔离是为了大家更好。于是纳税人花了许多钱建立机构，（经由司法裁判）安置残障人，增进公共安全，也提升了残障人的生活品质。

　　社群主义者看重共同体的外部善，拒绝自由主义假定的外壳坚固、内容单薄从而普遍持存的内在自我。例如查尔斯·泰勒对伯林的消极自由提出了批评，认为外在的道德规范构成了人自我实现的积极自由的必要维度。社群主义毕竟依存于西方文化传统，其自我的渊源离不开古希腊罗马和基督教的伦理。

有研究者进一步扬弃社群道德规范对主体自由的约束，将积极自由作为机会和实践兼有的概念，界定为行为者做自己真正想做的事、成为自己真正想成为的人，是行动之外在障碍和内在障碍的消失。[①]人的自我之中，存在一种自发的、反思的二阶意志，[②]确保自由的全面实现——不仅仅是免遭他人干涉，还就真正想做的事给出了行动指引。德沃金批评伯林，他对自由的理解也与此类似：自由是做任意之事的自主空间，但得尊重其他人的、得到正确理解的道德权利——自由与平等的关系，有赖于实质道德与政治哲学的理解或论争。[③]自我的内在深度和主体能动性，由此进一步增加。这种更新的积极自由理论，比起伯林的消极自由理论，为阐释人性能力的丰富性、自我实现的复杂性及其在现代社会对公共服务的高度需求提供了更有包容力的框架。

但是，在残障人（支持后的或关系中的）自主决策领域，这样的二阶意志、自我反思仍然是理性宰制人心、人欲的概念。其过于强调独立自主的自我决定过程，意在消除自身引发的障碍，而忽视了外部世界真正的偏见、歧视（包括拒绝提供合理办理）和支持的不足。其甚至也预设了残障人"不能辨认或控制自己行为"的危险后果——被鉴定为无受审能力、无责任能力，转而投入强制医疗。在刑事司法中，自主、自负其责、报应等原则仍旧盛行。因为某种"不再单薄"的自我，在订约之后或之外，已经确立起来。以此为基准，盲、聋、哑人的刑责能力似乎可以减轻；生活不能自理的人，看守所可以不收；而重度精神障碍或智力障碍者，还是不

---

① 李石：《积极自由的悖论》，商务印书馆，2011，第165~166页。

② 李石：《意志自由和行动自由——基于人类欲求之等级结构的分析》，《世界哲学》2010年第1期。

③ 〔美〕罗纳德·德沃金：《身披法袍的正义》，周林刚、翟志勇译，北京大学出版社，2014，第135~136页。

能自己决定"真正想做的事、真正想成为的人"。

现代司法判断人的自我决策和自负责任，并不直接对行为背后所谓的二阶意志进行裁判，但是相关的医学及法律鉴定，还是预设了人要有这个能力，否则法律（特别是刑罚）的威慑、矫正、复归乃至报应的目的有悬空之虞。然而，按照福柯的理论，人们心有戚戚的二阶意志与自我反思或许只是有效规训的结果。

（三）从包容平等的六个维度接近支持自主

消极自由不足，积极自由过犹不及，残障人主张平等人格所依据的"获得支持的权利"、"关系中的自我"以及"支持下的自主"还需要借鉴前述主体可行能力与外部支持的辩证框架。

在主体可行能力方面，应对以下两方面作出说明。（1）残障人获得支持的权利，其根基在于人之为人的知意情身能力的多样构成与感性统一。人（类）之本性在感性实践中的统一，证立了人格尊严的自然普遍，而个体人性之多样构成及其在社会实践中发生的风险—脆弱，意味着支持的正当。（2）残障人主张支持自主的正当，关键在于要求一种审慎合度的自由裁量。理解人性能力的多样构成，可以借鉴统计学上的"平均"值，分析支持的成本，也可纳入经济分析中的基本坐标。但更重要的是，寓居于当今人权文明，人在感性实践中已经形成更高层次的共识，其要求感通人间疾苦、认可人性多样、公正分配资源。

对人性的理解与对支持的裁量，必然指向具体时空中的制度。在外部支持方面，实质平等（或称包容平等）的政治维度对于残障人经由司法争取自主决策可谓关键。从政治哲学层面论证人的自由，特别是克服消极自由与积极自由的悖论，核心在于证立前文中的人之为人获得支持的权利，并率先确立司法过程中的支持自主决策。残障人实现司法正义或矫正正义，与分配正义和报应正义有交叉之处。比如确定法律上的"应得"牵涉对能力、运气、品质的公允评价；经济的／产权的、社会的／刑罚的"应得"还交织在一起。分配正义涉及人与人之间的比较；报应的正义，原本是公诉视角下的单极的正义判断，而比较晚近的沟通报应理论为其增加了一种预设的主体间视角。刑罚的社会矫正，也多了个体与共同体之间的沟通视角。这些主体间的往来互动，凸显出在政治维度讨论残障司法的复杂性。

重度精神或智力障碍者，如今因为缺乏选择不同生活的实质自由，只能局限于吃低保、"就这样活着"，但如果叫以选择更自由也更平等的生活，是否愿意接受比目前更高的自负其责的代价？其获得支持的权利，如何转化为有效的支持自主决策？相关司法困难案件应该打开这方面的公共讨论，而不是捂住问题。此外，摒弃传统的成年监护和替代决策制度，倡导差异政治，实现社群赋能和同侪支持①是最关键的出路之一。

在实质平等的法律维度，司法个案审查残障人的支持自主决策要解决的问题包括两个方面。一方面，法庭将完全刑事责任能力狭隘地理解为不需要任何程序便利或支持，忽视了残障人的脆弱性。例如被告人被鉴定为有人格障碍，但有完全刑事责任能力，就很难得到从轻/减轻处罚的考量。或者被告人似乎懂得自我辩解、隐蔽、开脱，这种本能自保的行为就被认为属于"可以辨认和控制自己的行为"，而不再考虑提供程序便利与支持的必要性。

另一方面，被告人应当担责，却被否定具有受审资格和刑责能力，转入强制医疗，几乎没有回归社会的出口。例如对于精神障碍者自伤或伤人案件的司法审查，应该着重考虑其能否获得适当社区支持，并反思，相关数据或许存在统计偏差，非精神障碍人群的暴力案件发生比例比精神障碍人群更高。在极端案例中，人性为恶，难以教化，超乎想象，却不是或主要不是因为有"精神病"。人们为了维持理性及秩序的边界，实施强制隔离，遮蔽精神障碍或智力障碍者，只是徒劳。此外还应考虑刑罚执行的公正问题：其一，为了有效矫正，需要区别对待羁押中的精神障碍或智力

---

① 关于同伴友谊之于残障人获得支持、建立认同的重要性，可参见 Tom Shakespeare, *Disability Rights and Wrongs Revisited*, Second edition, Routledge, 2014, pp. 190-191。

障碍者，提供合理调整，避免病情恶化；其二，精神障碍或智力障碍囚犯要求符合尊严的对待。刑罚承担者只有保留尊严，才可以实现沟通—报应的正义。

在实质平等的文化维度，法院对残障人支持自主决策的审查，不仅仅表现为理性的法庭，也不拘泥于非强制的同意，而应当努力认可全部的人性。以理性宰制人性，显然远离了上一节中以实践唯物主义承载的人性多样内容。司法裁量的正当理据，需要充分考虑残障人的知意情身的自由活动及其作为可行能力所需要的外部支持。人们在当下的公共政治生活、经济社会条件（后小康、超智能）乃至公序良俗文化（情理法交融）中，达成对人性的最丰富内容的最广泛共识。人权是最低限度的保障，却已经包含了对最丰富人性的认可，已经与公正、自由、平等密切交织在一起。积极推动残障人实现司法正义，其所连带的人权教育、公共讨论、人权文化，意义在此。

在实质平等的经济维度，司法审查残障人的支持自主决策，得考虑到"正义的成本"。钱作为一般等价物，如同基本自由、社会必要劳动时间，仍然是重要的。人类生活中的交换，有相应的正义原则。[①] 司法中的程序便利与合理便利，以及执行判决所需的社会支持，都需要算钱（成本收益分析）。这种计算有其人性论的深刻，还带出对人的七情六欲和精明理性的重视。正如同司法利益（interest of justice）中的"interest"，包含了利益和旨趣的双重属性。

在实质平等的科技和社会维度，司法审查残障人的支持自主决策，需要考虑在超智能时代，人们制造和使用工具对身心能力的延伸，以及对"外部"支持的极大扩展。按照特定时空可获得的最高水平的健康标准，身体机能的损伤，比如肢体截断、器官衰竭，在生理上影响了其功能发挥。在相当长时间的人类历史中，由于物质条件有限，人们制造和使

---

① 比如亚里士多德所言的"回报的公正"，参见〔古希腊〕亚里士多德《尼各马可伦理学》，廖申白译注，商务印书馆，2003，第156~159页。

用工具的劳动实践多依赖于身体技能，也缺乏如今超智能时代的工具——对"手/足的延伸"以及对"耳、目、脑"的功能辅助与扩展。另外，由于缺乏无障碍环境，肢体损伤者更加缺少教育、就业、参与社交和社会生活的机会。综合起来，肢体损伤者在实现个人潜能的结果层面，如在知意情机能的运行和个人德性的充分实现等层面都受到较大限制，仍然属于被贬低、歧视乃至羞辱的人性能力不同构成的存在者。随着残障权利运动的倡导、社会物质条件的进步、无障碍制度和设施的完善，肢体障碍者的才能、绩效在平等参与的基础上得到了更多认可。在《残疾人权利公约》第12条（平等法律能力）乃至第13条（平等获得司法保护）的实施领域，肢体障碍者的行动较少引起争议，原因或在于此。

相比之下，心智、精神方面的损伤所导致的不同能力状态，需要借助更为复杂的辅助、支持机制，才能实现无障碍沟通交流。心智障碍者相关行动的展开，触及人类理性、自尊、自负其责的核心观念。在这方面倡导对不同人性能力构成的存在者的认可和平等保障，既受到科技和社会发展水平的大力促动，也需要更多哲学、心理学、美学的批判，还需要法律制度、社会工作、社区康复实务领域的探索。

回到实践唯物主义的人性论及人权观，所有人获得支持的权利（right to support），还可以替换为人作为具身化的平等自由人（embodied free euqals）享有爱欲（eros）、情爱（love）、友爱（philia）、关爱（care）的权利。在司法实践中，自由主义与社群主义、正当与诸善、可行能力与实质平等应该更有效地融合起来。首先，自由原则保障人的身心完整，提供了一整套自由主义预设的价值，允诺了自我的开端和充实过程。同时，那些先天的身心禀赋、外在善包括朋友和幸运，汇入并充实了自我认同开端后的成长过程。对重度精神障碍或智力障碍者而言，这一套支持自主决策的机制，在实质平等维度的诠释之后，包括更可及的健康服务，知情同意的治疗，朋辈或社工支持，参与教育、就业、社交和以其他形式参与社会生活。如此诉诸广泛的公共论证与社会支持，或有望达到司法者的自由裁量标准，开启通向实质自由的可行路径。

小　结

第七章回到中国语境，特别是马克思主义中国化、中国人权发展道路的丰富实践，继续求解第四章提出的残障人实现司法正义面临的独特的风险—脆弱问题。

首先，本章第一节通过实践唯物主义来承载、综合第六章中的各派人性论和正义理论，作为坚实理论根基，由此出发探索如何弥合残障人主张平等司法保护的人格理想与人权实践之间的鸿沟。这一实践唯物主义的关键点在于：人的社会本质源于感性实践；人的多样性的本质在于感性实践的多样性。正是在以制造和使用工具为基础的社会实践中，人创造了自己的全部历史。

联合国残疾人权利委员会在 2018 年发布的《关于平等和不歧视的第6 号一般性意见》中，几乎原样套用了弗里德曼概括的实质平等四个维度来阐释包容性平等（或融合的平等）。本书同样借鉴其理论，由此超越知、意、情、身四极的可行能力路径，构建残障人实现司法正义的主体性理论框架，包括政治、经济、法律、文化、科技、社会六个维度。

本章第二节是对前述理论框架"可行能力路径＋实质平等维度"的具体应用。一个具体应用在于，探索如何将残障人权利的司法保障转化为通过司法实现基于人权的赋能。这一赋能原则和策略，塑造了韧性法治体系的基本方面：关注现代社会中不同能力者面临的风险—脆弱，要求建立包容诸善的公正法律制度，综合平等保障与特别保护，提升个体可行能力，促成结构变革与实质平等，以充分发挥人的主体能动性和韧性，最终在社会融合中确保每个人的平等自由。

对前述理论框架的另一个具体应用在于，聚焦残障人（重度精神障碍或智力障碍者）在司法程序中实现支持自主决策的议题，回应本书第三章第二节分析的"诉诸司法保障平等的人身自由"、第四章第二节分析的残障人"辨认和控制自己的行为""有效沟通"所面临的风险—脆弱，以期说明这一框架对于实现残障人平等人格与实质自由的启发意义。

本章初步概括了残障人实践人权的人性能力新论及其实现司法正义的可行能力路径及实质平等维度。这一理论既坚持残障人诉诸司法的程序正义，又通向实质平等与自由，既认可主体的多样能力与脆弱，又促进人与社会机制的积极互动，进而指向个人自由与社会正义的双向生成、共生演变图景。

结　论

　　回到本书的研究问题：经由残障人实现司法正义的过程，探究一种实践人权的人性新论何以必要，何以可能，以及如何超越可行能力路径，论证人人享有的平等自由。求解这些问题，本书的基本思路如图 J-1 所示，下文以三个部分概述。

一　何以必要：何以为人

　　本书将残障人实现司法正义作为国际人权法发展前沿的一部分。在残障平权的视角下，有必要"融合"更多因素将人权界定为，人之为人所享有的，可以主张正当利益、为或不为的资格，并能够如此的自由。这里包括了利益、主张、资格、权能、自由要素，另外加上了主体、正当要素（第一章第一节）。据此，残障人实现司法正义是指，残障人在与其他人平等的基础上，通过正式或非正式司法制度寻求和获得救济，以及通过其他形式参与司法，实现其固有的、普遍的、不可分割的基本权利（第一章第二节）。

　　回溯近现代国际人权法的发展历程可以发现，残障人成为"可见"的主体，得以平等主张司法正义，是比较晚近的事情。由此再回顾从古希腊到后现代人性论和权利观在西方社会的历史展开与结合过程，其中一个深远传统在于，将人的正当权利奠基于人的自然本性或人性能力（第一章第一节）。

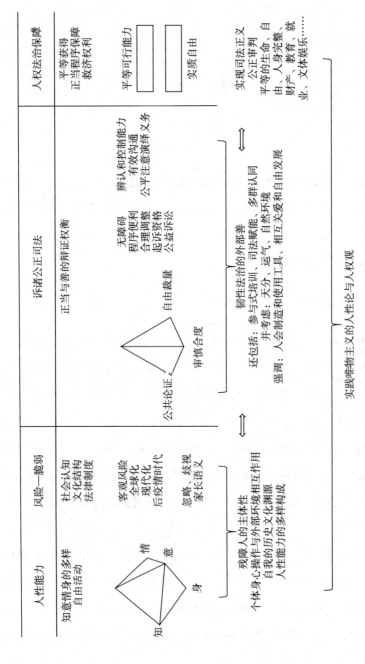

图 J－1　残障人实现司法正义的人性论与人权新论框架

资料来源：笔者自制

"人人生而自由，在尊严和权利上一律平等。他们赋有理性和良心，并应以兄弟关系的精神相对待。"[①]但现代社会的分解理性、计算理性昌明，而实践理性式微，人的知意情身的自由一体活动被裁切清算至零落不堪。国家福利发展，而优绩论、能力主义称尊，市场领域的应得原则严重挤压了社群的正当需要和公民的平等[②]诉求。形式主义法治流行，而人的异质多样、风险—脆弱被忽略，特定群体在个案中难以主张个性化的"优待"。残障人实现司法正义，既面临程序上的排斥，也面临实质上的匮乏、剥削、宰制和侵害（第四章第二节）。

残障人实现司法正义，从普通个案到影响力诉讼，都是促使认同主体性和人性能力多样的公共论证过程；其要求将自由裁量和反思判断的审慎合度效果适用于千差万别的具体个案，融入不同能力者的实际生活（第一章第三节）。自由主义、社群主义、存在主义、后结构主义等流派对人性自我的历史文化渊源各有阐述。这些丰富的理论资源，可以打开人权的人性论格局，坚持人格尊严所依凭的个体自主与自由，引入自我与他者在历史实践中的互动。本书循此思路，阐释残障平等的新理念，确立不同能力者的主体（间）性（第六章第一节）。

在正义理论以及人权的人性论框架下，残障人主张平等诉诸司法的基本权利，关键在于：开掘人性能力的丰富多样，认可其面临的风险—脆弱，将个体固有尊严、共同善（包括爱、照料、仁慈、悲悯等）的伦理与社会支持的正当等要素辩证结合起来，进而阐释其自主参与司法的正当性以及实现实质平等／自由的独特需求（第七章第一节）。

二　何以可能：平等可行能力

残障人实现司法正义的独特需求和可行路径，在于其身心能力的多

[①] 《世界人权宣言》第 1 条。

[②] 这里的"需要""应得""平等"原则，参见〔英〕戴维·米勒《社会正义原则》，应奇译，江苏人民出版社，2001，第 19 页。

样性得到认可，面临风险—脆弱时得到外部支持，最终确保其实现司法正义的平等可行能力（equal capabilities to access justice）。

对这一平等可行能力，当今国际人权法特别是《残疾人权利公约》已经提供了初步支撑（第一章第二节），中国人权体系也从人权司法保障（隶属于人权法治保障）、特定群体平等保障的交叉角度给予了明确定位（第二章）。循此脉络，本书综合国内外研究成果、实务指引和实践经验，指出残障人实现司法正义的现实路径应该包括5个要素：（1）完善的司法制度；（2）容易理解的法律信息；（3）法律主体的权利意识和积极态度；（4）可及的法律服务；（5）司法全过程的无障碍与便利支持（第三章）。

从司法全过程的角度来分析，在司法门前，残障人为权利而起的准备包括具有诉诸司法的法定资格或"法律能力"，以及通过公共法律教育和公共法律服务知晓自己的权利，有信心并实际上选择有效的纠纷解决渠道。在法庭上，公正审判所要求的两造平衡原则，除了指向法律援助、手语翻译等"武装"支持，还涉及贯彻落实现行司法制度中关于无障碍、程序便利、合理便利的规定，有效增进残障当事人平等参与司法的权能。此外，在法治社会，正当程序的基本要义离不开诉诸司法保护全体公民包括精神障碍或智力障碍者的人身自由（第三章）。

然而，现代福利国家在全球风险社会建立"接近司法正义"体系的努力，还不能公正应对残障相关的风险—脆弱。残障人权利司法保障面临现实的风险—脆弱，也就意味着韧性的缺失。本书挑选三个具体的难点问题，以说明与残障认同的多样性、脆弱性相关联的实现司法正义的困境，包括：（1）精神、智力障碍者在司法中如何表明自己可以"辨认和控制自己的行为"；（2）听力、语言障碍者在司法中如何实现"有效沟通"；（3）视力、肢体障碍者如何在司法中论辩自己不应承担"更高注意义务"。加强人权法治保障，促进残障人诉诸司法的平等可行能力，由此开启了探索韧性法治的司法维度（第四章）。

由此需要进一步阐释《残疾人权利公约》第13条和相关条文创新设

定的国家积极义务，并着重分析在获得司法保护领域，这些积极义务的应有成效：消除司法全过程的外部障碍，提供程序支持，提高残障当事人知法用法、在与其他人平等的基础上诉诸司法的可行能力。其中，合理便利的积极义务贯穿于《公约》诸多条款，令《公约》成为国际人权法中的道义制高点。《公约》将残障人真正当作"不同能力者"，是"反归类原则"的激进应用，并将回应个性需求的区别对待推到了极致。中国政府要求不断完善司法为民服务体系，将无障碍服务和便利支持贯穿诉讼全流程，在此领域积累了丰富经验（第五章第一节）。

在法院审判工作之外的其他司法环节，本书结合《残疾人权利公约》第13条第2款，指出加强司法领域工作人员的人权培训，特别是运用参与式培训方法，对于提升其残障平等意识和服务技能成效显著。中国残障社群近年来发起的影响力诉讼，在赋能司法参与者（包括律师）、提高社会认识、推动残障政策完善方面都发挥了积极作用。在公益诉讼领域，中国司法部门，包括法院、检察院、司法行政部门以及中国残联维权部门共同探索确立了一些典型案例和良好经验（第五章第二节）。

三　理念前沿：自由—平等—支持自主

残障人实现司法正义的广泛实践走在了理论前面，其揭示出现行司法体系在理念、制度、人力配备等方面，都未能有效保护残障人的平等自由。实践之否定，要求相关理论从抽象到具体的进一步创新和突破。

现有的可行能力理论，已经深度批评了自由主义的正义理论，也与社群主义的"共同善"内涵和"至善论"倾向保持了距离。主张可行能力平等，批判和取代罗尔斯的基本善品平等，其依据在于：从基本善品到人的功能发挥，其间涉及个体身心、社会制度、自然环境等层面的转化。这些转化提供了人类多样性的一个来源，其受到个体"自然"差异及其"客观"处境的影响，也受到性别意识能力定见、社会角色期待等文化因素，以及公正制度等人为因素的影响。这种转化意味着能力的实行、实质的自由不只是个人内在能力，还是个人能力和政治、社会、经济环境结合后创造的自由或选择。

构建残障人实现司法正义的可行能力理论，有助于：（1）就个案情境，权衡取舍具体的权利 / 可行能力，作出生效裁判，推动残障平等具体议题与时俱进；（2）坚守人性尊严之底线，强调某些基本自由或可行能力（比如信仰、良心自由）无论如何也不能被"出卖"以"换取"其他功能（比如安全）的实现；（3）在可行空间内，从总体上解释基本权利，以包容、连贯的视角批判现实的不平等或揭示抉择的困境，推动更广泛领域的社会变革，彰显人权的价值，生成法治的权威（第六章）。

前述可行能力路径，优势在于强调残障个体作出实质选择的自由、"成为"或"实现"自主过程中的能动力，不足在于对人的知意情身的自由活动所呈现的人性能力多样尚缺乏坚实有力的综合承载，以及在社会机制层面的批判分析略显不足。

本书由此建立自己的理论框架，首先通过实践唯物主义来承载、综合各派人性论和正义理论，作为坚实理论根基，由此出发探索如何弥合残障人主张平等司法保护的人格理想与人权实践之间的鸿沟。这一实践唯物主义的关键点在于：人的社会本质源于感性实践；人的多样性的本质在于感性实践的多样性。正是在以制造和使用工具为基础的社会实践中，人创造了自己的全部历史。此外，联合国残疾人权利委员会在 2018 年发布的《关于平等和不歧视的第 6 号一般性意见》中，几乎原样套用了弗里德曼概括的实质平等四个维度，来阐释包容性平等（或融合的平等）。本书同样借鉴其理论，由此超越知、意、情、身四极的可行能力路径，构建残障人实现司法正义的主体性理论框架，包括政治、经济、法律、文化、科技、社会六个维度（第七章第一节）。

本书还通过两个领域的具体实例，来测试前述理论框架"可行能力路径 + 实质平等维度"（四极六维）的应用前景。其一，探索如何将残障人权利的司法保障转化为通过司法实现基于人权的赋能。这一赋能原则和策略，塑造了韧性法治体系的司法维度。其二，聚焦残障人（重度精神障碍或智力障碍者）在司法程序中实现支持自主决策的议题，回应第三章第二节分析的"诉诸司法保障平等的人身自由"、第四章第二节分析的残障人"辨认和控制自己的行为""有效沟通"所面临的风险—脆弱，以期说明这一框架对于实现残障人平等人格与实质自由的启发意义（第七章第二节）。

本书主张残障人作为"不同能力者"的主体地位和实质的平等自由。这一立场有其"复古"渊源（第一章第一节、第六章第一节），也是激进现代的（第四章第一节阐述风险社会及人的脆弱性、第七章第二节反思伯林的消极自由论），乃至后结构、后现代的（第六章第三节对能力主义的解构及诉诸审美的反思）。本书依据感性实践的多样性，聚焦"不同能力者"的多样人性能力，借鉴后现代法学视角，解构残障、疾病、衰老概念背后相通的能力主义假定，作为加深理解可行能力及其公正向度的"插叙"，并借鉴身体美学、体知哲学的新发展，从审美角度，强调人的知意情身的自由活动，"补论"反思司法正义的审美视角，为论证残障人诉诸司法的实践主体性奠定感触可及的、感性相通的基础。

平等可行能力、韧性法治的逻辑，一以贯之，既适用于批判和完善司法程序，也可以适用于立法、执法中涉及诸多实体权利的领域。本书限于旨趣和篇幅，只在第三、四、五章集中分析残障人在实现司法正义环节的实务问题，结合具体的歧视案例，分析司法如何在法治框架下发挥自己的应有作用，而不讨论社区康复、自立生活、支持就业、全纳教育等权利领域的实质（立法倡导）内容。但实践人权的人性能力理论、实现正义的平等可行能力策略，应该可以用于更广泛的残障权利领域。

至此，本书暂且收尾于残障人实践人权的人性能力新论及其实现司法正义的可行能力路径与实质平等维度。这一理论既坚持残障人诉诸司法的程序正义，又通向实质平等与自由，既认可主体的多样能力与脆弱，又促进人与社会机制的积极互动，最终指向个人自由与社会正义的双向生成、共生演变图景。

附 录

附表 1 西方历史中的人性论与权利观概览

时代	理性	意志	情感	政治权力	人的权利
古希腊（公元前776—公元前146年）	从古代自然哲学、万物皆数、几何原本到伦理学逻各斯的循环永存	诸善自然逻各斯至上	高贵典雅、静穆崇高循环的时间诸神的世界	城邦为本希腊化的影响	各得其所的正当城邦政治与个人主义（伊壁鸠鲁、斯多葛派）的张力自然法（秩序）在权利之先
罗马帝国（公元前30—公元元476年）	古希腊哲学和北非、中东宗教的融合线性时间观的发展奥古斯丁发扬柏拉图哲学，对自我探索的深化	意志作为理性和情感之综合上帝至善由信向善	从世俗生活的希望体味到个体灵魂的重要性基督教兴起：信与爱的价值神学艺术	帝国的兴衰教会的崛起"普世"统治的视野（万民法）	个人欲望的正当意志的脆弱和复杂人、物、债方面的"权利"

续表

时代	理性	意志	情感	政治权力	人的权利
中世纪（上）（476年至7世纪）	神启理性 早期修道院的庇护和传承	外部之善 日常之善 灵俗区分	基督徒的自由、平等灵魂 早期团契与认同	市议元老院；从古罗马到中世纪 市（municipality）到自治市（commune）以及城市（civitates, boroughs）；贵族制 与民主制的混合；属灵权力与世俗权力的区分	个人虔信的正当 自我深度的拓展和人性尊严的积累 灵魂平等的话语
中世纪（中）（8—12世纪）	神学论证和法学论证的相互作用 唯名论及其对传统认识论的怀疑 12世纪文艺复兴（翻译未自阿拉伯、希腊世界的文献；建立大学）	圣言为法 道成肉身 意志自由 理性平等	在乡村地区改革教育和教土制度 910年，克吕尼修道院建成，1144年欧洲第一个哥特式教堂——圣德尼修道院教堂建成；教会提供混乱中的安全与和平 俗众虔敬（lay piety）兴起	查理曼，加洛林王朝时期教权王权的合作 地方封建主义的兴起 十字军东征 1073年教权权巅峰（授职权之争）；1066年诺曼征服 11世纪罗马法复兴，教会法及自然法的兴盛，法律的体系化从民法到了立法者的主权诉求 从民法到教会法（公法）原理："关涉所有人之事，须得所有人之同意。"	基督教法律——基督徒权利的普适性 个体逐渐取代家庭，成了服从法律的基本单位 人的能动性因为神恩得到强化 Jus作为法与权利，正当的张力
中世纪（下）（13—14世纪）	托马斯·阿奎那（1225—1274）发扬亚里士多德哲学，对约阿希姆（启示录主题）的拒斥；将俗世及	由法向善 平民之善 人的自由与上帝的自由融合（奥卡姆）	1226年方济各去世，1228年封圣，平信徒运动与教廷革新	教宗主权（完满权力）的兴盛 1215年英国《大宪章》 教会、国王、贵族之间的权力竞逐	平民生活的正当 教会法的影响：更加人道，公平的规则 个人自负其责的观念

续表

时代	理性	意志	情感	政治权力	人的权利
中世纪（下）（13—14世纪）	财产归人自然 罗吉尔·培根（1219—1292）实验科学的探索；科学与幻术（占星、炼金）并行 13—14世纪文艺复兴	常识之善	对个人财产权的争论（乔绝倾向）	大学得到特许状和司法权 14世纪中叶黑死病对社会结构的影响	罗马法复兴对个体权利的论述 世俗遗弃疯人（愚人船），上帝仍有救赎，济贫附带规训
15—16世纪	哥白尼（1473—1543）的天文学革命；哥伦布的地理大发现（1492），第谷、布鲁诺的天文学，弗·培根的归纳方法和经验哲学	人本之善 宗教改革的影响 新教伦理：天职（calling）路德：个体自足 加尔文：世俗进取 批判与规训	达·芬奇（1452—1519）代表的文艺复兴的巅峰（尾声）伊拉斯谟的人文主义基督教理论 蒙田对自我的存在论探索，对科学知识的反思 流浪汉（picaro）小说之讽喻 "愚人船"的开放或神秘解释	商人自治城市的兴起 君主权力的加强 圈地运动、海外贸易与资本主义市场 托马斯·莫尔的乌托邦设想	商人（资产阶级）从多方权力的制衡中获得特许和自治的权利 人的感性内容、丰富情感，人文特质得到认可和重视 从考虑死亡，到考虑呈现"疯癫"
17世纪	科学—工具理性的兴盛机械论的奠基 笛卡尔的理性哲学，解析几何、牛顿、莱布尼兹	工具理性之善 指向外部的善 霍布斯的自然状态和自然法	日常生活的重要性/诗意：巴洛克绘画比如鲁本斯；伦勃朗，维米尔以及巴洛克音乐，比如巴	英国光荣革命 三十年战争和1648年《威斯特伐利亚和约》格劳秀斯的自然法	自然理性的正当 自我在工具理性和世俗生活（日常情欲）两个方向同时拓展

续表

时代	理性	意志	情感	政治权力	人的权利
17世纪	数学、物理学，伽利略的物理学和望远镜，开普勒的天文学，哈维的医学，胡克的显微镜，斯宾诺莎"依几何次序所证化理学"	社会契约论；洛克的政府论	赫、亨德尔	英国1601年济贫法、法国1657年巴黎总收容院	对疯人的收押、隔离、净化
18世纪	启蒙运动的顶峰；机械论的发扬；康德综合唯理论与经验论的哲学，林奈的生物学，布丰的博物学，达朗贝尔的数学，拉朗日的分析力学，拉瓦锡的化学，斯密的国富论，瓦特的蒸汽机	自由意志自负其责人是目的	美学的创立，休谟将情感确立为认知及德性的依据；赫尔德确立文化民族主义，维科确立历史的"新科学"地位；卢梭以及浪漫主义的兴起	法国大革命与人权宣言，美国独立战争与美国宪法，孟德斯鸠的三权分立学说	自由、平等、生命、财产，追求幸福的权利；个人自主与法律公正一致，1794年解放比赛特尔收容院戴着镣铐的囚禁者
19世纪	法拉第、麦克斯韦的电磁学，场论物理学；门捷列夫的元素周期表，黎曼的非欧几何，达尔文的进化论，孟德尔、魏斯曼的遗传学，有机论的发展	情感之善的正当，民族传统的证立，文化的进化论对普密尔顿的（新）功利主义	自然主义的再次兴起，现实主义小说、绘画对普通人尊严的塑造	维多利亚时代的保守主义兴起，1834年《济贫法》修正案，福利国家的强化，1848年欧洲革命及其反思	个人与民族的有机交织，复调的社会与人性；民族—"普世"的价值，历史法学派的实证立场与浪漫激情

续表

时代	理性	意志	情感	政治权力	人的权利
19世纪	孔德的实证主义、社会学三大宗师；奥托的内燃机；泰勒制				精神（尼采）的反叛
20世纪	相对论、拓扑学和抽象代数、量子力学、核能物理、电子计算机、从无线电到电视互联网，从飞机到飞船载人航天，从精神到脑科学，宇宙大爆炸理论、基因遗传学机制论的发展；心理学到脑科学；结构功能主义兴起；殖民与人类学主义的发展；语言学转向	自由主义—社群主义 存在主义—后现代社会主义 全球化时代的多样性与平等主张	自我—超我的张力 从现象学、存在主义 到后现代 时间脱节了	两次世界大战 世界人权宣言 冷战及其之后 去殖民化与民族国家独立 联合国人权机制	现代性的涌现及困境 实证法学大兴 人权就是最低限度的道德、最后的乌托邦 正义二原则、交往理性或情感的要求
21世纪	云计算、物联网、人工智能、虚拟现实、新能源、碳中和、重返月球、飞向火星 人与结构/机制的能动辩证	一切皆有可能 在多元主义之后 实践唯物主义的新阐释	未来未定	《残疾人权利公约》 后疫情时代 局部战争与人道危机 气候环保问题	后现代与超现代 人的多样性 实质自由与平等

资料来源：笔者整理。

附表 2　中国残障人权利立法概览（截至 2024 年 3 月 12 日）

序号	法律类型	法律名称（或简称）	最后修订生效年份	保护残障人权利的领域
1	宪法	《宪法》	2018	法律能力
2	宪法相关法（11 部）	《选举法》	2015	法律能力
3		《澳门特别行政区基本法》	2017	基本生活
4		《村民委员会组织法》	2018	法律能力
5		《法官法》	2019	基本生活
6		《反恐怖主义法》	2018	基本生活
7		《国防法》	2009	基本生活
8		《国家赔偿法》	2013	基本生活
9		《国家情报法》	2018	基本生活
10		《检察官法》	2019	基本生活
11		《全国人民代表大会常务委员会关于县级以下人民代表大会代表直接选举的若干规定》	1983	法律能力
12		《中国人民解放军选举全国人民代表大会和县级以上地方各级人民代表大会代表的办法》	2021	法律能力
13	刑法（1 部）	《刑法》	2017	法律能力、人身和人格权利、司法保护
14	民商法（10 部）	《公司法》	2018	法律能力
15		《合伙企业法》	2007	法律能力
16		《农民专业合作社法》	2018	法律能力
17		《票据法》	2004	法律能力
18		《企业破产法》	2007	基本生活
19		《涉外民事关系法律适用法》	2011	法律能力
20		《消费者权益保护法》	2014	基本生活
21		《信托法》	2001	法律能力

序号	法律类型	法律名称	最后修订生效年份	保护残障人权利的领域
22	民商法（10部）	《著作权法》	2020	教育、文化权利
23		《民法典》	2021	教育、无障碍、基本生活、司法保护
24	行政法（29部）	《兵役法》	2011	法律能力、基本生活
25		《传染病防治法》	2013	健康、基本生活
26		《道路交通安全法》	2021	法律能力
27		《电影产业促进法》	2017	文化体育娱乐
28		《防震减灾法》	2009	无障碍
29		《高等教育法》	2018	教育
30		《公共图书馆法》	2018	无障碍、文化体育娱乐
31		《公共文化服务保障法》	2017	无障碍、文化体育娱乐
32		《国防动员法》	2010	法律能力、康复
33		《基本医疗卫生与健康促进法》	2020	康复、基本生活
34		《监狱法》	2013	基本生活
35		《教育法》	2016	教育
36		《禁毒法》	2008	康复
37		《精神卫生法》	2018	法律能力、教育、就业、康复、基本生活、人身和人格权利
38		《民办教育促进法》	2018	法律能力
39		《全国人民代表大会常务委员会关于批准〈国务院关于安置老弱病残干部的暂行办法〉的决议》	1978	就业、基本生活
40		《人口与计划生育法》	2021	健康、基本生活
41		《人民警察法》	2013	基本生活、人身和人格权利
42		《体育法》	2022	教育、文化体育娱乐

序号	法律类型	法律名称	最后修订生效年份	保护残障人权利的领域
43	行政法（29部）	《消防法》	2019	基本生活
44		《行政许可法》	2019	法律能力
45		《药品管理法》	2019	健康
46		《义务教育法》	2018	教育
47		《疫苗管理法》	2019	法律能力
48		《执业医师法》	2009	法律能力
49		《职业教育法》	2022	教育、就业、无障碍
50		《治安管理处罚法》	2013	法律能力、人身和人格权利
51		《中医药法》	2017	法律能力
52		《行政处罚法》	2018	法律能力、人身和人格权利、司法保护
53	经济法（10部）	《中小企业促进法》	2018	就业
54		《邮政法》	2015	基本生活
55		《森林法》	2020	基本生活
56		《企业所得税法》	2018	就业
57		《农业法》	2013	基本生活
58		《旅游法》	2018	人身和人格权利
59		《广告法》	2018	法律能力、人身和人格权利
60		《耕地占用税法》	2019	基本生活
61		《个人所得税法》	2019	基本生活
62		《产品质量法》	2018	基本生活
63	社会法（32部）	《残疾人保障法》	2018	全方位
64		《老年人权益保障法》	2018	法律能力、无障碍
65		《母婴保健法》	2017	法律能力
66		《境外非政府组织境内活动管理法》	2017	法律能力

续表

序号	法律类型	法律名称	最后修订生效年份	保护残障人权利的领域
67	社会法（32部）	《妇女权益保障法》	2022	教育
68		《劳动法》	2018	就业
69		《劳动合同法》	2013	人身和人格权利
70		《社会保险法》	2018	就业、基本生活
71		《职业病防治法》	2018	健康、基本生活
72		《就业促进法》	2015	就业、人身和人格权利
73		《军人保险法》	2012	基本生活
74		《慈善法》	2023	文化
75		《公益事业捐赠法》	1999	文化
76		《归侨侨眷权益保护法》	2009	基本生活
77		《反家庭暴力法》	2016	司法保护、人身和人格保护
78		《未成年人保护法》	2013	人身和人格权利
79		《乡村振兴促进法》	2021	基本生活、无障碍
80		《军人地位和权益保障法》	2021	康复、基本生活
81		《退役军人保障法》	2021	就业、康复、基本生活
82		《保险法》	2018	基本生活
83		《工会法》	2009	基本生活
84		《安全生产法》	2021	基本生活
85		《公务员法》	2018	就业
86		《公证法》	2017	法律能力、就业
87		《律师法》	2017	法律能力、就业
88		《注册会计师法》	2014	法律能力、就业
89		《现役军官法》	2000	法律能力
90		《预备役军官法》	2010	法律能力、基本生活

序号	法律类型	法律名称	最后修订生效年份	保护残障人权利的领域
91	社会法（32部）	《家庭教育促进法》	2021	儿童教育
92		《医师法》	2021	视力障碍就业、法律能力
93		《法律援助法》	2021	司法保护
94		《无障碍环境建设法》	2023	无障碍
95	诉讼与非诉讼程序法类（8部）	《民事诉讼法》	2023	法律能力、司法保护、基本生活
96		《刑事诉讼法》	2018	司法保护、法律能力、人身和人格权利
97		《行政诉讼法》	2017	司法保护、法律能力
98		《仲裁法》	2017	司法保护、法律能力
99		《劳动争议调解仲裁法》	2008	司法保护、法律能力
100		《人民调解法》	2011	基本生活
101		《行政复议法》	2023	法律能力
102		《农村土地承包经营纠纷调解仲裁法》	2010	法律能力、无障碍

资料来源：笔者整理。

参考文献

官方文件

（1）UNDP, Practice Note on Access to Justice, 9/3/2004, Strengthening Judicial Integrity through Enhanced Access to Justice, 2013.

（2）United Nations Special Rapporteur on the Rights of Persons with Disabilities, International Principles and Guidelines on Access to Justice for Persons with Disabilities, 2020.

（3）UN Secretary-General and High Commissioner for Human Rights, Human Rights Council, "Thematic Study by the Office of the United Nations High Commissioner for Human Rights on Enhancing Awareness and Understanding of the Convention on the Rights of Persons with Disabilities," UN Doc A/HRC/10/48, 2009.

（4）联合国人权理事会:《残疾人权利公约第十三条规定的诉诸司法权》（第37届会议通过的人权高专办报告），A/HRC/37/25，2017。

（5）联合国人权理事会:《儿童权利：儿童诉诸司法问题》（第25届会议第6号决议），A/HRC/RES/25/6，2014。

（6）联合国经济及社会理事会:《联合国关于在刑事司法系统中获得法律援助机会的原则和准则》，E/CN.15/2012/L.14/Rev.1，2012。

（7）联合国人权事务委员会:《第31号一般性意见:〈公约〉缔约国的一

般法律义务的性质》，CCPR/C/GC/31，2004。

（8）联合国人权事务委员会：《第 32 号一般性意见：在法庭和裁判所前一律平等和获得公正审判的权利》，CCPR/C/GC/32，2007。

（9）联合国开发计划署：《2014 年人类发展报告——促进人类持续进步：降低脆弱性，增强抗逆力》。

（10）联合国经济社会文化权利委员会：《第 5 号一般性意见：残疾人》，1994。

（11）联合国经济社会文化权利委员会：《第 9 号一般性意见：〈公约〉在国内的适用》，E/C.12/1998/24，1998。

（12）联合国经济社会文化权利委员会：《第 21 号一般性意见：人人有权参加文化生活》，2009。

（13）联合国残疾人权利委员会：《关于"第十二条：在法律面前获得平等承认"的第 1 号一般性意见》，CRPD/C/GC/1，2014。

（14）联合国残疾人权利委员会：《关于无障碍的第 2 号一般性意见》，CRPD/C/GC/2，2014。

（15）联合国残疾人权利委员会：《关于残疾妇女和女童的第 3 号一般性意见》，CRPD/C/GC/3，2016。

（16）联合国残疾人权利委员会：《关于包容性教育权的第 4 号一般性意见》，CRPD/C/GC/4，2016。

（17）联合国残疾人权利委员会：《关于独立生活和融入社区的第 5 号一般性意见》，CRPD/C/GC/5，2017。

（18）联合国残疾人权利委员会：《关于平等和不歧视的第 6 号一般性意见》，CRPD/C/GC/6，2018。

（19）联合国残疾人权利委员会：《就中国初次报告通过的结论性意见》，CRPD/C/CHN/CO/1，2012。

（20）联合国消除对妇女歧视委员会：《关于妇女的难民地位、庇护、国籍和无国籍状态与性别相关方面的第 32 号一般性建议》，CEDAW/C/

GC/32，2014。

（21）联合国消除对妇女歧视委员会:《关于妇女获得司法救助的第 33 号
　　一般性建议》，CEDAW/C/GC/33，2015。

（22）联合国儿童权利委员会:《关于儿童司法系统中的儿童权利问题的第
　　24 号一般性意见》，CRC/C/GC/24，2017。

（23）联合国人权事务高级专员办公室:《〈残疾人权利公约〉第 13 条规定
　　的诉诸司法权》，A/HRC/37/25，2018。

（24）联合国贫困人口法律赋能委员会:《让法律为每一个人服务》，www.
　　undp.org/legalempowerment/report/VolI_CN.pdf。

（25）中国政府 2018 年向联合国残疾人权利委员会提交的《〈残疾人权利
　　公约〉的实施情况：缔约国第二次和第三次合并定期报告》。

（26）国务院新闻办公室:《国家人权行动计划（2016—2020 年）》，新华
　　网，http://news.xinhuanet.com/politics/2016-09/29/c_129305934.htm。

（27）国务院新闻办公室:《全面建成小康社会：中国人权事业发展的光辉
　　篇章》，人民出版社，2021。

媒体报道

（28）栗战书:《在第十三届全国人民代表大会常务委员会第三十次会议上
　　的讲话》，《全国人民代表大会常务委员会公报》2021 年第 6 号。

（29）《习近平在中共中央政治局第三十七次集体学习时强调　坚定不移走
　　中国人权发展道路　更好推动我国人权事业发展》，新华网，http://
　　m.xinhuanet.com/2022-02/26/c_1128418774.htm。

（30）《残疾人权益保护十大典型案例发布会》，《人民法院报》2021 年 12
　　月 3 日。

（31）《最高检发布无障碍环境建设公益诉讼典型案例》，最高人民检察院网
　　站，https://www.spp.gov.cn/spp/xwfbh/wsfbh/202105/t20210514_518136.
　　shtml。

（32）《最高检举行"有爱无碍，检察公益诉讼助推无障碍环境建设"新闻发布会》，最高人民检察院网站，https://www.spp.gov.cn/spp/yzwaxwfbh/xwfbh.shtml。

（33）《残疾人权益保障检察公益诉讼典型案例》，最高人民检察院网站，https://www.spp.gov.cn/spp/xwfbh/wsfbt/202205/t20220513_556792.shtml#2。

中文著作

（34）〔澳〕本·索尔、〔澳〕戴维·金利、〔澳〕杰奎琳·莫布雷：《〈经济社会文化权利公约〉评注、案例与资料》，孙世彦译，法律出版社，2019。

（35）〔澳〕狄波拉·勒普顿：《风险》，雷云飞译，南京大学出版社，2016。

（36）〔德〕恩斯特·卡西尔：《人论：人类文化哲学导引》，甘阳译，上海译文出版社，2013。

（37）〔德〕哈贝马斯：《在事实与规范之间：关于法律和民主法治国的商谈理论》（修订译本），童世骏译，生活·读书·新知三联书店，2014。

（38）〔德〕康德：《历史理性批判文集》，何兆武译，商务印书馆，1990。

（39）〔德〕康德：《判断力批判》，《康德三大批判合集》（下），邓晓芒译，人民出版社，2009。

（40）〔德〕康德：《实践理性批判》，《康德三大批判合集》（下），邓晓芒译，人民出版社，2009。

（41）〔德〕马克斯·霍克海默、〔德〕西奥多·阿多诺：《启蒙辩证法：哲学断片》，渠敬东、曹卫东译，上海人民出版社，2020。

（42）〔德〕威尔福莱德·亨氏：《被证明的不平等：社会正义的原则》，倪道钧译，中国社会科学出版社，2008。

（43）〔德〕马克思：《1844 年经济学—哲学手稿》，刘丕坤译，中国出版集团、研究出版社，2021。

（44）〔德〕乌尔里希·贝克、〔英〕安东尼·吉登斯、〔英〕斯科特·拉什：《自反性现代化：现代社会秩序中的政治、传统与美学》，赵文书译，商务印书馆，2001。

（45）〔法〕福柯：《疯癫与文明》（第 5 版），刘北成、杨远婴译，生活·读书·新知三联书店，2019。

（46）〔法〕福柯：《规训与惩罚》（第 5 版），刘北成、杨远婴译，生活·读书·新知三联书店，2019。

（47）〔法〕吉尔·德勒兹：《康德的批判哲学》，夏莹、牛子牛译，西北大学出版社，2018。

（48）〔法〕让－保罗·萨特：《存在主义是一种人道主义》，周煦良、汤永宽译，上海译文出版社，2012。

（49）〔法〕让－雅克·卢梭：《论人类不平等的起源和基础》，邓冰艳译，浙江文艺出版社，2015。

（50）〔法〕亚历山大·科耶夫：《黑格尔导读》，姜志辉译，凤凰出版传媒集团、译林出版社，2005。

（51）〔古希腊〕亚里士多德：《尼各马可伦理学》，廖申白译注，商务印书馆，2003。

（52）〔荷兰〕彼得·李伯庚：《欧洲文化史》（上），赵复三译，江苏人民出版社，2012。

（53）〔荷兰〕伊芙琳·T. 菲特丽丝：《法律论证原理——司法裁决之证立理论概览》，张其山等译，商务印书馆，2005。

（54）〔加〕查尔斯·泰勒：《自我的根源：现代认同的形成》，韩震等译，译林出版社，2012。

（55）〔加〕德斯蒙德·曼德森：《谛听法之旋律》，丁鹏译，河北出版传媒集团、河北教育出版社，2016。

（56）〔美〕阿拉斯代尔·麦金太尔:《德性之后》,龚群、戴杨毅等译,中国社会科学出版社,2020。

（57）〔美〕艾丽斯·M.杨:《正义与差异政治》,李诚予、刘靖子译,中国政法大学出版社,2017。

（58）〔美〕保罗·卡恩:《法律的文化研究:重构法学》,康向宇译,中国政法大学出版社,2018。

（59）〔美〕本杰明·格雷格:《作为社会建构的人权——从乌托邦到人类解放》,李仙飞译,中国人民大学出版社,2020。

（60）〔美〕布鲁斯·阿克曼:《我们人民:转型》,田雷译,中国政法大学出版社,2014。

（61）〔美〕查尔斯·蒂利:《身份、边界与社会联系》,谢岳译,上海人民出版社,2021。

（62）〔美〕查尔斯·蒂利:《为什么? 社会生活中的理由》,李钧鹏译,上海文化出版社,2020。

（63）〔美〕加里·B.赫伯特:《权利哲学史》,黄涛、王涛译,华东师范大学出版社,2020。

（64）〔英〕科林·巴恩斯、〔英〕杰弗·默瑟:《探索残障:一个社会学引论》（第2版）,葛忠明、李敬译,人民出版社,2017。

（65）〔美〕克利福德·格尔茨:《文化的解释》,韩莉译,译林出版社,2014。

（66）〔美〕霍菲尔德:《基本法律概念》,张书友编译,中国法制出版社,2009。

（67）〔英〕拉里·西登托普:《发明个体:人在古典时代与中世纪的地位》,贺晴川译,广西师范大学出版社,2021。

（68）〔美〕理查德·舒斯特曼:《通过身体来思考:身体美学文集》,张宝贵译,北京大学出版社,2020。

（69）〔美〕列奥·施特劳斯:《古今自由主义》,叶然等译,华东师范大学出版社，2019。

（70）〔美〕列奥·施特劳斯：《霍布斯的政治哲学》，申彤译，译林出版
社，2012。

（71）〔美〕罗纳德·德沃金：《至上的美德：平等的理论与实践》，冯克利
译，江苏人民出版社，2008。

（72）〔美〕罗纳德·德沃金：《身披法袍的正义》，周林刚、翟志勇译，北
京大学出版社，2014。

（73）〔美〕玛莎·C.努斯鲍姆：《女性与人类发展——能力进路的研究》，
左稀译，中国人民大学出版社，2020。

（74）〔美〕玛莎·C.纳斯鲍姆：《善的脆弱性：古希腊悲剧与哲学中的运
气与伦理》（第2版），徐向东、陆萌译，译林出版社，2018。

（75）〔美〕玛莎·C.努斯鲍姆：《寻求有尊严的生活：正义的能力理论》，
田雷译，中国人民大学出版社，2016。

（76）〔美〕玛莎·C.努斯鲍姆：《正义的前沿》，陈文娟、谢惠媛、朱慧
玲译，中国人民大学出版社，2016。

（77）〔美〕玛莎·努斯鲍姆：《诗性正义：文学想象与公共生活》，丁晓东
译，北京大学出版社，2010。

（78）〔美〕迈克尔·J.桑德尔：《自由主义与正义的局限》，万俊人等译，
译林出版社，2001。

（79）〔美〕迈克尔·沃尔泽：《阐释和社会批判》，任辉献、段鸣玉译，江
苏人民出版社，2010。

（80）〔美〕迈克尔·沃尔泽：《正义诸领域：为多元主义与平等一辩》，褚
松燕译，译林出版社，2009。

（81）〔美〕乔治·H.米德：《心灵、自我与社会》，赵月瑟译，上海译文
出版社，2018。

（82）〔美〕苏珊·桑塔格：《疾病的隐喻》，程巍译，上海译文出版社，
2003。

（83）〔美〕J.C.亚历山大：《新功能主义及其后》，彭牧、史建华、杨渝东译，译林出版社，2003。

（84）〔美〕约翰·罗尔斯：《正义论》（修订版），何怀宏、何包钢、廖申白译，中国社会科学出版社，2009。

（85）〔美〕约翰·罗尔斯：《作为公平的正义——正义新论》，姚大志译，上海三联书店，2002。

（86）〔南非〕桑德拉·弗里德曼：《反歧视法》（第2版），杨雅云译，中国法制出版社，2019。

（87）〔日〕星野英一：《私法中的人》，王闯译，中国法制出版社，2004。

（88）〔意〕莫诺·卡佩莱蒂编《福利国家与接近正义》，刘俊祥等译，法律出版社，2000。

（89）〔印〕阿马蒂亚·森：《正义的理念》，王磊、李航译，中国人民大学出版社，2012。

（90）〔英〕Ed Cape等主编《欧洲四国有效刑事辩护研究——人权的视角》，丁鹏等编译，法律出版社，2012。

（91）〔英〕H.L.A.哈特：《法律、自由与道德》，支振峰译，法律出版社，2006。

（92）〔英〕安东尼·吉登斯：《现代性的后果》，田禾译，译林出版社，2011。

（93）〔英〕戴维·米勒：《社会正义原则》，应奇译，江苏人民出版社，2001。

（94）〔英〕克莱尔·奥维、〔英〕罗宾·怀特：《欧洲人权法原则与判例》（第3版），何志鹏、孙璐译，北京大学出版社，2006。

（95）〔英〕迈克尔·波兰尼：《科学、信仰与社会》，王靖华译，南京大学出版社，2020。

（96）〔英〕米尔恩：《人的权利与人的多样性——人权哲学》，夏勇、张志铭译，中国大百科全书出版社，1995。

（97）〔英〕齐尔格特·鲍曼：《通过社会学去思考》，高华等译，社会科学文献出版社，2004。

（98）〔英〕齐格蒙特·鲍曼：《流动的现代性》，欧阳景根译，中国人民大学出版社，2018。

（99）〔英〕以赛亚·伯林：《自由论》，胡传胜译，凤凰出版传媒集团、译林出版社，2011。

（100）〔英〕詹姆斯·格里芬：《论人权》，徐向东、刘明译，译林出版社，2015。

（101）邓文正：《细读〈尼各马可伦理学〉》，生活·读书·新知三联书店，2011。

（102）邓晓芒：《康德伦理学：解读、研究与启示》，北京出版集团、文津出版社，2020。

（103）邓晓芒：《实践唯物论新解：开出现象学之维》（增订本），北京出版集团公司、文津出版社，2019。

（104）贺欣：《街头的研究者：法律与社会科学笔记》，北京大学出版社，2021。

（105）侯旭东：《什么是日常统治史》，生活·读书·新知三联书店，2020。

（106）侯猛：《司法的运作过程：基于对最高人民法院的观察》，中国法制出版社，2021。

（107）胡万年：《身体和体知：具身心智范式哲学基础研究》，北京师范大学出版社，2020。

（108）胡玉鸿：《弱者权利保护基础理论研究》，商务印书馆，2021。

（109）蒋银华：《新时代人权司法保障研究》，社会科学文献出版社，2019。

（110）金冬日、许尧等：《国家人权行动计划国际比较研究》，上海三联书店，2021。

（111）李猛：《自然社会：自然法与现代道德世界的形成》，生活·读书·新知三联书店，2015。

（112）李石：《〈正义论〉讲义》，中国社会科学出版社，2021。

（113）李石：《积极自由的悖论》，商务印书馆，2011。

（114）李泽厚：《回应桑德尔及其他》，生活·读书·新知三联书店，2014。

（115）李泽厚：《批判哲学的批判：康德述评》（修订第六版），生活·读书·新知三联书店，2007。

（116）梁治平：《论法治与德治：对中国法律现代化运动的内在观察》，九州出版社，2020。

（117）曲相霏：《人权离我们有多远：人权的概念及其在近代中国的发展演变》，清华大学出版社，2015。

（118）吴宏耀等：《法律援助法注释书》，中国政法大学出版社，2022。

（119）夏勇：《人权概念起源——权利的历史哲学》，中国社会科学出版社，2007。

（120）信春鹰主编《中华人民共和国残疾人保障法释义》，法律出版社，2008。

（121）徐向东：《权利、正义与责任》，浙江大学出版社，2021。

（122）张万洪主编《刑事法律援助值班律师培训手册》，法律出版社，2019。

（123）张再林：《作为身体哲学的中国古代哲学》，中国书籍出版社，2018。

（124）周保松：《自由人的平等政治》，生活·读书·新知三联书店，2017。

（125）周怡主编《文化社会学：经典与前沿》，北京大学出版社，2022。

中文论文

（126）〔加〕贝淡宁：《社群主义对自由主义之批判》，石鹏译，《求是学刊》2007年第1期。

（127）〔美〕玛萨·艾伯森·法曼：《脆弱性的人类与回应性的国家》，李霞译，《比较法研究》2015年第2期。

（128）〔美〕玛萨·艾伯森·法曼：《脆弱性主体——锚定人类境遇的平等》，王新宇译，《比较法研究》2013年第4期。

（129）〔美〕M. 华尔泽：《社群主义者对自由主义的批判》，孙晓莉译，《世界哲学》2002年第4期。

（130）《刑事诉讼法解释》起草小组：《〈关于适用刑事诉讼法的解释〉的理解与适用》，《人民司法》2021年第7期。

（131）Carlos P. Medina, Jr.：《通过非传统法律服务帮助穷人》，杨睿等主编《菲律宾的公益法实践》，法律出版社，2010。

（132）Radu Mares、张万洪：《工商业与人权的关键议题及其在新时代的意义——以联合国工商业与人权指导原则为中心》，《西南政法大学学报》2018年第2期。

（133）Robert D. Dinerstein：《实施〈残疾人权利公约〉第12条中的"法律能力"》，陈博译，刘小楠主编《反歧视评论》（第1辑），法律出版社，2014。

（134）Theresia Degener：《残障的人权模式》，陈博译，张万洪主编《残障权利研究》（第3卷第1期），社会科学文献出版社，2016。

（135）贝克、邓正来、沈国麟：《风险社会与中国——与德国社会学家乌尔里希·贝克的对话》，《社会学研究》2010年第5期。

（136）曹晟旻：《为权利与善的优先性之争正名——兼及对"中间道路"的批判性反思》，《浙江社会科学》2020年第3期。

（137）陈博：《分歧与共识：〈残疾人权利公约〉禁止非自愿收治?》，《西南政法大学学报》2019年第2期。

（138）陈博:《精神障碍者民事独立起诉权的实践与发展:从〈精神卫生法〉到〈残疾人权利公约〉》,张万洪主编《残障权利研究》(第2卷第1期),社会科学文献出版社,2015。

（139）陈博:《人民法院如何解释和适用残疾人平等与不歧视的权利?》,张万洪主编《残障权利研究》(第10辑),武汉大学出版社,2022。

（140）陈洪杰:《接近正义与人权的司法保护——欧洲人权法院相关实践的启示》,柳经纬主编《厦门大学法律评论》第8辑,厦门大学出版社,2004。

（141）崔凤鸣:《平等参与原则下的无障碍和合理便利——以中国的实施现况为例》,《台湾人权学刊》第5卷第4期,2020年12月。

（142）邓晓芒:《康德〈论俗语〉从实践理性向历史理性的过渡》,《天津社会科学》2014年第3期。

（143）邓晓芒:《马克思的人学现象学思想》,《江海学刊》1996年第3期。

（144）丁鹏、张万洪:《残疾人权利保障的新进展》,樊崇义、施汉生主编《中国法律援助制度发展报告No.1（2019）》,社会科学文献出版社,2019。

（145）丁鹏:《残障人平等实现司法正义:法律框架与案例述评》,张万洪主编《残障权利研究》(第2卷第1期),社会科学文献出版社,2015。

（146）丁鹏:《青年有大爱 促行无障碍》,《光明日报》2022年2月22日。

（147）丁鹏:《依法促进对残疾人权利的平等保护》,《人民法院报》2021年11月18日。

（148）丁鹏:《影像中的残障与平等》,张万洪主编《残障权利研究》(第3卷第2期),社会科学文献出版社,2017。

（149）樊崇义:《人权司法保障制度的新举措》,《人民法院报》2017年6

月 5 日。

（150）范如国：《"全球风险社会"治理：复杂性范式与中国参与》，《中国
　　　社会科学》2017 年第 2 期。

（151）房莉杰：《平等与繁荣能否共存——从福利国家变迁看社会政策的
　　　工具性作用》，《社会学研究》2019 年第 5 期。

（152）冯颜利：《实践唯物主义研究述评》，《哲学研究》2003 年第 9 期。

（153）郭砾等：《残障与性别：残障妇女生存发展考察报告》，《中国妇女
　　　报》2013 年 8 月 6 日。

（154）郭锐、倪震：《残障人法律援助基本原则研究》，《人权》2018 年第
　　　2 期。

（155）国曦今：《人类学的自然法基础——弗雷泽对自然状态的阐释》，
　　　《社会学研究》2019 年第 2 期。

（156）何乃柱、李淑云：《从"残废"到"障碍"：称谓的演变对残疾人
　　　社会工作的影响》，《社会工作》2013 年第 4 期。

（157）贺欣：《社科法学与法教义学的初步比较——从"儿童最佳利益"
　　　谈起》，《中国法律评论》2021 年第 5 期。

（158）侯健：《国家治理的人权思维和方式》，《法学》2017 年第 6 期。

（159）侯健：《试论人权治理》，《学术界》2020 年第 10 期。

（160）化国宇：《公安机关介入精神病人行政强制医疗研究》，《中国人民
　　　公安大学学报》（社会科学版）2019 年第 6 期。

（161）黄炬、刘同舫：《从风险社会到命运共同体：基于现代性理论的审
　　　视》，《学术界》2018 年第 3 期。

（162）黄文艺：《论公正审判权与中国司法改革》，网络指导委员会编《中
　　　国人权年刊》（第 2 卷），社会科学文献出版社，2006。

（163）黄裔：《合理便利概念的浅析》，刘小楠编《反歧视评论》（第 1
　　　辑），法律出版社，2014。

（164）黄泽萱：《现代风险治理框架下的民意困局及其出路探讨——兼评

张小燕等人诉江苏省环保厅环评行政许可案》，《清华法学》2018年第 5 期。

（165）冀祥德、张文秀：《从对抗转向合作：中国控辩关系新发展》，《中国司法》2011 年第 12 期。

（166）冀祥德：《控辩平等之现代内涵解读》，《政法论坛》2007 年第 6 期。

（167）江传曾：《新中国成立以来残联组织在残疾人事业中的历史作用》，《北京联合大学学报》2019 年第 3 期。

（168）姜峰：《社会风险的刑法调控及其模式改造》，《中国社会科学》2019 年第 7 期。

（169）蒋银华：《司法改革的人权之维——以"诉讼爆炸"为视角的分析》，《法学评论》2015 年第 6 期。

（170）劳东燕：《风险社会与功能主义的刑法立法观》，《法学评论》2017 年第 6 期。

（171）雷磊：《"为权利而斗争"：从话语到理论》，《苏州大学学报》（哲学社会科学版）2019 年第 2 期。

（172）雷磊：《新兴（新型）权利的证成标准》，《法学论坛》2019 年第 3 期。

（173）黎建飞：《〈残疾人权利公约〉的背景回顾与再解读》，《人权》2018 年第 6 期。

（174）李聪、田宝：《智力残疾研究的回顾与展望》，《社会科学论坛》2020 年第 5 期。

（175）李剑：《残疾与正义：一种基于能力的正义理论》，《国外理论动态》2018 年第 6 期。

（176）李剑：《从能力理论到能力主义——当代西方政治哲学中能力理论的出现与发展》，《中国哲学年鉴》2017 年第 1 期。

（177）李敬、亓彩云：《〈残疾人权利公约〉第 12 条：透过历史文本的解读》，《国际法研究》2019 年第 5 期。

（178）李龙、彭霞：《历史、价值与条件："司法防线"命题的三个面向》，

《湖南社会科学》2018 年第 5 期。

（179）李璐君:《"人权司法保障"的语义分析》,《华东政法大学学报》2019 年第 4 期。

（180）李石:《当代政治哲学处理"残障"问题的三种路径》,《伦理学研究》2022 年第 2 期。

（181）李英桃:《新冠肺炎疫情全球大流行中的"脆弱性"与"脆弱群体"问题探析》,《国际政治研究》2020 年第 3 期。

（182）李永军:《民法上的人及其理性基础》,《法学研究》2005 年第 5 期。

（183）李勇:《中国残障女性双重压迫理论及其价值——基于社会主义女权主义的分析》,张万洪主编《残障权利研究》（第 9 辑）,社会科学文献出版社,2021。

（184）李忠夏:《风险社会治理中的宪法功能转型》,《国家检察官学院学报》2020 年第 6 期。

（185）厉才茂、张梦欣、李耘、杨亚亚:《疫情之下对残疾人保护的实践与思考》,《残疾人研究》2021 年第 1 期。

（186）林建军、靳世静:《"歧视"的规范内涵——基于国际人权文书的体系化考察》,《中华女子学院学报》2021 年第 6 期。

（187）刘红臻:《司法如何堪当人权保障的重任》,《法制与社会发展》2014 年第 6 期。

（188）刘擎:《2019 西方思想年度述评》（下篇）,《学海》2020 年第 3 期。

（189）刘雪斌、王志伟:《"差别原则"视域下的我国残疾人无障碍权利保障》,《人权》2018 年第 5 期。

（190）刘忠:《未完成的"平等武装"——刑辩律师非知识技艺理性的养成》,《中外法学》2016 年第 2 期。

（191）刘子豪:《论我国残疾人诉讼权利的保障》,《法制与社会》2019 年第 25 期。

（192）柳华文:《中国残疾人权利保障事业的基本特点》,《残疾人研究》

2017 年第 2 期。

（193）卢家栋：《新形势下肇事肇祸精神病人管控研究——以四川省达州市为调查对象》，《北京警察学院学报》2016 年第 6 期。

（194）鲁广锦：《历史视域中的人权：中国的道路与贡献》，《红旗文稿》2021 年第 1 期。

（195）罗遐：《残疾社会模式及其对我国残疾人养老保障体系建构的启示》，《安徽农业大学学报》（社会科学版）2016 年第 1 期。

（196）吕盼、刘建梅、胡峻梅：《3720 例刑事责任能力鉴定案例分析》，《华西医学》2014 年第 8 期．

（197）吕世明：《以检察公益诉讼推进无障碍环境建设》，《人民论坛》2021 年第 13 期。

（198）马华舰等：《精神科医生对患者非自愿住院决定的影响因素研究进展》，《中国卫生资源》2017 年第 5 期。

（199）马玉栀：《刑事诉讼中残障人权益保障问题研究》，张万洪主编《残障权利研究》（第 9 辑），社会科学文献出版社，2021。

（200）马长山：《数字时代的人权保护境遇及其应对》，《求是学刊》2020 年第 4 期。

（201）马志莹：《亲密的生命政治——家庭权责主体与精神卫生立法》，《思想战线》2014 年第 3 期。

（202）孟庆涛：《重读〈世界人权宣言〉》，《现代法学》2018 年第 5 期。

（203）倪润：《强制医疗程序中"社会危险性"评价机制之细化》，《法学》2012 年第 11 期。

（204）曲相霏：《"合理便利"概念的起源和发展》，《人权》2015 年第 6 期。

（205）曲相霏：《〈残疾人权利公约〉与中国的残疾模式转换》，《学习与探索》2013 年第 11 期。

（206）曲相霏：《残疾人权利公约中的合理便利——考量基准与保障手段》，《政法论坛》2016 年第 2 期。

（207）曲相霏：《从主体尊严出发保障精神障碍者人权》，《中国社会科学报》2010 年 4 月 6 日。

（208）曲相霏：《中国共产党残疾人权益保障的百年历程及意义》，《人权》2021 年第 2 期。

（209）石魏：《强制医疗程序庭审虚化之反思与破解——以北京市 2015—2019 年强制医疗案件为研究样本》，《北京警察学院学报》2019 年第 6 期。

（210）宋亚辉：《风险控制的部门法思路及其超越》，《中国社会科学》2017 年第 10 期。

（211）苏峰山：《正义理论、差异政治与障碍研究》，张万洪主编《残障权利研究》（第 9 辑），社会科学文献出版社，2021。

（212）孙笑侠、郭春镇：《法律父爱主义在中国的适用》，《中国社会科学》2006 年第 1 期。

（213）孙笑侠：《论司法信息化的人文"止境"》，《法学评论》2021 年第 1 期。

（214）王焱：《城市居民对司法机关保障公民权利的信任度研究——基于天津市部分地区的问卷调查》，李君如主编《中国人权事业发展报告 No.10（2020）》，社会科学文献出版社，2020。

（215）王治江：《司法无障碍理念的提出与适用》，《法律适用》2013 年第 3 期。

（216）王治江：《实现平等：〈民法典〉保障残疾人权益的基本理念与价值追求》，《残疾人研究》2020 年第 3 期。

（217）吴英姿：《风险时代的秩序重建与法治信念——以"能动司法"为对象的讨论》，《法学论坛》2011 年第 1 期。

（218）吴英姿：《论诉权的人权属性——以历史演进为视角》，《中国社会科学》2015 年第 6 期。

（219）夏慧：《残疾人法律工作中的问题与对策建议》，《中国司法》2014

年第 11 期。

（220）相自成：《中国残疾人保护法律问题历史研究》，博士学位论文，中国政法大学，2004。

（221）肖祥：《风险社会治理责任范式：全球战"疫"与中国行动》，《学术界》2020 年第 9 期。

（222）杨伟民：《罗尔斯的差别原则辨析》，《社会学评论》2017 年第 4 期。

（223）杨晓琳：《少数民族残障人平等获得司法保护研究——以 S 县为例》，张万洪主编《残障权利研究》（第 9 辑），社会科学文献出版社，2021。

（224）姚大志：《何谓正义：自由主义、社群主义和其他》，《吉林大学社会科学学报》2008 年第 1 期。

（225）叶静漪、苏晖阳：《新时代我国残疾人社会融合问题研究》，《人口与发展》2021 年第 1 期。

（226）易延友：《论刑事被追诉人自行聘请律师的优先性——以罗尔斯的正义理论为分析框架》，《政治与法律》2021 年第 11 期。

（227）于莲：《以可行能力视角看待障碍：对现有残障模式的反思与探索》，《社会》2018 年第 4 期。

（228）张承蒙、周林刚、牛原：《内涵式增权与外生性赋能：社会资本视角下的残疾人社会支持网络构建》，《残疾人研究》2020 年第 1 期。

（229）张盾：《政治美学与马克思的人学重构》，《哲学研究》2017 年第 2 期。

（230）张国清：《罗尔斯难题：正义原则的误读与批评》，《中国社会科学》2013 年第 10 期。

（231）张恒豪、苏峰山：《残障权利及其误用》，张万洪主编《残障权利研究》（第 3 卷第 1 期），社会科学文献出版社，2016。

（232）张吉喜：《刑事强制医疗客观要件的反思与重构》，《比较法研究》2021 年第 2 期。

（233）张品泽、赵雪松：《精神病人危害防控与应然权利探析——以 B 市

为主要样本》,《贵州民族大学学报》(哲学社会科学版) 2021 年第
5 期。

(234) 张万洪、丁鹏:《保护未决羁押中的残障人权利工作指南》,张万
洪主编《残障权利研究》(第 2 卷第 2 期),社会科学文献出版社,
2016。

(235) 张万洪、丁鹏:《当代中国宪政建设中的乡村调解与治理——一个
法律人类学的分析》,《江苏社会科学》2012 年第 6 期。

(236) 张万洪、丁鹏:《全面建成小康社会与残疾人权利的实现》,《残疾
人研究》2020 年第 4 期。

(237) 张万洪、丁鹏:《人权法视野下的刑事司法早期阶段法律援助:中
国经验与发展前瞻》,《求是学刊》2019 年第 2 期。

(238) 张万洪、丁鹏:《中国残障人平等获得司法保护研究报告》,2016
年 11 月 29 日,联合国开发计划署网站,https://www.cn.undp.
org/content/china/zh/home/library/democratic_governance/equal-
access-to-justice-for-persons-with-disabilities-in-china.html。

(239) 张万洪、高薇:《多多益善:残障权利的多学科研究》,《人权》
2017 年第 3 期。

(240) 张万洪、刘逸君:《聋人社区法律赋能诊所——来自诊所教师的观
察》,《法学教育研究》2019 年第 4 期。

(241) 张万洪:《菲律宾公益诉讼考察报告》,肖永平主编《珞珈法学论
坛》(第 10 卷),武汉大学出版社,2011。

(242) 张万洪:《平等享有人权,融合共创精彩——中国人权发展道路上
的残疾人权益保障》,《光明日报》2022 年 3 月 4 日。

(243) 张万洪:《以无障碍为抓手,为残疾人提供更强有力的法律保障》,
《人民法院报》2021 年 11 月 11 日。

(244) 张万洪:《用法治推进无障碍环境建设》,《光明日报》2021 年 12
月 18 日。

（245）张万洪：《止于至善：我国〈国家人权行动计划〉的发展历程及新进展》，《人权》2021 年第 5 期。

（246）赵树坤、徐艳霞：《从 516 份司法裁判文书看残疾人权益保障及其完善》，《残疾人研究》2021 年第 1 期。

（247）赵树坤、殷源：《老年人赡养权益司法保障与修复型正义——以 2013—2018 年司法裁判文书为研究对象》，《人权》2019 年第 4 期。

（248）赵树坤、张佰发：《从人民法院 346 份国家赔偿决定书看人权司法保障的进步》，李君如主编《中国人权事业发展报告 No.8（2018）》，社会科学文献出版社，2018。

（249）赵树坤：《残障者法律保护问题及研究走向》，《学术交流》2015 年第 7 期。

（250）赵树坤：《司法实践中手语翻译服务问题探析》，《人民法院报》2021 年 12 月 23 日。

（251）赵树坤：《通过司法助益社会整合》，《中国社会科学报》2014 年 9 月 10 日。

（252）赵汀阳：《"预付人权"：一种非西方的普遍人权理论》，《中国社会科学》2006 年第 4 期。

（253）郑戈：《在鼓励创新与保护人权之间——法律如何回应大数据技术革新的挑战》，《探索与争鸣》2016 年第 7 期。

英文著作

（254）Bantekas, Ilias, Stein, Michael A., and Anastasiou, Dimitris, eds., *The UN Convention on the Rights of Persons with Disabilities: A Commentary*, Oxford University Press, 2018.

（255）Beco, Gauthier de, *Disability in International Human Rights Law*, Oxford University Press, 2021.

（256）Charles, David, *The Undivided Self: Aristotle and the "Mind-Body*

Problem", Oxford University Press, 2021.

（257）Daniels, Norman, *Just Health: Meeting Health Needs Fairly*, Cambridge University Press, 2007.

（258）Felder, Franziska,Davy, Laura, and Kayess, Rosemary, eds., *Disability Law and Human Rights: Theory and Policy*, Palgrave Macmillan, 2022.

（259）Fina, Valentina Della, Cera, Rachele, and Palmisano, Giuseppe, eds., *The United Nations Convention on the Rights of Persons with Disabilities: A Commentary*, Springer, 2017.

（260）Fineman, Martha A., and Grear, Anna, eds., *Vulnerability: Reflections on a New Ethical Foundation for Law and Politics*, Ashgate, 2013.

（261）Flynn, Eilionóir, *From Rhetoric to Action: Implementing the UN Convention on the Rights of Persons With Disabilities*, Cambridge University Press, 2012.

（262）Flynn, Eilionóir, *Disabled Justice? Access to Justice and the UN Convention on the Rights of Persons with Disabilities*, Routledge, 2016.

（263）Francioni, Franceso , *Access to Justice as a Human Right*, Oxford University Press, 2007.

（264）Fredman, Sandra, *Human Rights Transformed: Positive Rights and Positive Duties*, Oxford University Press, 2008

（265）Kanter, Arlene S., *The Development of Disability Rights under International Law: From Charity to Human Rights*, Routledge, 2015.

（266）May, Vivian M., *Pursuing Intersectionality, Unsettling Dominant Imaginaries*, Routledge, 2015.

（267）Rawls, John , *Justice as Fairness: A Restatement*, Harvard University Press, 2001.

（268）Riddle, Christopher A., *Disability and Justice, The Capabilities Approach in Practice*, Lexington Books, 2014.

（269）Ronner, Amy D., *Law, Literature and Therapeutic Jurisprudence*, Carolina Academic Press, 2010.

（270）Sandel, Michael, *The Tyranny of Merit, What's Become of Common Good*, Penguin Books, 2020.

（271）Shakespeare, Tom, *Disability Rights and Wrongs Revisited*, Second edition, Routledge, 2014.

英文论文

（272）Beco, Gauthier de, "Intersectionality and Disability in International Human Rights Law," 24 *The International Journal of Human Rights* 5（2020）.

（273）Benedet, Janine, Grant, Isabel, "Taking the Stand: Access to Justice for Witnesses with Mental Disabilities in Sexual Assault Cases," 50 *Osgoode Hall Law Journal* 1（2012）.

（274）Ben-Shahar, Omri, "The Paradox of Access Justice, and Its Application to Mandatory Arbitration," 83 *U. CHI. L. REV.* 1755（2016）.

（275）Boyle, Coleen A., Fox, Michael H., Havercamp, Susan M., Zubler, Jennifer, "The public Health Response to the COVID-19 Pandemic for People with Disabilities," 13 *Disability and Health Journal* 1（2020）.

（276）Cantillon, Bea, Lancker, Wim Van, "Three Shortcomings of the Social Investment Perspective," 12 *Social Policy and Society* 4（2013）.

（277）Carter, Eileen I., Boezaart, Trynie, "Article 13 of United Nations Convention on the Rights of People with Disabilities: Does the Children's Act 38 of 2005 Support Access to Justice for Children with Disabilities," 79 *THRHR* 248（2016）.

（278）Cojocariu, Constantin, "Hit and Miss: Procedural Accommodations Ensuring the Effective Access of People with Mental Disabilities to the European Court of Human Rights," in Peter Blanck, Eilionóir Flynn, eds., *Routledge Handbook of Disability Law and Human Rights*, Routledge, 2017.

（279）Coumarelos, Christine and others, "Legal Australia-Wide Survey: Legal Need in Australia," 7 *Justice And Legal Needs* 1（2012）.

（280）Crenshaw, Kimberle, "Demarginalizing the Intersection of Race and Sex: A Black Feminist Critique of Antidiscrimination Doctrine, Feminist Theory and Antiracist Politics," 1 *Chicago Legal Forum* 1（1989）.

（281）Crmin, Kevin M., "What Does Access to Justice Require – Overcoming Barriers to Invoke the United Nations Convention on the Rights of Persons with Disabilities," 11 *Frontiers L. CHINA* 280（2016）.

（282）Degener, Theresia, and Castro, María Gómez-Carrillo de, "Toward Inclusive Equality: Ten Years of the Human Rights Model of Disability in the Work of the UN Committee on the Rights of Persons with Disabilities," in Franziska Felder, Laura Davy, Rosemary Kayess, eds., *Disability Law and Human Rights: Theory and Policy*, Palgrave Macmillan, 2022.

（283）Edwards, Claire, "Spacing Access to Justice: Geographical Perspectives on Disabled People's Interactions with the Criminal Justice System as Victims of Crime," 45 *Area* 3（2013）.

（284）"Access to Justice: An Overview of Challenges and Opportunities," EU Agency for Fundamental Rights, 2011.

（285）Fredman, Sandra, "Substantive Equality Revisited," 14 *International Journal of Constitutional Law* 3（2016）.

（286）Friedner, Michele, "Deaf and Incarcerated in the U.S.," https://www. sapiens.org/culture/deaf-incarcerated/, 2021-06-15.

（287）Gray, Abigail, Forell, Suzie, and Clarke, Sophie, "Cognitive Impairment, Legal Need and Access to Justice," 2009, http://www.lawfoundation.net. au/ljf/site/articleIDs/2EDD47C8AEB2BB36CA25756F0018AFE0/$file/ JI10_Cognitive_impairment.pdf.

（288）Harnacke, Caroline, "Disability and Capability: Exploring the Usefulness of Martha Nussbaum's Capabilities Approach for the UN Disability Rights Convention," 41 *Journal of Law, Medicine and Ethics* 1（2013）.

（289）Johnson, Earl Jr., "Equal Access to Justice: Comparing Access to Justice in the United States and Other Industrial Democracies," 24 *FORDHAM INT'l L.J.* 83（2000）.

（290）Kremte, Henok Ashagrey, "Unveiling the Challenges in the Implementation of Article 13 of the United Nations Convention on the Rights of Persons with Disabilities on the Right to Access to Justice: A Case Study of Lesotho," 11 *REV. EUR. Stud.* 194（2019）.

（291）Langford, Malcolm, "Interdisciplinarity and multimethod research," in B.A. Andreassen,H.O. Sano,S. McIernet−Lankford, *Human Rights Research Methods*, Edward Elgar, Ch. 8., 2017.

（292）Larson, David Allen, "Access to Justice for Persons with Disabilities: An Emerging Strategy," 3 *Laws* 220（2014）.

（293）Lawson, Anna, "Disabled People and Access to Justice, From Disablement to Enablement?" in Peter Blanck, Eilionóir Flynn, eds., *Routledge Handbook of Disability Law and Human Rights*, Routledge, 2017.

（294）Loucks, Nancy, "No One Knows: Offenders with Learning Difficulties and Learning Disabilities: The Prevalence and Associated Needs," Prison Reform Trust, 2007.

（295）MacDougall, Jamie, "Access to Justice for Deaf Persons in Nunavut: Focus on Signed Languages," 2000, http://www.justice.gc.ca/eng/rp−pr/aj−ja/rr00_17/rr00_17.pdf.

（296）Mafabi, Dorah Caroline, "Legal Aid, A Tenet of Access to Justice: The Case of Women with Disabilities in Post−conflict Northern Uganda," 2014, www.pilac.ac.ug.

（297）Minkowitz, Tina, "Prohibition of Compulsory Mental Health Treatment and Detention under the CRPD," 2011, https://papers.ssrn.com/sol3/papers.cfm?abstract_id=1876132.

（298）Minkowitz, Tina, "Rethinking Criminal Responsibility from a Critical Disability Perspective: The Abolition of Insanity/Incapacity Acquittals and Unfitness to Plead, and Beyond," 23 *Griffith Law Review* 3（2015）.

（299）Ortoleva, Stephanie, "Forgotten Sisters—A Report on Violence Against Women with Disabilities: An Overview of Its Nature, Scope, Causes and Consequences," Northeastern University School of Law Research Paper No. 104–2012.

（300）Paré, Mona, "The Convention on the Rights of Persons with Disabilities: Its Contribution to the Development of International Human Rights Law," 11 *Revista Esmat* 17（2019）.

（301）Quinn, Gerard, "Preface," in Gauthier de Beco, *Disability in International Human Rights Law*, Oxford University Press, 2021.

（302）Quinn, Gerard, Arstein-Kerslake, Anna, "Restoring the 'Human' in 'Human Rights'," in Conor Gearty, and Costas Douzinas, eds., *The Cambridge Companion to Human Rights Law*, Cambridge University Press, 2012.

（303）Robeyns, Ingrid, "The Capability Approach: A Theoretical Survey," 6 *Journal of Human Development* 1（2005）.

（304）Ronner, Amy D., "Songs of Validation, Voice, and Voluntary Participation: Therapeutic Jurisprudence, Miranda and Juveniles," 71 *U Cin L Rev* 89（2002）.

（305）Sen, Amartya, "Equality of What?" in S. Darwall ed., *Equal Freedom: Selected Tanner Lectures on Human Values*, University of Michigan Press, 1995.

（306）Shikhelman, Vera, "Access to Justice in the United Nations Human Rights Committee," 39 *MICH. J. INT'l L.* 453（2018）.

（307）Slobogin, Christopher, "Eliminating Mental Disability as a Legal Criterion in Deprivation of Liberty Cases: The Impact of the Convention on the Rights of Persons with Disability on the Insanity Defense, Civil Commitment, and Competency Law," 40 *Law and Psychol Rev.* 297, 300 （2015 – 2016）.

（308）Stein, Michael, "Disability Human Rights," 95 *California Law Review* 75 （2007）.

（309）The Arc's National Center on Criminal Justice and Disability, "Competency of Individuals with Intellectual and Developmental Disabilities in the Criminal Justice System: A Call to Action for the Criminal Justice Community," 2017.

（310）The Law Council of Australia, Access to "Justice in the Criminal Justice System for People with Disability," 2013, https://www.lawcouncil.asn.au.

（311）Jenny Talbot, "Fair Access to Justice? Support for Vulnerable Defendants in the Criminal Courts," 2012, http://www.prisonreformtrust.org.uk/portals/0/documents/fairaccesstojustice.pdf.

（312）Weller, Penelope, "Legal Capacity and Access to Justice: The Right to Participation in the CRPD," 5 *Laws* 1（2016）.

后　记

　　这是一篇早早动笔、边写边记的后记，算是先行到未来"终点"的回顾，以及在过程中必要的自我鼓舞。关于自我，首先想到，我的越来越长的身份认同：村里来的读书人、公益法律人、女权主义者、残障体验者、小乐棠之父……

　　博士学位论文开题，适逢孩子俩月。由此继续思考不同能力者的主体性。从小娃的成长发现人性能力的多样、脆弱，并见证人类幼崽的自我在社会（目前主要是家庭）中的实现，或可行能力的展开，包括：情绪感染（对人欢笑）、因果认知（开门关门、开灯关灯、躲藏游戏）、语言表达（从"嗯嗯啊啊卟卟"到"妈妈"）、自由意志（想要吃、玩、睡）以及积极行动（翻身、趴着、扶站、学步）。

　　小婴儿的认知、表达能力有限，但不同的哭声，敏感的父母可以识别，这是要吃、要哄睡或是拒绝哄睡，是偶尔的撒娇，或是莫名的伤心。有一次我临时放娃在床上，去接电话；没说两句，他先是嘴一撇，"哇、哇、哇"哭了三声，然后一声比一声大地哭起来。赶紧放下电话抱起来哄，仍然抽泣好久才平复。还有笑，那种张大嘴、眯起眼、放声呵呵哈哈，百分之百天真的笑。[①] 人类幼年，自然如此，确信无疑。

　　我在此扮演监护人角色，看起来是替代孩子做决定的人（之一）。我

[①] 泽利泽在《给无价的孩子定价》里称之为"toothless divine smile"。该书译者在第二版后记里说初版时，自己没娃，译错了，写成"笑不露齿"，后来才知道这是小娃儿的一种"无牙的圣洁笑容"。读到此处，又是会心一笑。

希望能尽量贴合小娃的自然天性，不要太担心他没吃好、没睡好。刚从月子中心回家时，三个大人忙得脚不沾地，饭都吃不上。每天如履薄冰，记录小娃何时吃了多少毫升奶粉，何时大小便，统计、比较、咨询，操心不已。小婴儿确实显得那么娇嫩、柔弱，需要大人无微不至的照顾。娃儿妈也感受到强烈地被需求着，特别是尝试转母乳喂养的阶段，还伴随着焦躁、挫折。相比之下，这时候娃儿爸的工具人属性还没那么明显，只是每天工作，协助带小娃。忙忙碌碌，时间过得飞快。待论文答辩，孩子都会走路了。

人自然生长的天性，或如植物，需要阳光雨露。得了这份滋养，人便会扎根抽条，长大成人。据我们村里安慰人家生养孩子的传统说法，一棵草配一滴露水。老天给每一棵微不足道的小草的生命，都准备好了一滴清晨和 / 或傍晚的露水，令其滋养成长。

天地之大德曰生。小娃吃手指或诸多能塞进嘴里的东西，没穿袜子又打喷嚏了，吃母乳或奶粉，要"抱睡""奶睡"，穿尿布到三岁……都随他。父母好像成了支持者。大自然有它隐藏的计划，比如让这个小娃这么可爱，大人整天围着转，但也甘之如饴。不计成本、不求回报的爱，超越了对等互惠，确实存在，自然而然。

也要坦白，我每每因为抱娃的时刻恢复元气。在疫情肆虐和自我闭关期间，埋头写作论文，起早贪黑。娃醒得早，从卧室抱到客厅，我也乘机从书房出来。他看着我，我嘿嘿地笑，他咧开嘴，咿咿呀呀地笑。带娃—"吸娃"，感觉还是有"回报"的。

有论者认为，婴儿和认知障碍者缺乏"主体行动能力"（agency capacity），其功能发挥（成长结果）应该优先于自己的可行选择。[①] 替代决策似乎有根有据。我以亲身体验反驳这一点。婴儿也有潜在且时常可以

---

① Ingrid Robeyns, "Capabilitarianism," 17 *Journal of Human Development and Capabilities* 3（2016）：397–414. 其对纳斯鲍姆"可行能力"与"自由选择"理论的批评，另可参见李剑《从能力理论到能力主义——当代西方政治哲学中能力理论的出现与发展》，《中国哲学年鉴》2017 年第 1 期。

理解的行动能力：他对食物（奶水）、干净尿布、安抚怀抱的需求，对特定辅食或者是陌生人的拒绝，都很明确。这些时候，功能发挥的目标应该从属于他自由选择的目标。与其说婴儿（必定、始终）缺乏为自己做决定的能力，毋宁说是大人时常缺乏理解其意思的能力。爱小娃，于是成了爱这个世界的新坐标。由此推及重度心智障碍者，或许也有同理可循，只是，何来对他们的无条件的关爱，或者对其固有人格的敬重？

工作之后再读书，越发觉得：人情的亲疏远近很重要（这是我 2003 年高考作文前半截的主题）。在奔波中，由"四海皆兄弟"的江湖豪气，更多了几分亚里士多德意义上对少数知交的依赖。所以艾丽斯·杨启发的多群认同、差异政治，深入我心。甚至也愿意由此支持一种用"朋辈支持"取代"父权监护"的新差序格局。这是好人之间具有"厚载力"的关爱与友爱。

麦金太尔慨叹启蒙运动以及现代性的失落。似乎自休谟、康德、克尔凯郭尔以来，哲学失去了文化核心的角色，[①] 无法启示人们应当及如何做个好人。但我更服膺周保松的说法，哲学不会结束。自大二暑假"初遇"康德以来，经过李泽厚、邓晓芒、德勒兹等人的导读，我找到了一种对人性能力基本框架（知意情身）的确信，以及对"感性/审美"逍遥的皈依。不过，随着德福两难的困境在工作中展开，从康德那里启蒙的"人生"哲学有点不够用了。由实践理性所推出的"强的善理论"预设了一种精英主义的立场，而我在残障权利研究和倡导中对"不同能力者"的反思令其产生了裂缝。

这些年来，同样深刻的体会是，运气似乎越来越重要了。读博第一年开学前，我在村里摔断腿，回武汉躺了几个月。此间生活不能自理，而对身心障碍和照顾的伦理多了一层体会。2020 年疫情期间，我和妻子"长居"湖北乡里，令我对"退隐"田园、寄托山水又多了一些期待。

---

① 〔美〕阿拉斯代尔·麦金太尔：《德性之后》，龚群、戴杨毅等译，中国社会科学出版社，2020，第 63 页。

2023 年，博士毕业后赴香港大学法律学院访学，亦是机缘巧合，得遇天风海雨间无尽人情。于中西文化交流之中，饱览人类群星闪耀，或许也可以开解无数圣贤回归的寂寞。彼岸自由花开，映入眼底星辰，引领我们在今生今世过有思想的生活。文明浩荡，华夏传承，吾辈栖居、逆旅于此，操持自己的飞舟，四海聚散，依然奋发进取不已。我和伙伴们，继续做点事情，实在需要很多好运，以及来自善良、公正、高尚的朋友们的祝愿和帮助。这是对"善的脆弱性"的体会。尽管曾经的自许仍在：若善良无力量，则人性无希望。人性的光明只是驱散阴暗，并不总需要去理解阴暗。善意不必在恶意面前辩解。良心磊落，如山如河。

因为各种机缘，近几年，反复读亚里士多德的伦理学。借鉴邓文正、陈斯一、纳斯鲍姆等人的阐释，又似乎从人性能力的脆弱性那里看到了一缕弥合人权道德根基的微光。当然，也从亚里士多德的"自然目的论"那里钦慕先贤的宽宏大量。逻各斯之光遍照人性无碍，而不像康德的道德律那样俨然。好人也需求必要的休闲娱乐，需要看剧打游戏。于是更觉得感同身受，备受鼓舞。

临写书稿，闭关苦读，借助周保松、李石等学者的讲解，把罗尔斯的《正义论》匆匆啃了下来。"危难"之中，找到了一个跳转衔接的坚实理论平台——也是时常回归、对照的醒目道标。"弱的善理论"果然更贴近人权法的现实操作，也更好着手从经验出发的反思和批判。在阅读中，有请罗尔斯"对谈"哈贝马斯、诺齐克、德沃金、桑德尔，上承霍布斯、康德，下启阿马蒂亚·森、纳斯鲍姆等人的可行能力批判。再往后，就接上李泽厚、邓晓芒阐释的唯物实践论，乃至余英时理解的"士与中国文化"，可以再次论述和主张残障人的平等自由权利。

一直读书写作，仿佛四处游历，结交先贤或当世的杰出人物，承蒙启发。这是一个从"发愿"到"还债"的过程。当年想读、该读，却因为诸多原因没有读的书，这次终于要补上了。从米尔恩的"旧作"《人的权利与人的多样性》读起，中途发现伯林的《自由论》得买回来。买书时，网上又推荐了亚里士多德的《政治学》、密尔的《论自由》、勒鲁的《论平等》、格里芬的《论人权》……再加上写课题申请时放到购物车的《身份、边界与社会联系》《什么是社会学》《什么是人类学》《什么是科学史》……一并买了。然后开始攻读译林出版社"人文与社会译丛"里的多学科著作。家里本来就小，又要放小娃的用品，这些书没地儿放了。只能赶紧读，做好笔记，暂且引用完毕，放到办公室去。

人权的伦理/道德论证曾经壮丽辉煌，人权法体系的政治哲学渊源也向来深厚雄浑。直面残障人实现司法正义的困难和挑战，人权的论证并未失败。只是人的多样性和脆弱性，在后疫情时代继续展开；只是理论研究需要完善，公共对话还得继续。人权的历史，远未终结。

十多年来，我辗转于农村法律援助、性别平等、劳工权利、环境污染、有效辩护、值班律师、死刑复核、残障权利、残障与性别交叉、工商业与人权视角下的残障融合就业等领域，求索实现"自由与正义"（自2009年6月一直挂在办公室的牌匾，友人手书，多次搬迁，一直带着）的可行路径。回顾这些经验，基于人权的法律赋能原则，求解实质平等的自由，或可一以贯之。如今我尝试用实践人权的人性能力理论，以及平等实现司法正义的可行能力策略，作为漫长求学、访学的阶段答卷。这仍然是一个开放的、可持续的研究和行动框架。

一路行来，感谢老师、同学、同行和家人的帮助。我的博士导师张万洪为我提供了全方位的长时段的帮助，从学术研究、课题申请到工作机会、体面生活，都是谆谆教导、慷慨大度。法理学教研室其他老师也对我教诲良多。已故李龙老师多次鼓励我攻读博士学位，在带领创办武汉大学人权研究院期间，对我亦多有提携；如今书稿草就，或算是在继续李先生的人权志业，略尽绵薄。徐亚文老师嘱我从实务经验中多提炼理论，廖奕老师启发我辨析与本书研究相关的概念和话语，占红沣老师、伍德志老师在博士学位论文写作及答辩期间对我颇多佑助。我本科时候的班导秦前红老师，以及西南政法大学的赵树坤老师，每每遇到了，总会亲切关怀，令人自生勉励。尊师之道，溪山万重，是愿无违。感谢诸同门给予的交流机会，尤其铭记那些一起去湖滨食堂边吃边聊的时光。感谢这十多年来遇到的残障研究和公益法同行们的支持。我由此确信，朋友是最大的外部善。感谢家人的支持，以及对我在受伤、陪产、带娃、出差、节假期间的关爱和长期以来的照顾。这些都是珍贵的亲情，至爱至善。浓情厚意，无以为报，报在未来（pay it forward）。

人权研究与实践，殊非易事。唯勤能解惑，行在如一。既学此道，愿乐此学。愿小娃可爱，论文精彩。愿前路尽时，依然期待，与你一起，踏上新的旅程。

2024 年 3 月于珞珈山

图书在版编目（CIP）数据

残障人实现司法正义研究：一种实践人权的人性能
力新论 / 丁鹏著 . -- 北京：社会科学文献出版社，
2024. 10. -- ISBN 978-7-5228-4032-1

Ⅰ. D922.182.34

中国国家版本馆 CIP 数据核字第 2024QN9774 号

残障人实现司法正义研究
　　——一种实践人权的人性能力新论

著　　者 / 丁　鹏

出 版 人 / 冀祥德
组稿编辑 / 刘骁军
责任编辑 / 易　卉
文稿编辑 / 郭锡超
责任印制 / 王京美

出　　　版 / 社会科学文献出版社·法治分社（010）59367161
　　　　　　地址：北京市北三环中路甲29号院华龙大厦　邮编：100029
　　　　　　网址：www. ssap. com. cn
发　　　行 / 社会科学文献出版社（010）59367028
印　　　装 / 三河市龙林印务有限公司

规　　　格 / 开本：787mm×1092mm　1/16
　　　　　　印张：22　字数：317千字
版　　　次 / 2024年10月第1版　2024年10月第1次印刷
书　　　号 / ISBN 978-7-5228-4032-1
定　　　价 / 138.00元

读者服务电话：4008918866